Commercial

商法界论集

第5卷

多元背景下
商事法制新面向

Law

陈　洁／主编
夏小雄　唐林垚／副主编
中国社会科学院法学研究所
商法研究室 主办

法律出版社 LAW PRESS·CHINA

总　　序

在党的十四大报告确定建立社会主义市场经济体制的改革目标之后，1992 年 10 月王保树先生以敏锐的学术观察力及时做出反应，建议将中国社会科学院法学所经济法研究室改为商法经济法研究室，并坚持将“商法”放在名称构成的前面。王保树先生的该项提议被迅速采纳，商法经济法研究室在 1992 年 10 月即实现更名，成为我国最早的冠以商法名称的科研机构之一。当时在商法经济法研究室工作的我学轻而识浅，却与保树先生言谈无忌，曾言“商法不就是个词嘛，在研究室名称中商法之先后或有无，没啥实际意义，只须追求科研有实在内容就行了”。至今我还记得，当时保树先生意味深长地看了我一会儿，伴以扣桌之声很有节奏地对我说：“你以后就知道叫商法有啥意义了。”10 年之后，商法经济法研究室分立为商法研究室和经济法研究室，商法研究室以商法学科为专属科研领域，作为一个充满理论创造力与学术号召力的专业团队存续并壮大于商法界，为中国商法的法治进步与学术繁荣不断做出努力与贡献。

随着法学所商法研究室的发展而成长的 20 多年间，我时常感怀保树先生的学术擘画之功及对我的提携之情，亦因年轻时一句“有啥意义”而更为深刻地体悟精心建构学术平台的重要意义。如果没有保树先生当年率先对商法概念的再本土化，以及在此过程中殚精竭虑地建构各种形式的商法学术平台，如主编《商事法论集》、在单位设立商法研究中心、领导中国法学会商法学研究会等，那么中国商法及商法学即便也会应时出现并有所发展，但或许是另外一个样子。

因承继积淀与创新拓展，法学所商法研究室已是一个科研效益与学术能量颇为可观的平台。为学养培植与学识增进，商法研究室并不囿于本单位课题研究与编制内团队培育，愿意并努力秉持更广阔的学术情怀与更勤勉的学术担当，为整个商法界的兴盛繁荣付出努力，包括为商法界精心搭建并维护更有特色与效益的学术平台。继开设微信公众号“商法界”广获影响之后，又再接再厉，创设《商法界论集》系列，以期商法界同仁可以在此坦诚砥砺学问、系统阐释观点、集萃思考精华。

商法研究室开设的微信公众号“商法界”旨在“以商新法，以法促商”，《商法界论集》仍将秉持这一学术理念，并努力使之在商法制度建设和学科发展中持续彰显、不断增效。“以商新法，以法促商”概括了商与法的关系，既反映了经济社会发展中商与法之间的互动规律，也标明了商法研究中学术生长的基本机制。把握“以商新法，以法促商”，商法研究者要作为敏锐、睿智且负责的观察者深度介入商事活动实践，与市场主体同时感受市场运行中变化着的力量与趋向,及时发现新的业态、交易模式、资源配置方式,且比一般的市场主体更能深刻地观察到商事创新的动因、性质、结构以及规则表现与运行效果;秉持以法治方式促进经济社会发展进步的学术立场,在科研实践中充分认识到商法建构与实施的能动性要服从市场运行的规律性,科学运用法治思维认识并以法律语言表述商事活动的事物属性、法律关系结构及应有的法律评价,进而作出有效的商法理论创新或者提出适当的商法制度建议,推动市场经济的良性运行与协调发展。

改革开放40年以来,尤其是社会主义市场经济体制确立以来,中国法治建设特别是商法建设具有前所未有的时空场域,商法及商法学经历了前所未有的跨越式发展与爆发式扩张。在这一时代背景中,商法界面临前所未有的贡献于学术、贡献于法治、贡献于社会的机会与责任。商法界专家学者在其科研实践中的睿思宏想、真知灼见是珍贵的学术资源和社会财富。《商法界论集》有心通过精心选粹和用心推广,使商法研究之圃的理论之花更多、更明媚地绽放于学界、灿烂于社会、辉煌于时代。商法研究室作为《商法界论集》这一学术新平台的维护者,希冀获得商法界专家学者的大力支持和深度参与,资深者率先倡导,莫自谦一得之见,再做学术示范;新锐者勇于展现,莫拘谨一议之功,放飞学术理想。只要我们用心过、合作过、努力过,《商法界论集》对中国商法学科体系、学术体系和话语体系的建构意义,以后我们就知道了。

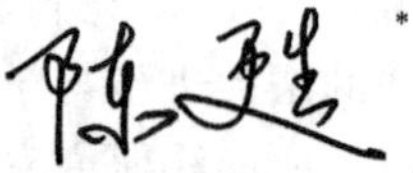*

2018年8月23日于北京

* 中国社会科学院学部委员,法学研究所所长,研究员、博士研究生导师。

目　　录

专　　题

论　　文

学 位 论 文

专　　题

新三板的改革思路及其未来走向

徐 明*

摘要:新三板市场是中国多层次资本市场中的重要一环,充满着中国特色。自2013年成立以来,新三板进行了一系列改革探索,取得了积极的实践效果和宝贵的发展经验。但是,新三板市场的发展也面临一些问题:挂牌公司总数大、平均规模小、股权集中度高;挂牌企业经营业绩两头分化,与沪深证券市场差距大;主动摘牌公司不断增加,融资功能不断下降,市场交易不活跃。应该通过改革和创新来逐步解决新三板市场存在的这些问题。全面深化新三板改革在总体思路上具体体现为四个方面:错位发展、形成特色;能上能下、能进能出;两端搞活、丰富功能;防控风险,稳步推进。新三板改革要坚持按市场规律办事、坚持依法依规推进改革、坚持改革创新与风险防控并重、坚持存量优化与增量改革并重。新三板改革的主要内容包括:设立精选层,落实转板上市机制;优化融资制度;完善交易和投资者准入制度;完善市场各层次差异化监管安排;增加制度供给和司法保障,进一步提高违法成本。新三板作为资本市场服务中小企业的全新实践,其未来的发展方向应该是市场化、法治化、国际化。

关键词:新三板　多层次资本市场　精选层　转板上市　差异化监管

新三板市场是中国多层次资本市场中的重要一环,充满着中国特色。自2013年成立以来,新三板认真贯彻落实国务院《关于全国中小企业股份转让系统有关问题的决定》(以下简称国发49号文),坚持服务创新型、创业型、成长型中小企业的功能定位,基于中小企业的需求和风险特点,进行了一系列改革探索,在解决中小企业融资难、融资贵,规范企业经营,强化公司治理,提高信息透明度,有效控制风险和促进企业成长等方面取得了积极的实践效果和宝贵的发展经验。

一、新三板的由来及其内涵界定

新三板是一个约定俗成的概念,在长期的实践中,形成了特定的含义并体现在国家的正式文件中。比如,2019年中央经济工作会议的文件中指出“要稳步推进新三板改革”,2019年2月,中共中央办公厅、国务院办公厅《关于加强金融服务民营企业的若干意见》中提出“要稳步推进新三板发行与交易制度改革,促进新三板成为创新型民营中小

* 全国中小企业股份转让系统有限责任公司总经理,教授、博士研究生导师。

微企业融资的重要平台”,中国证监会在2020年的工作部署中也明确要求“推进新三板改革平稳落地”等。凡此种种,除法律法规之外,在国家层面和地方层面、理论界和实务界、民间和正规场合,说到除上海证券交易所和深圳证券交易所市场之外的全国性证券交易场所时,均用“新三板”称谓。但新三板指的是什么?其准确的含义又是什么?许多人似乎很难给出新三板准确的定义,因此有必要准确界定“新三板”的内涵外延。

(一)新三板的由来

新三板起源于2006年启动的“中关村试点”。为妥善解决原全国证券自动报价系统(以下简称STAQ系统)、①全国电子交易系统(以下简称NET系统)挂牌公司转让问题,②2006年1月16日,经中国证监会批准,中国证券业协会发布了《证券公司代办股份转让系统中关村科技园区非上市股份有限公司股份报价转让试点办法》及相应配套规则,股份报价转让业务正式开始运作。此后,该系统承担了沪深交易所退市公司股票的交易功能。事实上,2002年起,北京市和中关村管委会开始探讨如何利用代办系统促进中关村的非上市公司融资发展问题。2005年8月,国务院领导视察中关村时,提出尽快启动中关村试点,2005年11月中关村试点方案报经国务院批准。2006年1月,中关村高新技术园区非上市公司进入代办系统进行股份转让试点(中关村试点)正式启动。当时,中关村试点的方案主要依据1998年《证券法》和1993年《公司法》的规定来制定。1993年《公司法》第138条规定“股东转让其股份,应当在依法设立的证券交易场所进行或者按照国务院规定的其他方式进行”。中关村试点的股份转让制度就是公司法规定的经国务院批准的方式,即代办系统向投资者发布股票信息及报价,双方协商达成转让意向的,委托证券公司办理系统成交确认后由中国结算公司逐笔办理清算交收。1998年《证券法》对公开发行作出了框架性定义:一是向不特定对象发行;二是向特向对象发行累计超过200人。国务院办公厅《关于严厉打击非法发行股票和非法经营证券业务有关问题的通知》(国办发〔2006〕99号)规定“向不特定对象发行股票或向特定对象发行股票后股东累计超过200人的,为公开发行,应依法报经证监会核准”。由于当时非上市公众公司制度尚未出台,中关村试点公司虽然进行股份公开转让,但一直坚持股东人数不超过200人的界限。根据中关村试点公司法律属性和特点,在试点之初,实行了严格的投资者适当性制度,要求证券公司充分了解客户财务状况和投资需求,向客户充分揭示风险。当时,代办系统是我国唯一的合法场外证券交易场所。

新三板发展壮大于2013年“试点扩大至全国”,并成为我国多层次资本市场重要组

---

① STAQ系统,中文全称为全国证券交易自动报价系统,英文全称为“Securities Trading Automated Quotations System”,英文简称为STAQ。1990年12月5日,全国证券交易自动报价(STAQ系统)正式开始运行。STAQ系统是一个基于计算机网络进行有价证券交易的综合性场外交易市场。

② NET系统,中文全称为全国电子交易系统,英文全称为“National Exchange and Trading System”,英文简称为NET,是由中国证券交易系统有限公司设计,于1993年4月正式投入运营。利用覆盖全国100多个城市的卫星数据通信网络连接起来的计算机网络系统,为证券市场提供证券的集中交易及报价、清算、交割、登记、托管、咨询等服务。NET系统由交易系统、清算交割系统和证券商业务系统这三个子系统组成。

成部分。继2012年8月试点扩大至上海张江、武汉东湖、天津滨海后,2013年试点扩大至全国。2013年1月,经国务院批准,全国股转公司成立,成为公开交易的合法场所,新三板市场运作平台由代办系统转换为全国股转公司。2013年12月,国务院发布《关于全国中小企业股份转让系统有关问题的决定》,明确了全国股转公司是经国务院批准,依据《证券法》设立的全国性证券交易场所。这是根据2005年《公司法》和《证券法》规定,股份公司股权转让只能在证券交易所和国务院批准的证券交易场所进行。同时,国发49号文进一步明确了挂牌公司"非上市公众公司"属性,股东人数可以超过200人。2019年12月28日,新修订的《证券法》颁布,对新三板的法律地位和市场属性等进一步加以明确,确定了新三板市场是全国性证券交易市场,全国股转公司是这一全国性市场的运营机构,明确了新三板是公开市场、集中市场、场内市场,第一次在法律上确认了新三板的地位和属性。

全国股转公司的成立,对于新三板市场具有划时代的意义。它标志着整个新三板市场的升级换代,使新三板市场在本质上区别于中关村科技园区试点时期的新三板。

一是它使新三板市场从地方性市场走向了全国性市场。中关村新三板的范围是极其有限的,仅仅限于北京市中关村高新技术园区内的公司可以挂牌新三板市场。中关村高新技术园区,并不仅仅是中关村这一狭隘的区域概念,实际上涵盖了整个北京市众多的技术开发园区,因此范围上要比中关村大得多。但即使是这样,中关村技术园区也仅仅是在北京市的范围内,地方和区域性的属性没有改变。全国股转公司的成立不但将中关村科技园区扩大到上海、武汉、天津高新技术园区,更是进一步将其扩大到全国。这一扩大,使新三板变成了真正意义上的全国性证券交易场所,为《证券法》最终确定新三板为国务院批准的其他全国性证券交易场所打下了基础。新三板市场从场外市场走向了场内市场,新三板市场从行业协会管理走向了自律管理机构管理。

二是它使新三板市场从场外市场逐步走向了场内市场。从国际证券市场看,一个国家证券市场的场内市场很少是地方性的。无论是美国、英国、德国、法国、日本等发达国家成熟资本市场还是印度、巴西、南非等新兴市场,证券交易所市场都是全国性的,许多还是国际性的市场。这是因为场内市场是证券市场最为典型的市场,也是在各个方面要求比较严格的市场,产品的标准化、制度和规则的透明化、发行方式的公开化、交易的集中和连续化、监管和风险控制的严格化等,都是这一市场的基本特征。它和场外市场相比,具有较大的优势。一个国家的证券交易场所不可能从一开始就舍弃这种经过探索、获得认可的各方面具有优势的证券交易场所,而去建立风险较大,规范程度较低,非标准化的场外市场。中关村新三板恰恰是沪深证券交易所之外的场外市场。全国股转公司的成立,使这种情况发生了改变。经过不断的努力,全国股转公司的新三板市场完全具备场内市场的所有特征,成为不折不扣的场内证券交易市场。这一场内市场的属性同样得到了我国《证券法》的肯定。新三板市场可以公开发行、集中交易、竞价交易、连续交易,并实行全国集中的证券登记结算。它和沪深证券交易所并不存在实质性的差别。

三是它使新三板市场从由证券行业机构变成了由证券自律机构管理。中关村新三板市场是由中国证券业协会进行具体运营和管理的,全国股转公司成立后,新三板市场的运营和管理,就由中国证券业协会运营和管理转由全国股转公司专门经营和管理。这一转变符合证券市场的客观规律。因为,将一个全国性的证券交易场所交由中国证券业协会运营和管理会存在很多问题。

其一,中国证券业协会作为行业协会运营和管理证券市场与它的性质和职责并不相称。众所周知,中国证券业协会是中国证券业的行业性组织,其基本职责是进行证券行业的行业管理。我国《证券法》第十一章专章对证券业协会进行了规定。该法第164条第1款规定"证券业协会是证券业的自律性组织,是社会团体法人",第166条规定"证券业协会履行下列职责:(一)教育和组织会员极其从业人员遵守证券法律、行政法规,组织开展证券行业诚信建设,督促证券行业履行社会责任;(二)依法维护会员的合法权益,向证券监管机构反映会员的建议和要求;(三)督促会员开展投资者教育和保护活动,维护投资者合法权益;(四)制定和实施证券行业规则,监督、检查会员及其从业人员行为,对违反法律、行政法规、自律规则或者协会章程的,按照规定给予纪律处分或者实施其他自律管理措施;(五)制定证券行业业务规范,组织从业人员的业务培训;(六)组织会员就证券行业的发展、运作及有关内容进行研究,收集整理、发布证券相关信息,提供会员服务,组织行业交流,引导行业创新发展;(七)对会员之间、会员与客户之间发生的证券业务纠纷进行调解;(八)证券业协会章程规定的其他职责"。从这些规定看出,无论是中国证券业协会的性质还是职责,没有一条是组织营运和管理证券交易市场的。从《证券法》整个立法和修改过程看,均是如此。1998年首次颁布的《证券法》、2005年修订的《证券法》、2019年《证券法》均如此规定。

其二,中国证券业协会运营和管理证券交易市场也不具备相对的精力和能力。组织、营运和管理证券交易场所需要进行大量的基础设施投入、大量的专业人才和大量的技术准备,要有专门的规定场所和日常的组织运营、市场管理、自律监管和监察,一系列的日常服务,以此保证证券市场能够公开、公平、工作,保证证券的发行和交易,保证证券正常的清算,没有强大组织能力、管理队伍、专业人才和资金、设备投入是无法管理证券市场的。因此,《证券法》规定对证券交易市场的组织和管理均由专门的运营机构负责。我国《证券法》第七章专章规定"证券交易场所"一系列组织、管理、监督市场的职能,将这一工作交由证券交易所和全国股转公司营运和管理证券交易市场。从中关村新三板市场具体运营的实际情况看,尽管是中国证券业协会管理,制定了一系列的业务规则,但在组织具体营运和管理中关村新三板市场时,也很难做到自己运营和管理。在具体业务上,中国证券业协会实际上将许多职责委托给了自己的会员,由证券公司作为主办券商进行管理,而在监管方面则委托给了深圳证券交易所,在基础设施和系统建设方面也由深圳证券交易所和其下属公司来开发建设。中国证券业协会并不具备这样的能力。在经营管理中关村新三板这样一个地方性的证券市场尚且如此,经营和管理一个全国性的证券市场更是其能力所不及的。

其三,由中国证券业协会营运和管理证券交易市场还存在一定的利益冲突。中国证券业协会是证券行业的自律组织，其核心工作是围绕着证券公司展开的，不但要管理其会员还要为会员提供服务，更要依法维护会员的合法权益，它实际上是证券公司的“娘家人”。但在整个市场的活动中，参与者是各种各样的，如上市公司、挂牌公司、投资者、证券公司、会计师事务所、律师事务所、资产评估机构、各种咨询机构等。而证券市场又是个涉及资金等具有重大利益关系的利益场，它们彼此之间也存在利益的不一致性，有时候也会发生利益冲突。因此，在中国证券业协会运营和管理证券交易市场，作为证券公司“娘家人”的情况下，在制定政策或者在市场参与者之间有利害关系的情况下，就有可能发生一定的利益冲突。尽管我国《证券法》第166条第7项规定，中国证券业协会“对会员之间、会员与客户之间发生的证券业务纠纷进行调解”，但这种规定是在中国证券业协会不作为证券市场的营运机构和管理机构的前提下进行的。它不是证券市场的组织者和管理者，也不是证券市场的裁判者，而主要是从为会员提供服务的角度从事这项业务的，以达到帮助会员解决纠纷。

（二）新三板的含义界定

“新三板”的“新”是相对于“老三板”的“老”的，准确地说是相对于“旧三板”的“旧”的。它是针对这一证券市场某一重大事件的发生，某一重大特征的改变而作出的“新老划断”。在此之前的称为“老”，在此之后的称为“新”。如前所述，这一重大事件就是2006年1月16日，北京中关村科技园区股份转让报价试点工作正式推出。2006年1月23日，北京世纪瑞尔技术股份有限公司作为首家园区公司在代办股份转让系统（以下简称代办系统）挂牌。股份报价转让业务的推出，极大地扩展了代办系统的功能，使代办系统步入了一个新的发展阶段。在此之前，代办系统只能从事STAQ系统、NET系统遗留问题和沪深证券交易所退市公司的股份转让业务，代办系统办理的这些业务称为“老”，并因此形成了“老”市场，人们习惯地称之为“老三板”，在此之后代办系统所从事的新业务自然就构成了“新”市场了，也因此出现了“新三板”和“老三板”的称谓。时至今日，那些在中关村科技园区试点之前就存在于当时市场的并未处理完毕的公司，人们仍然称为“老三板”公司。这些公司至今仍然在新三板市场进行股份转让，成为新三板市场的历史遗留问题。

“新三板”的“三”是相对于上海证券交易所、深圳证券交易所的“一”“二”和区域性股权市场的“四”而言的。在民间和市场上，因为有了“新三板”说法，也有人将沪深证券交易所市场称为“一板”“二板”市场。将沪深证券交易所主板称为“一板”，深圳证券交易所的中小企业板和创业板称为“二板”，但上海证券交易所2019年设立了科创板之后，很少有人将科创板称为“二板”。至于到底要不要称沪深证券交易所市场为一板、二板以及怎样划分一板、二板，实务界和理论界并不太在意。对于是将沪深交易所市场的主板作为一板，中小企业板、创新板、科创板作为二板，还是将中小企业板包含在沪深交易所市场的主板中，只将创新板、科创板作为二板，抑或将上海证券交易所市场作为一板，深圳证券交易所市场作为二板，业界并没有做认真的研究，也没有十分在意。而将区域性股权市场称为“四板”，在实践中较为常见，也较为形象，它是位居新三板市场之下的证券交易场所。按此逻辑,资本市场的一板、二板、三板、四板的排列,体现了我国多层次资本市场的特点,也反映了各个层次资本市场的地位和属性,浅白易懂、形象生动。

新三板不是"板",是全国性的证券交易市场。因为在多层次资本市场中,沪深证券交易所有多种板的概念,上海证券交易所有主板和科创板,深圳证券交易所有主板、中小企业板和创业板。这些板的概念实际上是沪深交易所市场中板块的概念,它们在层级上要低于新三板中"板"的概念,两者不应当混同。新三板所对应的是沪深证券交易所整个市场,是《证券法》所规定的"国务院批准的其他全国性证券交易场所"中的市场概念。

新三板不同于全国中小企业股份转让系统(以下简称全国股转系统)。人们所说的新三板实际上指的是新三板市场,新三板和新三板市场是等同的。全国股转系统只是新三板市场的一个重要组成部分,或者是新三板市场的组织体系,并不能完全等同于新三板市场。提起系统,人们更多地将其与交易系统和其他技术系统联系起来,而全国股转系统也的确是由证券交易系统等一系列技术系统组成的,包括交易系统、市场监察系统、发行承销系统、信息披露系统、行情显示系统、信息统计分析系统、业务支持系统、内部管理系统等。在实践中,也的确出现过将全国股转系统看作技术系统,进而将全国中小企业股份转让系统有限公司(以下简称全国股转公司)视作一家从事IT技术的技术公司。

新三板不同于全国股转公司。在《证券法》中,将全国股转公司定义为"国务院批准的其他全国性证券交易场所",与沪深证券交易所相同,它是个组织体,是个法人组织。它实际上是新三板市场的运营机构,提供相关场所和设施,承担着对新三板市场发行挂牌交易市场的组织、监督和管理。我国《证券法》第96条第1款、第2款明确规定"证券交易所、国务院批准的其他全国性证券交易场所为证券集中交易提供场所和设施,组织和监督证券交易,实行自律管理,依法登记,取得法人资格。证券交易所、国务院批准的其他全国性证券交易场所的设立、变更和解散由国务院决定"。

综上所述,新三板是专门服务于中小企业及市场其他参与者,由全国股转公司具体营运的,提供证券的发行、挂牌、交易及相关业务的全国性、综合性的证券市场。

二、新三板的运行情况及其存在的问题

(一)新三板运行的总体概况

截至2019年12月31日,新三板共有8953家挂牌公司,总市值29,399.6亿元,总融资264.63亿元,总成交金额825.69亿元。2013年至2016年挂牌公司规模快速增长,2016年年末挂牌公司家数、总股本、总市值分别是2013年年末的28.55倍、60.22倍和73.33倍;2017年以来挂牌公司规模相对平稳,挂牌公司总数维持在1万家。新三板市场运行7年来的总体情况呈现几方面的特点:

其一,新三板2013年成立到2019年年底,7年的市场运行总体呈橄榄形趋势,即前期(2013年、2014年)、中期(2015年、2016年、2017年)、后期(2018年、2019年)三段时期,前后时期小,中期大。从比较有代表性的指标看,新增挂牌公司的数量、股票发行次数、融资总额、二级市场交易总金额等非常明显。从新增挂牌公司数量看,前期年均不足800家,中期年均3300家以上,后期为负增长;从发行次数看,前期年均不足200次,中期

年均2700次以上,后期为1000次以下;从融资金额看,前期年均70亿元左右,中期年均1300亿元以上,后期为年均为500亿元左右;从交易金额看,前期年均不足70亿元,中期年均2000亿元以上,后期为年均为800亿元左右。

其二,挂牌公司总数大、平均规模小、股权集中度高。近万家挂牌公司为全世界挂牌上市公司最多的证券交易场所,超过了沪深证券市场所有上市公司总和的一倍以上;平均每家挂牌公司股本不足1亿股,市值不足4亿元;股东在100人以下的挂牌公司为9626家,占全市场总家数的93%。

其三,中小民营企业占绝对主力,行业和地区分布集中,高新技术比重大。在挂牌公司属性上,中小民营企业占比93.13%;在行业分布上,制造业,信息传输、软件和信息技术服务业,租赁和商务服务业,科学技术和技术服务,批发和零售前五大行业占比83.34%。挂牌公司中,现代服务业、高技术服务业、先进制造业占比71.1%,2018年上半年,挂牌公司平均研发强度2.97%,较全社会平均研发强度高0.84个百分点;地域分布集中,广东、北京、江苏、浙江、上海前5个省市的挂牌公司为5956家,占全市场挂牌公司总数10,349家的57.61%。

其四,经营业绩两头分化,具有一大批优质企业。从收入看,营收在5000万元以下有3972家挂牌公司,占总挂牌公司的38.95%,营收在5000万元以上有6318家挂牌公司,占总挂牌公司的61.05%%;从利润看,亏损挂牌公司2448家,占挂牌公司总数的23.99%,净利润在1000万元以上挂牌公司有3193家,占总挂牌公司的31.28%。

其五,与沪深证券市场差距大。除挂牌公司家数外,在股票的发行次数、首次融资、再融资、并购重组、交易量、流动性等总体不足,与沪深市场在各个方面均差距较大。

(二)新三板的成绩

新三板自2013年正式运营以来,在促进中小企业资本形成、优化融资环境和有效控制风险等方面进行了大量探索,取得了积极成效。

1. 服务实体经济方面

一是扩大企业覆盖面,规范企业早期发展。截至2019年3月末,新三板挂牌公司10,349家,覆盖了88个行业大类;民营企业占比93.13%,中小企业占比94.07%,现代服务业和先进制造业合计占比71.41%。挂牌公司持续履行公众公司的公开信息披露义务,按照《公司法》建立"三会一层"及其治理规范。1/3以上的公司挂牌后进一步完善或新制定了"三会一层"议事规则、投资者关系管理等公司治理制度,定期报告的按期披露年均占比95%以上,公司治理及财务管理的规范度、透明度提升明显。

二是顺畅了企业融资渠道,提升了资本获取能力。挂牌公司的逐步规范及其透明度、知名度的提升,降低了投融资对接成本。2013年以来,共计6286家挂牌公司完成了10,247次股票发行,融资4807.59亿元;一批尚处于研发阶段的企业也顺利完成融资,1464家公司在亏损阶段即获得融资。并购重组合计1332次,交易总额1990.07亿元,其中七成以上属于现代服务业和战略新兴产业进行产业整合、转型升级;有131家公司被上市公司收购,涉及金额876.25亿元,促进了中小企业的资源整合。

三是引导社会资金集聚中小企业,提升了企业综合融资能力。为VC、PE开辟了便捷的投资标的池,提供了新的退出平台,拉长了中小企业直接融资链条,引导和带动了早期投资。目前,VC、PE持股公司数量占比超过60%,较挂牌时提高了10个百分点。通过挂牌后的公司治理与财务规范,提升了中小企业的间接融资能力。同时与多家商业银行开展战略合作,上线了挂牌公司投融资对接服务平台——"新三板投融通",进一步通过信息共享与交流互动,降低银行的信息搜集成本和审贷成本。2017年挂牌公司间接融资的存量金额为4650.81亿元。

四是促进了企业转型发展,助力企业加速成长。通过挂牌后的融资并购,企业创新发展的资本得到了充实,资产结构得到了优化,夯实了企业快速成长的基础。据统计,挂牌公司2017年平均研发强度达3.82%,较全社会高1.7个百分点;全市场和创新层净资产收益率分别为7.85%和9.47%,处于较高水平;2013年至2017年,挂牌公司总资产、营业收入和净利润分别累计增长102.02%、75.97%、91.61%,年化增长率分别为19.22%、15.18%、17.65%;其中以创新驱动行业(先进制造业、信息技术和科学研究占比70%)和消费升级行业(占比10%)为主的创新层公司分别累计增长167.30%、141.44%、152.00%,年化增长率分别为27.86%、24.65%、25.99%。2017年至2018年累计37家挂牌公司获国家科学技术奖,8家挂牌公司进入工信部发布的制造业单项冠军名单。

2.市场风险控制方面

新三板坚持创新发展与风险控制相匹配的原则,不断完善制度和设施建设,积累了适合中小企业的监管机制和风险防控经验。

一是坚持规则监管,形成了以《证券法》《公司法》为依据,以国务院《关于全国中小企业股份转让系统有关问题的决定》为核心,以件数部门规章、数十件行政规范性文件和百余件市场自律规则为主体的业务规则体系。实现了监管规则公开、过程公开、结果公开,为市场行为"划红线、立禁区",使市场主体"明底线、守规矩"。

二是建立了行政监管与自律监管的信息共享、监管协作和风险处置机制。新三板积极落实加强交易场所"一线监管"职能的要求,不断完善违法违规线索报送机制;积极参与行政案件调查与检查工作,与行政监管协同采取自律处理措施;新三板自律监管及纪律处分均计入证监会对证券公司分类评价指标,完善针对主办券商执业质量的监管协作机制。

三是按照公众化水平、市场层次、行业分类等维度,对挂牌公司实行分类监管,在信息披露内容、频次方面提出不同的要求,建立了纵向分层次、横向分行业的差异化信息披露监管体系。

四是建立了多元化的纠纷解决机制,将适宜调解的纠纷事项及时移送调解,通过"专业调解+仲裁、司法确认"的方式,推动市场纠纷的专业、妥善解决,在涉及挂牌公司终止挂牌等事件的处理中发挥了重要作用。

五是实施科技监管,建设了交易监察系统、同城灾备系统等技术设施,开发了信息披露智能核查系统,充分利用大数据等先进技术,提高了对挂牌公司风险因素的识别能力,提升了对中小企业的监管效率。

3. 资本市场改革探索方面

基于中小企业的特点和需求,在中国证监会的部署和具体指导下,全国股转公司通过创新性的制度设计探索了资本市场服务中小企业的有效路径。成立以来不断实践,在发展过程中进一步摸索和改革,极大地丰富了我国多层次资本市场体系,为多层次资本市场的改革创新进行了有益尝试。

一是大力简政放权。在挂牌、融资审查机制方面,实施豁免核准制度,股东人数不超过200人的公司挂牌和股票发行由新三板自律管理,需要中国证监会核准的则简化程序,无须提交发审委审核。截至目前,新三板99.8%的公司挂牌和97.8%的公司融资已由新三板自律管理。

二是从存量挂牌、公开转让准入机制起步,设置包容性较强的挂牌条件。在市场发展初期,考虑到中小企业规模较小、发展时间较短的特点,公司挂牌不以发行股票为前提;在满足规范运营和信息披露要求的基础上,不以营利作为挂牌条件。

三是配套建立挂牌后面向合格投资者的股票发行制度,形成了"小额、快速、按需"的持续融资机制。公司股票发行实行备案管理;对小额融资实施授权发行,大幅缩短挂牌公司内部决策时间;制度设计契合了中小企业对融资灵活性和时效性的需求。在普通股融资的基础上,支持符合条件的挂牌公司在新三板发行优先股、在沪深交易所发行双创可转债。

四是市场内部实施分层管理,配套差异化制度安排。通过市场化机制遴选和聚集企业,引导资源配置,满足不同类型企业多元化需求。新三板自2016年开始实行分层管理,分为基础层和创新层;2017年12月,新三板对市场分层、信息披露和交易制度进行优化改革,实现了不同层次信息披露标准和竞价撮合频次的差异化。

五是依托主办券商推荐挂牌和持续督导,形成市场化的约束机制。公司申请挂牌时须由具备承销与保荐业务资格的证券公司推荐,并在挂牌期间由主办券商持续督导。同时,新三板的审查标准、审查流程和监管措施予以标准化、公开化设计,市场主体预期明确。

六是实行多样化的交易机制,适应不同类型公司需求。引入做市转让方式供所有挂牌公司选择,发挥做市商对于估值定价和提供流动性的基础性作用。在做市转让方式之外,市场初期采用协议转让方式,2019年12月已调整为集合竞价转让,基础层交易频次为"一天5次",创新层交易频次为"一天25次",同时配套盘后协议转让和特定事项协议转让,充分满足投资者的多元化需求,优化了价格形成机制。根据挂牌公司的转让方式、层次、产业和创新特征,累计发布了10只指数,引领了市场投资。

七是持续推进市场双向开放。新三板已成功加入亚洲暨大洋洲交易所联合会(Asian and Oceanian Stock Exchangs Federation,AOSEF)、世界证券交易所联合会(World Federation of Exchanges,WFE)。2018年上半年,新三板与中国香港联交所联合推出两地挂牌上市安排,允许符合条件的挂牌/上市公司在两地市场挂牌/上市,进一步拓宽了中小企业融资渠道,目前已有1家公司股票实现两地挂牌。

(三)新三板存在的问题

随着市场规模的快速增长以及挂牌公司的成长壮大,市场结构日渐变化、市场需求日趋多元,新三板也出现一些新的情况和问题,迫切需要提升市场功能,补齐多层次资本市场服务中小企业和民营经济的"短板",面对经济高质量发展要求,推进新三板改革已成为多层次资本市场建设的一项紧迫任务。新三板的问题主要表现在三个方面:

一是主动摘牌公司不断增加。2018年至2019年6月底,已有2280家企业主动摘牌,占累计摘牌数量的70.57%。究其原因,一方面,经过早期爆发式增长,市场逐步趋于理性,一些不能适应资本市场规范要求和经营较差的公司实现自然出清;另一方面,随着挂牌公司的不断成长壮大,对市场功能提出了更高需求,新三板现有制度安排无法满足,多层次资本市场之间的有机联系也不够畅通,挂牌公司申请首次公开发行股票(Initial Public Offering,IPO)与未挂牌的公司相比没有优势,导致一些未来有上市需求的挂牌公司从新三板摘牌。

二是融资功能不断下降。2018年至2019年6月底,新三板挂牌公司共实现股权融资1771次,同比下降50.74%,融资金额778.58亿元,同比下降54.04%。究其原因,从宏观层面看,国内外经济环境发生变化,很多投资机构缺乏信心;从新三板市场自身情况看,设立初期单一的融资方式已不适应投融资双方对接的需求,一批市场认可度高、财务状况良好、公司治理规范的挂牌公司,迫切希望提高融资效率、降低融资成本。

三是市场交易不活跃。由于新三板在多层次资本市场中的定位始终存在争议,改革措施推进滞后于市场预期,影响各方参与热情,导致了市场的流动性不足。2018年至2019年6月底,新三板市场股票总成交1273.76亿元,同比下降54.18%,日均交易量不足4亿元,仅相当于A股相对活跃的一只股票。究其原因,一方面,挂牌公司公众化水平不高,截至2019年6月底,股东人数不足10人的挂牌公司接近一半,股东人数少、可交易股份不足限制了流动性;另一方面,新三板投资者准入门槛较高,合格投资者仅22.81万户,平均到每家挂牌公司潜在投资者人数不足23人,难以形成有效的买方力量。

新三板市场存在的这些问题是市场发展过程中的问题,这些问题也应该在市场发展过程中通过改革和创新来逐步加以解决。经过多年的发展,笔者认为这些问题已经积累到一定的程度,新三板市场到了必须改革的时候,应当全面深化改革,通过全面深化改革,使新三板再创辉煌。之所以迫切需要全面深化新三板改革,是因为新三板改革的必要性日渐突出。主要体现在以下几个方面:

一是全面深化新三板改革是落实金融供给侧结构性改革的重要举措。近年来,习近平总书记对深化金融供给侧结构性改革多次作出重要指示,这是着眼于经济供给侧结构性改革和高质量发展要求的战略部署。落实这一要求,既要推进资本市场功能建设,显著提高直接融资比重;又要加快健全多层次资本市场体系,增强资本市场的整体韧性,引导资本资源更好地向新经济要素和民营中小微企业集聚。新三板作为服务创新型民营中小企业的主战场,在三个全国性公开市场中服务了 90% 的中小企业,加快推进符合市场各方需求的改革,是资本市场落实金融供给侧结构性改革的重要环节。

二是全面深化新三板改革是畅通资本市场有机联系的重要内容。新三板是多层次资本市场体系中承上启下的重要环节,各层次市场都有其历史形成的风险特征和估值体系,彼此之间应当既相互独立又顺畅联通,为不同类型企业提供选择空间。新三板向沪深市场转板不畅,根源在于制度差异导致的股权分散度、流动性水平和估值体系无法有效衔接,甚至存在监管套利风险。全面深化新三板改革,为优质企业提供与沪深市场大体趋同的制度安排,有利于从根本上消除转板障碍,畅通资本市场的有机联系。

三是全面深化新三板改革是防范化解金融风险的必然要求。为实体经济服务是金融的宗旨,也是防范金融风险的根本举措。近年来,新三板发展预期不够明确、功能有所弱化,风险不断积累。从企业发展看,挂牌公司股权集中度过高,既导致企业的公司治理外部约束不足,也不利于改善民营中小企业的融资环境。从市场运行看,二级市场流动性持续不足,既容易诱发股价操纵,也造成投资者持股市值损失,加大各类产品的退出压力。全面深化新三板改革,可以提振市场信心,修复市场生态,提高市场韧性,有利于化解市场风险。

三、新三板改革的总体思路和基本内容

(一)新三板改革的总体思路

在总体思路上,一是全面深化新三板改革以习近平新时代中国特色社会主义思想和党的十九大精神为指导,贯彻落实金融供给侧结构性改革的部署,坚持市场化、法治化方向,坚持服务中小企业的定位,坚持与交易所错位发展的原则,发挥新三板市场承上启下的作用,促进形成制度多元、功能互补的多层次资本市场体系;二是完善新三板市场结构,按照不同阶段企业需要提供差异化精准服务;三是夯实新三板基础制度,提高投融资对接效率,增强市场定价功能,促进市场发行、交易等功能有效发挥;四是建立健全适合新三板和中小企业特点的监管制度安排,遏制重大违法违规行为,提高信息披露质量,防范市场风险,促进中小企业规范发展。全面深化新三板改革在总体思路上具体体现为四个方面:

1. 错位发展、形成特色

全面深化新三板改革就是要坚持新三板市场是我国多层次资本市场的重要组成部分,在我国多层次资本市场体系中找准并坚持新三板的定位。新三板市场对外部要处理与沪深证券市场的关系,对上要对接好沪深证券市场,对下要对接好区域性股权市场。沪深证券交易所主要服务成熟期的企业,区域性股权市场主要服务于微型企业、孵化型企业。而新三板市场的定位主要是服务于创新型、创业型和成长型中小企业。全面深化新三板改革就是要统筹考虑沪深交易所、新三板和区域性股权市场之间的关系,坚持加强多层次资本市场有机联系,坚持新三板服务中小企业的初心,匹配符合中小企业特征的市场制度,实现与交易所的错位发展。

(1)和沪深证券交易所的错位发展

新三板的改革主要涉及的是如何处理好和上海证券交易所科创板和深圳证券交易所创业板之间的关系。笔者认为,新三板与科创板、创业板具有一定的关联性但也存在明显的差异。新三板、科创板、创业板虽然均为我国多层次资本市场的重要组成部分,但三个板块在发展定位、市场功能等方面存在差异。

从发展定位上看,科创板的市场定位是坚持面向世界科技前沿、面向经济主战场、面向国家重大需求,主要服务于符合国家战略、突破关键核心技术、市场认可度高的科技创新企业。重点支持新一代信息技术、高端装备、新材料、新能源、节能环保以及生物医药等高新技术产业和战略性新兴产业。截至2019年10月,申报科创板的155家公司2018年平均净利润近1.1亿元。创业板市场是服务创新型、成长型企业的主要资本市场平台,重点支持具有一定盈利能力、处于成长期或刚步入成熟期的企业。截至2019年8月末,创业板上市公司770家,覆盖50个大类行业,2018年平均净利润为4672.64万元。新三板的市场定位是服务创新创业型中小企业,只要业务明确、产权清晰、依法规范经营、公司治理健全的企业,均可以申请在新三板挂牌。截至2019年8月末,新三板挂牌公司9298家,覆盖89个大类行业,2018年平均净利润765.71万元,2649家企业仍处于亏损阶段。

从市场功能上看,科创板更好地服务具有核心技术、行业领先、有良好发展前景和口碑的企业,通过改革进一步完善支持创新的资本形成机制。创业板服务高新技术企业,缓解高科技企业融资难的问题,吸引社会投资,还可以完善创业资本的退出机制,鼓励创业投资的发展,促进企业创新机制的完善和高科技企业竞争力的提升。新三板立足于中小企业,主要提供股份公开转让、股权融资、债权融资、资产重组等资本市场基础服务,目的是促进中小企业的规范、培育和发展。

从资本市场服务国民经济的大局来看,新三板、科创板和创业板可以共同为不同行业、不同类型和不同发展阶段的企业服务,优势互补、共同实现资本市场对实体经济的差异化精准服务,更好服务经济社会发展大局。

从多层次资本市场的内在逻辑看,多层次资本市场的错位发展、相互配合、有序竞争,不仅有利于不同需求的融资者实现融资发展,而且有利于不同偏好的投资者实现投资和退出,提高资本市场的活力和韧性。

综上所述,新三板与科创板、创业板都是我国资本市场的重要组成部分,共同构筑互联互通的多层次资本市场体系,三个板块错位发展、各具特色,优势互补、协同配合,形成合力,服务大局。全面深化新三板改革既不会与科创板、创业板形成竞争,也不会成为企业IPO上市的“预备板”。

(2)新三板内部关系上的错位发展

在内部关系上,新三板也是以错位发展为特色的。在改革过程中体现出差异化的改革思路。即新三板的改革要全面实行差异化,设置不同的板块、差异化的发行制度、差异化的交易制度、差异化的信息披露、差异化的公司治理、差异化的投资者门槛、差异化的监管力度。

从新三板改革中可以看出，基础层、创新层、精选层不同的层次进行了不同的制度供给，按照发展和监管、创新和风险控制、质量高低和制度松紧、交易安全和市场效率相适配的原则，旨在搞好投融资两端、丰富市场融资和交易工具。新三板改革在发行融资、市场分层、交易方式、市场准入、信息披露、公司治理、退出安排、监管处罚等方面进行全面的差异化安排。这一差异化主要体现在基础层、创新层和精选层因层次的逐次变化而有所不同：

一是融资和交易方式逐次提高。在发行融资方面，基础层只能定向发行和自办发行，而创新层则在基础上允许公开向不特定合格投资者发行股票并进入精选层，这一发行方式采取保荐和承销方式，可以进行公开路演和询价，而精选层在创新层的基础上，其挂牌公司还可以和沪深交易所对接，转板上市成为上市公司；在交易方式上，基础层、创新层只能采取集合竞价的方式，创新层的竞价频次"一天25次"高于基础层"一天5次"的竞价频次，精选层则可以采取更有优势的连续竞价方式。

二是合格投资者的数量和类型逐次提高。基础层合格投资者的门槛准入最高，投资者的数量最少；创新层合格投资者的准入门槛低于基础层合格投资者的准入门槛，投资者的数量要多于基础层的投资者数量，而精选层合格投资者的门槛最低，投资者的数量最多。此外，基础层、创新层合格投资者的类型仅限于个人投资者，而精选层合格投资者的类型既包括个人投资者也包括公募基金等机构投资者。

三是挂牌公司的质量包括公司经营、公司治理和信息披露逐次提高。在公司经营和公司治理方面，不同层次的挂牌公司均有入层的最低要求。创新层的经营性指标和公司治理指标要高于基础层，但又明显低于精选层要求。而在公司治理方面，精选层在独立董事、股东大会的表决机制、重大交易等方面较创新层都有更多的和更为严格的规定。在信息披露方面，不同层级的差异性也比较明显。在披露的种类上，基础层信息披露突出客观描述和风险揭示，只要求年报和半年报的披露；创新层也要求披露年报和半年报；而精选层则要求与上市公司趋同，披露年报、半年报和季报等定期报告。在披露内容上，虽然基础层和创新层都要求披露年报、半年报，但基础层的具体披露内容要少于创新层，实行简式年报和简式半年报披露，而创新层的披露内容也明显少于精选层。在临时报告的披露内容上也是按照基础层、创新层和精选层披露内容逐次增加予以披露的。

四是监管的手段和严厉程度逐次提高。由于新三板基础层、创新层和精选层在融资、交易、投资者数量、类型、公司经营、公司治理和信息披露的差异化明显，各类层级的挂牌公司和投资者的要求有所不同，监管者对不同层级的监管态度和力度也有所不同。这些不同大多体现在新业务规则的各个层级中。对于精选层监管的手段及违规处理基本上按照上市公司标准进行，因此证券法、公司法对于上市公司的相关法律责任和处罚等所作的规定，在一定程度对精选层挂牌公司具有参照价值，对于创新层和基础层则按照中国证监会的部门规章、规范性文件和全国股转公司的自律规则加以监管和处理，在程度上要轻于精选层。

正是因为错位发展的总体思路,使新三板和沪深证券交易所有所不同,在新三板内部多层级市场的各种差异,使新三板市场充满了自己的特色,新三板市场和其他市场一起构成了我国多层次市场,新三板的这些特色不但使自己充满了活力,在我国多层次资本市场中也发挥了不可替代的作用。

2. 能上能下、能进能出

全面深化新三板改革以转板上市制度为核心,统筹改进相关基础制度。一方面,打通中小企业成长壮大的上升通道,使新三板成为证券交易所、区域性股权市场之间承上启下的重要平台,对上能够通达沪深证券市场,对下能够连接区域性股权市场。另一方面,通过改革要让好的企业能够进入新三板市场进行融资,发挥资本市场对实体经济和民营中小企业的服务功能,让已经进入新三板不同层次的企业能够不断的升层,在制度安排上不断地满足中小企业发展壮大的需要。而对于在新三板市场中不好的企业,一旦不符合新三板市场的挂牌标准,就应该让它们及时地摘牌,退出新三板市场,实现资本市场优胜劣汰;一旦无法达到维持本层次挂牌标准的公司,也同样及时地退出该层级市场,退到新三板的下一层级的市场。

就"能上"而言,有两层含义:一方面,新三板挂牌公司向上转板至沪深证券市场,使新三板市场能够和沪深证券市场对接。全面深化新三板改革推出的转板机制是改革的最大亮点,也是改革的核心。因为有了转板机制,在法律、制度和监管等各个方面都要全面对接沪深证券市场。它要求转板的新三板挂牌公司必须是经过公开发行的公司,股票交易制度也要实行连续竞价机制,公司的质量、治理和信息披露等也应和沪深证券交易所的要求相匹配。因此,必须设立新的板块以区别于现行的基础层和创新层。精选层设立就是出于这样的安排来实现上述制度,要求创新层的挂牌公司在进入精选层前必须进行IPO,由保荐人进行保荐,承销商实行承销。这些制度与沪深上市公司在进入沪深证券市场之前的经历完全一样。全面深化新三板改革将允许在精选层挂牌满一年,符合《证券法》上市条件和交易所相关规定的企业,可以不再走传统的公开发行并上市(IPO)的路径,直接向交易所申请转板上市。转板上市制度的推出,为中小企业打通成长壮大的多元化市场通道,增加了一套上市可选方案。且由于转板上市是存量股份上市,不存在历史上一级市场受二级市场影响的情形,市场预期会更加明确;企业不必因上市工作而摘牌、暂停资本运作,不必重复信息披露,可节约上市成本,更有利于主业发展。转板上市与IPO的区别在于公开发行阶段的不同,上市标准没有本质差异,不会造成监管套利。反而转板上市的企业,由于经过新三板市场的规范、培育和市场检验,其规范性、经营质量相对更可靠,有助于提高上市公司整体质量,提振投资者信心,有利于整个资本市场的长期健康发展。需要说明的是,转板上市是给企业的一个选择题,而不是必选题,转板上市制度不会影响新三板独立市场地位。另一方面,区域性股权市场的挂牌公司向上能够转板到新三板市场,使区域性股权市场能够和新三板市场对接。

就"能下"而言,也有两层含义:一是沪深证券市场的上市公司一旦不符合维持上市公司的标准,退市可以进入新三板市场;二是新三板市场的挂牌公司一旦不符合维持挂牌公司标准需要摘牌的时候，同样可以进入区域性股权市场。目前，沪深证券交易所的退市公司均已退到新三板市场进行股票转让。新三板挂牌公司摘牌后进入区域性股权市场进行转让还在进一步探索中。

就“能进能出”而言，通过增设精选层，打造“基础层—创新层—精选层”三个层次的市场结构，形成新三板内部不同层次间能进能出的局面。基础层定位于企业规范，在匹配融资交易基本功能和较高的投资者资产要求基础上实行底线监管，体现新三板市场对中小企业的包容性。创新层定位于企业培育，在挂牌公司满足分层标准的基础上匹配较为高效的融资交易功能，帮助企业利用资本市场做大做强。精选层定位于企业升级发展，承接完成向不特定合格投资者公开发行、具有发展潜力的优质挂牌公司，匹配与证券交易所市场相当的融资交易制度，使新三板在服务企业发展周期覆盖面上实现有效拓展。在进入机制方面，通过发行市值、财务指标、股权分散度、保荐承销等更为市场化的机制遴选和聚集优质企业。同时，进一步完善降层和摘牌机制，维护市场各层级的稳定运行和企业整体质量，促进市场出清，保护中小投资者利益。

3. 两端搞活、丰富功能

全面深化新三板改革，要着力搞活投融资两端，丰富市场产品，增强市场融资交易基本功能。新三板市场作为核心要素市场，连接着挂牌公司、投资者以及中介机构等各类市场主体，其资源配置作用的有效发挥取决于能否在挂牌公司和投资者之间形成价值共识，形成投资者、筹资者、经营者之间相互激励、相互制约的机制。为了进一步激发市场活力，需要从投融资两端发力，加强市场服务，形成投资者敢投资、挂牌公司能融资的良性循环。

一是要改革市场发行制度，逐步丰富融资品种，提升市场融资功能。引入向不特定合格投资者公开发行制度，要求证券公司保荐承销，采取公开路演、询价等方式，通过网上发行平台向不特定合格投资者公开募集资金，大大降低企业与投资者的对接成本，提升企业融资效率。优化定向发行制度，取消单次融资新增投资者35人限制，便利企业一次性引入大量投资者，拓宽融资范围；允许挂牌同时发行、自办发行，优化授权发行，增加制度灵活性。在改革发行制度时，坚持市场化方向，借鉴科创板注册制经验，进一步简政放权，对公开发行、200人以上定向发行等相关行政许可事项，中国证监会在全国股转公司自律监管意见的基础上履行核准程序，中国证监会不设发审委。全国股转公司开展自律审查时，坚持以信息披露为核心，设立挂牌委员会，完善集体决策机制，实现审核标准、审核程序和问询回复的过程公开。股票发行的价格、规模、节奏主要通过市场化的方式，由发行人、证券公司等市场参与主体决定。相关安排遵循注册制的理念，根据新《证券法》和国务院对于注册制全面推行的总体安排，做好衔接。此外，还应进一步丰富融资工具，优化优先股制度，研究推出可转债、资产支持证券等多样化融资品种，并持续开发、丰富市场产品。

二是要实施差异化的投资者适当性管理和交易制度，改善市场流动性，完善交易定价功能。投融资对接效率的提升，需要一定的市场流动性支撑，需要引入增量投资者。

其一,结合市场分层实行差异化的投资者适当性标准,将原来的统一500万元金融资产标准调整为精选层100万元、创新层150万元、基础层200万元的证券资产,大幅扩大潜在投资者范围。其二,引入长期资金,明确公募基金可投资精选层公司,证监会已先后就QFII、RQFII投资挂牌股票向市场公开征求意见,还将持续推动保险资金、企业年金等专业机构投资者入市。同时,为匹配不同层次企业的公众化程度、流动性需求,要实施差异化的交易制度。精选层公司由于已完成公开发行、公众化程度较高,实行连续竞价交易制度;对基础层和创新层公司,将集合竞价撮合频次大幅提高,同时允许其选择做市交易方式,保持新三板市场制度特色。

三是创新市场服务,进一步提升挂牌公司等市场主体获得感。针对挂牌公司数量众多、类型多元的特点,深化差异化服务,提高服务的针对性。基础层依托投融通等平台,重点深化投融资对接服务,加强培训教育,提高规范意识。创新层在基础层相关服务安排基础上,进一步丰富市场指数。精选层重点开发交易型指数产品、跨市场指数产品,引导市场主体开发指数基金、ETF等投资产品。同时,将采取线上与线下相结合的方式,为挂牌公司、董监高等市场主体提供多样化的培训服务,引入外部师资力量,在规范基础上,着力开发资本运作等增值服务课程。加强与地方政府合作,主动融入其经济发展战略,推广服务基地建设,提升在地化服务能力,减少服务获取成本,提升服务效率,使新三板成为地方政府扶持中小企业发展的重要抓手和政策平台。继续探索人工智能、大数据、云计算、区块链等新计算应用于市场服务。

4. 防控风险,稳步推进

全面深化改革离不开稳定的市场环境。强化监管、守住风险底线是改革的重要内容,是保障改革成功的重要环节,更是改革稳步推进的前提条件。因此,在推进市场功能、服务创新的同时,必须加强市场监管和风险防控,持续提升挂牌公司质量,加强投资者合法权益保护。这就需要我们,一方面,加强投资者适当性管理,压实中介机构责任,提高信息披露质量,加强舆论引导,防范各类风险;另一方面,按照稳步推进的原则,确保各项改革措施平稳落地,实现预期目标。全面深化新三板改革,要着力强化市场监管,提升挂牌公司质量,保护投资者合法权益,守牢风险底线。

一是要加强挂牌公司监管,实施挂牌公司质量专项提升行动,为新三板市场改革发展"强基固本"。公司是资本市场健康发展的基石,是促进金融与实体经济良性循环的微观基础。只有不断提高挂牌公司质量,才能发挥好挂牌公司在推动产业结构升级优化的带头效应,畅通投资者分享企业成长、经济转型升级的渠道。为提高挂牌公司质量,全面深化改革应采取一系列针对性措施。其一,结合市场分层和挂牌公司实际,合理设定差异化的信息披露和公司治理监管要求。要根据《证券法》把挂牌公司等主体纳入信息披露人范围的新规定,在证监会统筹下,健全完善对挂牌公司监管的工作机制,进一步夯实各项基础制度。其二,实施分类监管,将监管资源集中到精选层公司和风险外溢性较高的其他挂牌公司,持续优化信息披露智能监管系统,健全现场检查、公开问询等监管机制,突出重点,强化责任追究,提高违法违规成本。为加强精选层公司监管,全国股转公司应当设立专门的公司监管部门。其三,实施提高挂牌公司质量方案,启动提高财务规范性和公司治理水平的专项行动,把这项工作做实做细。其四,把牢市场进口和出口关,优化挂牌条件适用标准,多维度筛选企业,引导符合市场定位的企业进入新三板;健全摘牌制度,对丧失持续经营能力、存在违法违规等情形的公司,加大市场出清力度,促进优胜劣汰。

二是要加大投资者服务力度,切实维护投资者合法权益。随着各项改革措施的落地,发行与交易将逐步有所活跃,投资者保护问题的重要性将更加突出。全面深化改革实施前,全国股转公司已经发布了股票异常交易监控细则,并改造升级了监察系统,加强对二级市场的监控和处理,维护市场交易秩序。在制定信息披露、公司治理等规则时,把投资者保护贯穿始终,如建立以投资者需求为导向的信息披露要求,便利投资者阅读、理解和决策;实施网络投票、中小投资者单独计票并披露等制度安排,便利投资者充分表达自身意愿。全国股转公司成立了投资者服务专门部门,配置专职人员开展投资者服务工作和投资者教育活动。要积极落实新《证券法》,健全内幕交易、市场操纵等违法违规行为的立案、移送标准和程序,推动先行赔付、集体诉讼等制度在新三板落地,积极引入持股行权制度,继续加强调解、仲裁、诉讼等多元纠纷解决机制的建设和宣传,夯实投资者保护的制度机制。

三是要将风险防控和改革工作同步研判、同步部署,有针对性地制定风险防控工作方案。以底线思维为新三板改革发展护航,制定专项工作方案,针对改革过程中可能出现的市场风险、监管风险和技术系统风险进行细致梳理,建立风险监测和预警机制,准备相应处置措施,确保各项改革措施平稳落地。包括加强对二级市场、投资者行为、跨市场联动的分析研判,构建市场运行风险监测体系,加强关键节点的市场运行分析;针对审查质量、发行结果、公司监管等方面的风险,建立协同应对工作机制,量化各类风险监控指标,做好措施储备;实施舆情监测,主动解疑释惑,强化舆情管理;根据新的形势,修订应急管理办法,制定挂牌公司、交易系统、技术系统等应急方案,确保及时反应、稳妥处置,牢牢守住不发生系统性风险的底线。

(二)新三板改革的基本原则

1. 坚持按市场规律办事

要通过充分的市场调研,深化对新三板市场运行规律的认识,做到尊重规律、敬畏规律、遵守规律。在投融资关系方面,投资与融资是一个硬币的两面,没有投资就没有所谓的融资,两者相辅相成、相互促进。新三板合格投资人数量较少、类型单一,无法充分满足近万家企业的直接融资需求。在买卖关系方面,合理的流动性和公允的二级市场价格是融资并购定价的基础,股票流动性和公允价格的形成,主要源于买卖订单的博弈过程,而新三板市场买卖失衡,是流动性不足和价格大幅波动的重要原因之一。改革举措致力于解决好投资与融资、买与卖的关系问题。

2. 坚持依法依规推进改革

相关改革举措都是在现有法律制度框架下进行的探索,涉及制定和修改证监会部门规章、规范性文件以及自律规则,均应配套准备,要启动现有自律规则系统的整体修订工作,确保相关改革举措有法可依、有规可循。考虑新三板近万家挂牌公司中初创企业与成熟企业并存,新兴业态与传统行业并存,个股流动性和风险外溢程度也有较大差异,相应的制度规定均应根据企业特征的多元化进行差异化安排。为夯实新三板发展法制基础,还要进一步推动《证券法》的贯彻和落实,积极推动制定有关新三板市场的行政法规。

3. 坚持改革创新与风险防控并重

改革过程中,要将风险防控放在更加重要的位置,将风险防控与改革工作同步研判、同步部署,不断完善市场监管机制,牢牢守住不发生系统性风险的底线。针对改革过程中可能出现的市场风险、监管风险和技术系统风险等,要有针对性的风险防控工作方案,在具体制度设计上强化内外部监督制约,实现风控手段对业务流程的全覆盖。

4. 坚持存量优化与增量改革并重

在现行制度框架下的存量优化予以先行推进,2018年10月底以来,新三板市场进行了一系列存量制度优化,定向发行备案审查时间由7.9天缩短为2.9天,小额授权发行机制平均节省时间15天以上,重大资产重组发行股份购买资产取消35人和合格投资者限制,推出8只引领系列指数,上线了新三板投融通平台等。在此基础上,结合全面深化新三板改革做足增量改革的同时,还应进一步加大存量改革,优化挂牌条件实施标准、出台终止挂牌规则、制定挂牌公司规范运作指引、优化信息披露制度,提高挂牌公司质量;完善现行可转债制度和优先股,将可转债范围扩大至所有挂牌公司,放开优先股转股限制,探索资产证券化品种,丰富融资工具;建立挂牌公司股权激励制度,优化并购重组管理,进一步激发市场主体创新活力;做好银企对接,拓展市场培训,加强市场服务;完善主办券商制度,制定会计师事务所和律师事务所自律管理规则,健全中介机构激励约束机制,促进中介机构归位尽责;建立挂牌公司违规行为分类处理机制和跨市场监管协作机制,优化自律监管与行政监管的对接工作,提高监管效率和监管质量。

(三)新三板改革的主要内容

新三板市场的全面深化改革是一项系统性工程,是自全国股转公司成立以来的一次最全面、最系统、最深入的改革,与新三板市场的历次改革相比较,这次改革将使新三板市场发生彻底的变化,必将深刻地影响新三板市场未来的变化,使新三板的地位、作用凸显和不可撼动,成为我国资本市场中极其重要的一支力量。这次改革内容之丰富、制度供给之充分、规则配套之全面、创新举措之频繁远超市场预期。主要内容简介如下:

1. 设立精选层,落实转板上市机制

(1)设立精选层

在新三板市场设立精选层。完成向不特定合格投资者公开发行且符合入层条件的企业进入精选层,且在精选层连续挂牌满1年的精选层公司可以申请转板上市。精选层公司具有较强的公众化水平,公司治理规范,经营状况良好,比照上市公司严格监管。在此基础上实施转板上市,具备相应的法律和市场基础,既可以有效防止监管套利,又能保障转板上市平稳落地。

(2)转板上市

转板上市的企业应符合《证券法》和交易所规定的上市条件。应符合《证券法》关于股票经核准已公开发行、公开发行股份比例、股本总额、最近3年无重大违法行为和财务会计报告无虚假记载等法定要求,还应符合交易关于转板上市的具体条件。转板上市需经公司董事会、股东大会审议通过,并由保荐机构进行保荐。转板上市时无须再经证监会核准,由证券交易所开展审查并作出上市决定。

2. 优化融资制度

(1)实行向不特定对象公开发行制度

一是发行主体与对象。第一,发行主体限于在新三板挂牌满1年的创新层公司。即规定一定期限的挂牌公司作为发行主体有利于保证精选层企业质量,确保制度平稳实施。第二,发行对象为符合新三板投资者适当性要求的投资者,即向不特定对象公开发行股票。

二是发行条件。公开发行股份须遵循《证券法》规定的公开发行条件,包括具备健全且运行良好的组织机构;具有持续经营能力,财务状况良好;最近3年财务会计文件无虚假记载,无其他重大违法行为等,不新增其他条件。按照《非上市公众公司监督管理办法》规定,规定信息披露和公司治理要求,结合挂牌公司特点对发行条件进行细化明确。按照国发49号文精神,允许研发能力较强、创新能力突出的暂未实现盈利企业向不特定对象公开发行。将市值、财务指标和股权分散度等要求纳入精选层分层条件,企业向不特定对象公开发行与进入精选层挂钩,降低发行风险。

三是精选层入层条件。企业完成公开发行,符合四套条件之一的,进入精选层:标准一遴选盈利能力强的企业,该标准侧重财务指标,市值起辅助作用,设定为“市值不低于2亿元,最近2年净利润均不低于1500万元且加权平均净资产收益率的均值不低于8%,或者最近1年净利润不低于2500万元且加权平均净资产收益率不低于8%”;标准二遴选高成长性的企业,设定为“市值不低于4亿元,最近2年平均营业收入不低于1亿元且增长率不低于30%,最近一年经营活动产生的现金流量净额为正”;标准三遴选具有较高市场认可度的创新企业,设定为“市值不低于8亿元,最近1年营业收入不低于2亿元,最近2年研发投入合计占2年营收合计比例不低于8%”;标准四遴选市场高度认可、创新能力强的创新企业,设定为“市值不低于15亿元,最近2年研发投入累计不低于5000万元”。

四是审核机制。按照《证券法》和国发49号文的要求,建立新三板负责精选层入层审查、证监会履行法定行政许可职责的审核机制,把好精选层公司质量关。第一,审核流程。新三板建立电子化系统,受理向不特定对象公开发行并进入精选层的申请文件,审查职能部门履行文件审查、质控复核、审查问询等程序后,提交挂牌委员会审议,新三板结合挂牌委员会审议意见作出审查决定。审查通过后,将审查意见和申请文件一并报送证监会审核;证监会简化审核程序,无须提交发审委审议。第二,建立审查质控机制。实施现场检查;明确发行条件、分层条件及信息披露的具体审查标准,建立审查工作底稿制度;专门质控机构复核,主要节点集体决策;在新三板设立挂牌委员会,由新三板专业人士以及外部专家组成,对发行人是否符合精选层分层条件和信息披露要求提出专业意见。

五是保荐承销。第一,实行保荐制,同时新三板主办券商持续督导制度仍适用于精选层公司。保荐机构保荐职责、业务规程和保荐责任适用《证券发行上市保荐业务管理办法》相关规定。第二,公开发行由证券公司承销,发行人可自主选择询价、竞价或直接定价的方式确定发行价格;引入战略配售机制,允许发行人高管、核心员工以及保荐机构及其实际控制人控制的相关子公司参与战略配售;设置超额配售选择权。

(2)完善定向发行,引入可转债制度

一是优化现行普通股定向发行制度。第一,取消单次发行新增股东人数35人限制;第二,允许仅面向现有股东、董监高、核心员工等内部人员的发行实施自办发行;第三,允许挂牌同时定向发行;第四,定向发行后股东人数超200人的,按照公开发行管理方式,由新三板审查后证监会进行核准。

二是引入定向发行可转债制度。第一,发行条件。遵循国发49号文中合法规范经营、公司治理健全、信息披露合规等基本要求,比照《证券法》公开发行债券的有关规定,设置净资产规模、累计债券余额占比等要求。第二,审核方式。比照普通股发行设置审核程序,发行后证券持有人不超200人的由新三板备案,发行后证券持有人超过200人的经新三板审查后由证监会核准;转股环节按上市公司可转债自动转股的模式,无须证监会核准或新三板备案。第三,发行方式。不设发行人数限制,不强制承销保荐和评级。第四,转让安排。允许盘后协议转让。

三是引入差异化表决权制度。考虑新三板部分挂牌公司科技创新属性突出,此类企业在股权融资的同时,希望充分发挥创业团队、管理团队的作用,保持控制权稳定。因此,允许企业在进入精选层前设置差异化表决安排,特别表决权股份拥有的表决权数量大于普通股份。配套设置特别表决权最高倍数,明确恢复一股一权以及特别表决权的失效情形等,防止表决权滥用。

3. 完善交易和投资者准入制度

(1)调整交易制度

一是精选层盘中实行连续竞价交易方式,开收盘实行集合竞价。最低申报数量设置为100股,取消最小交易单位。根据连续竞价实施后市场流动性需要,适时引入混合做市交易机制。提高创新层和基础层交易频次。创新层集合竞价撮合频次由每天5次提高至25次;基础层集合竞价撮合频次由每天1次提高至5次;同时,创新层和基础层公司仍可选择做市交易方式。

二是设置连续竞价价格稳定机制。第一,对连续竞价股票实行价格涨跌幅限制,涨跌幅限制比例为30%。价格涨跌幅以内的申报为有效申报,超过价格涨跌幅限制的申报为无效申报。第二,设置动态申报有效价格限制。有价格涨跌幅限制和无价格涨跌幅限制的股票,在连续竞价阶段的限价申报应当符合:①买入的申报不高于买入基准价格的105%或买入基准价格以上10个最小价格变动单位(以孰高为准);②卖出报价不低于卖出基准价格的95%或卖出基准价格以下10个最小价格变动单位(以孰低为准)。第三,设置个股波动性中断机制。出现下列情形之一的,对其实施盘中临时停牌:①无价格涨跌幅限制的连续竞价股票盘中交易价格较当日开盘价首次上涨或下跌达到或超过30%的股票;②无价格涨跌幅限制的连续竞价股票盘中交易价格较当日开盘价格首次上涨或下跌达到或超过60%的股票。对该只股票盘中单次临时停牌为10分钟。

(2)调整投资者准入制度

一是实施差异化投资者适当性标准。将精选层、创新层、基础层投资者准入标准设置为100万元、150万元、200万元证券资产。配套优化投资者适当性管理机制,明确金融资产的认定标准。

二是扩大机构投资者队伍,明确公募基金投资精选层公司股票等具体监管安排。研究落实保险资金、社保基金和企业年金等机构投资新三板的相关安排。

4. 完善市场各层次差异化监管安排

(1)精选层对标上市公司严格监管。召开股东大会须安排网络投票,实行累积投票制、中小股东单独计票,明确重大事项的董事会、股东大会审议标准和披露标准,建立敏感期交易限制,要求公司章程规定短线交易归入权等。不仅披露年度报告、半年度报告,还要求披露季度报告、业绩快报和业绩预告;年度报告内容与格式实行详式披露要求。设置专门的行政执法安排,对控股股东、实际控制人等相关主体所持股份予以限售。精选层公司再融资价格原则上应当以股票交易的市场价格为定价基础。

(2)创新层设置相对适中的监管要求。要求制定并披露"三会一层"议事规则等公司制度,设置具有相应资质的董事会秘书。定期报告披露频次与基础层一致,在基本信息的披露要求基础上增加对行业信息等经营内容的披露要求。

(3)基础层在合规的基础上设置与其公众化水平相匹配的底线监管要求。要求符合非上市公众公司的基本治理规范,保证"三会一层"的正常运行。在保证信息披露质量的基础上,简化披露内容和频次要求,定期报告仅要求披露年度报告和半年度报告,半年度报告以财务报表为主,临时报告侧重于风险事项的披露。

(4)设置降层机制,保障企业质量,维护各层次稳定。精选层和创新层设置财务类和规范类等降层标准。触发净利润、营业收入和净资产等财务标准的,每年定期调出;触发股票交易价格长期低于面值等交易类标准的,即时调出;存在违法违规行为的,同样即时调出。触发财务类等降层情形的,逐层降低层次;触发规范类降层情形的,直接降至基础层。

(5)完善摘牌机制,加大"恶意摘牌"惩处力度。一是完善《股票终止挂牌业务细则》,对未披露定期报告、丧失持续经营能力、公司治理长期失效以及存在重大违法违规情形的公司强制摘牌。二是实行分级管理,加大"恶意摘牌"惩罚力度,提高违法成本。

5. 增加制度供给和司法保障,进一步提高违法成本

目前,新三板市场虚假陈述、内幕交易、操纵市场等重大违法行为已比照上市公司处罚,但其他违规处罚与上市公司尚有差距。现阶段,应充分发挥系统监管合力,增加制度供给;长远看,新三板应同步适用资本市场提高违法成本的改革措施,提升监管和处罚力度。

(1)明确精选层比照上市公司监管的具体安排。明确控股股东行为规范、关联交易与对外担保、并购重组、股份减持等要求;明晰发行人及其控股股东、实际控制人、保荐机构和证券服务机构之间的责任划分。

(2)明确精选层稽查执法标准与工作衔接机制。明确违法行为的移送与处罚标准,建立线索发现与处理、案件调查和处罚的处置机制,及时查处违法行为;涉嫌犯罪的,建立常态化移送机制,及时交司法机关从严追究刑事责任。针对违法失信主体,推动实施联合惩戒。

(3)实施分类监管,发挥派出机构现场监管优势。针对精选层公司构建中国证监会机关、证监局和新三板“三点一线”工作机制,派出机构按照辖区监管责任制实施现场监管,并根据需要实施非现场监管;其他层次以自律监管为主,强化主办券商持续督导责任,发现明显违法线索的,移送证监会立案稽查。

(4)用好、用足自律监管手段。加大对违法违规中介机构处罚力度。新三板建立执法检查和案件审理协作专门力量,配合中国证监会及其派出机构对精选层公司进行现场检查和稽查执法。

(5)推动建立提高违法违规成本的长效法律机制。积极推动将新三板精选层重大违法行为纳入《刑法》《证券法》修改适用范围,大幅提高刑期上限、罚款金额等,强化违法违规主体的民事赔偿责任。

四、新三板发展的未来走向

新三板作为资本市场服务中小企业的全新实践,其未来的发展方向应该是市场化、法治化、国际化。

(一)新三板的市场化

1. 市场化的相对性

市场化是以建立市场型管理体制为重点,以市场经济的全面推进为标志,以社会经济生活全部转入市场轨道为基本特征的。它是把特定对象按照市场原理进行组织的行为,通过这一行为实现资源和要素优化配置,从而提高社会效率,推动社会进步。

我国的资本市场,30年来一直朝着市场化的方向努力。发行制度、上市制度、交易制度等在资格管理、牌照准入、产品开发、市场联通,在股票市场、债券市场、基金市场和衍生品市场上越来越市场化。以发行制度为例,我国资本市场经历了审批制、额度制、审核制到注册制,这一过程就是逐步减少行政干预,加大市场化力度的过程。时至今日,我国资本市场的发行制度在科创板成功试点注册制的基础上,将不断推开。毫无疑问,我国在资本市场的市场化推进上取得了很大的成绩。

但是,市场化也有一定的相对性,它取决于一定的环境,在不同的条件下,市场化推进的力度是不同的。在市场资源的优化配置上,市场和政府的干预,实际取决于市场的本身。如果市场的客观条件并不允许,市场化就很难实施,实施了效果也未必好。在成熟市场上实行的市场化机制,在新兴市场就未必能发挥出资源优化配置的效果。在我国资本市场发展的进程中,这样的经验教训是很多的,如我们在衍生品、国债期货事件等方面。我国目前在大力推进资本市场市场化的同时,并不能完全排除政府对资本市场的作为。在推进市场化的过程中,还需要考虑对风险的防范,要将改革的力度、市场化的速度和由此带来的风险承受度统筹考虑,使三者之间能够很好地结合。这就要求我国资本市场的市场化循序渐进,不可能一蹴而就,不可能全方位铺开。

新三板市场的市场化也是如此,市场化是新三板未来的发展方向。相对于过去,新三板的市场化有了长足的进步,7年来新三板市场进行了多次改革,每次改革都使新三板的市场化有了进步,尤其是2019年10月以来的全面深化改革,新三板的市场化涉及面之广、力度之大、内容之深前所未有。新三板市场化改革使市场的功能日渐恢复,市场的融资功能、交易功能、市场流动性和资源配置功能大为改善。新三板的市场化正朝着正确的方向前进。

2. 市场化的内容

新三板市场化的内容丰富多彩,在未来的发行方向上,随着新三板市场环境的不断改善,新三板的改革越来越全面和深入,新三板市场化的力度会越来越大,新三板的市场化前景也会越来越光明。笔者认为,新三板市场化应该体现在以下几个方面:

(1)市场功能逐步齐全,市场产品不断丰富。资本市场最主要的功能体现在四个方面,即通过融资推动资本形成,通过交易促进价格发现,通过资产重组优化资源配置,通过资本转让实现投资回报。

就通过融资推动资本形成而言,企业通过进入资本市场获得了发行证券的可能性,当企业需要资金时,它可以向证券监管部门和证券交易场所申请发行股票、债券或其他形式的证券获得投资者的资金,以解决企业在经营和生产过程中最重要也是最基本的需求。在现代金融中,企业在生产经营过程所获得的资金有两个渠道,一个是通过银行贷款,另一个是通过资本市场发行证券。而投资者将资金存入银行并由银行提供给企业和通过发行证券直接买入企业所发行的证券,在资金的性质上是不一样的。投资者将资金以存款方式存入商业银行等金融机构所形成的是债务性资金,以投资方式直接进入企业所形成的是资本性资金。债务性资金和资本性资金,对于居民来说结果是不一样的。居民资金作为债务性资金时,居民和企业不存在直接的关联性,对企业的关心程度和利害关系不大,他们仅仅和银行形成了简单的存储关系,而资本性资金却使居民作为投资者紧紧和企业的命运联系在一起;对企业而言通过直接融资更加便捷地获得资本,满足了其实业投资和生产经营的需要。在实践中,资本市场提供了解决居民和企业之间资金矛盾的情况。一方面,居民个人和家庭每年消费剩余的大量资金,难以直接形成实业投资所需的资本性资金;另一方面,企业又需要有大量的资本性资金以满足生产经营的需求。

居民将消费剩余资金以存款方式存入银行等金融机构,虽能实现资金集中,却不能有效形成资本性资金;而在企业严重缺乏资本性资金的条件下,银行等金融机构也难以通过贷款途径将资金充分放出。这一矛盾若不能化解,经济运行中势必发生债务性资金相对过剩和资本性资金相对紧缺现象。资本市场恰恰是一个既能够实现资金集中又能够将这些资金转化为资本性资金的场所,企业通过资本市场发行证券在从投资者手中融入资金的同时,既实现了这些资金的集中,也实现了将这些资金转化为资本性资金。资本市场的这种融资功能推动了资本的形成。

就通过交易促进价格发现而言,资本市场的主要功能在于证券的交易。在企业发行股票结束后,即进入证券交易场所挂牌上市,股票即在市场进行交易。在这一过程中,资本市场评估资本价值的功能主要通过证券交易中的市场机制来实现。在交易中,股票价值通常不是由其面值所决定,股票的交易价格明显高于其票面价值。对投资者而言,股票交易价格成为其投资购股的基本价格;对上市公司而言,股票交易价格成为其配股、增发新股的主要参考依据。交易促进了资本的价格发现。

就通过资产重组优化资源配置而言,上市公司资产重组是企业常用的资本性工具。上市公司内部资产重组,需要增加资本投入,常常需要利用资本市场募集增量资金并换取优质资产,由此,资本市场推进了这些企业的资本结构优化。上市外部资产重组,常常通过股权置换、股权收购、公司合并等方式实现,在这些场合,资本市场机制发挥着积极重要的作用。由于资本具有便捷的流动性,股票具有可交易性,再融资具有可能性。上市公司通过增发股票不但可以再次募集资金,还可以采取发行股票换取资产的方式,将优质资产并入上市公司。通过收购兼并,实现资产重组,使企业的资源配置得到优化。

就通过资本转让实现投资回报而言,由于证券的可流通性、交易的便利性和资本的高流动性,能够有效保障资本价值的实现。所以投资者才敢于将现金通过投资将其转变为资本,在其通过上市公司利润分配获得收益和通过财产增值获得收益之外,还可以通过出售资本投资的凭证,在转让资本未来收益的基础上获得资本增值收益。可见,实现资本价值并不仅仅发生在获得资本回报的场合,在投资者需要提高资本的流动性、转移投资方向和收回资本残值的场合,同样需要实现资本价值。从这一角度看,资本的转让实现了投资者的投资回报。

上述4种功能,都是资本市场所具有的主要功能。对于一个市场化机制比较完备的资本市场而言,是必须具有的。而新三板市场目前在这几个功能上都或多或少有所欠缺。

非但如此,新三板市场在产品上也不丰富。一个功能健全、产品丰富的市场,应该包括股票、债券、基金和衍生品四大市场。目前,新三板市场主要是股票市场,产品也以股票为主,债券市场、基金市场和衍生品市场均不发达,产品也极其有限。新三板的市场化任重道远。

(2)市场管制逐步放松,市场注重事后监管。市场化程度的高低取决于管理者的态度,是管制还是监管,所导致的结果并不一样。市场化程度高的市场,管制程度较低,监管较为严格。管制和监管是不同的。

第一,两者目的、效果不同。管制的目的是禁止,不允许市场参与者加入,从一开始就对市场参与者提出很高的要求,更多的是对市场参与者进行硬约束,其出发点是将市场参与者从源头上档在市场的大门外。在认识上将市场参与者视为"有问题的人",在态度上比较蛮横,方法比较简单,最终使参与者很难参与市场,即使参与了也会受到较大的限制和约束,因此很难展开市场活动,弱化了市场的功能;监管的目的并不在于禁止市场主体参与市场,对市场主体在参与市场的一开始并不提出很高的要求,市场主体进入市场后,根据市场的总体情况对市场参与提出适当的要求,对市场参与者提出的硬性约束适中,其出发点是欢迎市场主体积极进入市场、参加市场各种活动,在认识和态度上,将市场参与人视为"没有问题的人",态度比较友好、方法较为柔和。

第二,两者的侧重点不同。管制不但在"管",还在于"制"。在经济学上,管制是政府用来控制企业行为的法律和规定,通常采取经济管制和社会管制的方法。经济管制采取的是强制措施,限制商品的价格、市场准入、单个行业的服务,社会管制主要是采取管制影响到许多行业的外部经济环境,如空气或水源污染的管制。在民事领域,管制是约束人们正常的社会活动,比如交通管制,就是出于某种原因对部分或者全部交通路段的车辆和人员通行进行的控制措施。在刑法上,管制针对的是犯罪分子,是指对犯罪分子不实行关押,依法实行社区矫正,限制犯罪分子人身自由的一种刑罚方法。可见,管制是对相关当事人的一种强有力的限制和控制;而监管则不同,监管注重"监",兼带"管",具有先"监"后"管"的含义,它注重的是被监管的对象在参与市场活动中的过程。在这一过程中,监管者始终关注着相关当事人的活动是否按照法律法规和监管部门的要求去进行,他们是否从事违法违规以及违反监管者要求的行为,如果没有就没有后续的"管",如果有就要接受相应的监管措施。

第三,两者管理的时段和内容不同。管制主要体现在对市场参与者前段的管理,注重的是事前管理;监管主要体现在市场参与者的过程及过程之后的管理,注重的是事中事后的管理。在内容上,管制主要是对资格、准入、门槛的管理,决定市场参与者能否进入市场,以什么样的条件进入市场,通过何种程序进入市场以及何时进入市场;监管则不重点强调资格、准入和门槛,它所关注的重点在于市场参与者进入市场后的行为规范,并对行为规范的后果进行管理。

两者相比较,尽管都是对资本市场的管理,但显而易见管制的行政化色彩更浓,监管市场化色彩更浓。从新三板市场的资源配置优化看,后者要比前者更加有利于资源的优化配置,使市场参与者能更多地参与市场,利用市场资源,更加有利于市场的发展。

(3)市场主体归位尽责,自我约束切实到位。市场化有赖于市场机制的建立和有效运行,而市场机制的建立并得到有效运行又依赖于各市场参与主体的归位尽责。市场化要求市场参与者能够准确定位、各尽其事、各负其责,市场参与能够增强自我约束机制,从而使市场能够高效有序运行。因此,市场主体的归位尽责、自我约束对资本市场的市场化很重要。市场主体归位尽责、自我约束具有几层含义:

其一,市场主体明晰各自的地位、权利、义务和责任。无论是发行人、上市公司、挂牌公司、证券公司、会计师事务所、律师事务所、资产评估机构、咨询机构,还是基金公司等机构投资者、个人投资者,在资本市场中都有自己明确的法律地位,也有明确的权利义务和法律责任,我国证券法、公司法及其他相关法律法规、部门规章、规范性文件都规定的十分明确。因此在参与证券市场的各种活动中,各市场主体都应当知晓自己的权利义务和法律责任。只有这样才能够在市场活动中遵规守纪,市场才能正常有序。

其二,市场主体能够自觉按照各自的职责行使权利、履行义务,加强自我约束、主动承担责任。市场化的资本市场就要求市场主体能够自觉地按照法律法规和监管部门规定尽责履职,不应该履行的职责不应替代他人履职,是自己的职责,也不得推诿和不尽职责。以股票发行为例,发行人是保证发行材料真实、完整、准确的第一责任人,它是确保发行信息披露真实、完整、准确的第一义务人;保荐人是发行股票保荐事务的责任人,对发行人的发行行为负有法律义务;会计师事务所就发行人的申请材料和信息披露涉及的财务审计报告负有法律责任;律师事务所就发行人的发行行为出具的法律意见书负有法律责任。他们之间彼此的责任边界清晰,明确了在何种情况下各自独立负责,在什么情况下承担连带责任,不应相互推诿。

其三,监管者能够处理好和市场主体之间的关系,监管者既不越俎代庖,也不推卸责任。监管者和市场主体之间是监管与被监管的关系,监管者负责管理市场,监督市场参与者按照法律法规行事,促进市场公开、公平和公正,维护资本市场秩序,保护市场参与者的合法权益,以使资本市场长期稳定健康发展。在市场的各种利益关系中,监管者是超脱的,他站在公平的立场上,依据法律法规和自身的职责处理资本市场的各种事务。虽然监管者和资本市场关系密切,他既是政策和规则的制定者,同时还是监督市场主体执行法律、政策和规则的监督者,但监管者并不参与到具体的市场活动中去,不能成为市场主体的一分子。对于市场主体在发行、上市、交易、结算等具体活动中,监管者始终不能介入,市场主体的事务职能由市场主体自己去行使。监管者不能越俎代庖和推卸责任,把本应为市场主体要做的事变成自己要做的,也不能把应该是自己要做的事推给市场主体去做。比如,对发行人的申报材料,监管者的审核更多的应该是对这些材料进行不断的刨根问底式询问,让其充分予以解释并进行信息披露,让市场去了解、分析和判断这些信息。对于发行人信息披露的真实性、完整性、准确性等必须由发行人、中介机构等各自按照法律的规定和监管要求予以负责。如果监管者在审核过程中负责去判断发行人申报材料的真实性,进而去负责审核发行人企业的质量,不但在客观上很难做到,实际上代替了发行人本身应有的责任,也替代了保荐人、会计师事务所、律师事务所等中介机构应负的法律责任。监管者这只看不见的手就过多的干预了市场,不但耗费了监管者本身的稀缺资源,同时也为发行人及中介机构的行为进行了背书,这样的行为就不是市场化行为。2019年《证券法》发行制度的规定,就很好地解决了发行问题上监管者和市场的关系,在发行制度的市场化方面迈出了极大的也是极为关键性一步。2019年《证券法》第9条第1款规定"公开发行证券,必须符合法律、行政法规规定的条件,并依法报经国务院证券监督管理机构或者国务院授权的部门注册。未经依法注册,任何单位和个人不得公开发行证券”,其公开发行证券注册制的规定,总结了发行核准制所存在的种种问题,将对发行人发行材料及发行人企业的真实性、企业优劣的审核和披露义务、责任交还给了发行人和相关中介机构。

(4)市场信息公开透明,市场服务不断加强。市场化的资本市场,应该是个信息公开透明,服务较为完善的市场。资本市场是个信息场,证券的发行和交易必须依据充分公开的信息,投资者决策也必须依据必要的信息。没有公开透明的信息,资本市场无法存在。

资本市场信息的公开透明首先是规则的公开透明。法律法规本身是公开透明的,部门规章和规范性文件也应该公开透明,自律监管机构的业务规则更应该公开透明,它涉及具体的操作和流程,不公开透明,市场参与者就无法进行市场活动。除了规则之外,监管部门制定的政策也应该公开透明。政策的透明公开是资本市场市场化很重要的因素,要做到这一点并不容易。

资本市场信息的公开透明是信息披露的充分公开。市场参与者在法律规定和监管者要求的范围内尽量进行充分的信息披露,使市场充分了解信息。这些信息包括发行人、上市公司、挂牌公司、中介机构和其他市场参与者的相关信息。

资本市场信息公开透明还要求监管者的监管行为充分公开,让监管行为和监管结果在阳光下,使监管者受到监督和约束。

市场化的资本市场还应该处理好监管和服务的关系,不能只强调监管而忽略服务,应在监管的基础上不断加强市场服务的能力和水平。

新三板的市场化是一个循序渐进的过程,不可能一蹴而就,但新三板未来的市场化方向无疑是正确的。新三板的市场化不仅仅体现在上述几个方面,它涉及的面更广泛。在客观环境允许下,只要具备了市场化的条件,能够市场化的都应该市场化,降低门槛、放松管制、减少行政干预,积极探索、不断创新,让市场资源配置不断得到优化,让市场的类型不断完善,让市场的产品不断丰富,让新三板市场化能够真正发挥其应有的作用,使新三板市场长期稳定健康发展。

(二)新三板的法治化

虽然因为历史文化传统和现实社会环境等因素共同作用,造就了各国不同的法治模式,但大家普遍认同的“法治”,至少应当包含良法之治和法的普遍性两个层面的意思。从这两个角度出发去理解法治,才能清楚地认识法治的内涵。

一是法治要求良法之治。恶法非法,法律一旦缺乏了基本的理性和规范性便不能称为良法,只有良法善治才能推动法治的进步与发展。隋文帝时期,曾有“盗一钱以上弃市”,“三人共盗一瓜事发即死”的恶法。法律的良善性,亦即法律的道德性,是法律本身所具有的使法律之所以能成为法律的基本属性,它构成了法律得以产生、形成、实施、遵守、监督的合理根据,构成了法律权威性、合法性、普遍性、规范性的理性基础,构成了法治的精神支柱。

二是法治要求法具有普遍性。“法律应当被遵守,否则将形同虚设。”法作为具有普遍性的一般行为规则,从国家到社会再到公民个体,都应当遵守本国的法律。

1.法治对资本市场建设具有重要意义

与其他领域相比,资本市场更加强调法的普遍适用性,更加需要形成共同规则,更加强调普遍遵守规则。离开了普遍适用的规则,就无法形成市场预期,离开了规则的约束,就无法保障交易结果,也就不可能真正形成公平高效的市场机制。资本市场是规则先行的市场,资本市场的发展史同时也是一部法治发展史。法治与市场之间存在正相关的辩证关系,法治兴则市场强,法治衰则市场衰。我国资本市场经历了飞速发展的阶段,其中最重要的原因之一便是良法的支撑。一系列具体的民商事法律制度、行政法律制度和刑事法律制度的建立,为资本市场的蓬勃发展奠定了法治的基础。正是在基础法律制度建设的进程中,一系列法律法规的出台,为建设规范、透明、开放、有活力、有韧性的多层次资本市场提供了法治根基。

(1)法治是资本市场发展的推动力。没有法治的不断完善和引领,就没有我国资本市场一个又一个新的发展和进步。1990年,沪深证券交易所的成立,依靠的是《上海市证券交易管理办法》和《深圳市股票发行与交易管理暂行办法》;1992年,中国证监会成立后,出台了《关于进一步加强证券市场宏观管理的通知》和《股票发行与交易管理暂行条例》,股票市场试点工作才得以全面推开;1998年,《证券法》正式颁布,才使中国资本市场进入了新阶段;2005年,《公司法》和《证券法》完成第一次全面修订,完善了监管执法机制和监管责任制度,强化了执法的权威性和执法效率,为资本市场发展带来新的机遇。2009年《刑法修正案(七)》修订,提高了对违法行为的威慑;2012年《证券投资基金法》修订通过,构建了私募基金监管的基本法律框架。2019年新《证券法》的颁布更是确定了我国多层次资本市场的基本框架,肯定了资本市场的改革创新,明确了新三板市场的属性,确定了新三板的法律地位。法治的力量推动着资本市场不断前行。

(2)法治是资本市场功能发挥的保障。市场机制作用的发挥,要求用法律来明确市场主体的产权关系、交换关系和竞争关系。资本市场只有依靠法治的手段,才能保障市场主体公平地参与到资本市场的投融资活动中来。只有通过法治的手段,才能实现对破坏市场正常秩序的行为及时打击、追究法律责任,才能保护投资者特别是中小投资者的合法权益。资本市场的创新离不开法治的规范和保障。资本市场的产品创新,交易、结算方式创新等,在很大程度上是法治创新,是各种法律关系的集中体现和各种利益的集中分配和调整,包括权利、义务、责任等方面的安排和分配。

(3)法治是资本市场稳定健康发展的保障。市场发展的实践证明,系统性风险的形成与法律制度的缺陷密切相关。资本市场的稳定,需要依靠法治来实现。只有通过法治,才能保障市场主体公平参与市场竞争,使各个市场主体都可以依法公平参与到资本市场的投融资活动中来。只有通过法治,才能够保障市场交易活动的正常进行,维护公平、公正、公开的市场秩序。只有通过法治,将系统性风险的防范、管理和化解纳入法治的轨道,才能守住不出现系统性风险的底线。

在新三板市场发展过程中，法治化就是要将市场化和改革的成功经验用法制的形式固化下来，并用法治的理念、方法、制度等为市场化保驾护航，用法治的手段降低市场化和改革创新带来的风险；市场化以法治化为基础，与法制化相辅相成、相伴而生。

2. 新三板未来法治建设

新三板成立以来，坚持依法治市，努力建设法治生态，取得了显著成果。

一是初步形成了新三板法律规则框架。形成了《证券法》、国务院《关于全国中小企业股份转让系统有关问题的决定》、《全国中小企业股份转让系统有限责任公司管理暂行办法》和《非上市公众公司监督管理办法》等法律、行政法规和部门规章及大量的规范性文件，以及全国股转公司涵盖的挂牌准入、持续监管、融资并购、交易监察等各业务条线、比较完备的自律规则体系，为新三板法治建设奠定了基础。

二是有力打击了违法违规行为。开展专项治理，加强技术系统建设，建立监管联动机制，与各地证监局合作开展挂牌公司资金占用等市场反映较多的违法违规行为专项治理，开发信息披露智能监管"利器"系统，探索建立线索上报机制，及时发现、处置违法违规行为。

三是营造自我约束的市场法治环境。通过建立主办券商执业质量评价、公开问询、诚信档案等制度，实现市场主体的自我约束，督促其自觉遵守法律规则。

四是建立多元化的纠纷解决机制。通过与中证中小投资者服务中心、有关证券纠纷调解中心、仲裁机构等签署战略合作备忘录，建立"专业调解 + 仲裁确认/司法确认"的纠纷解决机制，及时有效地解决争议和投诉，维护投资者合法权益。

但是应当看到，目前新三板的法治生态环境还有待进一步完善，还存在法律体系不够健全、监管执法不够规范、守法意识较为薄弱等问题。应该从以下几个方面入手，进一步改进和夯实新三板改革发展法治环境。

(1)推动完善新三板的法律基础。2005 年《证券法》于 2006 年起实施。彼时，全国股转公司尚未成立。因此，2005 年《证券法》主要适用于上市公司和证券交易所，对挂牌公司的信息披露、内幕信息知情人与重大事项范围以及相关法律责任等未作具体规定，对于新三板作为证券交易场所的组织机构、权利义务等也缺乏基础安排，使自律管理的合法性、权威性可能受到质疑，还容易产生纠纷。

2019 年 12 月通过的《证券法》充分考虑了多层次资本市场建设需求，构建了以证券交易所、新三板和区域性股权市场为主体的多层次资本市场体系，并通过概念延展、新增规定等方式将新三板全面纳入。与 2005 年《证券法》相比较，2019 年《证券法》关于新三板的规定内容更加丰富、逻辑更加清晰，在一定程度上能够夯实新三板的法律基础。但是 2019 年《证券法》也考虑新三板市场的实际情况，兼顾了新三板与交易所的共性与个性，按照"共性一体适用，个性留出空间"原则为新三板市场留有了较大的余地。因此《证券法》对新三板的规定并不像证券交易所那样丰富具体，而是将具体的操作性内容下放给国务院行政法规制定，如《全国性证券交易场所管理办法》"新三板条例"等，有些内容在今后的实践中通过《证券法》加以完善。这就需要我们在积极推动新三板市场行政法规出台的同时,还要积极推动立法机构在条件成熟时修改《证券法》,加强新三板的法律地位、丰富新三板的具体条款。

(2)健全新三板自律规则体系。目前,新三板市场业务规则质量有待进一步提高。从形式上看,现有规则体系与中国证监会"涉及市场基本制度、交易方式和交易品种创新、涉港澳台及境外机构重大事项以及涉及市场主体权利义务关系重大调整事项等,均应当制定基本业务规则"的要求不一致。从实质与内容上看,部分条文、规则要求不明确,实践落地困难,可操作性差;涵盖内容不全面,常规监管问题未作明确规定,不同部门之间把握也不一致;有些规则简单照搬沪深证券交易所规则,未深入分析市场的个性与共性;在指南、问答中规定涉及上位规则中应当规定的内容;文义含糊,市场参与主体理解困难;规则出台不及时,错过最佳市场时机等。因此要进一步完善业务规则起草制订工作,在深入研究和科学论证的基础上制定政策规则,切忌囫囵吞枣,照搬照抄,建立完善符合新三板和挂牌公司特点的自律规则体系。确保业务规则经得起推敲,经得起检验。

(3)加大监管执法,维护法律规则权威。法律的实施需要强有力的监管支持,但是目前新三板市场监管执法还不够规范,监管的力度和权威性都存在不足。在自律监管方面,自由裁量空间大,部分处罚存在争议。具体表现:部分违规行为认定标准不明确,不同时期、不同监管人员把握不一致;自律监管措施和纪律处分程序有瑕疵,事实认定不清。在行政监管方面,与地方证监局联系不紧密。自律监管与行政监管协作空间广阔,无论是挂牌公司的日常监管,还是现场检查均尚未充分利用地方证监局的行政监管力量。自律监管与行政监管衔接不顺畅,绝大多数违法违规行为尚未形成明确的线索移送标准和程序。

针对上述问题,新三板市场未来的法治建设要采取针对性改革措施,在这一过程中不但要坚持加强宏观的设计,还要对具体出现的法治问题做到立行立改,加强监管执法,维护法律法规和自律规则权威。在开展自律监管的过程中,要以为挂牌公司、投资者及其他市场参与者服务为宗旨,聚焦市场关注问题。对于常见违规行为,进一步归纳总结监管标准,降低自由裁量权。强化科技监管,运用大数据分析,开展挂牌公司、分类投资者的"画像"工作,多渠道、多维度收集、整合挂牌公司信息,为监管工作提供支持,提升监管的智能化水平。加强与中国证监会各部门、各派出机构的交流与合作,推动自律监管与行政监管的顺利衔接,在联合现场检查、日常监管信息共享等方面加强与地方证监局的监管协作,提高新三板市场法治化水平。

(4)提升市场主体的法治意识。由于挂牌公司多为中小企业,初入资本市场,对法律规定了解不够,守法意识不强。近年来,挂牌公司控股股东、实际控制人资金占用成为多发违规行为,挂牌公司违规担保、提前使用募集资金,关联交易信息披露不及时、不准确等违规行为甚至成为不少挂牌公司的"一般操作"。个别挂牌公司甚至蓄意不披露年报,以期利用摘牌规定,规避异议股东保护,实现快速摘牌。多家挂牌公司大股东、董事长,亲自策划和操刀拉抬公司股票价格,以期高价实现定向发行或完成重组。

针对部分挂牌公司及大股东守法意识不强问题，一要加强培训教育，包括公司挂牌前高管培训、董秘培训等，提升合规意识，促使其讲真话、做真账，不做违法违规之事；二要充分发挥主办券商持续督导职能，利用主办券商贴近市场、贴近挂牌公司、专业性强的优势，协助挂牌公司规范公司治理，促使其做到"明规矩，守纪律"；三要提高违法违规成本，加强联合惩戒和公示警示，形成制度约束。

(5)提升全国股转公司自身运作的法治水平。当前，资本市场日益重视法治建设，市场各方对全国股转公司自身运作的法治化也有了更多的关注和期待。全国股转公司要进一步深刻认识资本市场改革发展新形势对法治建设提出的新要求，进一步增强法治意识，尊重法治规律，坚持依法办事。一是提高工作透明度，审查监管标准能向市场公开的就向市场公开，以公开促公平、公正；二是按程序办事，外部业务按照对外程序办理，内部管理按照内部程序办理，没有形成规范程序的要抓紧制定；三是抓好廉洁自律，筑牢思想防线，违法违纪的事情坚决不做。

随着互联网和新技术的普及，证券交易场所之间的竞争将更多地体现在法治环境的竞争上，制度规则是否合理完备，监管执法是否严格，司法保障是否到位，这些都是公司和投资者选择证券交易场所时所考虑的。因此，我们必须敬畏法治，加强新三板市场法治建设，为新三板改革发展提供良好的法治环境，增强市场对投融资双方的吸引力，更好服务中小企业和实体经济发展，只有这样，新三板市场未来才能实现法治化的市场。

(三)新三板的国际化

1. 新三板国际化的意义

随着我国经济和金融的对外开放，资本市场的对外开放和国际化是其应有之义。一直以来，我国资本市场都在努力建设一个开放的市场，不断扩大双向开放。一方面，"走出去"，参与国际资本市场。我国企业到境外资本市场发行上市实行 IPO、再融资；证券经营机构到境外设立分支机构，符合条件的境内上市挂牌公司、证券期货经营机构、基金公司投资者积极参与境外资本市场从事国外资本市场的各种业务等，和境外证券市场互联互通，实施沪港通、深港通、沪伦通，在境外设立证券交易场所，积极参加证券国际组织等。另一方面，"请进来"，让境外企业、机构、资金、投资者进入我国资本市场。近年来，我们为此采取了一系列措施，如让境外长期资金能够便利地进入中国资本市场，境外优质证券基金期货经营机构能够来华展业；国际知名指数不断提高 A 股纳入比例，全球投资者对中国资本市场的热情和信心日益增强；国际监管合作日益深化，主动参与国际金融治理，跨境监管和执法合作层级和效能显著提高。

无论是中国经济的国际化、经济全球化，还是中国金融和资本市场的国际化，新三板作为支持实体经济和民营企业的重要力量，都是中国经济、金融和资本市场国际化的一部分，对中国经济、金融和资本市场的双向开发不可或缺，更是新三板市场国际化本身应有的责任。

2. 新三板国际化的主要内容

目前，新三板市场在融资、交易、流动性、市场影响力、国际化因素等方面和沪深证券交易所相比还存在很大的差距。新三板市场要真正地达到国际化程度还有很长的路要走,但这并不意味着新三板市场未来的国际化没有前途。随着新三板市场的不断发展、影响力的不断增加,对外开放的力度不断加大,新三板国际化道路会越来越宽广。我们认为,新三板国际化应体现在以下五个方面:

(1)组织国际化。全国股转公司作为证券交易场所在组织国际化方面未来要积极加入国际组织,在国际组织中发挥应有的作用。

目前,全国股转公司已经或正在积极加入相关国际组织并取得很好的效果。资本市场的国际组织主要有世界证券交易所联合会、国际证监会组织、亚洲暨大洋洲交易所联合会、国际资本市场协会等。

上述4个资本市场的国际性组织具有广泛的影响力,它们是各国资本市场的监管和自律组织等进行国际交流的重要机构,对各国资本市场的国际化起到了重要的作用。在这些机构中,中国的证券监管机构和自律机构正发挥着越来越重要的作用。目前,全国股转公司已加入了世界证券交易所联合会和亚洲暨大洋洲证券交易所联合会,成为其附属会员和正式会员,而且正在成为世界证券交易所的正式会员。全国股转公司未来还可以进一步积极申请成为国际资本市场协会会员,条件成熟时还应积极争取成为国际证监会组织的附属会员。全国股转公司加入这些组织,要在这些组织中加强与各国资本市场监管机构、自律机构和其他金融机构的联系和互动,积极宣传中国多层次资本市场和新三板市场,扩大中国多层次资本市场和新三板市场的影响力,发挥组织成员应有的作用。

(2)市场国际化。主要是将新三板市场和境外资本市场互联互通,使境外投资者能够进入新三板市场投资买卖证券,新三板市场投资者也能够投资买卖与新三板市场相互联通的境外市场的证券。目前,沪深证券市场已经和境外市场实现了互联互通,沪港通、深港通、沪伦通等使我国香港特别行政区和英国市场的投资者进入沪深证券市场买卖股票,沪深证券市场投资者也能进入我国香港特别行政区和英国证券市场进行证券投资。这一做法为新三板市场提供了很好的榜样。笔者认为,新三板市场可以学习和借鉴沪深证券市场的做法,首先和我国香港联交所市场实行京港通。新三板的全面深化改革,市场功能的恢复,股票的公开发行、交易制度的优化、投资者门槛的降低等使我国香港特别行政区市场和新三板市场的互联互通成为可能。由于新三板精选层在属性上更接近于证券交易所,在发行、交易、结算等方面和证券交易所更能顺畅连接,在市场的活跃度、投资者的便利程度等方面更具优势,笔者认为在适当时期,我国香港特别行政区证券市场可先行和新三板精选层打通,实现京港通中的新三板精选层市场和我国香港联交所市场的互联互通,等新三板市场条件成熟时,将京港通中的新三板基础层和创新层逐步放开和纳入。在取得成熟经验后,未来新三板市场可以考虑境外其他具有相似性的市场与新三板市场对接,使新三板市场进一步的国际化。

(3)企业国际化。可以采取3种模式:一是两地市场同时挂牌上市。即新三板挂牌公司可以赴境外市场发行上市,境外上市公司可以同时在新三板市场挂牌,实现新三板公司和境外上市公司同时在对方市场挂牌和上市。这种模式下境外上市公司可以到新三板市场发行A股或者不发行股票直接挂牌,新三板市场允许境外上市公司挂牌同时发行和不发行挂牌两种形式存在。两地同时挂牌上市已经在新三板市场和我国香港联交所市场实施了,即"3+H"模式。二是第二上市。第二上市是指在两地都上市相同类型的股票,并通过国际托管银行和证券经纪商,实现股份的跨市场流通。新三板挂牌公司可以在境外市场发行存托凭证(ADR,即美国市场存托凭证或GDR,即全球市场存托凭证)上市交易,境外市场上市公司也可以在新三板市场发行存托凭证(CDR,即中国存托凭证)的方式挂牌。上述两种模式都属于两地上市模式。两地上市对于上市公司和挂牌公司来说具有一定的优点:①有利于提高公司在上市地的知名度,便于客户了解、增强客户信心,从而有利于公司的经营。②有利于公司进一步和国际标准接轨,提高公司的经营管理水平。由于公司在境外挂牌上市,必须接受上市地监管,公司必须符合第二上市地的信息披露、法律、会计、监管等方面的规则,从而为公司的国际化管理创造条件,有利于公司提高经营管理水平。③有利于公司的融资和股票的流动性。公司将股票在两地上市会扩大股东基础,提高股份流动性、增强筹资能力;在实践中,两地上市的公司往往选择市场交易活跃、平均市盈率高的证券交易场所作为第二上市地,通过股份在两个市场间的流通转换,使股价有更好的市场表现。三是境外公司直接IPO在新三板市场挂牌。即境外公司不在境外资本市场发行上市,直接选择到新三板市场首次公开发行股票挂牌上市。在条件成熟时,在新三板市场推出中小企业国际板。

(4)产品国际化。在新三板实行市场国际化、企业国际化的基础上,针对新三板市场和境外资本市场的关联程度和投资者的需求程度,设计相关跨境产品。比如,指数类的产品、跨境ETF产品、债券通类的产品等。

(5)监管国际化。全国股转公司要进一步加强与境外证券交易所的合作,通过签订监管合作协议加强彼此之间的联系合作。这种联系合作可分为两种情况,一种是彼此之间在市场联通、企业两地挂牌上市、产品开发等实质性业务还没有开展的情况下,签订加强人员交流、学习培训、信息共享等方面的合作协议;另一种是在两个市场真正展开具体业务时,在前述协议的内容上,还应就监管协作进行细致的规定,彼此遵照执行。这些内容涉及双方的法律、法规、证券监管部门的规章文件、交易所之间业务规则的执行;双方市场挂牌上市公司的公司治理、信息披露;双方市场投资者的保护;对违法违规行为的监管处罚;双方司法执行适用及冲突的解决途径;等等。

对敌意收购“五宗罪”的法经济学分析[①]

唐林垚[*] 孙小雨[**]

摘要:针对敌意收购的是非利弊之争,由来已久、反复无常、难分伯仲,以至于多数亚洲国家至今未能形成立场鲜明、规则清晰的收购规则。在漫长的敌意收购实践中,反对敌意收购的理论如股东胁迫理论、股东剥削理论、雇员压榨理论、消费者欺凌理论以及信用消耗理论逐占上风,并在世界范围内促成了管制型的收购立法。本文从法经济学的角度对上述理论进行了驳斥,并借此阐述敌意收购的经济属性,以破除未来立法纠结。为实现敌意收购的帕累托最优,法律规则的主要目的,在于维护公司控制权争夺的“弹性”,将目标公司的资产配置给最能够利用它的人手中。

关键词:敌意收购 协议收购 代理成本 双层要约 预期收益

一、问题的提出

敌意收购,也称恶意收购,是指收购人绕开目标公司董事会,对目标公司发起的收购。随着股份增持,量变将带来质变,敌意收购人将通过以下两种标准方式之一获得目标公司的控制权:第一,利用股份带来的投票权,替换公司现任管理层,以“自己人”取而代之;第二,将目标公司业务纳入自身版图,成为庞大组织体的一个功能分支。要约收购是敌意收购最主要、最常见和最有效的实现手段,是敌意收购人通过向目标公司股东发出购买其所持公司股份的书面意思表示,并依法公布购买股权的条件、价格、期限以及其他重要事项,以获得目标公司股份的敌意收购方式。

多数公司的控制权转移,无法通过收购实现,无论是敌意的还是非敌意的。封闭公司的股份没有公开交易的市场,公司法一般要求封闭公司的股份在转让时须得到其他股东的一致同意,并赋予公司其他股东在同等条件下的优先购买权。特定类型的法人组织没有可交易的股权证券。例如,事业单位法人、社会团体法人、国家机关法人、公益法人等。[②] 很多家族企业,通过各类协议安排,阻止外人通过要约收购获得公司控制权。常见

① 本文系中国社会科学院国情调研重大项目“互联网金融风险的法律规制”(GQZD2020007)阶段性成果。

* 中国社会科学院法学研究所助理研究员。

** 中国国学交流与研究中心助理研究员。

② 几乎所有不以营利为目标的非企业法人,都没有可交易的股权证券。

如美国和欧洲的家族企业中，双层股权结构的安排，让来自外部的敌意收购不可能取得成功。在为数不多股份可以自由交易的上市公司中，无论是否已经受到外来敌意收购人的"威胁"，公司管理层倾向于采取一切手段将潜在的敌意收购扼杀在摇篮之中。这是因为，由于外部压力陡增促使内部环境变化导致自身地位被颠覆的过往案例屡见不鲜。敌意收购人的"敌意"是针对目标公司管理层而言的，但同目标公司的股东之间，却是彼此"中意"的自愿交易。也可以这么说，敌意收购是收购人通过与公司股东之间的"中意"交易，以达到驱赶现任"不中意"管理层目的而发起的收购。敌意收购本身包含着一项内在双向市场检验机制：一方面，当且仅当敌意收购人给出的支付价格高于市价，公司股东才愿意让渡自己手中的股份；另一方面，敌意收购人必然有信心和能力更有效运营目标公司的资产，能在合理期限内获得比股份溢价更大的回报，否则，敌意收购人也不会愿意以更高的价格收购目标公司股份。这个双向假设，看似同目标公司管理层毫无关联，完全是交易当事人双方各自的盘算和意思表示，却暗含"敌意收购人能带来比现任管理层更高运营效率"的底层逻辑。公司现任管理层，不仅不认同这种观点，还会：(1)认为自己对公司的运作方案要优于敌意收购人，坚信自己确为公司最佳利益行使职权；(2)拒绝任何带来更高收益的高风险变革，近乎偏执地相信符合自己最佳利益的也同样符合公司最佳利益。这两种自欺欺人的心理暗示，或许是现任管理团队趋于没落的根本原因，这里面既包含着对现有决策方针的过于自负，也包含着对公司最佳利益的错误判断。但就立场和行动而言，目标公司现任管理层对敌意收购也一定是"敌意"的。①

这种有意识的抵制，只不过是利益冲突的表象而已。公司股东及潜在投资者视敌意收购为现任管理层经营不善的信号，公司控制权在易手后往往会伴随公司商业策略的改变；公司股东在敌意收购中面临着短期得利和长期受益的权衡取舍：(1)抛售手中股份，立刻享受超过市场价格的股权溢价，从公司体面退出，从此不再承担风险；(2)继续持有股份，期望敌意收购人确能更有效率运营公司资产，但也必然承担由此带来的不确定性。公司现任管理层则没有这么多的现实考虑，他们早已嗅出"来者不善"的信号，也清楚敌意收购人一旦得手，自己的职位将朝不保夕，只有负隅顽抗才符合自己的最佳利益。公司管理层的垂死挣扎，当然不会高举保住自身饭碗的大旗，而将以各种行动向公司股东传递以下信息：(1)敌意收购人或对目标公司的文化和背景缺乏深刻了解，或对拟接手的业务缺乏经验和常识，实现控股对公司长期发展不利；(2)现任管理层并没有违反对股东群体的信义义务，股价低迷的现状并非由于管理层经营不善，而是其他对敌意收购人也同样不可控制的市场因素、宏观环境或行业气候使然；(3)现任管理层或深受公司员工爱戴，或广受重要商业合作伙伴认可，公司管理层的人事变动将带来极高的交易成本，或产生较大的外部性。

长期以来，有关敌意收购的是非利弊之争，牵动着立法者和各市场参与方，甚至将直

① 参见唐林垚：《我国要约收购及触发点的保留与改进——兼析与欧美上市公司收购规则的比较》，载《政法论丛》2018年第3期。

接影响敌意收购的最终结果,也因此饱受学界关注。认为敌意收购弊大于利的学者们发展出了5种常见的反对理论,这些理论细数了敌意收购的“五宗罪”——对公司股东造成胁迫、对公司股东造成剥削、对公司雇员造成压榨、对消费者造成欺凌以及过度消耗社会信用。部分国家的公司法和证券法等相关法律法规本因为立场迷惘而裹足不前,但在反对理论的加持下,直接促成了管制型的收购立法。反对理论还给了目标公司管理层防御敌意收购的极大底气,在公司控制权争夺中甚至一度出现“以出身论英雄”的市场歧视乃至公司管理层公然对公司股东的逆向挑选。① 本文围绕敌意收购的5种反对理论展开,试图从法经济学的角度对各反对理论进行一一驳斥,并借此从理论层面对敌意收购的经济属性进行阐释,以期为未来收购法律的走向提供参考。

二、股东胁迫理论

对敌意收购最有效果的反对理论,是股东胁迫理论,威廉姆斯议员将其上升到了联邦法律的高度,以至于1968年后星期六夜晚突袭式要约完全销声匿迹。② 那么,从法经济学的角度来看,星期六夜晚突袭式要约是否真的在事实上对股东群体的利益造成了难以弥补的伤害呢?本质上,星期六夜晚突袭式要约是一种双层要约机制,敌意收购人对目标公司的股东提供了一个含糊其词的双重选择:愿意出售手中股份的公司股东,将立即以现金方式得到高于市场价格的股份对价;而踌躇未决的公司股东,将只能获得比前者收益更低,甚至是低得多的回报。敌意收购人可能以评级较低的垃圾债券作为后者股东的支付对价,也可能明确给出比第一层要约更低的现金价格。例如,假设目前目标公司的股份市价为每股10元人民币,敌意收购人可以发出以每股20元人民币现金购买40%公司股份(第一层要约),以每股20元人民币等值的垃圾债券购买剩余60%公司股份(第二层要约)的双层要约;垃圾债券或许设定有固定的清偿期限,因其评级较低,面临缩水可能,因此第二层要约的收购条件,在表面上看起来同第一层要约没有差异,但实际上是打了不少折扣的。敌意收购人还可以直接发出以每股20元人民币现金购买40%公司股份(第一层要约),以每股16元人民币现金购买剩余60%公司股份(第二层要约)的双层要约。无论采取哪种方式,双层要约机制的核心是,第二层要约中的股份价格给付,要明显次于第一层要约中的股份价格给付,借此激励(或者说,胁迫)目标公司股东在第一层要约条件下尽可能多地出售手中股票。

为了更好地说明这个问题,现以一个非常简化的例子,分析双层要约机制的效果。

---

① 面对宝万之争,王石表示“不欢迎民营企业成为万科公司股东”。参见程武:《王石歧视民企或是担心“江山易主”》,载《中华工商时报》2016年2月5日,第3版。

② 所谓星期六夜晚突袭式要约,是指敌意收购人在周六晚上突然对目标公司发出的收购要约。在周末的晚上宣布,一般不容易引起其他对目标公司有意图的敌意收购人的注意(避免竞争者)。周日是做礼拜的日子,多数美国人有在上午去教堂的习惯,因此目标公司也没有太多时间研究非合意并购人发出的要约,而股份交易在随后的周一就将开始。星期六夜晚突袭式要约还往往设置非常短的7~8天的答复期,采取先到先预受的策略。由于7天以后又是周末,所以这类要约的实际有效期间只有短短5天。较少要约竞争者、较短的答复期限、先到先得的预受策略,星期六夜晚突袭式要约展现出极强的胁迫特性。

假设目标公司的股份市价为每股 10 元人民币。如果敌意收购人以每股 20 元现金购买 40% 公司股份,以每股 16 元现金购买剩余 60% 公司股份,公司股东得到的混合价格实际上是每股 17.6 元。① 如果目标公司实际价值对应的股份价格是每股 15 元,想必没有任何敌意收购人会在要约收购中给出此前的高价,因为这场收购对其而言根本毫无赚头;更有可能的情况是,目标公司实际价值对应的股份价格在每股 17.6 元以上,甚至要远超过这个数额,敌意收购人才有利可图。假设,目标公司实际价值对应的股份价格是每股 19 元,反对双层要约机制的专家会宣称,目标公司的全体股东受到了敌意收购人的欺骗,因为他们被迫以每股 17.6 元的价格,出让了价值每股 19 元的股份。在现实中,如果公司股东获得了敌意收购的所有收益,那么将没有任何敌意收购人愿意对目标公司发起要约收购。易言之,公司股东的收益增加,不能完全挤占敌意收购人的收益空间,否则,要约收购将根本不可能发生,无论公司实际价值同当前价值之间有多大的价格鸿沟。哪怕目标公司实际价值对应的股份价格甚至是每股 50 元,敌意收购人给出的双层要约价格也不构成对目标公司股东的欺诈,因为,要实现目标公司从当前的低迷价值向其真实价值(或敌意收购人认为的价值)的跃迁,完全有赖于敌意收购人在要约收购完成后的各种努力;敌意收购人能够获得的收益越大,就越能激励目标公司发挥(甚至超常发挥)其应有的价值。②

反对双层要约机制的专家们还指出,双层要约机制搅乱了公司控制权交易市场的正常秩序,让公司股东在双层要约和普通要约之间作出错误的选择。还是回到刚才的例子,假设目标公司的股份市价为每股 10 元人民币,两位敌意收购人展开了对目标公司控制权的竞逐。假设两位敌意收购人的要约成本相当,并且都要至少获得每股 1.4 元左右的差价,才能取得相对理想的收益。敌意收购人 A 认为目标公司的实际价值对应的股份价格是每股 19 元,因此发出了以每股 20 元现金购买 40% 公司股份,以每股 16 元现金购买剩余 60% 公司股份的双层要约。敌意收购人 B 认为目标公司的实际价值对应的股份价格是每股 19.5 元,因此发出了每股 18.1 元的收购要约。反对双层要约机制的专家们认为,敌意收购人 B 的出价,虽然在总体上完全高于敌意收购人 A,但是所有的公司股东都会奔着敌意收购人 A 高达每股 20 元的报价向其预受手中股份,导致敌意收购人 B 在竞价中落败。然而,这种误解,是建立在公司股东缺乏事实判断能力的基础上的。现实情况证明,在涉及自身利益最大化的事情上,公司股东从来不欠缺思考和判断能力。在现实要约收购中更有可能发生的情况是,由于在特定期限内,股东可以随时撤回预受股份,当两个不同条件的收购要约同时存在时,公司股东将在两个敌意收购人之间来回取

① 所谓的混合价格,是考虑到在现行通行法律框架下,当公司股东预受股份超过敌意收购人拟收购的股份时,敌意收购人实际上是按照公司股东的持股比例,对其手中的股份进行收购。为简化问题,上述理想化的举例假设 100% 的公司股票都从股东手中转移给敌意收购人。在这种假设下,任何股东手上的股票,只能有 40% 以每股 20 元的价格卖出,剩余 60% 只能以每股 16 元的价格卖出。

② 很多本来已经濒临破产的上市公司,在要约收购或重组后,获得浴火重生,实现了更大的价值。

舍,最终实现自身利益的最大化——在上述例子中,最终的股份出售情况,应当是60%的公司股份将以每股18.1元的价格出售给敌意收购人B,40%的公司股份将以每股20元的价格出售给敌意收购人A;在这种情况下,双层要约只是为公司股东提供了一种更优于普通要约策略的价格选项而已,并未实质上起到胁迫或者剥削公司股东的效果,更提不上扰乱公司控制权交易市场的正常秩序。

即使没有其他敌意收购人参与对目标公司的竞标,双层要约策略也有其正面意义。双层要约机制的胁迫性会大幅度减少公司股东试图"搭便车"的倾向,有效遏制消极股东囤积居奇的行为,促使敌意收购行为得到目标公司股东的积极回应。在管理层采取防御手段的情况下,针对目标公司的要约价格可能一而再、再而三地进行调整,这会给公司股东一种错觉,即敌意收购人还有可以让利的空间。殊不知,公司价格一旦超过某个临界值,将直接打消敌意收购人的意愿,让要约收购行为被迫中止。双层要约机制不会减损目标公司价值,因为无论是哪一层要约,敌意收购人给出的价格都不会低于公司股票的市价,否则,第二层级的收购要约没有任何意义;但是,如果要约收购行为随着敌意收购人利益尽失而中道终止,公司股东手中的股份溢价将瞬间化为泡影。对敌意收购人收益的倾轧,还会减少其获得公司控制权后积极改造目标公司的激励,对公司剩余股东不利。双层要约机制在本质上是一种良性催促机制,在提高了要约收购成功可能性的同时,最大限度地减少了因为讨价还价行为带来的不确定性。

总而言之,双层要约机制能够有效打消公司股东群体不健康的僵持局面,有更大概率确保股东手中的股票能够在要约收购中溢价卖出,而且能避免随着时间的消耗让目标公司管理层获得更大的防御优势,最终错失让各参与方都实现帕累托最优的中间状态。从这一点出发,双层要约机制不仅不应当得到抵制,甚至还应该被鼓励。在世界各国公司法中对要约公开设定的强制期限,实际上是降低了公司的周转率。如果一场带有胁迫性的要约收购,没有对公司股东支付公平价格,那么自然会有别的敌意收购人参与到公司的竞逐中来,直到公司的交易价格上升到正常水平为止。每一场针对目标公司的要约收购,在本质上都是一次市场检验机制——或许当今要约收购存在的真正问题,不是要约收购的公开期限不够长(以至于公司股东无法从容作出判断),而是要约收购的公开期限过长,以至于对公司实际价值的市场检验机制难以发挥效用,而目标公司管理层能够从容借机阻绝要约收购并剥削公司股东的退出收益。这也解释了为什么,在敌意收购完全市场化的英国,为要约收购设定的程序性要求,是要约收购期限不得长于60日,并且以获得公司控制权为目的的收购人,必须在28日内,正式向目标公司发起要约收购。①好的敌意收购规则,是在要约收购引起了投资者的觉醒后,最大限度地将目标公司的价值判断交还于公司股东手中,并且尽其所能提升要约收购效率的规则。确保目标公司股东能够在要约收购中获得股权溢价,是保护公司股东的最佳范式,无论敌意收购人的出

① See *The City Code on Takeovers and Mergers*(12th ed.2016),Part M5,Rule 31.6;Part M1,Rule 30.1.

价是否足够,公司股东还有选择是否预受手中股票、向谁预受手中股票、在哪一次收购中预受手中股票的权利,但前提是能让他们行使权利的要约收购不至于因为其他的因素夭折。对股东胁迫理论的反驳,印证了一个重要结论:公司管理层应当放任公司股东和相互竞争的敌意收购人之间的自由博弈,并在敌意收购中严守消极中立,不为要约收购制造任何不利因素。

三、股东剥削理论

股东剥削理论是股东胁迫理论之外,最典型的反敌意收购论调。该理论认为,敌意收购行为的收益,主要源于对公司股东财富的掠夺。[①] 一般而言,股票市场是高效而充分竞争的,虽然在多数时候,公司的股份价格都正确地反映了公司的内在价值,但还是有为数不多的时候,公司的真实价值存在被高估或者低估的情况,这就给了市场上的风险投资家做空和做多公司股票的盈利机会。敌意收购人也是股票市场上的淘金者,他们可以在浩如烟海的公司集合中,寻找到价值被严重低估的公司,大量购入其股票,然后坐等甚至协助目标公司股价上升至能够反映公司真实价值为止,抛售公司股票或享受丰厚分红获利。这一过程,在敌意收购的反对者看来,是具有信息优势的敌意收购人对不具备信息优势的公司股东的财富掠夺;该理论指出,视敌意收购为公司价值的良性矫正机制,忽略了一个重要事实:如果有人从公司价值的矫正中获利,就一定有人从公司价值的矫正中受到伤害。由此引发的一个关键问题是,敌意收购真的构成对公司原股东的剥削吗?

在上述股东剥削理论中,隐含着一个重要的假设,那就是,低价位出让自己手中股票的股东,是在不知情的情况下,将未来获利的权利让渡给了敌意收购人。但是,当且仅当敌意收购人给出的股票价格高于市价时,公司股东才会愿意让渡自己手中的股票。由于公司股票价格的提升,会倾轧敌意收购人获得公司控制权的获利空间,在要约收购还没有提到明面儿上来的时候,敏锐的目标公司管理层就会采取一切可能的手段来拉高公司的股票价格。实际上,如果公司股价确实存在被明显低估的情况,单是将公司可能面临要约收购的消息予以发布,就足以吸引敌意收购人参与竞标。无论是采取防御手段,还是发布矫正公司价格的信息提示,目标公司管理层都是在向公司现任股东传递这样一种信号,即敌意收购人的给价是不足的,股东在此时出让手中的股票可能会吃亏。由此可见,公司股东在出让自己手中股票的时候,已经受到了充分的风险提示,那么,他们为什么还要选择出让自己手中的股票呢?唯一的解释是,公司股东对自己的利益一清二楚,他们在经过审慎的权衡取舍后,选择不相信公司管理层给出的价格预期。毕竟,公司管理层在敌意收购中存在保护自身管理地位的利己之心,而公司股东却是用实打实的资本在做赌注。当有相当数量的股东不相信公司股价的信息提示时,公司股价不会上升到有

① See Sanford J. Grossman and Oliver D. Hart, "Takeover Bids, the Free-Rider Problem, and the Theory of the Corporation", *The Bell Journal of Economics*, 1980, pp. 42 – 64; Murray Weidenbaum and Stephen Vogt, "Takeovers and Stockholders: Winners and Losers", *California Management Review*, 1987, pp. 157 – 168.

利于公司管理层排挤敌意收购人的地步;同样地,当敌意收购人获得目标公司控制权后,潜在的投资人也可以选择不相信新任管理层给出的价格提示或承诺,那么公司的市场价值将不会上升到敌意收购人的预期价值。综上所述,是否出让自己手中的股票,纯粹是公司股东的个人选择,即便受到双层要约的压力,也并不意味着股权转让行为是在诱导和胁迫下作出的无效选择。① 恰恰相反,敌意收购中的股份转让,本质上是公司股东的自甘风险行为,因为公司股东在向敌意收购人出让手中股票的时候,明确地知道自己可能面临没有获得充分溢价的风险,但仍然选择出售股份,此后,若公司股价大幅上升造成公司股东丧失本可能获得的利益,当然也由出让股票的公司股东自行负责。② 既然是股东个人选择、股东真实意思表示,何谈剥削之有?更何况,如果公司的价值确被低估,公司管理层为了让自己的价格提示更加可信,完全可以通过回购公司股份、寻求白衣骑士,甚至发行债券等方式来说服公司股东,公司股东也可以通过信任公司管理层、配合公司管理层等方式,让公司股价正确反映公司价值以保护自己权益。从任何一个角度来看,在敌意收购中的公司股东,都不是孤苦伶仃、缺乏保障的被剥削群体;反倒是当敌意收购阙如时,由于公司代理成本激增,公司股价可能长期处于低迷水平,公司股东对公司管理层敢怒不敢言、想退出又不值的两难状态,才是对公司股东的隐形剥削。

股东剥削理论的另一个变式,是认为敌意收购人攫取了公司剩余股东的预期财富。敌意收购的产生,让公司股东看到了公司被溢价收购的市场前景。要约收购竞争者们以及公司管理层之间的斗艳争辉,将促使公司股东一次次重新评估,为实现自身利益最大化,应当在何时出售手中股份以及是否应当出售手中股份。当敌意收购人选择目标公司的时候,目标公司的股东也在选择敌意收购人,或者说,也在选择目标公司的未来管理层。所有参与竞争的收购要约,本质上就是一个个包含极大信息量的公司价格提示,既反映出了敌意收购人对目标公司的未来预期,也反映出了股东手中股票的边际价值。如果价格合适,公司股东可以沽清手中股票,也可以选择自己看得上的敌意收购人,向其出售手中部分股票,并坐等其在要约收购中胜出、替换现任管理层,改善公司运营效率。选择留下来的股东,在很大程度上,有着期望敌意收购人履行承诺(更有效率运营目标公司

① 双层要约机制不会减损目标公司价值,因为无论是哪一层要约,敌意收购人给出的价格都不会低于公司股票的市价,否则,第二层级的收购要约没有任何意义;反倒是如果要约收购行为随着敌意收购人利益尽失而中途终止,公司股东手中的股份溢价将瞬间化为泡影。所以,双层要约机制只是一种良性的催促机制,在提高了要约收购成功可能性的同时,最大限度地减少了因为讨价还价行为带来的不确定性。这种善意的催促,甚至胁迫,本身包含公司股东利益最大化的目标,显然不同于"一方以欺诈、胁迫的手段或者乘人之危,使对方在违背真实意思的情况下所实施的"无效法律行为。

② 其实,只要股份受让人支付了合理股票对价,股份转让在任何时候都是股份出让人的自甘风险行为,这是公司股票作为一种无偿还期限的有价证券的基本特征所决定的。

资产)的"信赖利益",①因而舍弃了出让手中股票获得溢价的即期利益,以换取公司价值回归正常后的远期利益。如果敌意收购人不仅没有能够有效运营目标公司,甚至还通过欺压剩余股东的方式来填补要约收购的亏空,岂不是背叛了剩余股东的"信赖利益"、对剩余股东的预期财富构成剥削?从股东个人选择和自甘风险的分析路径来看,即使敌意收购人欺压中小剩余股东的情况确实存在,那也是公司剩余股东为自身决策失利付出的必然代价。更何况,公司股东出让手中股票的权利,不因要约收购的结束而丧失,股票市场永远都存在,上市公司的股份转让并不需要获得其他股东的批准,剩余股东可以随时从欺压中脱身。对公司剩余股东预期财富的剥削理论,完全将要约收购视为股东退出公司的唯一渠道,并且假设在多数情况下,公司股东都是迟钝懈怠、变动不居的,这明显不符合同时作为投资者和作为理性人的公司股东的正常表现。

此外,敌意收购人若真要实现对公司剩余股东的盘剥,势必要将公司董事会置于其麾下,最理想的情况还需获得公司多数(甚至绝大多数)投票权。为了避免敌意收购中或者敌意收购后大股东剥削小股东的状况发生,世界上多数国家,都通过公司法或证券法上的制度设计,来降低这种剥削的可能性。最典型的制度设计,是全面强制要约收购规则,如果敌意收购人想控制董事会、获得公司多数投票权,将不得不对公司在外流通的所有股份发出全面收购要约,这既是向市场反馈目标公司的真实价格,也是向公司剩余股东发出自行决定未来去留的警示信号。全面要约收购规则,意味着无论公司股东愿意预受多少数量的股份,敌意收购人都必须全部收购,同时向所有公司股东支付公平价格。从这一点来看,即使敌意收购人下定决心要剥削公司剩余股东,也必须先给剩余股东一次逃跑的机会;而全面要约收购的代价,将远甚于跨过预警线之前,敌意收购人自由要约收购的成本,这无疑将让敌意收购人仔细权衡,未来剥削中小股东的远期收益,是否在折现后能够抵消当下全面强制要约收购的成本。更重要的是,发出全面收购要约后,有多少剩余股东会出售自己手中的股份,是敌意收购人难以预计的;如果所有剩余股东都沽清手中持股,敌意收购人将没有"中小股东"可以供其剥削,而在未来未至之前,敌意收购人却要支付所有全面强制要约收购的成本。假设,确有少数反应迟缓的公司股东,在敌意收购人的全面强制要约之后,仍然持有公司部分股份,敌意收购人可以顺利实现对这些股东的剥削吗?答案仍然是否定的。各国公司法或证券法多多少少为这些股东还准备了一次体面全身而退的机会,那就是挤出卖空规则的制度设计。当敌意收购人获得目标公司股份达到一高临界值时,一方面,敌意收购人可以以要约方式和公平价格将目标

① 在大陆法系和英美法系中,均有对信赖利益的规定。例如,在买卖合同中,被欺诈方享有的信赖利益,是出于对合同对手方合理的信赖,对履行合同所做的必要准备而支出的费用。信赖利益的赔偿原则在大陆法系的损害赔偿制度和英美法系的违约救济制度中得以规定,允许善意的被欺诈方的地位恢复到订约之前。一般而言,信赖利益以不超过履行利益为原则。不过,本文此处打引号的"信赖利益",非合同法上的"信赖利益",不受到损害赔偿制度或违约救济制度的保护;此处的"信赖利益",是笔者为了从合同视角进行表达的文义类比:在敌意收购中选择留在公司的剩余股东,在很大程度上,是出于对敌意收购人能够更有效运营目标公司效率的信赖或者期望。

公司少数股东清退出目标公司;另一方面,目标公司少数股东可以请求敌意收购人以要约方式和公平价格购买自己手中全部股份。所谓的公平价格,一般是之前的(数次)要约收购中,敌意收购人向预受股东支付的最高价格。对于反应迟缓的股东而言,卖空规则是其私力救济的最后一道屏障:出于对剥削将至的担忧,迟钝股东可以主动行使卖空权,请求敌意收购人以要约方式和公平价格购买自己手中全部股份,避免公司从公开转为封闭后遭受敌意收购人的欺压和排挤,彻底体面退出目标公司。欧盟各成员国为卖空规则设定了90% ~95%的门槛,亚洲各国的触发门槛相对更低。例如,日本《金融证券法》规定了敌意收购人获得目标公司2/3股份时触发全面强制要约收购规则的做法,实际上等同于设定了门槛为66.7%的卖空规则。中国虽然没有在《证券法》中直接规定挤出与卖空规则,但是允许公司剩余股东在敌意收购人获得小型上市公司75%股份或大型上市公司90%股份的情况下,向其以要约收购中的最优价格出售手中剩余股票。①

全面强制要约收购规则与挤出卖空规则的设置,增加了敌意收购人通过剥削剩余股东获利的成本和不确定性,确保公司股东可以随时在剥削行为发生之前就全身而退。即便是财力极其雄厚的敌意收购人,剥削公司剩余股东怎么看都不是一个划算的策略;努力降低目标公司代理成本、提升运营效率,才是敌意收购人维护自身利益、弥补收购支出的不二法门。这也折射出,全面强制要约收购规则与挤出卖空规则虽然是股东保护规则,但通过影响敌意收购人的权衡取舍,对敌意收购的盈利范式,起到了有效的规范和矫正作用。

总之,敌意收购是公司价值的良性矫正机制,当有人从公司价值的矫正中获利时,并不意味着一定有人从公司价值的矫正中受到伤害;更有可能的情况是,敌意收购人和公司股东都从公司价值的矫正中获得正向收益,只不过双方的收益是在敌意收购的总收益中进行分配,②此消彼长、多少不一而已。所谓从剩余股东身上掠夺财富的现象,在现实中很少发生,因为多数敌意收购能够带来目标公司的价值提升,从而增进社会财富,这是公司股东获得股份溢价、敌意收购人获得投资回报的根本来源。而且,就算敌意收购人最终未能有效大幅度提升公司价值,在要约收购结束时,出让手中股份的公司股东,就已经得到了敌意收购人对公司预期收益的提前给付;如果公司运营状况不佳,或者敌意收购人指定的新任管理层展现出贪婪的阴暗面,公司剩余股东也享有在要约收购结束后随时沽清手中股票的自由,而且极大概率能够获得远高于敌意收购发生前目标公司的股份出让价格。在这些"被迫"的股权转让交易中,剩余股东确实没能获得"逃跑股东"在要

① 虽不以终止上市地位为目的的收购,但收购行为导致被收购公司股权分布不符合上市条件、该公司股票依法被终止上市交易的,目标公司的剩余股东有权在合理期限内向收购人以收购要约的同等条件出售其股票。

② 敌意收购的总收益,是敌意收购人指定的新任公司管理层运营目标公司的价值,减去其获得目标公司生产资料的(要约)收购成本。敌意收购要带来正面价值增益,最终还得依靠敌意收购人的努力,通过减少公司代理成本、提高资产运营效率等方式,尽可能将公司价值推至预期以上。

约收购中获得的同等股权溢价，但这部分边际收益的亏损，是剩余股东自己决策失利所付出的成本或者“学费”，并非敌意收购人对剩余股东的盘剥。对于敌意收购人而言，通过有效运营目标公司资产、提升目标公司价值获利，远比千方百计盘剥公司剩余股东获利，要有效率得多。

四、雇员压榨理论

敌意收购人在获得目标公司控制权后，要做的第一件事，就是黜陟幽明，替换公司不称职的管理层。在充分控制目标公司管理层后，敌意收购人可以做的第二件事，就是对公司的各个部门以及普通员工进行调整，以提升公司运营效率。反对敌意收购的雇员压榨理论指出，在公司雇员的调整过程中，敌意收购人获得了对目标公司雇员的压榨利益；换言之，敌意收购的利益源泉，如果不来自对目标公司股东的剥削，就极有可能来自对公司雇员利益的侵蚀。①

一般来说，公司同其雇用的员工之间，在明示的合同约定(劳务合同)之外，还存在一些隐藏的承诺。例如，要尽可能让公司员工在工作中获得成就和认同感，以保持其对工作的热爱和激情；要在老员工和新员工之间形成明示或默示的科层制约，并保证底层员工上升渠道通畅；要让员工随着工作技能和年限的提升，获得更加丰厚的薪酬和福利；要善待年迈力衰的员工，以换取其年富力强时的甘愿付出；等等。之所以是隐藏的承诺，是因为将这些条款通过文字列举的方式在合同中加以固定，对于任何公司来说，都是非常不划算的。首先，如果公司员工的地位提升和报酬提升完全同工作年限而非绩效能力挂钩，将极大地降低公司员工在竞争中的主观能动性，不再愿意花费额外的时间和投入去提升自己的能力。在合同的保障下高枕无忧、论资排辈，这是日本年功序列工资制度的根本问题所在，②导致的结果是公司市场竞争力的丧失。其次，同公司雇员的合同约定越细致，公司管理层在人员调整上的自由裁量权就越少，哪怕是风吹草动的轻微人事调整，

① See John C. Coffee Jr, “The Uncertain Case for Takeover Reform: An Essay on Stockholders, Stakeholders and Bust-Ups”, *Wis. L. Rev.*, 1988, p. 435; Barbara R. Bartkus, “Employee Ownership as Catalyst of Organizational Change”, *Journal of Organizational Change Management*, 1997, pp. 331 – 344; Olivier Dessaint, Andrey Golubov and Paolo Volpin, “Employment Protection and Takeovers”, *Journal of Financial Economics*, 2017, pp. 369 – 388.

② 年功序列工资制度，是在日本公司中广泛存在的，按照员工年龄、劳动工龄、职称学历、学徒等级，甚至家庭负担等条件，逐年给员工增加薪酬和福利的工资制度，始于20世纪初。年功序列工资制度的理论依据是，员工的年龄越大、劳动工龄越长、对技术的掌握程度就越高，因此对公司的贡献就越大。年功序列工资制度的优点在于，员工对公司的归属感和忠诚度较高，能够相对稳定地在公司工作而不会“另攀高枝”；因为跳槽行为可能导致自身薪酬级别清零，从头再来的成本过于高昂。年功序列工资制度的缺点也非常明显，由于员工的薪酬福利不以工作质量作为考核标准，混日子和不混日子差别不大，自然降低工作激励；少有员工会为公司发展尽心尽力。日本年功序列工资制度在20世纪50年代至70年代尤为盛行，有效地防止了公司的熟练员工和技术骨干被人挖墙脚，确保了经济迅速发展时的劳动力供应。随着日本经济泡沫在1980年破灭以及此后20年经济状况的持续低迷，为提升公司市场竞争力，部分公司废除了年功序列工资制度。参见赵增耀：《日本的劳动市场体系及其面临的挑战和新变化》，载《世界经济与政治》2000年第12期；赵曙明、倪炜：《日本企业人力资源管理的传统与改革》，载《世界经济与政治》1996年第3期。

也可能激起当事人员工的剧烈反弹,徒增公司成本。鉴于此,让当今公司制度和人事制度赖以良好运转的上述承诺,只能通过暗示的方式向在任的和潜在的公司员工进行传递,不能将其写入劳务合同。公司的最佳策略是通过各种形式充分展示出公司对雇员非常友好的外观,但不通过文字的方式将这些"可有可无的好处"在公司合同中固定下来;在这种策略下,公司雇员不会将这些美好的暗示视为理所当然,反而会通过加倍努力的方式来积极争取,最终,公司的利益最大化得以优先保证,在蛋糕做大后,员工的收益也得到相应增加,产生了双赢的结果。由于没有在合同中进行明确约定,公司雇员将无力通过诉讼的方式,强制要求公司履行这些空有其表的虚幻承诺,这就给了公司管理层剥削和压榨公司雇员的机会。例如,在不逾越劳动法雷池的基础上常年维持雇员工资不变、①以竞业禁止为要挟克扣员工解约金、封闭普通员工晋升渠道、随意增加加班时间等。不过,公司对员工的隐性压榨,在很大程度上受制于公司的内部人际关系网络。马克思指出,人的本质是一切社会关系的总和。② 通过合同纽带,将一个个活生生的人连接在一起的公司法人,是无数社会关系总和的叠加;公司管理层在准备对部分雇员的利益进行压榨的时候,多多少少还是受到复杂、交叉人际关系的制约。雇员剥削理论的支持者指出,当敌意收购人获得公司控制权之后,得以凌驾于公司原管理层之上,因此不再受到公司原本内部社会关系的束缚。公司新任管理层往往以降低公司代理成本、提高运营效率为名,对公司人事进行大刀阔斧的改革,甚至将公司部分业务直接剥离出去。关键的问题在于,敌意收购人指定的公司新任管理层,是否真的能够比前任管理层更多地剥削公司雇员,并且从中得利?

答案是否定的。劳动力市场,本质上是一个双向市场,公司在市场上挑选合适的雇员,雇员也在市场上寻找合适的公司。公司的稳健运营,离不开充足而优质的人才供给,这就要求公司在劳动力市场上,积累较好的口碑。公司对员工的隐性压榨行为,虽不受法律的制裁,却会败坏自己在劳动力市场上的名声,影响公司之后的人才招聘,最终在同其他公司的人才竞争中处于下风。除非,公司的人力资源维持面临最后任期问题,即公司已经濒临倒闭时,是否在劳动力市场上保留一个好声名才显得毫不重要。然而,敌意收购人对目标公司的接手,在很大程度上是希望通过自己对目标公司治理环境的提升,让其实现更高运营效率;在极端情况下,是敌意收购人让行将就木的公司浴火重生。因此,获得目标公司控制权的敌意收购人,虽然同前任管理层一样,对公司雇员的隐性压榨因合同空白可以逃脱法律制裁,却不免受到劳动力市场的外部监督,绝对不敢肆意妄为。为了构建公司的人才高地,敌意收购人在公司人事方面的调整,往往慎之又慎;导致公司治理环境一塌糊涂的前任管理层,或许可以在压榨员工方面"破罐子破摔",可刚刚接手

① 在通货膨胀为正的年代,维持工资不变等同于变相削减工资。

② "人的本质不是单个人所固有的抽象物,在其现实性上,它是一切社会关系的总和。"参见《马克思恩格斯选集》(第1卷),人民出版社2012年版,第139页。

目标公司的敌意收购人,却不能在这方面胡作非为。[①] 而且,敌意收购人越是受到在短期内提升公司股价或取得更高收益以弥补收购支出的激励,就越会重视公司雇员对新任管理层的适应和拥护程度,“收买人心”尚且还来不及,怎敢上来就推行压榨政策呢?

对公司雇员的不慎压榨,将可能直接导致敌意收购人满盘皆输,难以实现其对目标公司的预期收益。因此,敌意收购人对公司人事的改革,最多到公司中高级管理人员这一层面就戛然而止。究其原因,是作为公司事务具体执行层的中层员工,有时甚至比公司中高级管理层具有更难以替代的人力资产专用性。公司中高级管理人员,得益于对公司事务的“朝思暮想”,在长期的工作中获得了专属于本公司的特殊技能和专业知识;公司的中层员工,当然也是一样。但是,作为管理层决策的直接执行者,身处公司一线的中层员工对公司具体事务的处理方案,更加谙熟于心。往下,他们可以在具体事项上指挥和教导公司下层和新进员工;往上,他们甚至能够提供多种问题解决方案,供公司管理层抉择。鉴于此,就正如维护社会稳定最重要的阶层是中产阶级那样,公司运营的稳健,更大程度上依赖于作为公司中坚力量的中层员工。只有当公司主营业务稳定时,公司管理层塑造的公司文化和公司氛围才有意义。敌意收购人在筛选目标公司时,非常清晰地知道,哪些公司是由于业务水平低下导致股价低迷,哪些公司是由于管理层羸弱导致价值低估;真正值得敌意收购人发起要约收购的公司,是后一类型的公司。换言之,当公司管理层的官僚作风、自利自肥行为导致公司中层员工的潜力无法得到充分发挥时,敌意收购人就会通过要约收购的方式,撤换目标公司管理层,并让中层员工的潜力得以充分发挥并从中得利。也就是说,敌意收购人对目标公司的改造,一般是指在管理层面的效率提升,而不是技术层面的生产力变革,是对公司“高层肿瘤”的精确切除,避免癌细胞扩散到公司的其他功能性器官。试想,如果敌意收购人掌握了运营目标公司业务的关键技术和具体流程,他何故还需要支付股权溢价购买目标公司,再费时费力替换公司管理层和中坚员工呢?敌意收购人完全可以以更低的成本直接设立一个新的公司与之竞争,最后再以换股合并的方式,完成对目标公司的“鲸吞”。总之,敌意收购人相中目标公司,本质上是相中了目标公司的生产团队;敌意收购人通过要约收购的方式解除目标公司原管理层对生产团队的桎梏。[②] 无论公司高层的人事变革有多么天翻地覆,为追求公司的稳定发展,敌意收购人及其新任管理层团队必须在最短的时间内同公司中层员工打成一片。

出于对效用的追求,公司新任管理层不会在获得公司控制权后轻易打破原管理层同公司核心雇员之间的承诺,但这也并非绝对。有时,为大幅度提升公司运营效率,敌意收购人不得不触动某些既得利益者的“奶酪”,中下层员工也不例外。例如,公司可以通过降低员工的薪酬标准,来获得更多可用于再生产或作为股东分红的现金流,无论是哪一

① 权威学者指出,“企业管理机制创新可以为企业法制建设提供实践动力与经验源泉”。参见陈甦:《企业民主管理是企业法制创新的动力与源泉》,载《人民日报》2012 年 5 月 31 日,第 13 版。

② See Omer Unsal and Blake Rayfield, “Correction To: Corporate Governance and Employee Treatment: Evidence from Takeover Defenses”, *Journal of Economics and Finance*, 2019, pp. 1 - 25.

种,都意味着公司股价的提升。不过,这种情况只有在公司员工获得了远超市场平均薪酬的情况下,且过高的薪酬已经直接造成公司的不效率时,才会发生。就正如敌意收购人在获得目标公司控制权之后的拆卸套利行为属于战略性的、对目标公司不良资产或项目的及时剥离一样,敌意收购人减少部分雇员的薪酬属于公司正常经营行为,是敌意收购人及时调整公司财政支出的积极手段,二者都是要约收购完成后新任管理层比原管理层高明、更有魄力的体现。但凡在降低劳动力成本方面竭尽全力的公众公司,都较少面临敌意收购的威胁;①劳动力成本居高不下的公司,最终将成为敌意收购人的目标。例如,2000年,美国航空控股集团在收购陷入财政困难的环球航空公司时发现,要约收购支付的股权溢价成本,竟然远远低于降低目标公司劳动力成本所获得的结余。② 敌意收购人对公司过度劳动力支出的节俭,获得的收益并不直接进入敌意收购人或公司新任管理层的口袋,而是或以现金流的方式投入公司生产,或以股份分红的方式补贴给公司股东。因此,虽然降低公司人力成本确为敌意收购带来了部分收益,但这部分收益的产生,并不源于对公司雇员的人力剥削,而是源于对不合理铺张浪费的强本节用,本质上是源于公司运营效率的提升。对公司雇员的过分给付,实际是公司管理层以降低股东分红为代价对公司员工进行的笼络行为,甚至是对自身过高薪酬的一种舆论平衡,是在商业判断规则掩护下对公司股东的剥削和欺压;敌意收购人或新任管理层对公司的人力资源调整,是对此前公司对股东不合理剥削的终结,并未因此产生新的剥削。更何况,如果公司因为过度支出而破产,公司雇员将面临丧失一切薪酬和福利的代价;此时,曾一度为他们增加自身价值的人力资产专用属性,反而成为羁绊其跳槽进入其他公司或者其他行业的负资产。③ 从这个角度出发,放弃当前的过度支付以换取自己职业生涯的长期稳定,何尝不是对公司雇员长期有利的行动策略呢?

总之,敌意收购从压榨公司雇员中获得利益增长的理论,是完全站不住脚的。第一,无论敌意收购是否发生,公司雇员的合法权益往往受到劳动法和合同法等实体法律的保

---

① 反之亦然:那些不开源节流、意识不到降低成本重要性的公司,将最终面临被敌意收购的风险,甚至在市场竞争中被无情淘汰。这在航空行业体现明显,参见 David Card, "The Impact of Deregulation on the Employment and Wages of Airline Mechanics", *Industrial and Labor Relations Review*, 1986, pp. 527 – 538; David Card and Lisa Saunders, "Deregulation and Labor Earnings in the Airline Industry", *Regulatory Reform and Labor Markets*, 1998, pp. 183 – 247。在传统运输行业,不懂得增收节支的公司,也面临被敌意收购或破产清算的命运,参见 Nancy L. Rose, "Labor Rent Sharing and Regulation: Evidence from the Trucking Industry", *Journal of Political Economy*, 1987, pp. 1146 – 1178。在竞争激烈的通信行业,也是如此,参见 James H. Peoples Jr, "Wage Outcomes Following the Divestiture of AT&T", *Information Economics and Policy*, 1989, pp. 105 – 126。

② See Triant Flouris and Steve Swidler, "American Airlines' Takeover of TWA: An Ex-Post Analysis of Financial Market Information", *Journal of Air Transport Management*, 2004, pp. 173 – 180.

③ 近年来,频频成为人们饭后谈资的"中年危机"现象,就是上述观点的现实印证。公司出于节约成本的考虑,会首先选择裁掉在公司勤恳工作数年(甚至数十年)所以薪酬较高的公司员工,用薪酬更低、精力更充沛的年轻员工取而代之。公司员工在工作中积累的专用于该公司的专业知识、特殊技能和经验阅历,并不能在其他公司和其他行业折现为自身价值的提升,反而可能成为难以适应其他工作环境的束缚。

护,公司在合法范围内对雇员可能进行的隐性压榨,也受到公司内部“剪不断,理还乱”社会关系的束缚。第二,劳动力市场的双向选择性,决定了公司必须长期保持良好名声才能维持自身的人才高地;在这方面,期望提升公司运营效率的敌意收购人,显然比面临最后任期问题的前任公司管理层更有遵守该规则的激励。第三,作为公司中坚力量的中层员工,在很多情况下具有比公司高级管理人员更难以替代的人力资产专用性,鉴于此,敌意收购人对公司人力层面的改革,往往到高管层面戛然而止,极少穿透到公司中层及以下。第四,公司新任管理层不得已触动公司雇员的既得利益、降低其薪酬给付,能够有效减少不合理人力支出对公司运营的拖累,迅速提升公司价值,终结原管理层为笼络公司员工对公司股东的不合理剥削行为,同时也降低公司雇员面临中年危机的可能性。相关研究表明,被要约收购的公司在降低雇员薪酬和转移经营部门方面的速度和频率,与其他情况类似、同行业的公司相比,并无二致。① 总而言之,压榨公司雇员、批量解雇公司员工,都不会给敌意收购人带来多少价值;只有充分调动公司上下的生产积极性,尽量坚守公司对员工的隐性承诺,才能真正让公司的价值上升至敌意收购人的预期;在最短时间内同公司上下“打成一片”,或许是敌意收购人运营目标公司资产的最佳策略。

五、消费者欺凌理论

既然敌意收购带来的利益增长,既不源于对公司股东的剥削,也不源于对公司雇员的压榨,那么会不会源于对公司消费者的垄断性定价呢? 支持这一观点的学者指出,敌意收购将导致公司和公司之间的珠联璧合,这种合而为一不仅减少了公司的可减扣债务,还减少了市场上供给者的多样性,甚至会产生垄断。在缺乏竞争者(或者竞争者都被消灭)的情况下,商品或服务的提供者将获得随心所欲的定价权,而消费者由于没有更多选择,只能对生产者的垄断性定价逆来顺受。获得垄断地位的公司还会因此降低研发新科技、新产品的动力,不再千方百计提升产品质量或者服务水平,最终导致整个社会商品经济如一潭死水停滞不前。

这种消费者欺凌理论的观点,有着极大的漏洞和欠缺。首先,正如本文反复指出的那样,公司同公司的合纵连横,并不必须通过敌意收购这种耗时费力的方式实现。② 如果只是为了追求取得行业垄断地位以获得更大的收益,目标公司管理层同潜在收购人之间

① See Charles Brown and James L. Medoff, "The Impact of Firm Acquisitions on Labor", *Corporate Takeovers: Causes and Consequences*, 1988, pp. 9 – 32; Martin J. Conyon, et al., "The Impact of Mergers and Acquisitions on Company Employment in the United Kingdom", *European Economic Review*, 2002, pp. 31 – 49; Robert H. McGuckin and Sang V. Nguyen, "The Impact of Ownership Changes: A View from Labor Markets", *International Journal of Industrial Organization*, 2001, pp. 739 – 762.

② 对目标公司发起的敌意收购,将不可避免地推高公司股价,同时还有可能遭受目标公司管理层的强力抵制。为获得目标公司大量股份,敌意收购人的最佳策略是要约收购而非投票代理权争夺。在世界通行的公司法和证券法框架下,要约收购都必须遵循固定公开期限、强制信息披露义务等要求;敌意收购人甚至还将面临必须向公司在外流通所有股份发出全面要约的可能性。因此,敌意收购的成本和代价,要远远高于几乎所有重要事项都可根据合同和协约方式达成的协议收购。

根本不会出现利益冲突,因为这对目标公司和敌意收购人而言都是共赢共荣的结果。只需稍加劝说,目标公司管理层极有可能与潜在收购人达成合意,无论是通过吸收合并还是新设合并,都绝无可能出现潜在收购人必须“彼可取而代之”的局面。换言之,在目标一致、利益一致的情况下还发起敌意收购,在成本上、时间上、情感上都不合宜,没有道理。即使潜在收购人确实有强力控制目标公司、独享行业垄断地位的野心,潜在收购人的最佳策略也应当是:(1)先通过同目标公司的友好协商实现协议收购,以确保公司垄断地位的迅速形成;(2)支付合理对价、日拱一卒,逐渐买断目标公司管理层的权益,用投票的方式实现公司管理权的转移。对于潜在收购人而言,以这种方式获得公司未来垄断地位的独享,比一上来就亮出要约收购的獠牙,面临的资金压力和不确定性要小得多。

其次,即使潜在收购人已经下定决心,将通过要约收购方式“快、准、狠”地获得目标公司控制权,以求在最短期限内成就行业霸主或领头羊的地位,收购人也将不得不面对反垄断法等实体法律的限制。在敌意收购中,举报敌意收购人将获得市场垄断地位,已经成为目标公司管理层防御敌意收购的常见手段之一。1994年7月,美国知名保险公司美通集团试图以26亿美元的价格,协议收购另一家保险公司——乌尼坎公司。在同乌尼坎公司管理层协商未果后,美通集团在公开市场上发起对乌尼坎公司的要约收购。乌尼坎公司管理层在公告中指出,两家保险巨头的合并,将必然触发司法部的反垄断审查,将公司置于不利之地,借此使出了毒丸的大招,甚至还同摩根士丹利达成了一项股份回购协议。[①] 2003年,美国甲骨文公司对仁科公司发起要约收购,仁科公司以商业欺诈和侵权等罪名起诉甲骨文公司,并向美国司法部提起反垄断审查的申请。[②] 美国司法部对该场敌意收购的反垄断审查长达18个月之久,在确定双方合并不会产生垄断地位之后,仁科公司才最终被纳入甲骨文公司麾下。[③] 以要约收购的方式试图实现行业垄断地位的敌意收购人,会发现自己很难架空现行实体法律,因为有目标公司管理层作为反垄断的外部监督机制。在反收购法律健全的国家,即便是收购双方达成合意、相互配合,要想巧妙地“以合法形式掩盖(垄断的)非法目的”尚且难以实现,在双方当事人未能达成一致的敌意收购中,垄断将更不可能实现。即使是在反收购法律不甚健全的国家,敌意收购人即使实现了行业垄断,也会立刻受到反不正当竞争法和消费者权益保护法的限制,最终将不得不把公司部分运营剥离出去。

归纳上述,敌意收购从来就不是获得行业垄断地位的最佳途径,甚至连一条有效途径都不算。消费者欺凌理论的观点完全忽略了现行法律法规对产品消费者提供的周全保护,跳过其他更便捷实现垄断地位的收购方式,毫无凭据地指责敌意收购可能存在的

---

① See *Unitrin, Inc. v. American General Corp.*, 651 A. 2d 1361 (Del. 1995).

② See David Millstone and Guhan Subramanian, “Oracle v. PeopleSoft: A Case Study”, *Harvard Negotiation Law Review*, 2007, p. 1.

③ See Jennifer Arlen, “Regulating Post-Bid Embedded Defenses: Lessons from Oracle Versus Peoplesoft”, *Harvard Negotiation Law Review*, 2007, p. 71.

外部性。在反垄断法和消费者权益保护法的双保险下，要想从消费者的口袋中获得财富，唯一的途径是不断提升公司生产效率，以更高质量的产品和更高品质的服务赢得市场竞争，从而获得一定程度的定价优势，目标公司现任管理层和敌意收购人概莫能外。即使公司获得了一定程度的定价能力，公司也必须随时关注公司产品受客户青睐和产品价格令客户不快之间的势头转换，若一味追求价格丢了市场份额，也绝非明智之举。

六、信用消耗理论

敌意收购既难以造成对公司股东的胁迫或剥削，也无力酿成对雇员的压榨，更少见导致对消费者的欺凌。反对敌意收购的学者又提出了信用消耗理论，指责敌意收购过度消耗了市场信用，给社会带来了巨量债务。①

信用消耗理论认为，敌意收购本身是一种市场失败行为，因为它以借贷的方式，完成了意义不大的所有权再分配，甚至从生产部门转移走了大量资源。这种观点，产生于对资本流通的误解。敌意收购人用于要约收购的资金，在自有资金之外，可能源于发行债券（如用于支付第二层要约的垃圾债券），也可能源于销售回流（如销售万能险、互联网保险的高额现金流）。在要约收购完成后，敌意收购人的资金成为目标公司股东的股份出售溢价，公司股东取得了敌意收购人的资金后，部分资金进入银行系统，部分资金被用于再投资。进入银行系统的资金也会以贷款的方式再次流出，被用于其他方面的投资。在整个过程中，敌意收购同其他资金交易并没有任何本质上的差别，实际上也并没有消耗任何资源和信用，资金只是从一个地方流向另一个地方而已。而且，如果目标公司控制权的变更，导致效率低下的现任管理层被公司新任管理层所取代，后者成功降低公司代理成本、提升公司运营效率，那么，敌意收购将带来社会整体经济福利的提升，何谈浪费信用之说？

诚然，并非所有的敌意收购都是增值的；敌意收购的产生，也完全有可能源于敌意收购人对目标公司和自身的错误估计，并在要约收购成功后，导致公司价值的减损。但敌意收购是否增值，并不影响敌意收购作为正常资金交易的本质，而且，敌意收购人越需要通过外部资金来发起要约收购，就越会促使信用的滋生。确如许多文学作品所描述的那样，敌意收购，尤其是背负了大量债务的杠杆收购，或者管理层收购，②在事实上都是“借

---

① See Robert B. Reich and Ira Magaziner, *Minding America's Business: The Decline and Rise of the American Economy*, New York: Harcourt Brace Jovanovich, 1982; Robert B. Reich, "Paper Entrepreneuralism", *The Next American Frontier*, 1983, pp. 140 – 172.

② 所谓管理层收购，是指公司的经理层利用借贷所融资本或股权交易收购本公司的一种行为，从而引起公司所有权、控制权、剩余索取权和资产的变化，最终改变公司所有制结构。在极端情况下，公司管理层甚至借用公司的钱，完成对自己公司的收购。由于管理层对公司财务信息了如指掌、手握公司经营实权、能够调动公司资源达成自身目的，公司管理层在同其他敌意收购人竞逐公司的控制权时，有着天然的优势，往往容易占到上风。管理层收购的技术含量较高，需要依照特定的流程得以实现，还必须设立新的收购主体，甚至在需要的时候引入风险投资。在管理层收购成功后，公司管理层从身份单一的经营者角色变为所有者与经营者合并的双重角色。

别人的钱、为自己赚取不成比例的回报”。[①] 但是,在这些涉及公司控制权转移的交易中,公司债权人并没有受到压迫和欺骗。同其他普通的公司债券一样,用于要约收购目标公司而发行的各类债券,本身也必须在债券市场上久经考验。如果某一类债券可能面临较高的偿付风险,那么必然会以更高的利息作为回报,债权人作为债券的投资人,在购买公司债券时必然会在市场上的同类产品中进行认真比较。竞争的存在,将使敌意收购中的债券欺诈行为难以发生。依照清偿顺序的先后,公司发行的债券可能有低级债券与高级债券之分,在高级债券的本息得到全额清偿前,低级别的债券不能得到清偿。用于敌意收购目的的债券,往往是清偿顺位靠后的低级债券,甚至是位于偿付末位的垃圾债券;不过,即使是信用评级最低的垃圾债券,也远比蓝筹股更能够给投资者安全感,因为当公司面临破产清算时,任何债券都具有相对于公司股票的清偿优先级。[②] 除此之外,敌意收购人还可以通过发行可转换债券的方式进行融资,允许债券持有人在特定情形下(一般是在获得目标公司控制权之后),将手中的债券转换为敌意收购人公司的股权,借此实现对目标公司的间接控制。由于这种债券的可转换属性,敌意收购人可能为之支付比垃圾债券还低的利息,但是仍然不构成对公司债权人的压迫和欺骗。因为债权人购买可转换债券的行为,并非单纯的借贷行为,也包含了债权人风险自负的投资意味。

信用消耗理论的另一种论调指出,因敌意收购人对目标公司控制权的取得,敌意收购人为发起要约收购而背负的(巨额)债务,通过压力传导机制,将迫使公司新任管理层选择短期回报丰厚、能够获得充分现金流的项目来保证对债权人的偿付;但这样的项目选择,可能是以牺牲公司的长期利益为代价的。这种论调的错误性在于,公司筹集资本能力的强弱,并不取决于公司背负债务的多少;即使公司已经发行了大量债券,在高级债券之下,只要有足够高的利息作为补偿,公司还可以发行低级债券,甚至还可以发行比低级债券更低级的债券;如果有合适的项目,如那些在当下需要大量投入,但是远期回报上佳的项目,公司甚至不需要举债,直接通过发行新股等股权融资渠道也能满足资金需求。说到底,投资者不会因为公司既定债务的大小就丧失了对公司业务能力的判断,真正决

---

① [美]布赖恩·伯勒、约翰·希利亚尔:《门口的野蛮人》,张振华译,机械工业出版社2010年版,第1~45页。

② 和股票相比,无论是高级债券还是低级债券,都具有风险小、增值潜力小的特点,一般情况下,价格不会有太大波动。但当公司面临破产清算时,虽然,垃圾债券相对于公司发行的其他债券而言,可能处于清偿顺序靠后的位置——在高级债券的本息未获得全额清偿前,低级债券不得清偿。但是,即便是处于清偿末位的垃圾债券,也在优先级最高的股权之前得以清偿。股权和债券的相对关系,从侧面印证了法经济学对股权性质的分析:股权,是对公司的剩余索取权;公司股东,是对公司的剩余索取权人。股东的剩余索取权,只有在其他利益相关人得以充分受偿后,才有行使的空间;如果公司经营一塌糊涂,无力对其他利益相关人进行充分偿付,那么公司股东将失去一切。所以,股票的风险远大于债券,而且,高风险的股票并不一定对应确凿无疑的高额回报;但是风险较高的债券,却有更高的利息给予补偿;垃圾债券比普通债券高出的利息差,就是对较高偿付风险的补偿。或许,这也是为什么公司能够发行可以转换为股权的债券,却极少发行可以转换为债券的股份。

定公司筹集资本能力强弱的,除了公司能力本身,还包括拟融资项目的好坏,或者说,公司机会的好坏。

总之,在资本流通层面,敌意收购同普通资金交易并无差别,既没有消耗市场信用,也没有带来过多风险不可控制的债务;无论是否真正提升价值,敌意收购不会透支目标公司未来的融资能力。债务意味着公司的强制性偿付义务,未能到期偿还债务的公司将极有可能陷入破产清算的地步,只有业务成熟、收入稳定的大型公司才会经常启用债务机制。而且,由于债券市场的充分竞争,相比起股权融资而言,债券融资对处于发展中的中小型公司并不划算,因为它们必须支付比大型公司更高的利率才能从债券市场上筹集到资金。只要债权比股权更有保障(事实上也确实如此),①信用消耗理论的各种论调就毫无意义。

七、结论

通过对反对理论的一一反驳,本文指出,即便敌意收购的"五宗罪"确实在实践中不同程度的存在,但这些负面效应远不足以抵消敌意收购能够带来的正面收益。既然,敌意收购的整体效益,既不源于对公司股东的胁迫或剥削,也不源于对雇员的压榨,更不来源于对消费者的垄断性定价,那就只能源于敌意收购人在接管目标公司后,通过减少公司代理成本、提升公司运营效率等方式,实现目标公司市值从低估到正常(甚至超常)的回归。本质上,这是敌意收购人主导下目标公司资产项目、新管理团队和公司治理结构的更优匹配。由于对公司原股东的股份溢价,在敌意收购人控股目标公司之前就已经支付,敌意收购人指定的公司新任管理层必须将公司价值运营到敌意收购人在要约收购前对目标公司的预期价值之上,敌意收购的行为才是划算的。在这个意义上,敌意收购是现代公司治理难题另辟蹊径的解决方案,是抑制公司代理成本的外部强力机制,也是让陷入僵局的公司起死回生的市场化手段。

如果敌意收购人错误地选择了新任管理层,既没能有效降低目标公司的代理成本,也没有实现公司运营效率的提高,将带来什么后果呢?还有另一种更糟糕的情况,如果敌意收购人一开始对目标公司的价值估计就存在错误,那么任凭公司新任管理层如何努力,目标公司的价值都不会有更大提升,将由谁承担估值错误的代价呢?很明显,无论是因为对自身能力的过度自信(认为能以更好的管理层取代原管理层),还是对目标前景的过度乐观(对目标公司的估值高于其他所有竞争者),敌意收购人都极有可能因为赢了几场"战役"而输掉整个"战争"——只要敌意收购人对目标公司的期望价值在要约收购成功后不能如期实现,敌意收购人将成为这场"战争"中的最大输家,并将概括承受因此产生(以及已经产生)的各项成本。好在敌意收购人的错误付出,都无一例外地成为目标公司股东的股份溢价,并没造成社会总体福利的减损。目标公司的股票价格必然会因此下

---

① 股权,在本质上是对公司的剩余索取权,是在债权得以充分偿还后,公司股东对公司剩余资产享有的索取权。

跌,或许会为其他的敌意收购人留出改善目标公司的空间。[①] 长远来看,一号敌意收购人错误购入的目标公司,可能在二号敌意收购人、三号敌意收购人之间反复转手,直到目标公司被流转到能够最有效率运营它的人手中;因此,先前敌意收购造成的错误和损失,可能在后续的敌意收购中得到修正——这正是敌意收购活动的“弹性”体现。同敌意收购相关的法律法规制定,只需要维护这种“弹性”,便可达至收购活动的帕累托最优。一言以蔽之,越是市场化的制度创设,越有可能促进敌意收购正向效益的实现。

① 参见唐林垚:《论我国上市公司收购之举牌预警及全面要约》,载《西南民族大学学报》(人文社会科学版)2017年第12期。

美国证券执法的原则、重点及挑战

——SEC 执法部 2017 年至 2019 年年报解析①

高振翔*

摘要：强有力的证券执法是资本市场高质量发展的重要保障，SEC 整体上卓有成效的证券执法有力地促进了美国证券市场繁荣。自 2017 年以来，SEC 执法部连续 3 年发布执法年报，向公众宣传 SEC 执法理念、原则和成绩。本文从执法原则、执法重点、执法成绩、执法挑战四个方面对 SEC 执法部年报进行梳理。美国证券执法体现的注重投资者保护、加强上市公司监管、压实中介机构责任、追究个人违法等执法导向和强化行刑衔接、提升执法效率、缓解执法对立、实施有奖举报等执法举措，与我国正在推进的证券执法全面深化改革思路不谋而合。提升我国证券执法的实效性，需要在执法过程中注重补偿投资者损失，最大化执法效益，注重发挥执法合力和综合运用财产罚与非财产罚"组合拳"。

关键词：证券执法　执法效能　个人责任　非财产罚　投资者补偿

强有力的证券执法是资本市场高质量发展的重要保障，也是投资者保护的最后防线。我国全面深化资本市场改革的重要一条就是提升稽查执法效能，强化案件分层分类分级管理，集中力量查办欺诈造假等大要案，提升案件查办效率。2019 年修订的《证券法》在显著提升证券违法违规成本同时，也赋予证监会更充分的执法手段和更大的执法裁量权。推进证券执法的全面深化改革，贯彻落实新《证券法》，可以借鉴国际有益实践。

一、执法原则

美国证券监管的三大原则是保护投资者、维护公平有序高效市场和促进资本形成。SEC 执法部进一步提出了证券执法的五大原则，分别是注重中小投资者保护、突出个人违法责任追究、紧跟科技变革步伐、施加能够有效彰显执法目标的惩处措施和持续有效分配执法资源。

---

① 本文仅代表笔者个人学术观点，与所任职单位无关。

* 中国社会科学院大学(研究生院)法学博士研究生，现就职于深圳证券交易所巡回审理协作部。

(一)注重中小投资者保护

中小投资者是证券市场的重要参与群体,抗风险能力和自我保护能力较弱,合法权益极易受到侵害。保护中小投资者是SEC的核心执法原则之一。2017年年报指出,SEC将持续打击危害中小投资者的常见违法行为,如会计造假、金融产品不当销售、市场操纵、庞氏骗局等。2018年年报指出,SEC执法部有超过一半以上的执法行动针对侵害中小投资者利益的不法行为。2019年年报指出,SEC将执法重点瞄准未尽适当性义务向投资者销售基金产品的行为。

为加强中小投资者保护,2017年以来,SEC执法部启动了两项专项行动,一项是成立关于中小投资者的专责小组(Retail Strategy Task Force)。专责小组通过有效整合美国证监会内部数据资源,发现和识别对中小投资者侵害最深的违法行为,如欺诈发行、市场操纵等。另一项是关于销售基金份额的披露倡议(Share Class Selection Disclosure,SCSD倡议)。该倡议要求投资顾问在一定期限内主动向SEC揭露其在销售基金产品时故意隐瞒相关信息,向投资者兜售费率更高产品的不法行为。SEC承诺与主动报告的投资顾问达成和解并减少和解金额。截至2019年2月,有79名投资顾问向SEC主动报告了不法行为,并累计向投资者补偿损失1.25亿美元。截至2019年9月,又有16名投资顾问向SEC主动报告不法行为,向受损投资者补偿1000万美元。和解协议中,SEC未要求主动"投案"的投资顾问缴纳民事罚款(civil penalty),①但要求其上缴违法所得。和解协议还进一步要求投资顾问规范基金产品的销售行为,提高产品信息的透明度。

SEC关注到了受损投资者利益补偿的有效性问题。在美国,补偿受损投资者的重要途径是公平基金制度。公平基金将SEC向违法者追缴的罚没款直接分配至受损投资者,是通过执法直接给予投资者补偿的投资者救济方式。在Woodbridge案中,超过8400名投资者在"庞氏骗局"中受到损失。为使当事人财产得到最大化保全,SEC执法部向法院申请了破产程序。在SEC的努力下,受损投资者通过公平基金的补偿比例超过了50%。②

在2017年和2018年年报中,SEC还特别强调,保护中小投资者利益和保护华尔街利益之间不存在不可调和的矛盾。证券违法行为不只是侵害了中小投资者的利益,也严重损害了华尔街投资者的利益。

(二)突出个人违法责任追究

穿透追究个人违法责任是SEC制止证券不法行为的有效举措之一,这是因为,公司违法的"罪魁祸首"往往是公司的实际决策和执行人员,对公司的处罚很可能将违法成本转嫁至无辜股东特别是中小股东承担,变相放纵了违法。自2017年SEC主席杰伊·克莱顿(Jay Clayton)就任以来,追究个人违法责任成为SEC执法常态。2017年,超过80%

---

① 与我国行政罚款不同,美国法上对联邦政府监管中的罚款称为"民事罚款"。

② See Press Release 2018 - 296, SEC Charges Additional 13 Unregistered Brokers Who Sold Woodbridge Securities to Retail Investors(Dec. 19,2018).

的 SEC 独立执法行动对象包含了个人主体。2018 年,72% 的独立执法行动包含了个人主体,数量超过 500 人次,受制裁个人包括不少美国知名的公众人物,如特斯拉公司 CEO、Theranos 血液检测公司 CEO、美国国会议员、足球明星等。2019 年,69% 的 SEC 独立执法行动追究了个人违法责任。

SEC 注重采取资格罚等非财产罚手段对违法责任个人实施精准打击。在 Comscore 案中,前 CEO 指使公司通过虚构交易虚增收入。在与 SEC 达成的和解中,该名 CEO 除向 SEC 缴纳民事罚款外,还要返还公司其在虚增收入期间出售公司股票所获的 2100 万美元不当利润,并在 10 年内不得担任上市公司的董事或高管职务。①

(三)紧跟科技变革步伐

科技变革在深刻改变市场形态的同时,也使证券违法呈现多样化和复杂化趋势。近年来,SEC 加大了对网络证券违法的执法力度。2017 年,SEC 执法部内成立了由技术专家组成的网络执法小组,专司与网络相关的证券违法案件调查。2018 年,SEC 对雅虎公司采取了执法行动,这是 SEC 历史上首次针对上市公司未向投资者披露网络漏洞而采取的执法行动。② 为帮助上市公司及时完整披露涉及网络安全的风险事件,SEC 执法部还在 2018 年出台了专门的披露指引。2019 年,SEC 加强了首次代币发行(Initial Coin Offerings,ICOs)和数字资产领域的欺诈发行执法,并重点整治了未取得 SEC 批准实际经营全国性证券交易场所的代币和其他数字资产交易平台。

SEC 指出,《1933 年证券法》中有关证券发行注册的要求事关证券监管的根基。只要一项金融产品构成证券,其发行、销售和交易都必须遵循证券法下的投资者保护要求。基于这一理念,SEC 在 2019 年对虽不涉及欺诈但未按要求向 SEC 注册的代币或其他数字资产发行行为开展了执法行动。SEC 要求,对所有未按要求注册的代币和其他数字资产发行行为,发行人应按照投资人意愿返还投资,或重新进行注册,并赔偿投资者损失。SEC 还首次将代币和其他数字资产发行未注册的行为诉诸法院,向市场宣示了代币和其他数字资产发行必须符合证券法注册要求的监管导向。

SEC 进一步加大了科技执法的投入力度。SEC 综合采取多种科技手段如大数据分析、聊天记录分析、交易终端信息分析(如 IP 地址分析)等开展交易型违法案件调查,提升了案件查办效率。

(四)施加能够有效彰显执法目标的惩处措施

证券违法类型复杂多样,充实执法"武器库",综合运用申诫罚、资格罚和财产罚等多样化的执法措施,是高效精准打击证券违法的一个重要方面。美国证券执法强调对不同违法者施加差异化制裁。除了追缴违法所得、罚款等常规执法措施外,SEC 可以采取"履行义务""资格剥夺""停止证券上市""资产冻结"等措施惩戒违法行为人。

---

① See Press Release 2019 - 186, SEC Charges Comscore Inc. and Former CEO with Accounting and Disclosure Fraud(Sept. 24, 2019).

② In the Matter of Altaba Inc., f/d/b/a Yahoo!, Inc., Stand-alone Admin. Proc., 33 - 10485(04/24/18).

典型案件如 Theranos 血液检测公司案和特斯拉公司案。Theranos 血液检测公司案中,该公司及其 CEO 在向投资者募集资金过程中,故意夸大公司在科技研发、经营和财务报表等方面的表现。在与美国证监会达成的和解协议中,美国证监会要求公司 CEO 放弃对公司的绝对多数表决权,无偿地将所持超额表决权股份转换为普通表决权股份,并保证其不能在今后的公司股份转让或股份稀释中获益,除非 CEO 向公司其他投资者返还7.5亿美元的补偿金。该执法措施有效制止了公司实际控制人滥用其实际控制地位损害投资者利益。① 特斯拉公司案中,公司 CEO 在推特中连续发布关于公司私有化计划的不实信息,且公司欠缺针对 CEO 披露信息的内部管理制度。为了与美国证监会达成和解,特斯拉公司及其 CEO 不仅支付了高额的和解金(2000 万美元),还促使原董事长辞去职务;改组董事会,增加两名独立董事;强化对 CEO 公众言论的内部管理;选聘经验丰富的信息披露顾问指导公司信息披露工作;等等。②

财产罚和非财产罚手段的综合运用,使相关违法行为人不仅支付高昂罚款,还整顿了公司的内部管理,使受损失投资者通过公平基金制度获得及时充分赔偿,并在未来得到更充分保障,达到了惩戒、震慑和警示教育的执法目的。

(五)持续有效分配执法资源

证券监管与证券市场相伴而生,膨胀的执法需求和有限的执法资源之间的紧张关系考验全球的证券监管者。美国证券执法面临的重点任务是提升内部管理的有效性,高效分配执法资源。2016 年,SEC 执法部一共收到1.6万条个人举报线索和2万份经纪商和其他机构报送的异常报告。为高效完成执法任务,SEC 执法部对市场新型案件(如网络证券违法、ICO 等)持续加大监管投入,同时实施更为严格的案件筛查机制,确保执法枪口始终对准对证券市场和投资者危害最为严重的案件,确保投资者在最容易受到侵害的领域得到优先的执法保护,最大限度发挥执法的威慑性。

二、执法重点

(一)强化对发行人和机构的监管执法力度

真实、准确、及时的信息披露对证券市场的健康发展至关重要,发行人和金融机构的不当信息披露侵蚀了证券市场健康发展的根基。SEC 坚持追究公司责任和个人责任相结合的原则开展执法行动。SEC 查处的发行人信息披露违法案件包括虚假陈述、重大遗漏、误导性披露风险因素、误导性披露不符合美国通用会计准则(Generally Accepted Accounting Principles,GAAP)的财务数据等类型。2019 年年报指出的典型案例包括:(1)Facebook 案。该案中,Facebook 公司不当使用了预测的,而非真实的用户数据披露公司风险,误导了投资者。在与 SEC 达成的和解中,Facebook 公司缴纳了1亿美元的民事罚款。③ (2)Mylan 案。该案中 Mylan 公司未及时披露美国司法部针对公司主要产品开

① 参见 https://www.sec.gov/news/press-release/2018-41。

② SEC v. Tesla, Inc., Civil, 2018-226(09/29/18).

③ SEC v. Facebook, Inc., Civil, 2019-140(07/24/19).

展的调查和公司可能承担的不利后果。在与 SEC 达成的和解中,Mylan 公司缴纳了 3000 万美元的民事罚款。① (3)Fiat Chrysler 案。该案中,当事人与经销商串通操纵公司月度销售数据,在部分月份中隐瞒了真实发生的销售收入,并在业绩不如预期的月份进行确认。Fiat Chrysler 及其子公司缴纳了 4000 万美元的民事罚款与 SEC 达成和解。② (4)日产公司(Nissan)案。该案中,日产公司未及时披露支付前 CEO 退休金事项。在与 SEC 达成的和解中,公司及相关责任人承担了缴纳民事罚款、剥夺担任上市公司董事、高管资格等不利后果。③ (5)Hertz 案。该案中,Hertz 公司由于会计错误导致多个报告期内的公司税前收入出错。在与 SEC 达成的和解中,Hertz 公司缴纳了 1600 万美元的民事罚款。④ (6)PPG 案。该案中,PPG 公司未准确记录相关支出,并进行不当收入分类。鉴于 PPG 公司具有"自首"、配合调查等情节,SEC 在和解中未要求 PPG 公司缴纳民事罚款。⑤ SEC 指出,以上案件的查处彰显了 SEC 对不当信息披露问题的重视和打击公司证券违法的坚定信心。

SEC 还强化了对金融机构的监管。2019 年,SEC 对发行"幽灵证券"的行为采取了执法行动。发行"幽灵证券"指证券经纪人以不当方式从存托银行获得预发行的 ADRs,但无论是证券经纪人还是购买预发行 ADRs 的投资者都不拥有支持这些 ADR 的外国股票,这造成外国发行人可交易证券总量的夸大,诱发不当卖空和股息套利等不当行为。过去两年,SEC 对 13 家机构和 4 名个人发行"幽灵证券"的罚没金额高达 4.25 亿美元,其中包括了中国工商银行设在纽约的一家金融交易商。SEC 还对美国期权结算公司(Options Clearing Corporation,OCC)采取了执法行动。OCC 是具有系统重要性的金融机构,也是全美唯一一家负责上市期权合约清算的机构。SEC 指控 OCC 未能制定涉及金融风险管理、运营要求和信息系统安全的政策和程序,并在未获 SEC 批准的情况下改变其核心风险管理政策。在与 SEC 达成的和解中,OCC 对内部风险控制及合规制度进行整顿,并聘请第三方独立合规审计人员进行监督。⑥

中介机构归位尽责,切实发挥市场"看门人"作用,对证券市场监管具有重要意义。2019 年,SEC 加强了对证券审计机构的监管。在毕马威会计师事务所(KPMG)案中,KPMG 在上市公司会计监督委员会(Public Company Accounting Oversight Board,PCAOB)检查中作弊,篡改审计工作底稿以逃避监管。在与 SEC 达成的和解中,KPMG 被要求缴纳 5000 万美元的民事罚款,并采取完善内控管理的系列措施。⑦

---

① SEC v. Mylan N. V. ,Civil,LR – 24621(09/27/19).

② In the Matter of FCA US,LLC,et al. Stand-alone Admin. Proc. ,33 – 10706(09/27/19).

③ In the Matter of Nissan Motor Co. ,Ltd. ,Stand-alone Admin. Proc. ,34 – 87054(09/23/19).

④ In the Matter of Hertz Global Holdings,Inc. ,et al. ,Stand-alone Admin. Proc. ,33 – 10601(12/31/18).

⑤ In the Matter of PPG Industries,Inc. ,Stand-alone Admin. Proc,33 – 10701(09/26/19).

⑥ See Press Release 2019 – 171,SEC and CFTC Charge Options Clearing Corp. With Failing to Establish and Maintain Adequate Risk Management Policies(Sept. 4,2019).

⑦ In the Matter of KPMG,LLP,Stand-alone Admin. Proc. ,34 – 86118(06/17/19).

(二)强化刑事介入和跨境执法合作

SEC作为美国联邦证券法的民事执行(civil enforcement)机构,所能采取执法行动、取得的执法效果是有限的,需要刑事司法机关的支持与补强。SEC证券执法注重与刑事部门(甚至FBI)的协调配合。在大量案件中,SEC的行政调查与刑事调查同时启动,同步推进,协同发力,对涉案行为人同时采取了SEC的调查措施和刑事强制措施。2019年,SEC在超过400件案件中与包括刑事司法机构在内的其他政府执法部门实现了证据共享。SEC认为,SEC的行政调查与刑事调查同步实施的执法机制,能最大程度弥补SEC在证据获取、财产冻结等方面的不足,增强执法行动的效果。

SEC注重跨境执法合作的开展。《1934年证券交易法》授权SEC和联邦法院在特定情形下对发生在美国之外的违法行为进行域外管辖。2019年,在罗杰·诺克斯(Roger Knox)证券欺诈案中,当事人罗杰·诺克斯是一名身处瑞士的英国公民。SEC和美国司法部指控当事人利用50多家空壳公司进行证券欺诈。SEC和美国司法部与10多个国家和地区的证券监管机构开展执法合作搜集证据。美国司法部在罗杰·诺克斯入境时将其逮捕。罗杰·诺克斯案的查办证明了SEC跨境执法合作的重要性。

(三)提升执法效率

证券执法效果的优劣与执法效率密切相关。违法行为从发生到被查处的时间越短,越有利于纠正和震慑违法,及时有效补偿投资者损失。2019年年报指出,SEC从立案(case opening)到采取执法行动(filing of an enforcement action,执法行动包括达成和解和提起执法指控)的平均耗时为24个月,其中取证更难、证据量更大、案情更复杂的欺诈类(financial fraud)和发行人信息披露违法(issuer disclosure)类案件,调查的平均耗时更是多达37个月,这还不包括SEC执法部提起执法指控后SEC行政法官(Administrative Law Judges,ALJs)或法院审理裁决的时间。SEC从加强执法合作、缓解执法者与被调查人的执法对立等方面提升执法效率。如在日产公司和解案中,由于SEC与日本证券监管当局开展了有效的执法合作,该案的调查耗时仅为10个月。① 在PPG和解案中,由于当事人积极配合调查,该案的调查耗时仅为17个月。②

(四)形成配合执法的正向激励

缓解执法过程中监管机构与被调查对象的对立紧张关系,促使当事人积极配合调查是提升执法效率的重要一环。SEC通过加强执法宣传,让市场了解配合调查对案件处理的积极影响。在PPG案中,由于PPG公司向SEC及时报告了不当行为,并就不当行为采取有效补救举措,SEC最终未对PPG公司采取罚款处罚。③ 在Comsore案中,由于Comsore公司的及时补救措施和配合执法行为(向SEC分享了公司内部调查结果),SEC

① In the Matter of Nissan Motor Co.,Ltd.,Stand-alone Admin. Proc,34 - 87054(09/23/19).

② In the Matter of PPG Industries,Inc.,Stand-alone Admin. Proc,33 - 10701(09/26/19).

③ Ibid.

仅要求 Comsore 公司缴纳 500 万美元的民事罚款。①

(五)实施"吹哨人"计划

资本市场的违法违规案件具有高智能、隐蔽性、跨区域等特点。长期以来,取证难度大、证明要求高、干扰因素多一直困扰执法部门。为解决这一问题,SEC 执法部在 2011 年启动了"吹哨人"计划(whistleblower program)。该计划为 SEC 执法提供了大量有价值的执法线索。与"吹哨人"计划相关的执法行动已经让投资者获得了 20 亿美元的经济补偿。截至 2019 年,SEC 向 66 名"吹哨人"累计提供了 3.87 亿美元的举报奖励,人均奖励金额高达 586 万美元。SEC 表示,其将在加快执法奖励的分配等方面进一步完善"吹哨人"计划。

三、执法成绩

(一)案件数量

SEC 执法部开展的执法行动分为三类:第一类为 SEC 执法部独立发起,经过联邦法院司法裁判或 SEC 内部行政程序(包括和解或行政法官裁审)的执法行动(Stand Alone Enforcement Proceedings,以下简称独立执法行动);第二类为 SEC 执法部在 SEC、刑事机关或其他监管部门执法行动基础上进一步采取禁制措施的执法行动(Follow-on Admin. Proceedings,以下简称后续执法行动);第三类为 SEC 执法部针对发行人(特别是中小微发行人)未按要求提供证券注册文件,采取的取消证券注册执法行动(Delinquent Filings,以下简称违规申报执法行动)。2015 年至 2019 年,SEC 采取的各类执法行动情况如表 1 所示:

表 1 2015 年至 2019 年 SEC 执法行动次数 单位:次

类型	2015 年	2016 年	2017 年	2018 年	2019 年
独立执法行动	508	548	446	490	526
后续执法行动	167	195	196	210	210
违规申报执法行动	132	125	112	121	126
合计	807	868	754	821	862

表 1 表明,SEC 采取的执法行动以独立执法行为为主,平均每年数量为 500 件左右,而 SEC 执法案件总数一直维持在 800 件左右的水平。

(二)案件类型

SEC 独立执法行动的案件类型主要包括投资顾问(投资公司)类违法(Investment Advisers/In. Company)、证券发行类违法(Securities Offering)、发行人信息披露和财务审计类违法(Issuer Reporting/Adult & Accounting)等三类。该三类案件数量占全部案件数

① See Press Release 2019 - 186, SEC Charges Comscore Inc. and Former CEO with Accounting and Disclosure Fraud(Sept. 24, 2019).

量的50%以上。此外,SEC还对证券经纪(Broker Dealer)、内幕交易(Insider Trading)、市场操纵(Market Manipulation)和海外反腐败等案件采取了执法行动,具体情况如表2所示:

表2 SEC独立执法行动的案件类型及数量

类型	2017年		2018年		2019年	
	案件数(件)	比例(%)	案件数(件)	比例(%)	案件数(件)	比例(%)
投资顾问	82	18	108	22	191	36
证券发行	94	21	121	25	108	21
信息披露	95	21	79	16	92	17
经纪不法	53	12	63	13	38	7
内幕交易	41	9	51	10	30	6
市场操纵	41	9	32	7	30	6
海外反腐	13	3	13	3	18	3
其他	27	7	23	4	19	4
合计	446	100	490	100	526	100

表2表明,SEC采取执法行动的案件类型较为多元,发行人和机构是SEC执法的重点对象。涉及发行人和机构的违法行为,如投资顾问、证券发行、信息披露类违法行为,是SEC每年重点查处的案件类型。

(三)罚没款情况

没收违法所得(disgorgement)和民事罚款(civil penalty)是美国《1934年证券交易法》第21B条和第21B(e)条规定的财产罚措施。2015年至2019年,SEC罚没款情况如表3所示:

表3 2015年至2019年SEC罚没款情况1 单位:亿美元

类型	2015年	2016年	2017年	2018年	2019年
民事罚款	11.57	12.73	8.32	14.39	11.01
追缴违法所得	30.19	28.09	29.57	25.06	32.48
合计	41.94	40.83	37.89	39.45	43.49

表3表明,2015年至2019年,SEC每年收缴的罚没款金额约为40亿美元,其中追缴违法所得的数额远超罚款金额(追缴违法所得是罚款的2~3倍)。SEC在财产罚上以追缴违法所得为主,这与我国以罚款为主的执法路径明显不同,如根据我国《证券法》规定,

内幕交易、市场操纵等案件的顶格罚是违法所得10倍。

从罚没款来源看,2015年至2019年,每年大约70%的罚没款源于5%的案件。罚没款主要源于“头部”大要案的特征突出。具体情况如表4所示:

表4 2015年至2019年SEC罚没款情况2

类型	2015年		2016年		2017年		2018年		2019年	
	金额(亿美元)	比例(%)	金额(亿美元)	比例(%)	金额(亿美元)	比例(%)	金额(亿美元)	比例(%)	金额(亿美元)	比例(%)
罚没款前5%案件	31.63	75	28.35	69	25.37	67	30.41	77	30.63	70
其余案件	10.32	25	12.48	31	12.52	33	9.04	23	12.86	30
合计	41.95	100	40.83	100	37.89	100	39.45	100	43.49	100

(四)受损投资者补偿情况

美国建立了公平基金制度(Fair Fund for Investors),规定对违法者追缴的违法所得和罚款免于上缴国库,纳入基金分配给在违法中受损的投资者。这是在私人证券民事诉讼之外,通过执法直接给予投资者补偿的投资者救济方式。近年来,通过美国证监会执法,投资者获得相当可观的损害赔偿。具体情况如表5所示:

表5 2015年至2019年SEC补偿受损投资者情况

项目	2015年	2016年	2017年	2018年	2019年
金额(亿美元)	1.58	1.40	10.73	7.94	11.97
占罚没款金额比例(%)	3.8	3.4	28.3	20.1	27.5

表5表明,2017年以来,SEC强化了公共补偿手段的运用,美国投资者在2017年至2019年通过公平基金制度所获得损害赔偿金额分别为10.73亿美元、7.94亿美元和11.97亿美元,占罚没款金额比例分别为28.3%、20.1%、27.5%。

(五)非财产罚情况

财产处罚(没收违法所得、罚款等)具有让违法者付出沉痛代价,形成强大监管震慑的作用。非财产处罚(如行为罚、资格罚、申诫罚等)也可以促使违法行为人整顿管理,加强合规,起到警示警戒市场、稳定市场预期的作用。SEC执法注重财产罚和非财产罚“两条腿”走路。SEC的非财产罚措施主要包括以下四种:

“履行义务”(Undertaking)要求违法行为人履行一定的积极义务(如改组管理层、完善内部制度、聘请独立第三方进行合规督导等)以消除不法行为危害,加强内控管理。“履行义务”是一种持续性的监督机制,对恢复市场秩序,改善市场生态具有重要意义。

如在KPMG案中,SEC要求KPMG采取内部调查、聘请独立合规顾问、加强职业伦理培训等措施以完善内控合规制度。[①] 在OCC案中,SEC要求OCC采取聘请独立审计合规人员、董事会设立合规委员会、强化董事会决策管理作用(如公司每年向董事会提交年度合规报告)等措施纠正违法行为并消除不良后果。[②]

"资格剥夺"(Bars and Suspension)是指在一定期限乃至终身剥夺违法行为人担任一定职务(一般为上市公司的董事或高管职务)或从事证券业务(如投资顾问、证券经纪、证券审计、证券法律执业等)的资格。2017年至2019年,SEC分别对625名、550名和595名违法责任人采取了"资格剥夺"的资格罚。

"停止证券上市"(Trading Suspension)指SEC为了公共利益和保护投资者权益需要,根据联邦证券法授权,对特定股票采取不超过10个交易日的停止上市交易举措。该措施的适用情形包括:公司未及时、准确和充分披露信息(如公司未及时披露定期报告);公司公开信息的真实性出现问题(如公众对公司的真实经营情况、财务状况、重大交易情况存疑。近期,SEC基于保护公众和投资者利益的考虑,对一家名为ETBI的生物公司涉嫌不实披露有关新冠肺炎治疗药物信息,采取了"停止证券上市"措施,即为例证);公司的股票交易出现问题(如股票涉及内幕交易、市场操纵或者清算交割能力受限等)等三类。SEC"停止证券上市"是一种由监管机构主导的强制性执法措施。2017年至2019年,SEC分别对309家、280家和271家发行人实施了"停止证券上市",其中包括了代币等虚拟数字资产的发行人。

"资产冻结"(Court-ordered Asset Freezes)指SEC为防止不法行为人隐匿、转移、变卖、损坏本应向赔偿投资者损失的资产,而向法院申请的财产保全措施。2017年至2019年,SEC分别获得了35个、26个和31个保全当事人财产的法院禁制令。

四、执法挑战

(一)司法审查的挑战

美国证券执法面对着司法审查的压力和挑战。事实上,司法审查不仅是当事人的救济渠道,而且是市场检视证券执法质量的窗口,更是执法机关确认执法原则,改进执法工作的途径。2019年,超过30%的SEC独立执法行动经过了法院裁审。尽管SEC在多数案件中取得胜诉,如2018年和2019年,SEC分别在3件和4件陪审团参与的一审诉讼案件中获得胜诉(2018年的案件数为4件,2019年为5件),日趋严格的司法审查给SEC执法带来挑战。

对行政法官任命程序的司法审查。SEC行政法官根据SEC授权,审理经SEC调查的证券违法案件并作出最终处罚决定。在Lucia v. SEC案中,美国联邦最高法院判定SEC行政法官属于联邦政府官员(Officers of the United States),应当按照美国宪法的任

---

① See Press Release 2019 - 171, SEC and CFTC Charge Options Clearing Corp. With Failing to Establish and Maintain Adequate Risk Management Policies(Sept. 4, 2019).

② In the Matter of PPG Industries, Inc. , Stand-alone Admin. Proc, 33 - 10701(09/26/19).

命条款(the Appointments Clause),由总统、法院或者部门首长进行任命。由于 SEC 行政法官的选拔和任用具体由隶属国会的行政法官人事管理办公室负责,并未得到上述合法有效的任命,最高法院判定 SEC 行政法官的任命程序违法。① 受 Lucia 案影响,SEC 在约200 件案件中重新任命了行政法官,并重新启动了部分案件的审理程序(如听证等程序)。

对违法所得追诉时效的司法审查。在 Kokesh v. SEC 案中,美国联邦最高法院认为SEC 追缴违法所得要受到 5 年追诉期的限制。② 该案判决对 SEC 查办较长时间跨度的证券违法(如庞氏骗局)案件产生了重大不利影响。证券违法行为具有主体关联隐蔽、行为交叉竞合、手法复杂新颖的特点,许多案件的案发时间距离违法事实发生时间有数年之久。尽管 SEC 正致力于加快违法案件的发现和查处效率,Kokesh 案不可避免地削弱了 SEC 对违法行为长期持续案件的执法能力。自 Kokesh 案判决作出以来,SEC 被迫放弃追缴的当事人违法所得超过 11 亿美元,使相关投资者难以通过 SEC 公平基金的方式得到充分的损害赔偿。从执法实效性的角度出发,SEC 不得不将执法重点放在更能充分赔偿投资者的短期违法案件。目前,美国国会正试图通过立法将 5 年追诉期的限制放宽到 10 年。③

(二)执法资源不足的挑战

案多人少、资源紧张等监管执法"瓶颈"问题在美国也长期存在。相比执法案件数量的不断增长和案情的日益复杂,配置给 SEC 的执法人员数量、资金费用等执法资源却并不充足。在 2019 年,由于美国政府的停摆,SEC 执法工作暂停了长达 35 天。此外,由于财政预算等原因,SEC 经历了长达 2 年的人事冻结,直至 2019 年 4 月冻结才届满。尽管2019 年 SEC 从事执法工作的各类人员数量增加到了 1472 人,但仍比 2016 年的 1608 人少了近 9%。与此同时,SEC 在 2015 年至 2019 年的执法行动数量一直处于 800 件左右的高位,执法资源的紧张态势在短期仍无法得到彻底解决(见表 6)。

表 6 2015 年至 2019 年 SEC 执法人员与执法行动对比情况

项目	2015 年	2016 年	2017 年	2018 年	2019 年
执法人数(人)	1608	1620	1514	1459	1472
执法行动数量(件)	807	868	754	821	862

五、结语

资本市场各项改革的顺利推进都需要监管执法的保驾护航。我国 2019 年《证券法》

① See Lucia v. SEC,138 S. Ct. 2044(2018).

② See Kokesh v. SEC,137 S. Ct. at 1640.

③ 参见 Joe Mont, Bipartisan effort would double SEC statute of limitations for fraud, at https://www.complianceweek.com/regulatory-enforcement/bipartisan-effort-would-double-sec-statute-of-limitations-for-fraud/26721.article,最后访问日期:2020 年 2 月 10 日。

大幅提高了资本市场的违法违规成本,进一步凸显了证券执法在证券监管中的核心地位,标志着我国证券执法迈入了新阶段。提升我国证券执法的有效性是一项系统工程,绝非一朝一夕之功。美国证券执法理念和经验在以下方面值得我们借鉴:

一是执法过程中注重补偿投资者损失。SEC 评价其执法工作成效的重要维度是受损投资者是否得到充分补偿,这种最大化补偿投资者损失的执法路径可以有效增强执法效果,提振投资信心。围绕加强投资者保护这一主线,我国2019年《证券法》明确规定了先行赔付制度,建立了符合中国国情的"默示加入""明示退出"证券民事诉讼制度。在此背景下,我国证券执法要更加注重与投资者民事诉讼的衔接互动,如尽快查清违法事实为投资者发动民事诉讼提供监管认定和证据基础,谨慎量罚为投资者追讨损失留有余地等。此外,我国证券执法还应当探索通过执法直接补偿投资者的路径。尽管民事程序是补偿投资者损失的主要途径,但个人搜集证据的难度、高昂的律师费用、冗长的诉讼时间和不确定的诉讼结果都制约了民事程序在实现投资者保护方面的制度效果。我国2019年《证券法》参考《反垄断法》中的"终止调查制度",在第171条规定了我国证券行政执法的终止调查制度,实质上就是行政和解制度的体现。① 当事人赔偿投资者损失,消除损害或者不良影响是证监会终止调查的法定条件之一,这体现了执法在补偿投资者损失方面的方式和路径。我国还应当探索证券行政处罚罚没款暂缓上缴国库,用于填补投资者损失的制度,以进一步解决投资者民事索赔难的困境。

二是最大化执法效益。有限执法资源与膨胀执法需求的矛盾是证券监管者不得不面对的现实课题。我国证券执法在策略上要摒弃求多求全的思路,将执法枪口对准最能实现监管目的、最大限度保护投资者利益的违法案件。对违法情节轻微、危害不大的案件分流至日常监管、自律监管进行处理,提高执法效率。此外,随着证券执法的强有力推进,执法紧张态势进一步加强。缓解执法对立,引导当事人配合执法,是提升监管效率,形成良性监管互动的重要内容。我国证券执法可以适当公开配合执法等酌定从轻处罚的认定标准,或者在具体处罚中加强相关释法说理,引导形成当事人配合执法的正向激励。同时,还应当发挥"吹哨人"在协助监管机构发现违法违规线索的作用。我国2019年《证券法》明确规定了举报奖励制度,实践中可以公开举报要求和奖励标准,以提高举报的针对性和积极性。

三是注重发挥执法合力。单凭证券监管机构的一己之力难以完成全部的执法工作。对重大、疑难、复杂案件的查处需要刑事司法部门和境外监管机构的"助力"。我国证券执法要完善刑事介入和行刑衔接机制,在个案查处中发挥证券监管部门的数据分析、专业判断优势和公安机关的侦查优势,实现优势互补。此外,要注重跨境执法合作的开展。我国2019年《证券法》明确了对扰乱境内市场秩序、损害境内投资者利益的境外证券违法行为具有管辖权。随着A股纳入MSCI、CDR等改革举措的落地,跨境执法合作需求

---

① 巩海滨:《新证券法开启多层次投资者赔付新篇章》,载中证网:http://www.cs.com.cn/tj/02/01/202003/t20200315_6035463.html,最后访问日期:2020年3月16日。

将增加,要加强与主要法域证券监管机构共享监管信息,尽快签订跨境执法合作协议。

四是综合运用财产罚与非财产罚“组合拳”。由于法律供给的相对不足和行政和解的潜能未得到充分发挥,我国证券执法的非财产罚手段长期限于市场禁入、诚信记录等几种。强监管、严执法也主要体现在屡创新高的罚没款金额上。我国证券执法要改变单一归责模式,加强调申诫罚、资格罚、行为罚等非财产罚措施的运用(如行政监管措施),特别是要发挥行政和解在督促行为人消除违法危害、加强合规内控,补偿投资者等方面的独特作用。

论美国证券法域外效力的发展变化及影响

孙弘儒*

摘要:美国证券法的域外效力由联邦法院的"行为—效果标准"先例确立。联邦最高法院在2010年的Morrison案中推翻了这一奉行已久的标准,否定了证券法的域外效力。《多德—弗兰克法案》限缩了Morrison案判例的效力范围,但由于法案措辞的模糊,留下了一定的争论空间。联邦巡回法院在2019年的Scoville案中对《多德—弗兰克法案》进行解释,在公共执法领域恢复了证券法的域外效力。司法行为与立法行为的互动不断塑造着美国证券法的域外效力。对投资者与境外发行人而言,美国证券法域外效力变化的影响未必如想象的那么巨大。

关键词:证券法 域外效力 Morrison案 《多德—弗兰克法案》 Scoville案

在证券市场全球化发展的浪潮之下,世界上越来越多的公司选择到美国证券市场上市或交叉上市,不仅募集资本,而且"租借"其严格监管制度的光环以提升自身的形象和价值。① 由此,将美国证券法的域外效力问题置于聚光灯下,特别引人关注的是其中的反欺诈条款是否适用于在美国以外发行的境外证券。② 美国证券立法本身并未就域外适用问题作出规定,美国证券法的域外效力是通过巡回法院创造的先例确立的。美国联邦最高法院在2010年的Morrison案中推翻有关先例,援引"反域外适用推定"原则否定了证券法的域外效力。其后,国会通过《多德—弗兰克华尔街改革和消费者保护法》(以下简称《多德—弗兰克法案》),重申了Morrison案之前先例确立的规则。巡回法院在Scoville案中通过对《多德—弗兰克法案》进行解释,部分恢复了美国证券法的域外效力。上述一系列司法与立法行为,不断塑造着美国证券法的域外效力。本文尝试梳理美国证券法域外效力发展变化的过程,探讨有关司法行为和立法行为的互动关系,分析美国证券法域外效力变化的背景和动因,总结这种变化的实际影响,期望对理解美国证券法域外效力问题有所裨益。

---

* 芝加哥大学法律博士(Juris Doctor),北京大学法学院博士研究生。

① See John C. Coffee, Jr. "Racing Towards the Top? The Impact of Cross-Listings and Stock Market Competition on International Corporate Governance", *Columbia Law Review*, Vol. 102, No. 7 (2002), pp. 1757 - 1831.

② 此处的境外证券,是指由投资人在境外证券市场上购买的由境外发行人发行的证券。

一、美国证券法域外效力的确立

美国《1933 年证券法》、《1934 年证券交易法》及《1940 年投资顾问法》本身并未就其域外适用问题作出规定。究其原因，主要是因为国会在立法当时难以预见证券市场的国际化趋势。进入 20 世纪后半叶，随着美国证券市场国际化程度的提高，证券法的域外效力问题日益凸显。

针对境外证券欺诈案件，法院通过一系列的司法先例逐步确立其管辖和法律适用。其中，联邦第二巡回法院由于位于纽约这一国际金融中心而发挥了突出的作用。第二巡回法院在 1968 年的 Schoenbaum v. Firstbrook 案中首次确立了“效果标准”(effect test)，① 认定美国证券法适用于那些尽管发生在美国境外但对美国投资者产生了不利影响的证券欺诈行为。② 这一标准的核心在于考察证券欺诈行为对于美国证券市场的影响。此后，第二巡回法院在 1972 年的 Leasco Data v. Maxwell 案中，又首次确立了“行为标准”(conduct test)，强调只要主要证券欺诈行为发生在美国，就可以行使管辖权，适用证券法的反欺诈条款。③

1995 年，第二巡回法院在 Itoba Ltd. v. Lep 案中将上述两个标准结合在一起考虑，认为效果标准和行为标准并非截然分开的，将两项标准结合起来往往能够更好地反映有关行为是否存在充分的联系，证明美国法院行使管辖权的正当合法性。④ 按照“行为—效果标准”(conduct-effect test)，针对境外发行人在境外市场发行证券的欺诈案件，只要满足行为标准，即重大欺诈行为发生在美国境内，抑或满足效果标准，即尽管欺诈行为发生在境外但对美国投资者产生了负面影响，则无论是由公共部门提起的诉讼还是由投资者提起的私人诉讼，皆可以适用美国证券法中的反欺诈条款。这一标准无限放大了法官的自由裁量空间和确立域外管辖权的随意性，充分反映了美国法院管辖权的“长臂”特征。⑤

由此可见，在立法空白的情况下，证券法域外效力的确立，完全是司法创造的结果。在 Morrison 案之前的 40 多年的时间里，法院一直按照“行为—效果标准”进行个案分析，直至最高法院在 2010 年 Morrison 案中一锤定音，否定了美国证券法的域外效力，也结束了斯卡利亚(Antonin Scalia，1936～2016 年)法官称为“美国作为境外证券诉讼乐土”的历史时期。⑥

---

① See Schoenbaum v. Firstbrook，405 F. 2d 200(2d Cir. 1968).

② 该案所涉及的是一家加拿大公司，该公司的股票在加拿大证券市场和美国证券市场上交易。该案中，股东作为上诉人，以公司的董事及管理层在美国境外的行为违反美国证券法的反欺诈条款而提起上诉。尽管法院最终因为证据不足而没有支持上诉股东，但是法院在判决中明确了“效果标准”，肯定了美国证券法对于该案中发生在加拿大境内的行为具有域外效力。

③ See Leasco Data Processing Euip. corp. v. Maxwell，468F. 2d 1326(2d Cir. 1972).

④ See Itoba Ltd. v. Lep Group PLC.，54 F. 3d 118(2d Cir. 1995).

⑤ 参见杜涛：《美国联邦法院司法管辖权的收缩及其启示》，载《国际法研究》2014 年第 2 期。

⑥ See Morrison v. National Australian Bank Ltd.，561 U. S. 247，270(2010).

二、美国证券法域外效力的新变化

(一)Morrison 案否定证券法域外效力

在2010年的Morrison案中,最高法院首次介入境外证券侵权诉讼案件。Morrison案的基本案情是,由3名澳大利亚投资人,就其在澳大利亚证券市场上购买由澳大利亚一家银行所发行的证券,在美国纽约地方法院提起了证券欺诈诉讼。由于发行人、投资人和证券市场3个证券交易主要要素都处于境外,因此,这是一个典型的具有"三重境外因素"(foreign-cubed)的案件。①

3名投资者在美国提起诉讼的关联因素是作为被告的银行也在美国证券市场发行证券。② 而原告之所以在美国提出诉讼,很大程度上也是因为美国法院以往一直奉行较为宽松的"行为—效果标准",即但凡案件与美国证券市场有联系,法院通常会适用美国证券法予以审理,并且在美国证券法较为严格的反欺诈条款之下,往往作出对作为投资人的原告更为有利的判决。

纽约联邦地方法院也援引了先例中的"行为—效果标准"加以检验,但认为被告在美国境内的行为并未对原告造成直接损害,因而以缺乏事务管辖权为由驳回其诉讼;就原告的上诉,第二巡回法院维持了一审判决。③ 原告于是又上诉到了最高法院。

最高法院的斯卡利亚法官在判决书中区分了法院的事务管辖权和证券法的域外适用问题,指出本案的焦点不在于联邦法院是否拥有事物管辖权,而在于原告是否享有《1934年证券交易法》第10(b)条的诉因(cause of action)。这实际上涉及证券法的域外效力问题。由于在美国《1934年证券交易法》中,立法者对域外效力问题保持沉默,因此斯卡利亚法官强调了"反域外适用推定"(presumption against extraterritoriality)原则,即除非国会有明确的立法意图,否则应推定法律只适用于美国领土范围,而不具有域外效力。

最高法院在判决中特别指出,《1934年证券交易法》的监管对象是交易市场而非欺诈行为本身,而《1934年证券交易法》所关注的,也是发生在美国的证券交易活动,而非欺诈行为发源于何处。换言之,《1934年证券交易法》并非旨在漫天撒网式地打击一切证券欺诈行为,而是仅仅针对那些与美国境内挂牌或交易的证券有关的欺诈行为。④ 最高法院进一步强调,只有这些在美国境内证券市场的交易才是《1934年证券交易法》所要规制的,且只有这些交易的当事人或潜在交易人才是《1934年证券交易法》所要保护的。至于那些在美国境外发行的证券,《1934年证券交易法》能否适用,完全取决于其是

---

① See Stuart M. Grant, Diane Zilka: The Role of Foreign Investors in Federal Securities Class Actions, in Corporate Law and Practice Course Handbook Series Number B – 1442 93,96(Practising L. Inst. ed. ,2004).

② 作为该案被告的银行虽然也在美国证券市场发行证券,但其在美国市场发行的并非其普通股票,而是美国存托凭证(ADRs)。原告在美国提出诉讼的理由,在某种程度上也是证券法领域的"绑定理论"的体现,即被告在美国上市,"租借"了美国证券市场制度用以替提升自己的形象和价值。

③ See Morrison v. National Australian Bank Ltd. ,547 F. 3d 167(2d Cir. 2008).

④ See Morrison v. National Australian Bank Ltd. ,561 U. S. 247,266(2010).

否落脚在“境内”交易之上。[①] 由此,最高法院通过采用“交易标准”(transaction test),即考察:(1)诉讼中所涉及的证券是否是在美国证券交易所登记;(2)有关的证券交易是否属于“国内交易”(domestic transaction),从而推翻了之前下级法院就境外证券欺诈案所确立并长期奉行的“行为—效果标准”。[②]

综上所述,最高法院先是指出没有证据显示国会意图将《1934 年证券交易法》第 10(b)条的反欺诈条款适用于域外,因此排除第 10(b)条的域外效力;进而确立了判断《1934 年证券交易法》适用层面的“交易标准”;最终认定原告所指控的欺诈行为的所有方面都发生在美国域外,不能依据《1934 年证券交易法》第 10(b)条提出救济的诉讼请求,并据此维持驳回诉讼请求的裁决。

尽管 Morrison 案的缘起是投资者提起的私法诉讼,但由于最高法院在援引“反域外适用推定原则”时,并未区分“私人行为”与“公共部门行为”,而是概括地推定《1934 年证券交易法》无域外效力,因此,Morrison 案的判决不仅排除私人提起境外证券欺诈之诉时证券法的域外效力,在逻辑上也同样动摇了证券交易委员会及司法部从“公共部门行为”角度规制在美国境外发行证券的欺诈行为的法律基础。这标志着法院在美国证券法域外效力问题上态度的巨大转变,Morrison 案本身也成为一个具有分水岭意义的案件。

(二)《多德—弗兰克法案》限缩 Morrison 案判例的效力范围

在 Morrison 案判决作出后不到一个月,美国金融监管改革的标志性法案——《多德—弗兰克法案》就出台了。[③] 该法第 929P(b)条在《1933 年证券法》、《1934 年证券交易法》及《1940 年投资顾问法》中分别增加“域外管辖权”的内容,明确规定,如果构成违法活动的关键步骤的行为发生在美国境内,即使证券交易发生在美国以外并且只牵涉外国投资者,或发生在美国境外的行为在美国境内造成了可预见的实质性影响,则法院对证券交易委员会或美国政府提出的境外证券欺诈诉讼或程序拥有管辖权。[④] 国会的立场和态度在相当程度上撼动了 Morrison 案判决所依赖的“反域外适用推定”原则的基础,

---

① See Morrison v. National Australian Bank Ltd. ,561 U. S. 247,266 - 67(2010).

② Morrison v. National Australian Bank Ltd. ,561 U. S. 247,266 - 67(2010).

③ 最高法院于 2010 年 6 月 24 日就 Morrison 案作出判决,而《多德—弗兰克法案》的立法过程早在奥巴马政府于 2009 年 6 月 17 日正式公布全面金融监管改革方案之后就开始了,此后经过一年多时间的多方角力和妥协,国会众议院和参议院分别于 2009 年 12 月和 2010 年 5 月通过了有关的金融改革法案,但双方通过文本却不同,直到 2010 年 6 月 25 日才统一了版本,该版本分别于 6 月和 7 月获众议院和参议通过并以众议院金融服务委员会主席巴尼·弗兰克(Barney Frank)和参议院银行委员会主席克里斯·多德(Chris Dodd)命名。2010 年 7 月 21 日,时任美国总统奥巴马正式签署,使其正式成为法律。

④ See Dodd-Frank Wall Street Reform and Consumer Protection Act, Pub. L. No. 111 - 203, § 929 P(b), 124 Stat. 1376(2010).

并由此引发了对两者关系的广泛讨论。①

诚然,《多德—弗兰克法案》第929P(b)条的重点是肯定法院对境外证券欺诈案件的管辖权,而在Morrison案之前,法院也一直将"境外证券欺诈"作为法院管辖权问题加以处理,拥有管辖权也就自然赋予证券法域外效力。但关键在于,最高法院在Morrison案中首次指出,法律的域外效力是一个独立于法院管辖权之外的问题,"境外证券欺诈"涉及的是证券法的域外效力而不是管辖权的问题。实际上,最高法院在Morrison案中之所以否定原告诉求,其理由也并非法院没有管辖权,而是在于《1934年证券交易法》本身不适用于境外发行的证券。这才是《多德—弗兰克法案》第929P(b)条与Morrison案判决的最大差别。

那么,到底如何理解《多德—弗兰克法案》中的"域外管辖权"的含义,其仅仅是狭义的司法管辖权,还是也包括证券法域外效力的内涵?尽管国会起草《多德—弗兰克法案》时也可能包含了赋予证券法域外效力的意图,但由于法案措辞采用的是"域外管辖权"(extraterritorial jurisdiction)而非直接使用域外效力的表述,导致其与Morrison案判例之间的关系存在模糊之处,《多德—弗兰克法案》是否以及在何种程度上颠覆Morrison案的判例也引发了不同的理解和争论。②

(三)Scoville案在公共执法场合恢复证券法域外效力

《多德—弗兰克法案》第929P(b)条与Morrison案判决效力的关系问题,在2019年的Scoville案中获得澄清。③

在上述案件中,作为初审法院的犹他州联邦地区法院,针对《多德—弗兰克法案》第929P(b)条的规定,认定国会意图是在满足"行为—效果标准"的条件下,赋予证券法反欺诈条款以域外效力。④ 对于联邦地区法院的这一认定,被告立即提起中间上诉,称《多德—弗兰克法案》并未推翻Morrison案的判决,根据最高法院就Morrison案的判决,《1934年证券交易法》仍无域外效力,证券交易委员会因此也不得以该法为依据做出行为。而联邦第十巡回法院在2019年1月对于该上诉意见做出的回应中,肯定了犹他州联邦地区法院的决定,认为国会"意图明显"地欲使《多德—弗兰克法案》第929P(b)条,

① 此处需要说明的是,在Morrison案中,最高法院的判决"推定"美国证券法无域外效力,而所谓推定即意味着可以被其他证据推翻。正如法院在SEC v. Traffic Monsoon一案中谈及这一原则时提到,法院对于某一法律是否具有域外效力的判断,以及其所依据的"反域外适用推定原则",在根本上是法院在法条中无明确指引时,对于国会在制定该法律时的态度的推测,也正因此,该推定可以被相关法律的立法背景、修改过程、内在目的以及立法过程所推翻。SEC v. Traffic Monsoon, LLC, 245 F. Supp. 3d 1275, 1287-88(D. Utah 2017).

② See Richard W. Painter, "The Dodd-Frank Extraterritorial Jurisdiction Provision: Was It Effective, Needed or Sufficient?", *Harvard Business Law Review*, Vol. 1, 2011, pp. 195-229.

③ 需要说明的是,该案在初审阶段严格来说应该称为Traffic Monsoon案[SEC v. Traffic Monsoon LLC, 245 F. Supp. 3d 1275, 1294(D. Utah 2017)],但由于在事后的上诉过程中,Traffic Monsoon进入破产程序,所以其创始人Scoville被列为当事人,代表Traffic Monsoon进行诉讼,因此,该案件在不同审理阶段的案名不同。但本文为方便起见,统称为Scoville案。

④ See SEC v. Traffic Monsoon, LLC, 245 F. Supp. 3d 1275, 1294(D. Utah 2017).

在满足“行为—效果标准”时,赋予证券交易委员会就境外证券适用证券法反欺诈条款的权力。这是在《多德—弗兰克法案》与 Morrison 案的关系之争发生以来,联邦上诉法院层面首次对《多德—弗兰克法案》第 929P(b)条做出的解释。这一解释和裁定相当于重新恢复“行为—效果标准”在公共部门执法领域中的效力。①

上诉人 Scoville 因不服该裁定,另行请求最高法院审理此案,却于 2019 年 11 月被最高法院驳回。② 至此,在 Scoville 案中围绕《多德—弗兰克法案》与 Morrison 案判决效力关系的争执也告一段落,而两者的关系也基本上得到澄清。

(四)小结

在过去 40 年中,美国法院依据先例中的“行为—效果标准”来确定证券法的域外效力,而在 2010 年的 Morrison 案中,最高法院通过援引“无域外效力推定”的原则以及创立“交易标准”,从根本上否定了美国证券法的域外效力。《多德—弗兰克法案》的出台,则彰显了国会在证券法领域打破“无域外效力推定”的“明确立法目的”,特别是经过 Scoville 案的解释,从而部分地推翻了最高法院在 Morrison 案中的判决。

尽管《多德—弗兰克法案》第 929P(b)条仅仅涉及证券交易委员会和政府就境外证券欺诈提出的公法诉讼,而不涉及投资者的私法诉讼行为,但这仍不可避免地大大动摇了最高法院在 Morrison 案中否定证券法域外效力赖以存在的逻辑基础。从 Scoville 案对《多德—弗兰克法案》的解释及其最终结果来看,确定无疑的是,证券交易委员会有权在满足“行为—效果标准”时,依据《1934 年证券交易法》就境外证券欺诈行为提起诉讼。

至于私人究竟能否依《1934 年证券交易法》的反欺诈条款就境外证券欺诈提起诉讼,《多德—弗兰克法案》只是在第 929Y 条中对证券交易委员会发出指令,要求其就“反欺诈条款在私人诉讼领域中的域外效力”问题进行研究。③ 而证券交易委员会于 2012 年公布的研究结果称,该问题的盖棺定论仍然有待于进一步立法与司法发展,尤其是下级法院对于有关适用“交易标准”的司法解释。④

虽然国会在未来是否会彻底推翻 Morrison 案而全面回归“行为—效果标准”尚不得知,但基于 Morrison 案作为先例并未被完全推翻,在未有进一步立法或司法活动之前,投资者针对境外证券欺诈行为所提起的司法诉讼,将被排除在《1934 年证券交易法》的适用范围之外。

---

① See SEC v. Scoville, 913 F. 3d 1204(10th Cir. 2019).

② See Scoville v. SEC, 140 S. Ct. 483(2019).

③ See Dodd-Frank Wall Street Reform and Consumer Protection Act, Pub. L. No. 111 – 203, § 929 Y, 124 Stat. 1376(2010).

④ See Study on the Cross-Boarder Scope of the Private Right of Action Under Section 10(b) of the Securities Exchange Act of 1934—As Required by Section 929Y of the Dodd-Frank Wall Street Reform and Consumer Protection Act, available at https://www.sec.gov/reportspubs/special-studies/newsstudies2012929y-study-cross-border-private-rightspdf.html.

三、美国证券法域外效力变化的动因

最高法院在2010年的Morrison案中,一改司法实践中奉行多年的先例标准,从根本上否定证券法的域外效力,而国会通过的《多德—弗兰克法案》在形式上又试图限缩Morrison案判决的效力范围,随后巡回法院又通过解释该法案部分地恢复证券法的域外效力。那么,如何理解这种变化本身,是什么因素促成这种变化?它们在司法和立法过程中又有什么样的作用和影响?

(一)最高法院的保守立场

在探寻最高法院司法政策转变动因的时候,不可忽视的是意识形态中的保守主义与自由主义博弈对审判活动的影响。自"里根革命"以来,经过40年意识形态的右转,保守主义力量占据了最高法院支配地位。[①] 而保守派向来坚持司法克制主义,对司法国际主义持怀疑态度,反对任意扩大美国法律的适用范围。[②] Morrison案判决也难免受司法保守主义的影响。其中,斯卡利亚作为保守派法官,在该案的审判中发挥了重要作用。这是理解Morrison案判决结果的重要背景。

1. 对不同国家法律制度差异的尊重

第二次世界大战以后,美国法院奉行司法能动主义,肆意地扩大美国联邦法律的域外适用范围,从而赋予联邦法院对更多涉外案件的管辖权。但是,美国积极的域外管辖立场遭其他国家的政治与外交抗议,甚至引发了美国与英国、荷兰、联邦德国、澳大利亚和加拿大等国家的冲突。[③] 近年来,美国法院尤其是联邦最高法院有回归保守主义的倾向,开始抑制美国法院的域外管辖权。[④]

最高法院在Morrison案的判决中指出,"各国对于证券领域的规制,譬如,何种行为满足证券欺诈的构成要件,证券发行中的强制披露范围,何种证券欺诈所导致的损失属于可赔偿损失,何种信息在诉讼中属于可被对方要求披露的信息,哪些案件可以被纳入联合诉讼,律师费用的可偿性,以及其他诸如此类的事项,皆与美国法律不同"。[⑤] 这种考虑本身就体现了最高法院对其他国家证券法律制度的尊重。

至于美国与其他国家证券法制度的不同,既体现在实体法的差异,也表现在程序法差异,譬如集体诉讼在欧洲实属罕见,而且律师的"胜诉酬金"也不被允许。[⑥] 这是因为,许多国家担忧这种回报方式会为律师提起缺乏依据的诉讼提供不良激励,而一旦这些国

---

① 参见刘辉:《力量对比与价值取向:当代美国最高法院中的保守主义与自由主义博弈》,载《当代世界》2019年第6期。

② 参见杜涛:《美国最高法院关于外国法的大辩论》,载《美国研究》2010年第3期。

③ See V. Rock Grundman, "The New Imperialism: The Extraterritorial Application of United States Law", *The International Lawyer*, Vol. 14, No. 2(1980), pp. 257 - 266.

④ 参见杜涛:《美国联邦法院司法管辖权的收缩及其启示》,载《国际法研究》2014年第2期。

⑤ Morrison v. National Australian Bank Ltd., 561 U. S. 247, 269(2010).

⑥ See John C. Coffee, Jr. "Law and the Market: The Impact of Enforcement", *University of Pennsylvania Law Review*, Vol. 156, No. 2(2007), pp. 229 - 267.

家的投资人被卷入以胜诉酬金为支付方式的美国证券欺诈诉讼中，则该类国家禁止胜诉酬金的公共政策将遭到破坏。①

在上述情况下，如果一味地适用美国证券法，势必对其他国家的法律秩序产生不利影响。换句话说，法院限缩域外管辖权反映了美国司法保守主义的回归，但也未尝不是对其他国家法律制度的尊重，或者说是国际礼让原则在司法领域的体现。

2. 对滥用集体诉讼机制的担忧

由于证券欺诈案的受害者往往数量庞大，且每个投资者的损害所基于的法律事实、所要证明的法律要件，以及在损害赔偿与计算方法上具有高度的同质性，因此采用集体诉讼的方式对案件的解决有合理性的成分。② 另外，集体诉讼方式也极易沦为律师裹挟被告和解而获取高额赔偿的工具，同时由于集体诉讼机制本身也存在悖论而容易造成对于被告的不公后果。因此，Morrison 案判决在某种程度上也是出自法院对于证券欺诈集体诉讼机制在美国被滥用的担忧。③

首先，在美国的诉讼制度下，律师更倾向于代理集体诉讼案件，因为大型集体诉讼往往预示着极高的和解金额和更高的律师酬金。④ 但是，集体诉讼机制如同一把“双刃剑”，其固然可以帮助那些有切实权利主张却囿于赔偿金额有限、诉讼成本过高等原因而被迫选择放弃诉讼的原告，但也难免会助长本无切实可诉之基础却希望能从中分一杯羹而参与的诉讼者的兴趣。因为有关研究显示，以证券欺诈为由而提起的集体诉讼，其起因往往是股票价格下跌，而非有切实证据显示存在欺诈行为，并且这些案件之所以多以和解告终，往往并非由于原告方所呈现的证据有力，而是作为被告人的发行公司出于对大规模赔偿的可能性的恐惧而做出的选择。⑤ 在证券市场全球化的背景之下，潜在的集体诉讼对律师及原告的诱惑固然很大，对证券发行公司的压力也是不言而喻的。

其次，集体诉讼机制无可避免地会将被告置于一种两难境地。当原告想要提起具有

---

① See Stefano M. Grace, “Strengthening Investor Confidence in Europe: U. S. -Style Securities Class Actions and the Acquis Communautaire”, *J. Transnat’l L. & Pol’y*, Vol. 15, 2006, pp. 281, 287 – 88.

② 依据美国《民事诉讼法》第 23 条规定(Fed. R. Civ. Rule 23)，当原告数量众多，且每个原告所基于的案件事实、请求权基础具有高度同质性，将多人案件统一为集体诉讼加以审理在实现司法效率同时无损个人权利时，原告可以请求法院准许原告们结成集体，由首名代表人作为代表进行诉讼，且诉讼结果适用于该集体内部的一切成员。

③ 正如斯卡利亚法官在 Morrison 判决中提到，美国证券法域外效力的过度扩张可能使得美国司法系统成为律师利用境外证券欺诈提起集体诉讼的风水宝地。

④ 集体诉讼案件中，律师的报酬往往以“胜诉酬金”(contingent fee)的方式支付，即原告只有在赢得诉讼并获得赔偿后才需要支付律师费用，而律师费用由最终的赔偿或和解金额，乘以最初合同中确定的百分比计算得出。

⑤ See Tom Baker, Sean J. Griffith, “How the Merits Matter: Directors’ and Officers’ Insurance and Securities Settlements”, *University of Pennsylvania Law Review*, Vol. 157, 2009, 755 – 832; Janet C. Alexander, “Do the Merits Matter? A Study of Settlements in Securities Class Actions”, *Stanford Law Review*, Vol. 43, No. 3(1991), pp. 497 – 598.

杀伤力的集体诉讼时,首先需要通过举证原告们的同质性来请求法院批准其所主张的(尽可能庞大的)集体的范围和构成,①而被告对抗集体诉讼的首要步骤则是通过向法院证明原告们的差异性来阻止法院批准"集体"的构成。这是原告与被告在集体诉讼中的首次交锋,也是至关重要的对抗。因为一旦原告成功说服法院批准了集体的构成,被告将被置于被动的地位,不得不小心行事以力求避免天价赔偿或者签订具有城下之盟性质的和解协议。

根据"一事不再理"(Res Judicata)的原则,一项判决所能够约束的对象仅仅包括该项判决所涉及的当事人,以及能够被该当事人所充分代表的非当事人。② 因此,法院"批准集体诉讼成立"的决定,当然对被纳入该集体范围内的成员具有约束力,③但法院"拒绝批准集体诉讼成立"的决定,却并不能约束其他潜在的原告。换言之,即使被告成功说服法院不批准集体的成立,也并不意味着其可以高枕无忧,因为其他原告仍然能够再次请求法院批准集体的成立,从而使被告疲于奔命。被告所能做的,除了同意和解,就是一次又一次回应诉讼直到原告成功发起集体诉讼,或者直至穷尽所有可能的原告。当被告是一个境外公司时,这种两难困境产生的胁迫效果越发明显。

3. 基于成本与效率的考量

除却尊重各国立法和司法政策的考量以及对滥用集体诉讼的担忧,提升诉讼效率,避免过高的诉讼成本也同样构成了限制美国证券法域外效力的重要原因。

美国民事诉讼法允许当事人在调查取证阶段,从对方处调取一切与案件有关的非保密信息,只要该要求不超过合理的范畴。④ 只要满足上述条件(非保密信息与不超过合理范畴),则一切与案件相关的信息,即使无法作为证据呈现,也在可被列入调查取证的范围之内,被要求方必须在一定的时间内予以提供。

由于美国诉讼法对于调查取证权利的极度宽容,当事人往往以"地毯式搜索"的方式从对方处调取证据材料,使诉讼前期的调查取证甚至到达了"劳民伤财"的程度。而一旦涉及境外公司的证券欺诈诉讼在美国展开,整个诉讼过程,将无可避免地给境外发行人造成巨大负担。这极有可能扰乱、中断其正常的经营活动,甚至足以迫使其提高和解价格以期尽快和解以避免进一步的成本。⑤

因此,限制美国证券法的域外效力,将美国境内的司法资源运用于与美国境内具有更大联系的案件,不仅有利于诉讼效率的提升,而且可大大降低集体诉讼的潜在弊端。

(二)美国国会的立法制衡

最高法院基于司法保守主义的倾向和一系列其他考量因素,在 Morrison 案中否定了

① See Fed. R. Civ. Rule 23(c).

② See Hansberry v. Lee, 61 S. Ct. 115(1940).

③ See Taylor v. Sturgell, 128 S. Ct. 2161(2008).

④ See Fed. R. Civ. Rule 26(b)(1).

⑤ See Blue Chip Stamps v. Manor Drug Stores, 421 U. S. 723, 740 – 41(1975).

证券法的域外效力。这一判决得到作为被告的类似于澳大利亚国民银行这样的外国证券发行人及其利益代表的支持;同时也得到一些外国政府的支持,如在诉讼过程中,就先后有英国、法国和澳大利亚等国政府作为法庭之友出具了支持被告方的意见书,在事后又有7个外国政府或机关提交了支持Morrison案判决的意见书。①

但是,反对Morrison案判决的声音也很高。首先是一些购买了境外证券的国内外投资者,尤其是一些公共退休金管理基金,他们质疑Morrison案判决导致投资者的利益得不到有效保护。而最有力的反对者当属国会,其最大的担心则是最高法院就Morrison案的判决意见对美国公共部门执法造成影响。

国会在Morrison案判决之后不久即通过了《多德—弗兰克法案》。作为该法主要起草人的民主党众议员坎乔斯基(Paul Kanjorski)曾明确指出,该法第929P(b)条的目的就是要打破"反域外适用推定"原则,赋予证券法域外效力。② 经过2019年Scoville案的解释,《多德—弗兰克法案》在实际效果上也的确部分地推翻了最高法院据的判决意见,在公共部门提起的诉讼中恢复了证券法的域外效力。

尽管从时间顺序来看,最高法院于2010年6月24日就Morrison案作出判决,国会两院在6月25日就《多德—弗兰克法案》的最终文本达成一致意见,但在不到一天的时间里,似乎也很难认为《多德—弗兰克法案》的第929P(b)条就是为推翻Morrison案的判决而量身定做。正如法院对这一过程的评述所指出的:若认为立法者在商讨长达850页的最终文本的最后一天里读到Morrison案件判决,而有意设立第929P条以推翻Morrison案件的判决,就过于牵强了。从时间角度考虑,一个更合理的推断是,在整个《多德—弗兰克法案》的立法过程中,Morrison案判决作出的时间太晚,以致未能给国会留下足够的时间来做出回应。③

其实《多德—弗兰克法案》的早期文本(the Wall Street Reform and Consumer Protection Act of 2009,H. R. 4173.),就已经包含了关于证券法反欺诈条款的域外管辖权的内容。最后的《多德—弗兰克法案》第929P(b)条实际是延续了之前的文本内容,只不过将适用范围限于证券交易委员会和司法部提起的诉讼。④ 这也表明,《多德—弗兰克法案》第929P(b)条并非直接针对Morrison案判决的产物。

① 参见杜涛:《美国证券法域外管辖权:终结还是复活?——评美国联邦最高法院Morrison案及〈多德—弗兰克法〉第929P(b)条》,载《国际经济法学刊》2012年第4期。

② See 156 Cong. Rec. H5237(daily ed. June 30,2010)(statement of Rep. Kanjorski)("This bill's provisions concerning extraterritoriality[...] are intended to rebut th[e] presumption[against extraterritorial application] by clearly indicating that Congress intends extraterritorial application in cases brought by the SEC or the Justice Department.").

③ See SEC v. Scoville,913 F. 3d 1204,1218(10th Cir. 2019),quoting SEC v. Traffic Monsoon,LLC,245 F. Supp. 3d 1275,1291 - 92(D. Utah 2017).

④ See Richard W. Painter,"The Dodd-Frank Extraterritorial Jurisdiction Provision:Was It Effective,Needed or Sufficient?",*Harvard Business Law Review*,Vol. 1,2011,pp. 195 - 229.

因此,结合《多德—弗兰克法案》的立法背景和过程来看,与其说《多德—弗兰克法案》第929P(b)条是为了推翻Morrison案的判决,毋宁说是国会对一段时间以来司法保守主义抬头以及收缩联邦法院司法管辖权倾向的一种制衡和反应。[①]《多德—弗兰克法案》作为由民主党人主导的国会通过并由民主党总统奥巴马签署的一部法律,其背后所体现的是具有现代自由主义倾向的意识形态,其中包括经济政策领域强调国家干预,外交政策领域奉行理想主义、政策倾向社会中下层等。[②] 而《多德—弗兰克法案》作为民主党人应对金融危机,特别是加强金融监管和保护消费者的具体政策措施,无疑也是这样的意识形态的一种反映。

实际上,这一法案在立法过程中就曾充满了党派争议和妥协,在立法后也一直受到共和党的批评,共和党总统特朗普上任后已经下令对该法案进行全面审查并且已经签署了有关的修改案。由此可见《多德—弗兰克法案》本身所体现出意识形态冲突以及政治利益博弈和制衡的烙印。

《多德—弗兰克法案》第929P(b)条重申了法院对公共部门就境外证券欺诈提起的诉讼的管辖权,同时,第929Y条对证券交易委员会发出指令,要求其就"反欺诈条款在私人诉讼领域中的域外效力"一题进行研究。证券交易委员会于2012年公布了研究结果,称该问题仍然有待于立法与司法的进一步发展,尤其是下级法院对于有关适用"交易标准"的司法解释。

因此,可以预期,围绕Morrison案和《多德—弗兰克法案》相互关系的争论还将继续,而司法与立法之间围绕证券法域外效力问题的互动也未必是终点,其未来变化将取决于美国整体政治、经济、法律乃至国际形势的演变和发展。

四、美国证券法域外效力变化的影响

Morrison案判决在总体上否定了美国证券法的域外效力,此后的《多德—弗兰克法案》和Scoville案则恢复了证券法在公共部门执法和诉讼领域的域外效力。这意味着在Morrison案之后,投资者针对境外证券的欺诈之诉,将被排除在证券法的适用范围之外。尽管Morrison案判决是经过考虑诸多因素后的结果,且如斯卡利亚法官所言,在"集体诉讼程序滥用"与"证券欺诈横行"间找到了平衡点,但仍招致不少质疑和批评,其中最大的担忧是会减少对投资者的保护,并降低美国对境外发行公司的吸引力。那么,应该如何评价证券法域外效力的变化对投资者及境外发行公司行为的影响,这种变化又是否会降低美国证券市场对境外公司的吸引力呢?

(一)对投资者的影响

根据Morrison案的判决,若投资者在境外市场购买了境外发行人所发行的证券,当出现证券欺诈情况时,即使该欺诈行为发生在美国境内,投资者也得不到证券法反欺诈

---

① 参见杜涛:《美国联邦法院司法管辖权的收缩及其启示》,载《国际法研究》2014年第2期。

② 参见贺鉴、陈楷:《自由主义和保守主义政治思潮及其对美国两党政治的影响》,载《文史博览》(理论)2016年第6期。

条款的保护。

这一判决结论屡遭诟病。反对派观点认为,此种做法严重妨碍了投资者通过投资境外公司来对其资产进行多元化配置的投资安排。① 因为在经济全球化的背景之下,投资者越来越多地投资境外公司发行的股票,而一旦否定美国证券法对于境外公司发行股票的适用,投资人将无法受到美国证券法反欺诈条款的保护;对于机构投资者而言,则无法对其客户(个人投资者)负担起一个“全球化背景下的审慎投资人”的信义义务。②

然而,实际情形未必如此夸张。其一,投资境外公司所发行证券有多种方式,而Morrison 案所影响的仅仅是其中有限的几种。③ 如果该境外公司在美国挂牌,无论是以交叉上市的方式还是仅在美国挂牌,投资人可以在美国证券市场上以普通股或者美国存托凭证(ADRs)的形式购买。投资人也可通过场外交易市场购买境外发行人发行的证券。而 Morrison 案中所创立的“交易标准”,明确了美国证券法适用于美国境内证券市场挂牌的证券交易以及其他境内证券交易两种情况。因此,如果投资者是在美国证券市场上购买境外证券,则美国证券法依然适用,投资者仍可依据美国《1934 年证券交易法》第10(b)条以及美国证券交易委员会根据第 10(b)条制定的附属规定 Rule 10(b) -5 提起反欺诈诉讼。④

其二,个人投资者与机构投资者具有不同的投资模式。大部分个人投资者选择在美国证券市场上购买境外发行人所发行的证券,而非购买那些未在美国挂牌的境外发行人所发行的证券。⑤ 境外证券市场上发行的证券对于机构投资者往往更具吸引力。⑥ 由于

① 美国证券交易委员会网站收录了各界就美国证券法在私人诉讼上域外效力这一研究课题的反馈意见,参见 https://www.sec.gov/comments/4 -617/4 -617.shtml。

② Christian J. Ward, J. Campbell Barker, Yetter Coleman LLP, on behalf of the Council of Institutional Investors; Nancy K. Kopp, State Treasurer and Chairman, Board of Trustees, and R. Dean Kenderdine, Executive Director, Maryland Retirement and Pension System; from Andrew J. Entwhistle, Entwistle & Cappucci LLP.

③ See Schwab Center for Financial Research, Cross-Listed International Stocks: Another Investing Alternative, May 23, 2014, https://perma.cc/NTJ7 - MEM6; Bartlett, Robert; Cain, Matthew D.; Fisch, Jill E.; and Davidoff Solomon, Steven, “The Myth of Morrison: Securities Fraud Litigation Against Foreign Issuers” (2018). Faculty Scholarship at Penn Law. 2025. https://scholarship.law.upenn.edu/faculty_scholarship/2025.

④ 关于 ADRs 是否满足 Morrison 下的交易标准,至今尚未有明确定论。大部分法院认为 ADRs 应当区别于在境外市场上购买的境外发行证券,故而 Morrison 案并非排除美国证券法对于 ADRs 的适用(参见 In re Alstom, 2010 WL 3718863, at 1; Cornwell, 729 F. Supp. 2d 620.)。而在某些情况下,法院也作出相反决定,如在 In re Societe Generale Securities Litzgation 案中,法院认为 Morrison 排除了美国证券法对于场外交易的 ADRs 的适用,因为相较于正规美国境内证券市场而言,其交易市场主要针对境外投资者[参见 In re Societe Generale Sec. Litig., No. 08 - cv - 2495, 2010 WE 3910286, at 6(S. D. N. Y. Sept. 29, 2010)]。

⑤ See generally Ethiopis Tafara, Robert J Peterson, “A Blueprint for Cross-Border Access to U. S. Investors: A New International Framework”, *Harvard International Law Journal*, Vol. 48, No. 1(2007), pp. 31 - 68.

⑥ See Robert P. Bartlett, III, “Do Institutional Investors Value the 10b - 5 Private Right of Action? Evidence from Investor Trading Behavior Following Morrison v. National Australia Bank Ltd.”, *Journal of Legal Studies*, Vol. 44, No. 1(2015), pp. 183, 196.

Morrison案影响的是那些缺乏境内因素的证券交易,因此受影响的群体主要集中在机构投资者中。由此,进一步的问题则演化为,机构投资者在缺乏美国证券法的情况下能否得到足够的保护,以及如果存在保护上的不足,是否可构成值得颠覆Morrison案判决的理由。对此可以从以下两个方面来分析。

首先,美国证券法的缺席并不意味着投资者们落入了毫无保护的境地。许多反对Morrison案的意见认为,私人集体诉讼是美国证券投资者自我保护的法宝,但集体诉讼并未在全球范围内被广泛接受,由于Morrison案判决意味着放弃这一工具,将导致在境外市场的投资者将缺乏保护。然而,私人诉讼并非证券市场的唯一"保护伞",实际上,防范证券欺诈,保护投资者的使命是由私法诉讼与公共部门执法共同担负的,而且有研究显示,公共部门执法相较于私法诉讼,在打击证券欺诈保护投资者方面,有着更显著有效的效果。① 此外,是否允许针对证券欺诈的集体诉讼,是各国基于国情的政策选择,并非保护证券市场及其投资者的唯一最优方式。那些拒绝采用集体诉讼作为投资者保护途径的国家,有的也正在逐渐修改立法,纳入美国式集体诉讼的元素,试图找到一条中间道路,使法院能够处理大宗的投资者损害赔偿案件,以强化其国内证券市场上私人诉讼作为保护投资者的力度。② 而对于那些像美国一样允许集体诉讼作为投资者保护途径的国家,则有实证研究直指证券欺诈集体诉讼在投资者保护上的低效性。③ 可见,在各国证券市场上适用其基于国情选择的保护方式,而非美国式的证券法欺诈集体诉讼,并不意味着投资者保护的缺位。

其次,也更为重要的是,机构投资者作为具有经济实力与投资经验的资深投资者,具备较强的自我保护能力。其在全球证券市场的投资决定,是基于对各个证券市场的成本、收益与监管等因素在内的综合考量。如果成本过高、风险过大或法律保护不足的弊端超越了在该市场投资的优势,则机构投资者将会放弃在该市场进行投资。然而,最近的实证研究表明,机构投资者并未因Morrison案的判决,而将其原本投资在境外交叉上市发行人处的资产,转移至受美国《1934年证券交易法》规制的发行人处。④ 既然如此,似乎也无必要将他们从自己深思熟虑的选择中拯救出来。

---

① See Howell E. Jackson and Mark J. Roe, "Public and Private Enforcement of Securities Laws: Resource-based Evidence", *Journal of Financial Economics*, Vol. 93, Issue 2 (2009), pp. 207 – 238; Comment on Study on Extraterritorial Private Rights of Action, from U. S. Chamber of Commerce.

② See Baum, Harald, The German Capital Markets Model Case Act-A Functional Alternative to the US-Style Class Action for Investor Claims? (February 1, 2017).

③ See Comment on Study on Extraterritorial Private Rights of Action, from U. S. Chamber of Commerce.

④ Bartlett, Robert P., "Do Institutional Investors Value the 10b – 5 Private Right of Action? Evidence from Investor Trading Behavior Following Morrison v. National Australia Bank Ltd. (2010)" – Online Appendix (December 5, 2014), *Journal of Legal Studies*, Forthcoming. Available at SSRN: https://ssrn.com/abstract=2537125.

(二)对境外发行公司的影响

在 Morrison 案、《多德—弗兰克法案》和 Scoville 案之后,美国证券法的域外效力受到限制,特别是私人对境外证券欺诈的诉讼受到抑制,境外发行公司自然会少了一些来自私人诉讼的困扰,这一点自然无须赘言。然而,这又不免可能引起另一层担忧:根据"绑定理论",①发行人赴美上市或交叉上市,是为了"租借"其更严格的证券监管制度以便提升自身的形象和价值,但既然 Morrison 案判决抑制了私人诉讼监督的力度,似乎会削弱绑定理论效用,从而降低了发行人赴美上市的吸引力。那么,事实情形又如何呢?

其一,对于绑定效应,存在法律绑定假设(legal bonding hypothesis)以及声誉绑定假设(reputational binding hypothesis)之分。② 法律绑定侧重强调,境外市场上市之所以能够提升公司价值,是有赖于境外市场上证券监管机构的执法效力、相关的监管披露制度,以及其法律框架下的诉讼效率及成本;而声誉绑定则强调境外市场上具有声誉的信息中介,如证券保荐人、审计机构、债权评级机构以及证券分析师所发挥的作用。对此,有学者指出,声誉绑定而非法律绑定才能更好地为公司境外上市带来的价值提升做出解释,因为即使在缺乏有效法律执行的情况下,境外市场交叉上市的发行人通过自愿披露而建立声誉进而实现了绑定效果。③ 换言之,境外上市对于发行人的价值提升,其本质原因在于发行人在境外市场上的自身声誉约束。因此,即使 Morrison 案确实削弱了对于境外发行人的私人诉讼执法力度,境外发行人仍然具有充分的动机去进行合规披露以维护其声誉。

其二,法律绑定假设中的执法力度既包括公共部门执法也包括私法诉讼。尽管 Morrison 案影响了私法诉讼的适用,但《多德—弗兰克法案》以及 Scoville 案都明确彰示,证券交易委员会及司法部继续完整保有对证券欺诈采取行动的权力。④ 有研究指出,法律绑定有助于维持声誉绑定的效果,而这种助力正是通过公权力层面的执法而非私法诉讼而发挥着作用。⑤

其三,即使仅着眼于私法诉讼对于法律绑定效果的意义,Morrison 案的影响其实也并没有想象中的巨大。根据数据统计,在 Morrison 案之后,针对在美国交叉上市之境外

---

① John C. Coffee, Jr. "Racing Towards the Top? The Impact of Cross-Listings and Stock Market Competition on International Corporate Governance", *Columbia Law Review*, Vol. 102, No. 7(2002), pp. 1757 – 1831.

② See Jordan Siegel, "Can Foreign Firms Bond Themselves Effectively by Renting US Securities Law?", *Journal of Financial Economics*, Vol. 75, Issue 2(2005), pp. 319 – 359.

③ Ibid.

④ See 929p of Dodd-Frank Act, 111 P. L. 203, 124 Stat. 1376(2010); SEC v. Scoville, 913 F. 3d 1204(10th Cir. 2019).

⑤ See Licht, Amir N. and Poliquin, Christopher and Siegel, Jordan I. and Li, Xi, "What Makes the Bonding Stick? A Natural Experiment Testing the Legal Bonding Hypothesis (August 27, 2017)", *Journal of Financial Economics*(JFE), Forthcoming; ECGI-Finance Working Paper No. 524/2017; Harvard Business School Strategy Unit Working Paper No. 11 – 072. Available at SSRN: https://ssrn.com/abstract=1744905.

公司的集体诉讼,其数量并未有明显减少。① 一种可能的解释是,参与集体诉讼的大部分成员是在美国证券市场上的投资者,因此满足了 Morrison 案所创立的"交易标准",而那些因为缺乏境内交易因素而被 Morrison 案新规则所阻却的投资者们,因数量较少,而未能对集体诉讼产生值得注意的影响。综上所述,Morrison 案影响私法诉讼的效力,进而影响交叉上市发行人的效果迄今为止是有限的。

五、结语

美国最高法院在 Morrison 案中就美国证券法的域外效力问题,推翻了法院先例确立并奉行已久的"行为—效果标准",转而实行"交易标准",否定了证券法的域外效力。此后不久国会通过的《多德—弗兰克法案》,在极大程度上限缩了 Morrison 案判例的效力范围,但由于用语偏重于司法管辖权,导致在理解上存在模糊的空间。随后法院在 Scoville 案中就该法案的解释,恢复了证券法在公共部门执法方面的域外效力。司法与立法的互动塑造着美国证券法的域外效力。

美国证券法域外效力范围的新变化,体现了司法保守主义的回归,也体现了国会政治抗衡的因素。尽管证券法的域外效力在私人诉讼方面受到抑制,但不宜高估对于投资者的保护以及境外发行人交叉上市乃至证券市场的"负面"影响。换句话说,证券法域外效力变化带来的优势可以抵消所谓的"负面"影响。

经过 Morrison 案、《多德—弗兰克法案》以及 Scoville 案的塑造,美国证券法在尊重国际礼让原则、防止滥用过集体诉讼机制、提升证券诉讼的品质和效率以及加强证券市场监管和保护投资者等方面取得了较好的平衡。

① See Cornerstone Research, Securities Class Action Filings: 2019 Year in Review, https://www.cornerstone.com/Publications/Reports/Securities-Class-Action-Filings-2019-Year-in-Review.

论非合意并购人违规增持的惩处机制

——兼评新《证券法》和《上市公司收购管理办法》联动修改

赵舒窈*

摘要：非合意并购中，对违反信息披露义务增持目标公司股份的行为有两条截然不同的惩处路径：日本与韩国禁止信息披露义务人行使违规所得股份的表决权，甚至引入刑事处罚；美国则只对信息披露义务人予以轻微行政罚款，并否认目标公司股东损害赔偿请求权。大相径庭的惩处实践，源于各国资本市场发展的不同诉求以及立法者对非合意并购当事人双方力量的衡平。我国立法应当借鉴两种不同路径之长，制定宽严相济的惩处机制；对此，新《证券法》和《上市公司收购管理办法》已有所突破，但在差异化惩处方面略显不足。

关键词：非合意并购　违规增持　信息披露　执法实践　证券法

非合意并购，俗称敌意并购或恶意并购，是公司控制权交易的常见形式之一，指并购人绕开目标公司管理层在二级市场上悄然吸纳公司股份，或在持股达一定比例后向公司全体股东发出收购要约，竞逐目标公司在外流通股份的行为。① 非合意并购与股东积极主义一脉相承，本质上都是让管理层头疼的公司治理行为，只不过前者是作为外来人的非合意并购人以实打实的现金换取公司股东确凿无疑的投票权，后者是作为内部人的公司股东（一般是大股东）通过对公司未来发展“画大饼”的方式换取公司股东在股东大会上的投票跟随。在非合意并购中，获得公司控制权的关键在于持股份额。长期以来，面

---

* 西南政法大学经济法学院博士研究生。

① 本文采用“非合意并购”，而非“敌意并购”或“恶意并购”的提法，原因有两点。其一，通常而言，在敌意并购或恶意并购中，并非仅仅存在并购人对目标公司管理层的单向“敌意”或“恶意”，而是在并购人和目标公司管理层之间有着难以磨灭的、剑拔弩张的双向张力。本质上，这是一种双方互不中意的状态，“非合意”较“敌意”或“恶意”能够更好表达这种对峙状态。其二，面对来自外部的“敌意并购”或“恶意并购”，公司管理层一般必须说服公司股东（或者获得公司股东会批准），才能安心采取防御手段。让自身工作职位不保的“死亡威胁”，确有可能让目标公司管理层本来对并购人的“非合意”，上升至“敌意”或“恶意”的状态。但是，公司管理层却很难说服公司股东同自己一样“同仇敌忾”；毕竟，非合意并购人以高于市场价格收购公司股东手上股份的行为，丝毫没有“敌意”或“恶意”可言。

对强势且天然具备信息优势的目标公司管理层,非合意并购人伙同一致行动人违规增持股份的行为屡禁不止,一方面,是由于违规增持股份有助于非合意并购人迅速达至能对目标公司管理层形成实质挑战的持股份额;另一方面,则是由于若不违规增持股份,非合意并购人或将永远不能突破现有制度框架并最终取得目标公司控制权。在半市场经济条件下,我国在《公司法》和《证券法》中囊括了强制要约、行政审批、提前披露、资金担保等诸多加重要约收购人负担的措施,非合意并购人要想挑战目标公司、实现收购意图,确实需要一番能耐。为了获得目标公司控制权,非合意并购人在公司控制权的争夺中,突破现行法律法规的约束,不断试探行政监管方的反应,实属无可奈何。对上市公司违规增持股份行为,我国证监会、证券交易所、司法审判机关等不同部门长期持有不同态度。

非合意并购中的违规增持行为,违反的是由《证券法》和《上市公司收购管理办法》规定的法定信息披露义务,即非合意并购人获得目标公司5%的股份后,应当分别向目标公司、证券交易所和中国证监会进行书面报告的主动义务,且在增持行为发生3日内至公告3日后,不得再行买卖目标公司的股票的被动义务。长期以来,如何结合我国实际情况,统一对待和处置为争夺上市公司控制权的违规增持股份行为产生的乱象,是上市公司治理中不可回避的问题。我国学者呼吁:"对于违规增持超过5%部分股票的表决权问题,我国立法应该基于财务投资行为与收购行为的性质差异分别设定不同的表决权限制后果。"[①]2019年《证券法》和2020年《上市公司收购管理办法》的再次修订,显然是充分回应了学术界的诉求,禁止违规增持股份者在增持行为发生起36个月内,对违规增持比例部分的股份行使表决权。[②] 那么,新《证券法》和《上市公司收购管理办法》针对违规增持行为的新规定,在实践中会产生何种效果?从实证研究的角度来看,《证券法》和《上市公司收购管理办法》联动修改的正当性何在?本文旨在通过对日韩美三国相关法律实践的梳理和分析,从实证角度对我国新《证券法》和《上市公司收购管理办法》限制违规增持股份表决权的合理性进行证成,并适度探索与之相关亟待补强的其他"法律配套",以期为新法律的适用和解释提供理论依据。

一、我国违规增持的历史遗留问题

(一)证监会对非合意并购信息披露违规的轻罚

1993年9月,宝安集团对延中实业发起了新中国成立后的第一场非合意并购。按照当时《证券法》相关规定,收购人持有上市公司股份达5%时必须进行申报,此后所持股份每增减2%,须再次申报,并且,申报期间内不得继续交易该上市公司股票。宝安集团及其一致行动人在9月29日累积持有4.56%延中实业股份,尚未越过披露红线,在9月30日开盘时突然发力,一举购入延中实业342万流通股,累积持有15.98%延中实业股份。披露信息时,宝安集团只轻描淡写地宣布持有延中实业"5%以上"股份。[③] 处于震

① 陈洁:《违规大规模增减持股票行为的定性及惩处机制的完善》,载《法学》2016年第9期。

② 2019年《证券法》第63条,2020年《上市公司收购管理办法》第13条。

③ 参见刘学灵:《从"宝延风波"看企业兼并行为》,载《政治与法律》1994年第1期。

惊和愤怒之中的延中实业董事会,立即要求证监会彻查宝安集团的违规收购行为。30 日后,证监会公布调查结果,认定宝安集团在股票买卖过程中存在违规行为:因其未按照规定履行信息公开义务,对宝安集团处以 100 万元的行政处罚;但是,证监会同时指出,法人机构通过大量买入上市公司的股票获得公司控制权是证券市场运作中的正常现象,从而认可了宝安集团持有延中实业股票的有效性。最终,宝安集团取得延中实业的控制权。① 较近的一个典型的非合意并购罚款案例发生在 2016 年,安徽证监局披露了对胡氏兄弟 2015 年违规举牌西藏旅游的行政处罚决定书,对两兄弟违反披露义务购入西藏旅游 9.59% 股份的行为处以 90 万元的罚款。②

在 2019 年《证券法》修改之前,旧《证券法》要求投资者在持有上市公司 5% 股份事实发生之日起 3 日内须履行信息披露义务,报告期间不得再行买卖该公司股票;③对不履行或未正当履行信息披露义务、违反信息披露规则的行为,以违反信息披露义务定性处置,规定了予以警告及数十万不等的行政处罚。④

从以往的经验来看,非合意并购人为使目标公司董事会措手不及,已经习惯于采用前述宝安集体收购延中实业股份的方式:同其一致行动人合并发力,在目标公司董事会觉察之前尽可能多的获得目标公司股份,公然突破或规避信息披露红线及慢走规则,公然挑战《证券法》规定的信息披露底线。然而,证监会对非合意并购中违反信息披露义务、违规增持目标公司股份的行为,则不愿意予以重处,也从未限制违规获得股份表决权的行使。在此背景下,随着公司控制权交易的日益繁荣,违规增持行为愈演愈烈。

2006 年修订的《上市公司收购管理办法》,补充了彼时《证券法》规定的警告及行政罚款处罚等条款,对违反信息披露规则行为增加了由"中国证监会责令改正,采取监管谈话、出具警示函、责令暂停或者停止收购等监管措施。在改正前,相关信息披露义务人不得对其持有或者实际支配的股份行使表决权"。⑤ 这条看似文义清晰、似乎与《证券法》无缝衔接的惩罚性规定,在实践中却饱受争议。争议的焦点在于:第一,什么样的行为能算作"改正"?例如,是否支付了证监会的现金处罚就算已经"改正"?是否补充披露了增持股份前的信息就算"改正"?因迟延披露给其他股东造成的损失是否赔偿?没有赔偿算不算"改正"?第二,"改正"后,违反信息披露义务的持股人是否就能够行使股份表决权?如果仅仅只是罚款等不痛不痒的行政处罚方式,违规所得股份表决权却不受影响,那么,违反信息披露的代价是否过低?第三,违规成本低的这些处罚,能否抑制信息披露违规增持股份行为?不能抑制违规行为的处罚,如何显示法律法规的效力和权威?

---

① 参见刘平春:《"宝延风波"启示录》,载《证券市场导报》1993 年第 4 期。

② 参见唐强:《西藏旅游股权争夺战落幕 胡氏兄弟被"招安"》,载《证券时报》2016 年 6 月 15 日,第 A006 版。

③ 2014 年《证券法》第 86 条。

④ 2014 年《证券法》第 193 条。

⑤ 2006 年《上市公司收购管理办法》第 93 条。

(二)交易所默认公司章程的信息披露违规重罚条款

面对非合意并购人的违规增持股份行为、面对似是而非的法律条文以及习惯通过无伤大雅的行政罚款方式草草结案的证监会,A股目标公司内部人利用自身信息优势和权力优势,纷纷选择在公司章程中置入反收购防御性条款、自行规定收购人违反信息披露义务增持公司股份时需承担的法律后果等,以建立防御收购网,巩固自身控制权,对股东合法权益保护则置若罔闻。

例如,成都市路桥工程股份有限公司章程规定,收购人违反信息披露义务增持公司股份,“视为放弃表决权,其所持或所控制股票不享有表决权,公司董事会有权拒绝其行使除领取股利以外的其他股东权利”。并且,“公司其他股东有权要求其赔偿因其违法收购而造成的所有经济损失”。① 有些上市公司还直接将违反信息披露义务增持股票的行为定性为“恶意违法收购”,并借此阻绝收购人行使董事、监事的提名权。② 更有甚者,在公司章程中擅自提高信息披露义务触发门槛,要求“收购人持有公司股份达到3%时立刻向公司董事会作出书面报告,期间不得再行买卖公司的股票”。③

如今,不同公司章程中形形色色的反收购条款,经各上市公司董事会提议、获得股东大会审批通过,甚至还通过了证监局及证券交易所的质询、默认,多数已经生效。

(三)司法审判对公司章程剥夺违规增持股份表决权的否认

目标公司在公司章程中规定的限制收购人违规增持股份的表决权、允许目标公司股东提起损害赔偿请求等条款,虽然在证监局及证券交易所得以通过且默认生效,司法审判机关却不予认可。例如,深圳市中级人民法院认定康达尔集团董事会限制京基集团股东投票权的决议为无效决议。法院指出,“股东表决权是股东行使自己意志、参与公司重大决策和选择管理者等其他股东权利的方式,系股东的根本性、固有性权利,对其限制或剥夺,只能是由有权机关根据公权力、而不应允许公司董事会有权认定股东的违法行为,进而决定限制股东权利,否则,将动摇公司制度的基石”。④ 在“上海兴盛实业发展(集团)有限公司诉王某某等及第三人上海新梅证券欺诈责任纠纷案”中,法院指出:“原告作为新梅公司的投资股东,在其未能证明自身任何合法权益遭受损失的情况下,要求限制被告行使股东权利并禁止其处分相应股票的诉讼请求,缺乏事实及法律依据,本院均不予支持。”⑤

通过法定程序审判作出的判决,必将生效无疑,从而在实践中形成这样的尴尬:一方面,证券交易所对公司章程反收购条款睁一只眼闭一只眼、默许生效;另一方面,法院对

---

① 《成都路桥:关于公司章程修订的公告》,载中财网:http://www.cfi.net.cn/p20190324000551.html,最后访问日期:2020年6月8日。

② 参见山大华特公司章程。

③ 参见雅化实业公司章程;伊利股份公司章程。

④ 参见深圳市中级人民法院:民事判决书(2016)粤03民终13834号。

⑤ 参见上海市第一中级人民法院:民事判决书(2015)沪1中民66号。

该类公司章程反收购条款作出的无效的明确裁定。这在非合意并购中因违反信息披露违规增持目标公司股份所导致的争议,不仅存在理论争议,在实践中也并未画上句号。这些争议,在以政府为主导的强制性变迁路径下,或许可能会因为证监会和地方法院对资本市场强大而直接的管控力在短期内得以回避和掩盖,但必然会随着非合意并购的愈演愈烈以及公司控制权交易市场的日益繁荣而最终凸显,造成实体法律法规的虚化以及信息披露规则约束力的急速下降。

正是在这样的背景下,主流学者建议,应当借鉴域外经验,对违规增持股份的行为从民事、行政、刑事 3 种责任规制协同配合出发,以加大对此类行为的惩处力度,提高市场的公正性、透明性,切实保护投资者的合法权益。① 还有学者认为,法院可以判决违反信息披露义务增持目标公司股份的收购人限期抛售违法所得股份,令其吐出违法收益,收归公司所有。②

二、域外违规增持的不同立法模式

(一)东亚地区的严厉惩戒立法

在东亚各国,就违反信息披露义务增持目标公司股份的立法,呈现趋严态势,违规增持股份收购人不得行使股份表决权,甚至面临刑事处罚。

1. 日本《金融商品交易法》严格对待信息披露违规

日本于 2006 年颁布了《金融商品交易法》,取代原有的《金融交易法》和《金融期货交易法》。《金融商品交易法》将违反信息披露的违规行为分为两种类型:一是信息披露不实,二是不进行信息披露;规定了 3 种惩罚方式:刑事处罚、行政罚款、刑事处罚加行政罚款。在日本非合意并购中,违反信息披露义务违规增持目标公司股份的收购人,将面临"10 年以下有期徒刑,或者视情节轻重,对自然人并处或单处 1000 万日元以下罚金,对法人并处或单处 7 亿日元以下罚金"。更重要的是,违反信息披露义务的收购人,"不得行使所持股份表决权,也不得授权他人行使该股份表决权"。③

2. 韩国《资本市场与金融投资法》严厉惩处信息披露违规

韩国对违反信息披露要求增持目标公司股份的行为,也施以较严厉的处罚。

2003 年,韩国金刚化工公司对现代电梯公司发起非合意并购,遭到现代电梯董事会的强烈抵制。通过多种收购渠道,金刚化工于 2004 年 2 月获得 36.9% 现代电梯股权,并计划于当年 4 月 13 日之前继续增持 8.1% 股份。现代电梯公司向韩国金融监督管理委员会求助,指控金刚化工在持有现代电梯股份超过 5% 时未履行信息披露义务。根据韩国《证券交易法》规定,未履行正当程序的收购行为属于无效法律行为。④ 鉴于此,金融监督管理委员会立刻向金刚化工发出行政命令,勒令其在 2004 年 5 月 20 日之前在公开

---

① 参见陈洁:《违规大规模增减持股票行为的定性及惩处机制的完善》,载《法学》2016 年第 9 期。

② 参见梁上上:《论违规增持的私法救济》,载《法商研究》2019 年第 2 期。

③ 日本《金融商品交易法》第 194 条、第 197 条。

④ 参见韩国《证券交易法案》第 200 条第 3 款。

市场上出售此前违规获得的20.87%现代电梯股权,并且严厉禁止金刚化工通过协议方式将股份出售给特定的第三方。金刚化工对现代电梯的非合意并购遂以失败告终。

2007年,韩国将《证券交易法》《期货交易法》等多部重要的法律法规进行整合,颁布《资本市场与金融投资法》,该法于2009年2月生效,实现了韩国资本市场法律的统合规制。《资本市场与金融投资法》顺承《证券交易法》的严格惩处路径,但对拟获得公司控制权的非合意并购人与拟获取公司分红权益的股权投资人进行区分,对二者违反信息披露义务增持目标公司股份的行为,规定了不同的处罚方式。对以公司控制权为目的增持公司股份的非合意并购人,违反信息披露义务,"自收购之日起不得行使该股份的表决权,金融监督管理委员会应当责令其在6个月内处分该股份";以公司分红为目的增持公司股份的股权投资者,违反信息披露义务,"在一定期限内不得行使表决权;视情况轻重,金融委员会可以责令其在6个月以内处分该股份"。① 据此,违反信息披露义务增持目标公司股份的非合意并购人不仅其所持股份无表决权,还必须在一定期限内出售所持股份;股权投资人在一定期限内不得行使股份表决权,其所获股份"可以"不被强制卖出。

(二)美国渐趋宽松的司法实践

同日本、韩国相反,美国证监会和各州法院对非合意并购中违反信息披露义务增持目标公司股份的行为异常宽容,既不会剥夺非合意并购人违规增持股份的表决权,也不理会目标公司股东群体的损害赔偿请求。

1. 习惯以轻微罚款了事的美国证监会

美国《1934年证券交易法》13D规则要求:投资者及其一致行动人,应当在获得上市公司5%股票的10天内,向美国证监会披露其持股情况及目的。违反信息披露义务的行为将会导致高额的民事赔偿或严厉的刑事处罚。② 虽然,法律规定得有板有眼,美国证监会在实践中对《1934年证券交易法》的执行却显得过于温和。

2009年,美国迈兰制药公司公布对国王制药公司的收购意图。迈兰公司的股东之一派瑞公司企图通过"兼并套利"的投资手段从中牟利。为了提升两个制药公司合并的可能性,派瑞公司先后购入迈兰制药公司表决权股,并通过一系列掉期交易增持迈兰制药公司股份,③试图以金融衍生工具规避《1934年证券交易法》的信息披露义务。派瑞公司事实上获得了迈兰制药公司近10%股份,却没有履行任何的信息披露义务。证监会最终仅对派瑞公司处以15万美元的现金罚款。④

更极端的案例,是超越公司的私有化交易。2012年10月,超越公司总裁林水盘大笔购入超越公司股票,直到2013年8月才履行信息披露义务。美国证监会在调查后发现,

① 韩国《资本市场与金融投资法》第145条、第150条。

② 美国《证券交易法》第32条。

③ 掉期交易(Swap Transaction),是指交易双方约定在未来特定交割期相互交换某种资产的交易形式。

④ See SEC. SEC Charges Perry Corp. With Disclosure Violations in Vote Buying Scheme, *Administrative Proceeding Release No.* 34 – 60351. 2009 – 165.

林水盘也曾于2009年10月先后获得超越公司近20%股份,但是直到2011年5月才履行初次报告义务。对如此明目张胆的违法行为,证监会于2013年年底对林水盘数罪并罚,但罚金只有区区3万美元。

在林水盘受罚5个月后,美国证监会新掌门人玛丽·霍·怀特在就任仪式上宣布新的执法策略,信誓旦旦引用"破窗理论",①表明对轻微过错也绝不姑息的严厉执法态度。然而,证监会对非合意并购人违反信息披露义务增持目标公司股份的行为并未给予更严厉的处罚;美国上市公司收购中"泊车交易"而越发频繁。②

2. 拒绝损害赔偿请求的美国法院

13D规则是美国《1934年证券交易法》中为数不多、当事人可以绕开证监会,对非合意并购人违反信息披露义务增持目标公司股份,目标公司董事会可以直接对违法收购人提起民事诉讼的法条。

美国法院早期曾一度对违反信息披露义务的收购人给予严厉惩罚,例如,在GAF公司诉米尔斯坦案中,纽约州法院禁止收购人行使违规所得股份的表决权。③ 然而,美国联邦最高法院在1975年推翻了此前的判例,不再限制违规所得股份的表决权。④ 此后,美国法院对类似案件的判决采取保守态度,一般只要求在违反信息披露义务的收购人进行补充披露。⑤ 在正常情况下,违反信息披露义务的收购人一旦发现目标公司董事会提起诉讼,会立刻主动补充披露;收购人补充披露后,法院会以原告之诉丧失起诉意义为由,驳回诉讼请求。

美国法院从未认可目标公司股东群体的损害赔偿请求。在法院看来,信息披露违规一般不会对公司或股东造成实质损害。在1981年的加利福尼亚州诉塞拉俱乐部案中,法院指出:"着重于约束当事人而不是保护当事人的法条,若未明确采用可创设权利之字眼,不应推断某一特定人群享有损害赔偿请求权,13D规则亦是如此。"⑥这段文字在2001年被美国联邦最高法院再次重申,⑦可见20年来法院的立场从未改变。在桑德斯

① 破窗理论(Broken Windows Theory),是指如果有人打坏了一幢建筑物的窗户玻璃,若这扇窗户得不到及时修复,就可能还有人受到某些示范性纵容去打烂更多的窗户。久而久之,破损的窗户就会给人造成一种无序感,结果在这种公众麻木不仁的氛围中,犯罪就会越发滋生、猖獗。破窗理论表明,应当及时矫正和补救正在发生的问题。

② 泊车交易(Parking Transaction),是指非合意并购人通过多个股票经纪人买入同一家公司的股票,约定每个经纪人的购股比例不超过4.9%(不触发权益披露义务)。非合意并购人除了支付经纪人佣金以外,一般还承诺补偿经纪人手头股份因为股价波动可能遭受的损失。泊车交易在非合意并购中大量存在,有利于非合意并购方低调、快速、以较低价格获得目标公司大量股份。泊车交易的参与方是典型的一致行动人,本应履行权益披露义务,却规避此义务。

③ See 453 F. 2d 709, P93, 300(2d Cir. N. Y. Dec. 13, 1971).

④ See *Rondeau v. Mosinee Paper Corp.*, 422 U. S. 49(1975).

⑤ See *General Aircraft Corp. v. Lampert*, 556 F. 2d 90(1977).

⑥ 451 U. S. 287(1981).

⑦ See *Alexander v. Sandoval*, 532 U. S. at 289, 121 S. Ct. 1511.

诉萨尔汽车制造公司案中,纽约州法院指出,目标公司股东的损害赔偿请求权从来就不是信息披露规则的立法本意,《威廉姆斯法案》第18(a)条已经明确赋予确能证明自己受陈述不实信息公开而蒙受直接损失股东请求损害赔偿的权利,因此没有必要在13D规则中再次单独确立损害赔偿。①

三、立法模式差异背后的理论缘由

东亚地区与美国之间大相径庭的惩戒方式,皆源于各国资本市场发展的不同诉求,源于各国立法者对非合意并购当事人双方力量的衡平。

(一)日本严惩违规增持缘由

2001年,日本经济尚未从"失去的10年"中恢复过来,股市长期处于低位。美国《经济学人》杂志指出,日本资本市场"遍地黄金"——在3500家日本上市公司中,有超过10%的上市公司具有股票市价总值两倍的破产价值。② 仅在2001年,东京证券交易所就有13%的非金融上市公司以低于其破产价值被交易。③ 2005年,英国经济学人智库有报告指出,每4家日本上市公司中就有1家公司的股票市价总值低于其破产价值。彼时,考虑到日本上市公司股权结构集中程度不高、全面强制要约收购规则的缺位,在经济长期持续低迷的情况下,日本政府担忧针对日本传统公司的非合意并购浪潮会随时发生。

同资产价格持续走低相对应的,是日本上市公司董事会普遍缺乏行之有效防御非合意并购的手段。2005年,东京高等法院在活力门收购富士电视台案件判决中,清晰阐释了目标公司董事会可以通过发行新股或认股权证防御非合意并购的4种情形:收购人绿邮诈骗、拆卸公司出售、抵押目标公司财产进行收购、追逐短期利益等。④ 然而,实践中,非合意并购人往往将真实意图隐藏很深,目标公司董事会难以通过捕风捉影的方式获得采用防御手段资格的确凿证据。

为了衡平收购双方的力量悬殊,日本政府发布《收购防御措置指导规则——以公司价值及股东权利保护为导向》,允许日本上市公司采用"预警权益计划"的防御方式,即在公司章程中置入类似"毒丸"的防御程序。然而,东京高等法院在随后的审判实践中,直接否认了上市公司"预警权益计划"的合法性。在万般无奈之下,日本政府出于对潜在非合意并购人的芥蒂以及对本土企业的保护,2006年颁布了严格对待收购中信息披露违规行为的《金融商品交易法》。立法者认为,确保非合意并购人严守信息披露义务,有助于为身处劣势的上市公司董事会争取更多时间和余地与收购人周旋,便于其识辨收购人的真实目的与计划;一旦确认非合意并购人具有活力门案件中法律规定的四种情形,目标公司董事会就有权合理合法地通过发行新股或认股权证,防御非合意并购。

① See 582 F. Supp. at 960.

② See Anonymous. Ever So Polite, *Economist*, 2001-02-17.

③ See Curtis J. Milhaupt, Mark D. West. Institutional change and M&A in Japan: Diversity through deals, *Global Markets, Domestic Institutions: Corporate Law and Governance in a New Era of Cross-border Deals*, 2001.

④ See Tomotaka Fujita. Case No. 29 - Corporate Law, *Business Law in Japan-Cases And Comments*, 2012.

从《金融商品交易法》生效至今，证券交易商协会和金融厅对信息披露违规行为一直坚守严惩不贷的立场，其深层次的原因更在于日本上市公司中股权结构的日趋不稳定。首先，是外资持股股东和日本本土的稳定持股股东的一增一减。根据交易所集团统计，日本上市公司中的平均外资持股从1990年的4.2%，上升到2008年的21.5%，再上升到2015年的26.7%；稳定持股股东的持股比例，则从20世纪90年代50%的平均水平下降到2005年之后不足30%。① 稳定持股股东一度被认为是日本上市公司的本土守护神，比起所持股份的增值溢价，他们更在意同目标公司长期合作、互利互惠的商业利益；稳定持股股东有助于保证日本上市公司控制权和长期政策的稳定。其次，是交叉持股股东和纯粹投资股东此消彼长。20世纪90年代，在日本大型商业银行的主导下，日本上市公司中相互持股比例维持在25%左右，到2003年，相互持股比例降至7.61%。而且，随着日本老龄化问题加剧，以养老基金为主的纯粹投资股东，在日本上市公司中的比例还在逐年增加。②

总之，日本对非合意并购中违反信息披露义务增持目标公司股份的行为苛以严责，是为了维护本土上市公司控制权的稳定。曾一度让日本政府担惊受怕的非合意并购浪潮，最终，至今没有在日本发生，这从侧面也印证了严格信息披露法律规定的正确性。

(二)韩国严惩违规增持缘由

韩国对非合意并购中违反信息披露义务增持目标公司股份的行为进行严厉惩处，也有其特定的背景和原因。

长期以来，韩国上市公司董事会在非合意并购中能够采取的防御措施过于有限。首先，韩国《公司法》的同股同权要求，直接禁止了毒丸、双重股权结构等防御手段的使用。③ 其次，《公司法》对股份优先购买权的规定，使目标公司管理层亦无法通过向特定第三方(白衣骑士)发行新股或可转换债券的方式对非合意并购进行防御。虽然《公司法》补充规定了管理层向第三方发行新股或可转换债券可因“管理需求”排除股东优先购买权的例外情形，但是2009年韩国最高法院在案件指导中指出，如果公司章程中没有明确允许发行新股作为非合意并购的防御目的，那么向第三方(白衣骑士)发行新股来抵抗非合意并购，就不满足法律意义上的“管理需求”。④

韩国上市公司董事会在非合意并购中唯一能够采取的防御措施，是回购公司股份并将回购股份销售给善意的第三方。韩国《公司法》允许公司为实现“特定目的”回购本公司股份。由于《公司法》没有进一步就“特定目的”进行阐释和规定，该条款为上市公司董事会股份回购打开了方便之门。同时，韩国《公司法》还允许公司不注销回购的股份，而通过“特定的程序”转让给特定对象，这就给了上市公司董事会自主处理回购股份的自

① See Japan Exchange Group. Share Ownership Survey,2003 - 12 - 26.

② 参见李拥军：《蠡测日本上市公司股权结构》，载《中国冶金报》2014年6月24日，第3版。

③ 韩国《公司法》第590条。

④ 韩国《公司法》第418条。

由裁量权,而且,回购股份的再分配,并不会触发股东的优先购买权。但是,这种回购公司股份再通过特定程序转让的防御手段,操作起来非常困难。首先,公司回购自己股份的决定,必须通过股东大会表决权超级多数通过。其次,为了保护债权人的利益,韩国《公司法》设定了股份回购的上限——不超过公司在外流通股份的10%。[①] 因此,在非合意并购中,韩国上市公司董事会处于比日本上市公司董事会还更劣势的地位。言于此,也就不难理解为什么韩国法律会将非合意并购中违反信息披露义务增持目标公司股份的行为认定为无效行为,即有助于平衡收购双方的力量悬殊。

需要特别指出的是,虽然防御手段阙如,韩国的多数上市公司,本身并不容易被收购。少数股权控股结构在韩国大型上市公司中表现尤为突出,通过交叉持股、[②]金字塔层层控股等方式,[③]很多家族和财阀通过投票杠杆以少量的持股控制了几倍甚至数十倍的投票权,使代理问题在这些公司中尤其严重。很明显,具有少数股权控股结构安排的公司自然很难被非合意并购,而没有采用投票杠杆的上市公司却面临更大的被收购风险,这是韩国资本市场中的显性"逆向歧视"——具有更好治理水准的公司,反而更容易沦为收购活动中的受害者。因此,韩国立法者坚持严惩收购中信息披露违规或许还有一个原因,即如果不能通过立法让治理结构不好的公司变得更容易出售,那么至少可以让治理结构较好的公司变得更难出售。

(三)美国柔性执法缘由

1968年颁布的《威廉姆斯法案》提升了《1934年证券交易法》中的信息披露义务,并最终形成了美国《1934年证券交易法》13D规则。《威廉姆斯法案》的初衷,是为了禁止20世纪60年代在美国非合意并购中广泛存在的"星期六夜晚突袭式要约"。这类要约周末发出,收购人只发出部分要约,要求股东在短时间内必须答复是否接受,并且依接受要约先后顺序进行支付;后接受要约的股东面临股份无法出售的风险,对股东群体具有很强的胁迫性。

受商业判断规则的保护,美国上市公司董事会在采取反收购防御措施时,有相当大的自由裁量权。"星期六夜晚突袭式要约"因《威廉姆斯法案》的颁布而销声匿迹。美国的非合意并购人与目标公司董事会之间,存在极大的力量悬殊。信息披露的核心,本是由内向外、由信息优势方向信息劣势方进行信息披露,以维持双方信息均势。但是,针对收购人的信息披露义务,恰恰是一种反向的、由外向内的披露要求,本质上是让对目标公

---

① 韩国《公司法》第341条。

② 金字塔层层控股(Share Pyramiding),是指公司实际控制人通过间接持股,形成一个金字塔式的控制链实现对该大型公司的控制。具体而言,公司控制权人首先控制第一层公司,第一层公司再控制第二层公司,第二层公司再控制第三层公司;以此类推,通过多个层次的公司控制链条,以最小成本取得对目标公司的实际最终控制权。

③ 交叉持股(Circular Holding),是指一公司与其他多家关联公司之间通过交叉投资,交叉持有对方一定比例的股份,交叉成为对方股东,进而形成的一种交叉支持、交叉抑制的公司联合形式。因此,公司间的交叉持股实质上就是两家以上企业相互之间进行转投资。

司并不完全知晓的投资人,向牢牢掌控公司信息的内部人悉数报告自身的持股比例及相关信息,这为公司董事会"知己知彼"充分防御收购提供了便利。

早在《威廉姆斯法案》颁布之前,美国公司法学者亨利·曼勒指出,非合意并购是提升公司治理水平的有力威慑。① 意识到增强收购人信息披露义务可能会抑制非合意并购的产生,美国联邦最高法院在判决中指出:"国会明确表示无意为上市公司董事会提供武器。"②最高法院在埃德加诉米特公司案中清醒地意识到,信息披露规则不能用来"在公司董事会与收购人之间选边站",③法院在判决中还引用了威廉姆斯议员在国会报告时的原话,"在有可能引发收购双方力量失衡的事项上,我们格外小心"。④

美国证监会对13D规则的柔性执法,就是为了缓解强势的目标公司董事会和弱势的非合意并购人之间的力量失衡。实际上,美国上市公司董事会在非合意并购中的自由裁量权是如此之大,以至于,如果缺乏有效聚合目标公司股份的有力手段,非合意并购将根本无法成功。这就是为什么实践中,美国证监会总是默认允许"泊车交易"的存在;不仅如此,证监会甚至允许收购人在越过5%的披露红线后,仍然享有长达10日可以继续持续购入目标公司股票而无须履行信息披露义务的"窗口期",当非合意并购人履行信息披露义务时,往往已经持有目标公司15%甚至25%的股份。在长期的实践中,美国立法者和执法者达成了重要的共识:过分强调收购方的信息披露义务,将极大地抑制非合意并购的产生,不利于形成一个充分竞争、高效健康的公司控制权交易市场。

四、我国违规增持的规制路径构建

既然,各国资本市场发展的不同诉求以及各国立法者对非合意并购中当事人双方力量的衡平,构成了不同国家间处罚违反信息披露义务增持目标公司股份行为的两条主线,并在实践中形成了大异其趣的惩戒路径。那么,探寻我国非合意并购人违反信息披露义务增持目标公司股份的合理处罚方式,也应当从我国资本市场的实际需求出发,反思我国非合意并购中双方当事人的实力对比,才能反向评论新《证券法》和《上市公司收购管理办法》联动修改的是非进退。

(一)宜松不宜严的惩处方式

2015年,沪深两市经历了千股跌停,59%上市公司市值蒸发30%以上,中国股市一度陷入低迷。至2019年8月,股市进一步暴跌,上证指数一直在3000点之下徘徊。A股上市公司市值至今处于历史低位。然而,即便如此,中国上市公司的市值,并不像20世纪90年代日本泡沫破裂后那样,已经接近"破产价值",非合意并购浪潮还远远未到一触即发的境地。

---

① See Henry G. Manne, "Mergers and the Market for Corporate Control", *Journal of Political Economy*, (2)1965.

② *Rondeau v. Mosinee Paper Corp.*, 422 U.S.49(1975).

③ 101 S.Ct.2043(1981).

④ 113 Cong. Rec.24664(1967).

从上市公司股权分布看,我国同韩国类似,比欧美国家股权集中度要高。中韩两国均不具有“双重股权结构”同股不同权的股权安排,投票杠杆的实现只能通过金字塔层层控股或交叉持股方式实现。我国的证券法对上市公司公开发行新股,制定了近乎苛刻的“业绩回顾”要求,公开或非公开发行新股都必须报国务院证券监督管理机构核准。[①] 因此,面对非合意并购时,中国董事会同韩国一样,无法通过发行新股和可转换债券的方式进行防御。同时,严格的股东平等对待规则决定了中国董事会也无法使用“毒丸”防御非合意并购。

理论上,目标公司董事会采取手段防御非合意并购,要受中国版“董事会中立规则”的限制。[②] 依照2014年《上市公司收购管理办法》第33条的明确规定,收购人作出要约收购提示性公告后至完成前,目标公司董事会除了继续从事正常经营活动或执行股东大会决议外,未经股东大会批准,董事会不得通过处置公司资产、对外投资、调整公司主要业务、担保、贷款等方式,对公司的资产、负债、权益或者经营成果造成重大影响。然而,在实践中,中国版“董事会中立规则”可以有各种各样的方法规避掉。第一,目标公司董事会在收购人“作出提示性公告”之前采取的防御措施,第33条不具有约束力。据统计,在2015年“宝万之争”发生后不到一年的时间内,超过600家上市公司在公司章程中置入反收购条款。[③] 第二,并不是所有的防御手段,都会“对公司资产、负债、权益或者经营成果造成重大影响”。例如,交错董事会、黄金降落伞的安排,寻求白衣骑士参与竞标等。因此,第33条虽然在字面上对董事会面对非合意并购时的多种行为予以禁止,在实践中却为董事会采取特定防御手段提供了法律依据。第三,中国特色的主动停牌机制更是抵御非合意并购的有力武器,这在“宝万之争”中可谓体现得淋漓尽致:面对宝能的步步紧逼,万科主动停牌长达7个月之久,为自己寻求白衣骑士争取了宝贵的时间。

总之,相比日本和韩国,中国上市目标公司董事会在非合意并购中有更广泛采取防御手段的空间,这就不需要再采用过于严厉的信息披露违规处罚来刻意加重非合意并购人负担。惩处规定的重构,不宜效仿韩国、日本,对违反信息披露义务增持目标公司股份的收购人进行刑事处罚,更不宜像韩国一样强迫收购人在特定限期内卖空违规所得股份。

另外,从实践效果来看,对违规增持股份宽容对待的美国证监会执法模式,更有利于促进非合意并购的产生。我国在供给侧结构性改革、消费升级的大背景下,中国企业转

---

① 2014年《证券法》第13条。

② 《英国城市收购及合并守则》和《欧盟收购指令》规定有严格的“董事会中立规则”,即在非合意并购中,若无股东会的明确授权,董事会不得采取任何可能会挫败要约收购的防御措施。2006年《上市公司收购管理办法》第33条对2005年《证券法》第193条规定的警告、罚款处罚方式,作有补充,规定了目标公司董事会在收购人明确作出要约收购提示性公告后的禁止行为。笔者认为,这是对英国欧盟的“董事会中立规则”的模仿,因此,称为中国版“董事会中立规则”。

③ 桑彤:《A股600多家上市公司修改章程“过度防御”或让中小股东沦为“局外人”》,载中国政府网:http://www.gov.cn/xinwen/2016-09/26/content_5112200.htm,最后访问日期:2020年6月12日。

型升级将严重依赖于企业间的并购重组。考虑非合意并购对公司治理环境可能带来的诸多好处,未来公司法和证券法的改革应当更有利于非合意并购产生。

诚然,"由外向内"的收购人信息披露的根本目的是要给上市公司的中小股东预警,让他们注意到有新的大股东进入公司。鉴于此,纵容信息披露违规在一定程度上可能会损害目标公司股东以更高价格向收购者出售股票的潜在机会。不过,收购成本的升高必然削弱收购人发起收购的动力。没有非合意并购人的供给,目标公司股东溢价出售股票的机会本身也是无源之水。况且,非合意并购人的存在,本身就为公司董事会敲响了警钟,督促其勤勉尽责,尽可能多地为股东带来福利。

（二）区别对待大比例持股股东的现实需求

增持上市公司股份的人,除非合意并购人以外,也有很多是专门从事股权投资的投资人。股权投资通常是投资人通过咨询、调查,对模棱两可的信息进行梳理、分析后,结合自身的投资经验而作出的商业决策;获得回报则是对投资人眼光和行动的奖励。当专业投资人不得不公开自己的投资决策时,其他投资人便可轻易通过公开的投资信息亦步亦趋。一旦"搭便车"现象成为家常便饭,将极大削减投资人发掘市场有效信息的激励和动力。最终,市场上尽是东施效颦之辈而缺乏真正深度研究公司和资本市场的专家,市场效率较大幅度降低。因此,宽容对待信息披露违规,有助于提高资本市场效率,避免"搭便车"现象的产生。对股权投资者大比例持有公司股份的商业决策隐私权应当给予特别保护,不加区辨地惩罚非合意并购人和股权投资者,不利于资本市场的健全与完善。

股东积极主义的崛起同非合意并购可谓一脉相承,两者一起对现任目标公司管理层形成压力。比起少数股东以及"快进快出"的投机人而言,大比例持股的股权投资者更能对公司内部人形成有效的监督和约束。① 积极参与公司治理的股权投资者不仅试图提高公司的经济效益和股东利益,同时还对公司内外诸多因素及履行社会责任有着深远影响。实证研究表明,股东积极主义有利于公司的长期业绩,②公司业绩提升必然会反应在公司股票的价格上,小股东也能因此受益。绝大多数积极股东是对公司有充分了解的专业股权投资者。

股权投资者的大比例持股行为面临相当可观的成本和风险。大比例股份本身就不容易转让,同时,在市场行情不济时,大比例持股股东自然承受更大的压力。威廉姆斯议员曾表示,大比例持有公司股份的专业投资人"不应该被抑制,因为他们常常能发挥监督冀图自保又效率低下的管理层的有用功效"。③ 美国《1934 年证券交易法》为此专门规定,不以改变公司控制结构及经营策略为目的的纯粹股权投资人,可以推迟披露其持股

---

① 绝大多数中小股东对公司治理采取"理性冷漠"的态度,公司业绩不好他们就"用脚投票";而大比例持股股东更有关注公司经营状况的激励,并通过公司法赋予的各项权利,配合股票本身所具有的投票权促使管理层审慎、积极地履行自己的职权,防止内部管理层以权谋私,进而提升公司价值。

② See Bebchuk et al., "The Long-Term Effects of Hedge Fund Activism", *Columbia Law Review*, (01) 2015.

③ 113 Cong. Rec. 24664 (1967).

状况。①

反观我国法律,一方面,《公司法》鼓励大比例持股股东积极参与公司事务:代表1/10以上表决权的股东可以召开临时股东会会议,持有3%以上股份的股东在股东大会召开前可提出临时议案。另一方面,《证券法》却对大比例持股股东的股权转让设定了限制:持股5%以上的股东,将其持有的该公司股票在买入后6个月内卖出,或者在卖出后6个月内又买入,由此所得收益归该公司所有。② 股权转让的限制,严重降低了大比例持股股东的资金流动性;阶梯性收购预警式的披露制度,进一步加重了不以获得控制权为目的的大比例持股股东的信息披露负担与交易成本。在这种情况下,当大额持有公司股份的股权投资者不小心违反信息披露义务时再对其进行严厉苛责,势必会遏制正常的股权投资行为。

鉴于此,区分对待以投资获利为目的的大宗股份交易行为与以获得公司控制权为目的的收购行为就显得十分必要。在新《证券法》和《上市公司收购管理办法》既有的差异化处理方案之外,我国还可以借鉴韩国《资本市场与金融投资业法》对拟获得公司控制权的收购人与拟获取公司分红权益的投资人进行区别对待的做法,分别设定差异化的法律后果;对不产生公司控制权变动的大宗股份权益变动,要么设定更高的信息披露门槛,要么设定比现行实践更低的违规处罚标准。

(三)新《证券法》和《上市公司收购管理办法》的合理之处

考虑到我国资本市场的现实情况,信息披露违规的惩处宜宽不宜严,但也绝不能如美国式的宽松无度。既然对股权投资人和非合意并购人进行差别对待,我国法律也可以借鉴韩国的做法,限制非合意并购人违规所得股份的表决权。正是在这个意义上,新《证券法》和《上市公司收购管理办法》完全顺应了我国的国情需要,作出了符合时代需求的法律修改,可谓进步巨大。不过,为了确保以投资获利为目的的投资人日后不能觊觎目标公司控制权,《证券法》和《上市公司收购管理办法》还可以进一步借鉴《英国城市收购及合并守则》的“目的明确规则”:“任何人获得目标公司大额股份时,目标公司可以立刻请求并购委员会要求对方明确立场——要么公开宣布正式收购意向,要么公开否认收购意向……公布收购意向的收购人,必须在28天内,对目标公司发出正式收购要约。”③未来,立法者可以在《证券法》或《上市公司收购管理办法》中适当增订:“当超过5%股份权益变动发生时,证监会或目标公司可以向获得股份的投资人发出问询函,要求其明示持股目的。明确表示不以获得公司控制权为目的的投资人,一年内禁止对目标公司发起要约收购。”

(四)未来我国《公司法》应作出的配套回应

最后,还必须明确的一点是,虽然对信息披露违规者施以适当惩戒、限制确有必要,

① 美国《证券交易法》第13条G款。

② 我国《公司法》第39条第2款、第102条第2款;2014年《证券法》第47条第1款。

③ The Panel on Takeovers and Mergers. The City Code on Takeovers and Mergers, Part M1, Rule 30.1.

但是,制裁违规者的权力不能通过写入公司章程的方式作为目标公司董事会的自由裁量权,而只能由有权机关如证券监督管理机构、证券交易所或者法院根据公权力来实施。毕竟,非合意并购人与目标公司董事会二者是平等的商事法律关系主体,二者之间的利益冲突天然存在且无法磨灭,但平等者之间并无裁判权。在我国尚不具备信义义务审查机制之前,不应当允许目标公司董事会享有认定另一法人股东行为违法的权力,信息披露违规惩罚机制不应当由两个商事主体中的一方对另一方实施,不能纵容信息披露违规惩罚机制沦为目标公司管理层巩固统治、结党营私的工具和武器,从而为其自利自肥、借公行私大开方便之门。这或许是正在修订的《公司法》应当对新《证券法》和《上市公司收购管理办法》作出的合理回应。

论　　文

公司法中的法教义学运用

——司法解释和指导案例视角下之展开

陈　克[*]

摘要：法教义学不是教条主义的逻辑推演，是为获得更妥当裁判结果的正确路径。法律裁判应在法律体系下，从裁判者先理解形成的设证出发，通过事实与规范的互动，将法律规范具体化，个案事实规范化，其间糅杂了法律解释与法律续造，并以法律原则和法益权衡为准绳不断修正阶段性结论，最终通过三段论演绎得出裁判结果。该过程中涉及不同法学方法的运用，本文结合公司对外担保、公司盈余强制分配、公司决议撤销的裁量驳回、会计账簿查阅范围、最高人民法院《关于适用〈中华人民共和国公司法〉若干问题的规定（三）》第13条的适用范围，以及指导案例15号、《公司法》第67条理解适用等司法实务问题，区分法律解释与法律续造，从开放性法律规范中的规范概念、自由裁量条款以及一般条款的解释，法律漏洞填补中的目的性限缩、类推适用、反向论证、法益权衡等视角切入，就相关法学方法对裁判结果证成的影响，进行论述，并对具体问题提出明确的意见。

关键词：法教义学　法学方法论　公司法　司法解释　指导案例

一、引言

法学是以某个特定的，在历史中逐渐形成的法秩序为基础及界限，借以探求法律问题答案的学问。[①] 不同于自然科学，裁判者运用法学作出的法律判断中经常包括价值判断，那么如何保证结论在内容上的正当性？我们仍需要以理性的，也是可论证的方式探求开放性问题答案。为此，应遵循法教义学追求基本确信，而此种功能又是扎根于法律内在体系中。

法教义学的思想体系是以实在法为基础，包括现行法即立法者或法院以原则、一般规则和原理形式呈现的法律规范的总和，也包括法律续造形成的法律规范之总和，在法

---

* 上海市高级人民法院法官。

① 参见[德]卡尔·拉伦茨：《法学方法论》，陈爱娥译，商务印书馆2003年版，第20页。

律实践中要解决整体秩序与部分相契合的问题,①同时要将民法所承载的法律价值嵌入法教义学中。其中首要的价值就是平等,相同情况相同对待,不同情况差异对待,类似情况相应对待。循此思路必然指向实证且合法的体系逻辑,通过对规制体系的严格分类,并借助涵摄推导出正确答案。一旦存在漏洞,要利用教义和理论构建来填补空白,其间穿插着各种法学方法的运用,兼容文义、体系、目的等方向上的法律解释,也有通过类推适用、目的性限缩、目的性扩张等进行的法律续造(或称为法律漏洞填补)。

第一,裁判者应当依托法教义学理解及转述既定的法律原则、法律规范,而为进一步的法律评价作出合规制性的裁判。如此法律裁判就成为获得正当性结论而进行的有计划的活动,实现教义学的确定性功能。第二,伴随立法的局限性与社会变迁,对立法不知或不能调整的具体问题,裁判者必须作出裁判,使之"'相称地纳入'体系纳入法秩序的教义学中去",实现教义学的创新功能。第三,裁判活动中亦不能排除裁判者个体化的价值判断,此就应当通过法教义学审查其与法秩序中一般原则是否相符,在事理处理上是否恰当,从而实现教义学减少恣意裁判的批判性功能。申言之,上述3种功能凸显了依循法教义学的裁判应当是合规则的,又是可审查的,也可为合理批评的。其间,正当性裁判要历经从设证到证成或证伪,以及通过诠释学形成对法律文本的理解用以确定法律依据。② 法教义学应致力于使法律规范在理性考量中获得尽可能多的确定性,并使法律的解释以及漏洞的填补得以在理性的辩论中进行,③最终对现实问题形成合理并尽可能无矛盾的解决方案。

基于以上认识,又鉴于公司法领域法教义学薄弱的现状,本文尝试以最高人民法院出台的公司法司法解释、有关指导案例涉及的法律解释、法律续造进行法教义分析。在结构上,本文共分为三大部分:第一部分系在法教义学框架内结合公司法问题概要论述法学方法论相关运用步骤;第二部分是本文主要部分,从法律解释、法律续造两个方面,分析司法解释相关规定和指导案例,对具体请求权基础、开放性条款解释、目的性限缩、反向论证、类推适用等法学方法运用进行阐释;第三部分结合指导案例15号阐述法教义学的实际运用。

法教义学的讨论背景是现行法,涉及制定法、习惯以及人民法院创设的法律规则等,④但为表述清晰,后文使用现行法的下位概念制定法进行阐述,除非特别指出。

二、裁判过程中法教义学的展开

法教义学是以一般科学的陈述方式来描述法律工作者的工作方式,并检验其是否得

① 参见[德]罗尔夫·施蒂尔纳、李云琦:《法教义学在进一步国际化的世纪之初的重要性》,载《北航法律评论》2015年第00期。

② 加达默尔在《真理与方法——哲学诠释学原理》一书中强调,为了理解,我们一直在使用自己的概念,由于前理解引导着文本理解,每一种文本解释同时是解释者当下意识的应用,该表述与价值判断引导下的法律思维不谋而合。

③ 参见[德]齐佩利乌斯:《法学方法论》,金振豹译,法律出版社2013年版,第1页、第2页。

④ 在我国包括指导案例、公布案例、司法解释等法官法。

到改进。[①] 作为裁判者,他必须以制定法为框架来解决社会矛盾,因此在具体案件中所作出裁判是适用一个或多个特定法律规范的法律后果,这意味着裁判者必须找到法律规范,并通过解释来研究其含义,证明并决定是否适用于该案件,进而将该规范的法律后果适用于该案件。[②] 看似最后结论来自法律规范大前提对案件事实小前提的涵摄,但该三段论只体现表面上形式逻辑推导的过程,而法律思维并非数学推演,裁判经由个案进行法学上归置才可得出体系逻辑上的结论,[③]此过程中包含了概念的精细归置与法学的构造加工,并伴随法之目的导向,[④]实际已进入了法教义学的范畴。

或有观点强调,公司法相较于普通民法,面对诸多经济现实要有更多的经济理性,应限制形式性的法教学,法教义学要止步于经济现实。[⑤] 但公司法同样是法律规则体系,显露于外的是立法形成的法律形式上的构造,即作为法律依据外部体系。其内部体系即法内部的构造,更多蕴含经济属性的价值判断。立法过程中,公司法外在体系尽量清楚明了,尽可能地反映它的内在体系,公司法内外体系相互依赖,[⑥]经济属性已成为公司法的组成部分,由规则体系所体现。故过分强调公司法中的经济因素,限制公司法适用并无正当性,否则只能发展出法律现实主义,并导向贫乏的经验主义,法教义学在公司纠纷中的运用与其他部门法并无二致。

(一)法教义学与裁判的关系

回到法教义学,既然其以制定法呈现的法律规范总和为基础,并通过法律解释与法律续造获得法律依据,进而推导形成法律裁判。由此法教义学对法官裁判的约束体现为"理性的可检验的程序",又可区分为3种情况:其一,法律裁判是在对法律规范字面含义的淳朴涵盖情况下,[⑦]传统的法律解释规则将裁判简化为规范具体化的过程,解释本身就决定了裁判的论证与确定,直接体现了其约束力。其二,针对开放性法律规范的法律解释是解决疑难案件法律适用的重要途径,在维持法律体系开放性的同时,亦要维持适用的正确性与自洽性,这就是通过法律体系维持对裁判者的约束力。其三,法律续造在法律体系支持下,阐释了法律裁判,在法律规则或原则被具体化之际,同时根据法律含义与

---

① 参见[德]N. 霍恩:《法律科学与法哲学导论》,罗莉译,法律出版社2005年版,第121页。

② 同上书,第123~124页。

③ 参见[德]罗尔夫·施蒂尔纳、陈大创:《现代民法与法教义学的意义》,载《北航法律评论》2015年第00期。

④ 参见[德]伯恩德·吕斯特、季红明:《法官法影响下的法教义学和法政策学》,载《北航法律评论》2015年第00期。

⑤ 参见[美]P. S. 阿蒂亚、R. S. 萨默斯:《英美法中的形式与实质》,金敏等译,中国政法大学出版社2005年版,第221~222页。

⑥ 参见[奥]恩斯特·A. 克莱默:《法律方法论》,周万里译,法律出版社2019年版,第25页。

⑦ 参见[德]阿图尔·考夫曼、温弗里德·哈斯默尔主编:《当代法哲学和法律理论导论》,郑永流译,法律出版社2013年版,第282页。

内容建构了法律变化的标准,在事实上约束着裁判者。[①] 通过对案件事实问题特征的刻画,并将之安置于法律体系之内,确定相关性法律规范或原则,提供论证模式,帮助裁判者处理法律时实现相同个案相同对待,类似个案相应对待,也是一种约束。

亦不能回避,"理性的可检验的程序"中法律规范与法律原则要在具体个案中可信、确切、有说服力才能获得法律实现。不能纯粹地借助逻辑三段论来发现答案,也不能采取以归纳为核心的经验法实证主义。法律规范与个案事实必须在裁判过程中被等置,裁判者用经验来丰富规范,用规范来抽象个案之后,这种相互适应要通过论证加以说明,此过程必须借助法教义学。其间还需处理好三类关系:第一类是前理解与法律规范的关系,此为建构假设与规范文本的交互作用;第二类是部分与整体的关系,这是体系本身一致和融贯的要求;第三类是个案事实与法律规范的关系,此种关系不是是否的确定选择,而是目光往返流转下的精确化与摈弃。[②]

(二)裁判中落实法教义学

法教义学决定了裁判作出是往复的,而不是线性的,存在反馈效果的回路,一旦阶段性证伪,就要调头返还,如此形成螺旋式的、重复的过程。可将裁判过程表述为三个线性的分阶段图式,即前理解预设→涵摄(或排除)→法律续造。但实际上每个阶段之间不能清晰界分,作为设证的前理解本身也包含了对法律规范的现实化,与个案要件事实之间的建构,前理解设定与涵摄两阶段本身就存在交叉关系。

1. 确定前理解,为确立法律大前提提供引导

经验事实上裁判者大多首先根据其前理解得出裁判结论,然后才从法律规范中寻找根据。[③] 其间若过分强调其中裁判者个性的重要性,必然陷入不可知论的困境,但前理解设定影响了法律适用目标,是自我理解中对事实与适用规范的预判,需最先澄清。[④] 前理解带有从结论中发现法律规范的旨趣,对个案裁判后果的预设在证成之前就进行了,但也仅是一种假设,一种指引,减少裁判者漫无目的地搜寻法律,帮助裁判者在方法论证成上加工得出终局有效的结论。像公司注册资本制度改革后,注册资本制的松动就更应重视债权人保护之预判,但不能否认前理解是有疑问的判断,应审慎对待。

因法律是一种行为规整体系,要从个案得出裁判结论,就势必须从构成特定行为义务之基础的法律规范是否存在为逻辑出发点。立法者通过潘德克顿体系安排各项法律规范,其按照法律材料的编排方式,考虑到了法律规范所规整的事实问题以及生活领域,根据待解决问题为裁判者寻找适用的规范提供了方便。涉及公司人合性的规制,更应在

① 参见冯威:《法律体系如何可能——从法理学、价值秩序到原则模式》,载《苏州大学学报》(法学版)2014年第1期。

② 参见[德]阿列克西:《作为理性商谈的法律论证》,载微信公众号"法律思想"2017年4月21日。

③ 但同样也是经验事实,如果法官在撰写裁判文书时发现自己无法论证所追求的结果,都会随时修改之前的预判。

④ 参见张青波:《理性实践法律:当代德国的法之适用理论》,法律出版社2012年版,第60页、第62页。

《公司法》第二章、第三章有限责任公司的设立与组织机构、股权转让中寻找,而不应在第四章、第五章股份公司相关内容中搜索。相应范围限定后,前理解应到此为止,此为第一阶段。确定法律规范的大致范围,亦为诠释学上的前理解所产生对裁判结果的预判作用。

不能否认前理解作为待检验的裁判答案,作为假定结果被导入,并随后在试验层面上试图证成。若不能证成或被证伪,裁判者又需重新构筑新的前理解设证,随后再进行又一次的论证。

2. 个案事实与法律规范交互融贯的涵摄阶段

裁判者要完成对法律规范的具体化,需将抽象法律规范具体适用于个案问题,是该阶段的重点。涵摄中的法律规范与案件事实的相互对应,要考虑到规范是处于以概念方式规定的当为领域中,案件事实是处于经验发现的现实领域中,两者并非一种内在构成要件上的简单归入。① 更多呈现的是目的论式的综合判断,是一种案件事实与法律规范相互调试、互相同化的过程。正如拉德布鲁赫教授所言,是个两边挖隧道的活。也正因如此,这也是事实与规范相互开放的过程:第一,生活事实需要进行一定的抽象化,进而具有符合规范的资格,如此才能与规范产生关系,与规范相符,此为归纳过程。第二,规范也应该与生活事实产生一种联系,必须回到生活事实本身,才能符合案件事实,这就需要采取演绎的逻辑推演方式。两者之所以可以发生联系,并不是单纯的逻辑三段论,而是从存在领域探索前行至当为领域,以及从当为领域探索前行至存在的领域,是一种在案件事实中对法律规范的再认识,在法律规范中对案件事实的再认识过程,②是"一种在法律与具体事实之间目光往返来回的过程",属于诠释学循环的一种类型。第三,其间也贯穿了合法性及后果分析,通过对预设裁判答案(前理解)的中途审查,从中排除掉某些预设答案。诚如上言,这不是直线发展的过程,而是循环往复的,论证的要素贯穿其中。③

对法律规范的演绎应归入法律解释范畴,④又可以区分为两种类型:第一种类型,完全性法律规范,包含的大部分概念是明确的,再结合说明性法条、限制性法条等,实现对法律规范中构成要件的具体性描述,通过一般解释,可以明白无误地将案件事实涵摄于

① 参见[德]亚图·考夫曼:《类推与"事物本质"——兼论类型理论》,吴从周译,台北,新学林出版股份有限公司1999年版,第85页。

② 同上书,第208~209页。

③ 亦有观点提出要区分裁判与论证两个视角,但结果要素本身就是论证考量的要素,实践层面上两者是合一的。

④ 然而,个案事实的归纳与法律规范的演绎还是有先后的,虽然两者调试是两边掘进的工作,不过实然状态就是社会事实在推动法律的变化,就体系的稳定性而言又要求面对社会的变动来维持法律的稳定,那么只能是考虑事实进入既定规范之后,该规范作出符合事物本质的合理调试,当然是个案事实归纳序位在先。

该规范之下。[①] 像内容违反法律的董事会决议,就可被《公司法》第22条第1款“公司股东会或者股东大会、董事会的决议内容违反法律、行政法规的无效”规定所涵摄。第二种类型,鉴于生活的多样性和不可预见性,需要一定程度上允许放宽法律束缚,实现法律体系的完整性,[②]立法者采取一般条款、裁量条款、不确定概念等立法技术,有意识地松动制定法对裁判者的约束。此情况需要裁判者考虑到制定法的预设作出合目的性的规范解释,也就是说条款的规范目的支配着解释的运用。以裁量条款为例,在合法律约束裁量时,也承认裁判者一定决定的活动余地,让其把握在活动余地的范围内选择最佳的和正确的答案。[③]《公司法》第71条第3款规定了“同等条件下”其他股东的优先购买权,就何为同等条件对裁判者进行了裁量授权,为裁判者的决定自由开放了很大的主观余地。[④]当然,为防止裁量超越合法界限,最高人民法院《关于适用〈中华人民共和国公司法〉若干问题的规定(四)》(以下简称《公司法解释四》)第18条专门规定了“数量、价格、支付方式及期限”等作为裁量标准的判断因素。

如上所述,法律规范与案件事实相调试将产生两种可能结论:第一种可能,法律规范解释后涵盖该案件事实,包括语义、体系、立法、目的解释规则的运用;第二种可能,即便运用诸多解释规则的,法律规范仍不能涵盖案件事实,就要进入下一个阶段,即法律续造。

3. 建构法律依据的法律续造阶段

建构法律依据的法律续造阶段首先要确定对个案事实缺乏规整规范属于计划外漏洞而非计划内漏洞。只有法律存在规整的不圆满性,才能认为是法律漏洞。与之区别的是法律的沉默,[⑤]即制定法并不想介入的法外空间。前者如最高人民法院《关于适用〈中华人民共和国公司法〉若干问题的规定(三)》(以下简称《公司法解释三》)第17条,其规定公司可通过股东会决议,对“未出资或抽逃全部出资”股东进行除名,然而就决议“拟除名股东”能否参与表决没有规定,若其为控股股东允许其表决,导致第17条空置。后者如情谊行为、法律规避等未明确规定。[⑥] 那么确定漏洞时就要对立法者规整计划,以及个案与法律体系都要加以考虑。[⑦]

其次要区分法律漏洞类型。可区分为开放性或隐藏性漏洞:A案件事实法律有规定,同类B案件没有规定,同类事物没有同样处理,属于欠缺法律规制,系开放性漏洞。

① 有一种较极端的说法认为唯一可以涵摄的法律规范,是该法律规范已使用清楚的概念,像《民法典》第21条第2款规定的“八周岁以上”为未成年人。就此来说,除了数字概念,所有其他概念都是可以扩张的,都具有价值评判的要素,也就不是法律解释,而是法律续造了。

② 参见[德]卡尔·恩吉施:《法律思维导论》,郑永流译,法律出版社2014年版,第131页。

③ 同上书,第148页。

④ 同上书,第139页、第145页。

⑤ 反向来说就是检验填补漏洞的必要性与正当性问题。

⑥ 参见[德]弗卢梅:《法律行为论》,迟颖译,法律出版社2013年版,第413~414页。

⑦ 参见[德]N. 霍恩:《法律科学与法哲学导论》,罗莉译,法律出版社2005年版,第138页。

像《公司法解释四》实施前对决议不成立情况并无规制,[①]可撤销、无效决议有《公司法》第22条规制,而三者同属决议效力瑕疵,故存在开放性漏洞,后经《公司法解释四》第1条与第5条才得以填补。C类事实法律有规范,其项下D类事实也应适用该规范,但未顾及D具有C不具备的特质,不同事物应作不同处理,应区别规制,存在隐藏性漏洞。像《公司法解释四》第4条出台之前,对所有程序瑕疵决议一并撤销,不区分是否为"没有对决议未产生实质影响的轻微瑕疵程序瑕疵",没有从组织法角度考虑撤销轻微瑕疵决议对公司稳定性的负面影响,应排除对撤销决议规定的适用。通常开放性漏洞都采取回溯原则、类推适用等,隐藏性漏洞多采取目的性限缩来填补漏洞。[②]

4. 裁判中的两种法教义学运用

从裁判过程的具体展开,可以发现两种法教义的踪影。若将制定法的上位概念"现行法"理解为法律的金字塔,法律原则占据塔尖,中间是借助法律原则演绎出的具体法律规则(法律规范),底部是通过法律规范对个案进行归置得出的法律裁判。法律原则体现出法的目的、价值自上而下贯穿、体现于整个金字塔,并通过目的衡量与价值衡量对法律规范进行解释,维系法律与社会现实间的联系,保障底部个案裁判的正确性。其中,就整个体系的精细化加工越深入,金字塔较低层次的法律规范对解决个案的减负功能就越突出。

裁判者对该金字塔的不同运用产生了两类教义学:第一类是实用教义学,从金字塔较低层级法律规范中直接获得请求权规范,再通过三段论演绎获得裁判结果,无须在个案中返引基本原则。[③] 第二类是科学教义学,在个案思考中贯穿了法学金字塔的全部领域,将个案具体事实归置于法律规范与相关裁判交织而成的体系网络中,还要回溯到顶部的抽象原则,以之为准绳来测定具体问题,如以规范目的来解释不确定概念、回观抽象原则进行目的性限缩等,以保障裁判结果的正确性。

具有存储与减负功能的实用教义学,可解决大部分具体个案。但对部分疑难案件,若是囿于较低层次的规定适用,疏于体系之协调,就可能造成不当裁判。如《公司法》第22条第1款规定内容"违反法律、行政法规"的决议无效,明显与《民法总则》第153条第1款违反"法律、行政法规的强制性规定"的民事法律行为无效的规定发生冲突。就需超越底部编排的法律体系和法学结构,回溯到顶部的基本原则,依据《民法总则》第134条将决议纳入民事法律行为项下,得出新的一般法(民总)优先于旧的特别法(公司法)适

---

① 但放在民事法律行为项下,因之前《民法通则》第55条、第57条对民事法律行为不成立有相关规定,直接认为决议在《公司法解释四》出台前就不存在"不成立"状态,还有商榷余地。

② 参见[德]卡尔·拉伦茨:《法学方法论》,陈爱娥译,商务印书馆2003年版,第253页、第254页。

③ 另外,此时也选用的是通说观点,无须在解决每个个案时,都对具有决定性作用的哪些(那些?)观点重新衡量。

用的结论,①才能在整体法秩序中得到符合一致性归置的裁判结果。②

综上,实现案件裁判结果又可分为两种法教义学运用与三种具体情形。其一,针对一般个案运用"实用教义学",通过对法律规范的一般解释,可将案件事实涵摄于其下,提供合理的裁判答案。此为第一种情形,实践中又多采用请求权基础的方法。其二,针对特殊个案运用"科学教义学",超越底部的法律规范,回溯顶部的法律原则,就个案裁判在整个法秩序中获得符合一致性的归置。就此再产生后两种情形,即在法律规范缺乏清晰性与确定性背景下,寻找规范目的立场进行制定法解释,将需要满足价值的概念、规范具体化;③在存在法律漏洞背景下,分别运用类推适用、目的性限缩进行开放性与隐藏性漏洞的填补。上述三种情形涉及的更具体法学方法见如下阐述。

三、"实用教义学—请求权基础"在公司法中的实践运用

因立法者已就法律体系进行了精细化加工,裁判者可缩短工序直接进入体系金字塔底部的具体法律规范,④无须返引法律原则,就可将思维限于体系较低位阶的法律规范,获得请求权基础。此请求权基础思维的构造是"谁得向谁,依据何种法律规范,主张何种权利",主要工作在于探寻得支持一方的当事人,向他方有所主张的法律规范。⑤

请求权基础发起端与诉请相连,终止端连接裁判结果,维系其间的请求权规范的适用,使人看出裁判阐述的焦点,并与无关问题划清界限,⑥此间请求权规范实质为请求权体系,出发点是法律效果恰是所想要的请求权目标的那些规范,即请求权规范;如果该规范的构成要件存在疑义,需要通过其他法律条文阐述的,后者就是适用请求权规范时起辅助作用的"辅助性规范";个案事实满足请求权规范及其辅助性规范的全部构成要件的,还需考虑"阻碍请求权规范适用"的反对性规范,只有最终排除反对性规范才能在裁判结论中确定请求权规范的法律后果。⑦ 下文以公司对外担保为例进行阐述。

公司主张其法定代表人订立的为股东提供担保的协议,没有经过股东会决议未对公司发生效力。因其诉请为"公司向股东提供的担保合同对公司没有发生效力",认为法定代表人代表公司向股东提供担保超越代表权限,指向的是因越权代表导致的合同不发生效力,⑧不是合同内容违法无效。《合同法》第50条前半句规定法定代表人越权代表订

① 参见钱玉林:《民法总则与公司法的适用关系论》,载《法学研究》2018年第3期。

② 参见[德]罗尔夫·施蒂尔纳、陈大创:《现代民法与法教义学的意义》,载《北航法律评论》2015年第00期。

③ 参见[德]卡尔·恩吉施:《法律思维导论》,郑永流译,法律出版社2014年版,第157页。

④ 将整个法律体系比喻为金字塔,占据塔尖的是法律理念,借由逻辑推演方法,从理念中逐步演绎出公理、原则、法律规范等。

⑤ 参见王泽鉴:《民法思维:请求权基础理论体系》,北京大学出版社2009年版,第40页。

⑥ 参见[德]迪特尔·梅迪库斯:《请求权基础》,陈卫佐等译,法律出版社2012年版,第11页。

⑦ 同上书,第11~12页。

⑧ 更准确来说参照《民法总则》第171条的规定,无权代表、无权代理对被代表人、被代理人是"不发生效力",而非无效。

立担保合同有效,但后半句又明确“相对人知道或应当知道其越权的除外”,即此情况下担保合同不能做有效认定。那么诉请与《合同法》第 50 条后半句的法律后果相契合,就获得了请求权基础。又因《合同法》第 52 条第 5 项、最高人民法院《关于适用〈中华人民共和国合同法〉若干问题的解释(二)》第 14 条是指合同内容违法导致无效,与诉请并不对应,此阶段也就没有讨论《公司法》第 16 条是否为效力性强制性规范进而导致担保无效的必要。同时,该第 16 条第 2 款指向的是对股东担保为股东会决议事项,调整的是公司内部法律关系,不适用公司作为主体与外部第三人间所发生的法律关系效力判断。①

为符合《合同法》第 50 条中构成要件,需澄清“相对人知道或应知法定代表人越权”。就涉及两个层次的认定问题。前一层次,越权与否的认定;后一层次,对“越权”相对人知道或应知的认定。前一层次越权与否的依据是,《公司法》第 16 条第 2 款规定公司对股东提供担保“必须经股东会或者股东大会决议”,故该条款系适用请求权规范中起辅助作用的辅助性规范,担保权人应就有无股东会决议进行审查。后一层次知或应知涉及表见代表问题,因担保权人并非公司内部人,对“职权范围”的认知应限于形式审查标准,最高人民法院《关于审理公司为他人提供担保纠纷案件适用法律问题的解释(草案)》(以下简称《公司担保解释草案》)第 6 条第 2 款明确“包括同意担保的决议是否由公司有权决议机构作出、是否经法定或章程确定的多数通过以及参与决议表决人员是否为公司章程载明的股东或者董事”等,该条款亦是本案的辅助性请求权规范,帮助确定是否存在《合同法》第 50 条中越权代表订立担保合同的情况。

如果符合上述请求权基础规范与辅助性规范的构成要件,还需审查能够排除适用的反对性规范。比如,上述草案第 1 条第 3 款规定“公司实际承担担保责任后,又请求不承担担保责任的……法院应驳回其主张的越权担保诉请”,“公司已经承担担保”就不能再主张“不承担担保责任”,即为否定“担保对公司不发生效力”的反对性规范。实践中还需排除该条款适用后,才能得出《合同法》第 50 条后半句确定的表见代表(担保)不发生效力的法律后果。

可见,法教义学中比判例与文献更重要的是法律文本本身,②法律原则、法律规范、法律判例需放在法律体系下进行解读。由此才能厘清部分与整体、个案事实与法律条文、前理解与法律裁判的三层关系,从而精准把握请求权基础,把请求权基础的思维路径从实用教义学向科学教义学不断推进。

四、开放性法律规范之法律解释

立法者希望法律规范能够覆盖所有生活事实,但社会的多变性、语义表述的有限性,导致裁判者应严格受制定法约束的要求不可能实现,③裁判者有时候摆脱立法权力的控

① 2011 年第 2 期最高人民法院公报刊登的“中建材集团进出口公司诉北京大地恒通经贸有限公司、北京天元盛唐投资有限公司等进出口代理合同纠纷案”中持此观点。

② 参见[德]迪特尔·梅迪库斯:《请求权基础》,陈卫佐等译,法律出版社 2012 年版,第 2 页。

③ 参见[德]卡尔·恩吉施:《法律思维导论》,郑永流译,法律出版社 2014 年版,第 130 页、第 131 页。

制,并作为有主观性和正义意义的裁判机构行使其权力是适当的。不过依法治国的理念只能赋予裁判者有需要的裁判自由,而不是绝对的裁判自由。于是诞生了不确定的描述性法律概念、规范性概念、裁量条款等元素构成的开放性法律规范。其虽具开放性,亦不能脱离法律体系,仍应受基本原则和体系脉络的约束,由此去实现个案考量中法的具体化目标。

开放性法律规范若构成了请求权基础,其意义内容的确定应被框入制定法的界限,此不外是对制定法的解释,但该种具体化解释正如拉伦茨教授所言,通过寻求合时宜的评价,给予需要满足价值(基本原则)的确定性,若将开放性法律规范想象成风筝,解释所应满足的价值就是立法者手中的风筝线。需要结合案件事实对其中不确定概念作价值补充,获得确定的构成要件与适用范围。① 这必然交由裁判者自由裁量,此情况下虽不可能直接援引具体的法律规范,但依旧要受法律原则以及法律体系的约束。就此问题,无论在公司法解释,还是指导案例中,最高人民法院都做了很多有益的尝试。

(一)不确定的规范性概念

规范性概念系内容和范围不确定概念的主要类型,且与描述性不确定概念共同构成了不确定概念的外延。② 一方面,因关涉特殊的法律价值,故它是"规范性"的,内容和范围也是法律规范所决定的,③也只能出自法律规范的目的,如此一来它又是相对确定的。另一方面,此类概念的评价是由裁判者完成的,而判断的主观性可能导致不确定性。那么对于个案中规范性概念的解释,正确态度就要增强前一方面的影响,减弱后一方面的不确定性。但本质还是法律解释,要探求法律在法秩序中的标准意义,即规范性意义。裁判者需要缓解历史上立法者的规范目的与法律经演进后的标准内涵之间的紧张关系,④而不是对立法意图亦步亦趋。

规范性概念表达的是一种法律上的意义,⑤它要满足价值的实现,不会停留在原有的直观意义上,而是不断地经历目的性改造,从而表现出制定法的意义成分。比如,《公司法》第33条第2款中股东查阅会计账簿所谓"不正当目的"的规范性概念,由《公司法解释四》第8条明确了其所涉主要类型;该解释第18条又对《公司法》第71条中其他股东行使优先购买权的前提"同等条件"进行了界定,这些都是对规范性概念所进行的解释作业。

前一个"不正当目的"的规范性概念指向的是,股东行使公司财务账簿查阅,因会计账簿涉及公司经营秘密,同时又是股东了解公司状况的重要途径,故2005年《公司法》将

---

① 参见梁慧星:《裁判的方法》,法律出版社2012年版,第255页。

② 参见[德]卡尔·恩吉施:《法律思维导论》,郑永流译,法律出版社2014年版,第147页。

③ 同上书,第135~136页。

④ 参见[德]卡尔·拉伦茨:《法学方法论》,陈爱娥译,商务印书馆2003年版,第199页。

⑤ 参见[德]亚图·考夫曼:《类推与"事物本质"——兼论类型理论》,吴从周译,台北,新学林出版股份有限公司1999年版,第73页。

其设定为有正当目的限制的"相对查阅权"。[①] 通过"不正当目的"的嵌入作为股东实施监督权与公司信息安全之间的控制阀。"与股东利益关联的目的"解读是个妥当的理解,[②]既防止因股东查阅对公司造成内部管理的过度滋扰,还阻止了管理层、控制股东对非控制股东信息权的压制,"不正当目的"的法律意义应体现在实质性审查标准的功能上。就此,《公司法解释四》从股东行为出发来推断主观上的不正当目的,即先列举了股东从事与公司有竞争关系的经营,向他人通报会计账簿信息可能导致公司利益受损,3 年内有向他人泄密致使公司受损的劣迹三类归入不正当目的的事由,最后还为弥补溢出列举事由的可能规定了兜底条款。[③] 如此一来,《公司法解释四》第 8 条从《公司法》第 33 条第 2 款平衡股东知情权与公司利益保护两者关系落实上,为"不正当目的"的理解与适用明确了指路牌,把股东相对查阅权落实在"均衡股东与公司利益"意义上。[④]

后一个"同等条件"规范性概念的理解,与优先购买权的行使方式相互关联。[⑤]《公司法》第 71 条第 2 款关于其他股东不同意就购买,不购买就同意的规定显现了"强流转,弱人合"的优先购买权制度的本质,即第 71 条首先要保障股权转让的合理市场价值实现,其后才是内部转让人合性的考量。如此,实践中是以转让股东与第三人之间的交易条件为参照标准,《公司法解释四》第 18 条亦采取列举具体要素的形式,明确转让股权数量、价格、支付方式、期限等通常交易衡量标准作为同等条件的参考要素。上述要素基本决定了股权转让方的利益所得范围,若不能保证转让方所得利益,就会造成其他股东既获得股权又赚得转让利差,最终导致转让方惜售。虽然保障了公司的人合性,但损害了股权流转秩序,最终消灭市场的投资动机,使公司制度也丧失了启动机制。因此,必须在股权市场价值流转的基础上建构优先购买权的行使条件,故该第 18 条确立"同等条件"该规范概念的内容界限,意在落实优先购买权"强流通,弱人合"的制度本质,通过精确化优先购买权的行使条件建立《公司法》第 71 条的应用规范。

(二)自由裁量条款

不确定概念主要关涉法定的构成要件,自由裁量条款与一般性条款注重调整法律后果,一前一后共同作用,保持法律体系开放性的同时又收缩裁量范围,[⑥]维护法律的稳定性。立法者考虑到有些情况下要落实法律的可能性,就需要与个案情况相联系,故赋予裁判者根据自己合法义务去决定一定的裁判后果。这是立法者注意到所有法律预设之

---

① 杜万华主编:《最高人民法院公司法司法解释(四)理解与适用》,人民法院出版社 2017 年版,第 194 页。

② 《特拉华州公司法》第 220 条第 3 款第(1)项。

③ 参见杜万华主编:《最高人民法院公司法司法解释(四)理解与适用》,人民法院出版社 2017 年版,第 185 ~ 189 页。

④ 参见[德]阿图尔·考夫曼、温弗里德·哈斯默尔主编:《当代法哲学和法律理论导论》,郑永流译,法律出版社 2013 年版,第 376 页。

⑤ 维特根斯坦针对意义理论一直强调要将意义回溯到"我的"意义归因上。

⑥ 参见[德]卡尔·恩吉施:《法律思维导论》,郑永流译,法律出版社 2014 年版,第 147 页。

后,为裁判者留下的剩余空间,本质是裁判结果在与个案匹配意思上的个别化,目的是实现裁判结果更精确。至此,裁判者不再是孟德斯鸠眼中跟读制定法语词的嘴巴,开始进入创造性精神活动的疆域。但关键是,裁判者要在法律体系的视角下厘清裁量范围,明晰作为裁量标准的因素,其后才考虑对裁量的控制密度问题,这决定了裁量行为是否,以及多大程度上处于法律的控制之下。

自由裁量本质上可视为在多个正确抉择之间进行更正确的选择,这同时又与现实中可能的评价困难和不确定性密不可分,而且又总是源于裁判者个人信念的实质性立场。故审查的重点应是,超越法定界限的裁量越界,以及未尊重法定裁量准则的裁量滥用。现结合《公司法解释四》第15条关于没有具体分配方案,控制股东滥用股东权利导致公司未分配利润情况下,裁判者可裁量确定利润分配范围的规定进行具体阐释。其背后的法理基础是,法律认为裁判者有义务考虑全部可能的救济方式,并且基于他对当事人当下的法律评估,选择最能公平处理当前状况的救济。①

对公司内部事务,最高人民法院在发布《公司法解释四》答记者问中强调,司法裁量要尊重公司自治,但在控制股东滥用权利破坏股东平等原则,导致股东间利益失衡之时,司法救济就有了介入的正当性。像长期不分配红利情况下,给公司任职股东发放过高薪酬、购买与经营无关的服务或财物供股东消费使用、隐瞒或转移公司利润等破坏股东平等原则,利用控股股东身份阻碍分配决议通过等不当行为,此时裁判者就可根据案件具体情况确定合适的利润分配数额。其中,股东违法滥用股东权利导致不分配红利是裁判者实施裁量分配的预设约束性前提条件,否则就可能构成不具备裁量条件下的强行裁量,属违反目的和逾越界限的越界裁量。②

另外,利润分配的具体裁量要考虑公司当年税后利润、法定公积金提取比例、股份比例等法定具体裁量要素,据此确定最低标准红利数额。依据公司现有的过度现金积累、控股股东的恶意程度、公司行业发展状况等具体裁量要素,可确定最高标准的红利数额。③ 两个标准之间的区域为裁判裁量的范围,即确定最高标准的红利数额后再行考虑税后利润、法定公积金提取比例、现金累积等具体裁量要素。

值得关注的是,2018年8月公报案例"甘肃居立门业有限责任公司与庆阳市太一热力有限公司、李某某公司盈余分配纠纷案",④法院在该案中认为,太一热力公司应当向股东居立门业公司分配利润,理由如下:第一,根据一审司法审计结论认为公司有巨额的可分配利润,具备公司进行利润分配的前提条件;第二,李某某同为太一热力公司及其控

---

① 2006年英国《公司法》第996条亦有相同规定。

② 参见杜万华主编:《最高人民法院公司法司法解释(四)理解与适用》,人民法院出版社2017年版,第20~21页。

③ 参见[美]罗伯特·W.汉密尔顿:《公司法概要》,李存捧译,中国社会科学出版社1999年版,第323~324页。

④ 最高法院公报案例2018年第8期,(2016)最高法民终528号。

股股东太一工贸公司法定代表人,未经公司另一股东居立门业公司同意,没有合理事由将5600万余元公司资产转让款转入兴盛建安公司(李某某关联公司)账户,转移公司利润,给居立门业公司造成损失,属于太一工贸公司滥用股东权利;第三,《公司法解释四》规定的股东利润分配的救济权利,未规定需采取其他救济措施作为前置程序。最终法院根据司法审计显示太一热力公司清算净收益,扣除涉及案外人的“接口费”款项后为基数,按居立木门公司40%的持股比例,确定了其利润分配数额。

从上述裁量过程来看,最高人民法院在裁判中区分了厘清裁量条件、明晰裁量标准两阶段。第一阶段是确定自由裁量的必要性,此属制定法的事务范畴,裁判者要通过法律,解释此裁量已符合法律授权裁量的条件。本案中就是通过对“太一热力公司控股股东存在变相分配利润、隐瞒或转移公司利润损害其他股东利益,又长期不分配利润”的行为进行确认,由此认定符合《公司法解释四》第15条进行强制利润分配的实质要件。第二阶段是通过公布裁量因素体现裁量的正确性,以证明裁量结果是结合个案情况进行的严谨探讨和考虑的结论。① 这是在法律预留给裁判者“主观认为正确的剩余空间”,作为受约束的裁量过程自然要摆事实、讲道理。该案中,控股股东通过其他形式获得公司利润,未获分红的非控制股东就遭受了不公平损害,②裁判者就控股与非控股股东间的利润分配获得了调整差异的裁量权利。客观的商业规则居于明确的标准地位,上述税后利润、现金累计、行业水平等要素将被用来确定裁量的正当性。由此,法律的可能性通过裁判者意图演化而来的裁量因素获得了具体意义。此处的裁量意图来自制定法的规范目的,并与法律可能性相关联,由裁判者在考量各自具体情况下通过查清事实而得出的妥当性结论。

(三)一般条款

恩吉施教授认为,一般条款的真正意义在于立法技术领域,由于其具有很大的普适性,可能使一大组事实构成无漏洞地和有适应能力地承受一个法律结果。③ 关键是其具有普适性和确定性,这是规范性概念、裁量条款所欠缺的,也决定了司法实践中对该类条款的适用必须完成详细的法律解释任务。此时类型化的思考模式就可用来描述一般条款所涉的情形,司法解释中诸多规定就是通过梳理实践中的事例,并将其纳入一般条款的规整范围,结合成一种有意义的、彼此关联的规则,④实现一般条款适应变化、保持体系完整开放的功能。

当然,类型规整发轫于司法实践,不是照搬照抄、原封不动的袭取,而是借助一般条

---

① 参见[德]卡尔·恩吉施:《法律思维导论》,郑永流译,法律出版社2014年版,第143页。

② 参见[英]保罗·戴维斯、莎拉·沃辛顿:《现代公司法原理》,罗培新等译,法律出版社2016年版,第706~707页。

③ 同时一般条款并未拥有特殊的结构,除了由不确定的和规范性概念以及裁量条款所要求的语义更大的涵盖性外,一般条款没有制造出独特的思维过程的必要性。

④ 参见[德]卡尔·拉伦茨:《法学方法论》,陈爱娥译,商务印书馆2003年版,第341页。

款来归纳其特征、排除某些特色,最终完成类型化的梳理,形成其下有意义的脉络关联。现以最高人民法院《关于适用〈中华人民共和国公司法〉若干问题的规定(二)》(以下简称《公司法解释二》)就清算义务人的相关责任为例阐明此问题。

公司解散事由出现后,处分公司财产以了结各种法律关系,并最终消灭公司人格为清算程序。① 该阶段要照顾利益冲突各方的平衡,不再由公司董事负责,而应任命独立的第三方"清算人"开展工作,②通常的组织形式为清算组,由多名成员构成,称为清算组成员,而承担启动清算程序,选任清算组成员等责任的为清算义务人。《公司法》第183条关于公司清算组组成、逾期不成立清算组债权人的救济途径规定,隐含了清算义务人的概念和责任范围,对此学界与实务界的共识,③最终经《民法总则》第70条第3款对于《公司法》第183条的改造、吸收和补充,获得了法律层面上的确立,即"清算义务人未及时履行义务造成损害的,应当承担民事责任……"的规定。

该条文通过"未及时履行义务"的表述,使清算义务人拒绝或怠于启动清算程序、组织清算组、协助清算工作等一大组事实,都承受同一个不确定概念"民事责任"所描述的法律结果,将清算阶段清算义务人的诸多行为框定入制定法界限内,并使该一般条款于立法技术上获得了很大的普适性。不过在司法实践中还需依据具体案件设置不同类型,确立不同责任。

其一,因违反法定义务的侵权行为导致清算义务人需承担相应的赔偿责任。又可分为三类情形:一是拒绝或怠于履行清算义务,致使公司财产贬值、流失、毁损或者灭失等实际损失损害债权人利益的,《公司法解释二》第18条第1款规定清算义务人要在损失范围内对公司债务承担赔偿责任。二是公司解散后恶意处置公司财产或以虚假清算报告骗取公司登记机关注销登记,造成债权人损失的,该解释第19条规定清算义务人在该损失范围内对公司承担赔偿责任。三是未及时催缴股东履行出资义务、补足瑕疵或抽逃出资义务造成债权人损失的,参照上述第19条规定,清算义务人在该损失范围内承担赔偿责任。④

其二,源于《公司法》第20条第3款追究清算义务人对公司债务的清偿责任。一是拒绝或怠于履行清算义务的,致使公司财产、账册、重要文件等灭失无法清算,通过滥用股东权利等来系统性地违反法定义务导致债务无法清偿,法律应作否定有限责任的评价,⑤《公司法解释二》第18条第2款规定清算义务人对公司债务承担连带清偿责任。二

① 参见施天涛:《公司法论》,法律出版社2018年版,第595页。

② 参见[英]保罗·戴维斯、莎拉·沃辛顿:《现代公司法原理》,罗培新等译,法律出版社2016年版,第1296~1297页。

③ 参见李建伟:《公司清算义务人基本问题研究》,载《北方法学》2010年第2期。(2010)沪一中民四(商)终字第1302号民事判决。

④ 参见刘俊海:《现代公司法》,法律出版社2015年版,第1158页。

⑤ 参见最高人民法院民事审判第二庭编著:《最高人民法院关于公司法司法解释(一)、(二)理解与适用》,人民法院出版社2008年版,第349~350页。

是未经清算即办理注销登记,导致公司无法清算的,利用公司解散之际逃废公司债务,侵害债权人利益,属于股东滥用公司独立人格,[①]该解释第20条第1款规定清算义务人对公司债务承担清偿责任。

其三,源于清算义务人清偿承诺的民事责任。未履行或未适当履行清算义务,又在申请注销公司过程中承诺,对公司债务承担偿还保证责任,此种"对公承诺"构成并存的债的加入,[②]《公司法解释二》第20条规定清算义务人按承诺承担相应民事责任。

与此相类似的一般条款的类型化规整还有,《公司法解释二》第1条对《公司法》第182条请求法院强制解散该一般条款涉及的三类事由类型化归纳,随后的指导案例8号林某某诉常熟市凯莱实业有限公司、戴某某公司解散纠纷案,[③]还专门就"公司经营管理是否发生严重困难"该不确定概念进行明确指导,强调应从公司组织机构的运行状态进行综合分析,即便公司处于盈利状态,但其股东会机制长期失灵,内部管理有严重障碍,已陷入僵局状态,亦可认定为公司经营管理发生严重困难,法院可以依法判决公司解散。上述指导案例通过对第182条的适用,从概念和类型两个角度进行了具体化的解释作业,明确了该一般条款的适用方向。因篇幅所限,笔者就不再一一列举其他类似情况。

五、目的性限缩与法益衡量

目的性限缩与法益衡量均为法律漏洞填补方式,本部分就一人公司对外担保进行分析,明确应针对不同类型的法律漏洞区别适用不同的法律续造方式。

(一)隐藏式漏洞与目的性限缩

法律规范依据规范目的应予限制,而法律文本没有包含此项限制时为隐藏式漏洞,填补此类漏洞的方式是添加"合于规范目的要求"的限制,将字义过宽而适用范围过度扩张的法律规范,限制适用于符合法律规整目的或其意义脉络宜于适用的范围,此为目的性限缩。[④] 如《公司法》第22条第1款规定决议内容违反法律、行政法规的无效。决议为民事法律行为,《民法总则》第153条又规定违反法律、行政法规的强制性规定的民事法律行为无效,但是该强制性规定不导致该民事法律行为无效的除外。据此,应将《公司法》第22条规定中导致决议行为无效的"违反法律、行政法规",限缩至《民法总则》第153条规定中的违反强制性的法律、行政法规。我们也注意到,最高人民法院《公司担保解释草案》第8条规定"一人有限公司为其股东、国有独资公司股东为其出资人提供担保,公司主张担保合同不对其发生效力的,法院应予支持",明显是将《公司法》第16条第2款从允许所有公司为股东、实际控制人提供担保目的限缩至"除一人公司以外的其他公司"。可能的推理过程是,第16条第3款要求公司为股东、实际控制人提供担保的,该

① 参见最高人民法院民事审判第二庭编著:《最高人民法院关于公司法司法解释(一)、(二)理解与适用》,人民法院出版社2008年版,第376页。

② 同上书,第384页。

③ 最高人民法院审判委员会讨论通过2012年4月9日发布。

④ 参见[德]卡尔·拉伦茨:《法学方法论》,陈爱娥译,商务印书馆2003年版,第267页。

股东或实际控制人支配的股东不得参与担保事项的表决,而一人公司除此之外没有股东参与表决,也就会产生没有决议的结果,因此也就不可能产生对股东、实际控制人生效的公司担保。

目的性限缩的正当理由在于不同类事务应作不同处理,法律适用应符合该条款的规范目的。《公司法》第16条第2款是为防范对外担保损害公司与其他股东利益,故需要经股东会决议通过。[①] 对于一人公司而言,经济生活中股东融资有一人公司为其提供担保的需求,一人公司又可视为股东财产范畴,被担保人(股东)与一人公司整体利益当然一致,不存在该公司对外担保损害该股东利益的可能,故该条款的规范目的不能否定"一人公司对外担保的正当性"。此情况下仍有损害债权人利益可能,但其完全可通过《公司法》第20条第3款追究股东对一人公司债务承担连带责任。对此公司法既然已作了制度安排,就不存在法律漏洞,也就无目的性限缩的必要。

《公司法解释四》第4条对撤销决议裁量驳回制度的规定也可作为目的性限缩的适例。依据《公司法》第22条规定,股东可主张撤销召集程序或表决方式违法的决议。最高人民法院认为,程序的轻微瑕疵,对决议尚不产生实质性影响,不属可撤销范围,[②]据此《公司法解释四》对该22条的可撤销决议范围进行了限缩。此处一般瑕疵与轻微瑕疵在瑕疵程度上的差异,针对后者要作有优先效力的区别性规定,防止随意撤销轻微瑕疵的公司决议对经营的影响,[③]故有《公司法解释四》第4条。

(二)规范冲突与法益平衡

不过,《公司法》第16条第3款公司对外担保的表决事项应由出席会议的其他股东所持表决权的过半数通过的规定,结合第2款对股东、实际控制人担保须经决议,的确产生否定一人公司进行对外担保的效力。这与该条第1款字义范围内所蕴含的"包括一人公司在内的所有公司类型"可对外担保就产生了法律规范上的冲突。其背后隐含的是2款规范目的的冲突,需借由法益衡量解决。[④] 该条第2款要求公司为股东、实际控制人提供担保需经股东会决议,目的在于保护公司其他股东利益;第3款规定上述对外担保要由其他股东过半数同意,或然性债务承担损害公司资产,所以需要其他股东同意,体现对公司整体利益维护。[⑤] 因一人公司没有其他股东,公司整体利益也涉及作为公司利害关

---

① 参见安建主编:《中华人民共和国公司法释义》,法律出版社2005年版,第37页。

② 对决议是否产生实质影响不宜从股东持股份额进行判断,对其间显露的"假设因果关系"笔者持反对态度,关键的是这里体现的公司过错责任一经发生就不能通过后来的事件排除,像决议可能因其他股东多数决通过,此时因果链条并没有被修正。参见[德]马克斯·卡泽尔、罗尔夫·克努特尔:《罗马私法》,田士永译,法律出版社2018年版,第372页。

③ 参见杜万华主编:《最高人民法院公司法司法解释(四)理解与适用》,人民法院出版社2017年版,第113页。

④ 参见[德]卡尔·拉伦茨:《法学方法论》,陈爱娥译,商务印书馆2003年版,第279~282页。

⑤ 参见安建主编:《中华人民共和国公司法释义》,法律出版社2005年版,第36~38页。

系人的其他债权人利益,[①]特别是公司为股东债务对外提供物保情况下,其他债权实现序位就此劣后,自然就损害其他债权人利益。两造冲突就集中于债权人利益与股东利益的衡量上。

一人公司为股东提供担保,二者本质上是利益一体的,有助于增进此类市场主体的融资能力,同时兼顾了公司利益与股东利益。只有证明一人公司的股东存在因为自己担保而损害债权人利益的情形,才涉及债权人保护的需要,对后者可直接通过《公司法》第20条第3款、第21条进行保护,也不会产生股东、公司融资的弊端。审慎衡量两者对弈利益后,考虑到债权人保护有直接路径,应按最小限度原则处理规范冲突的矛盾,应更侧重一人公司作为独立法人行使对外担保的权利。

回归到现实,一人公司若不能提供担保,势必产生能否对股东进行借贷、赠与等行为,因均属资金融通行为,也系资产维持原则项下不同程度的公司责任财产的弱化行为。若禁止担保,则类似担保的资产减损行为也应纳入其中,如此禁止边界会不断扩大,最终一人公司制度存在的基础堪忧。

综上,法益衡量与目的性限缩均系法律漏洞的填补方式,不同漏洞类型适用的填补方式不同,对隐藏性漏洞较多采取目的性限缩的方式进行填补。但一人公司能否对外担保系法律规范本身冲突产生的漏洞,故笔者认为采取利益衡量的方法更为适宜。

六、类推适用

所谓类推适用,是从一个特殊推导到另一个特殊,法律上的运用系指将法律明文之规定,适用到该法律规定所未直接加以规定的案件事实,但其待规范的重要特征与该规定所明文规定者相同。[②] 其乃基于两个案例具有类似性的认识,而是否具有类似性先要探求拟类推适用的法律规定的规范目的(法律理由),次要判断是否基于"同一法律理由",依平等原则类推于其他法律所未规定的事项。[③] 亦不能否认的是,无论是认定个案事实因无法律规整而存在法律漏洞,还是依据法律规范的目的决定类推适用于个案事实,皆系基于"平等原则"而为的价值判断。

(一)类推适用及相关概念的梳理

反向论证与类推适用联系紧密,其有两个含义:一是只有法律规定所包含的语义范畴确定下的事实构成特征,才产生规定的法律后果,反之则不产生该法律后果,系属于严格意义上的语义反对解释,可纳入法律解释;二是将法律规定中的构成要件理解为法律理由,只有能够内部证成法律后果的法律理由出现时,才导致相应法律后果的产生。如果法律理由不存在,即待决案例与构成要件在法律理由上的差异性,就无法产生该法律

---

① 公司整体利益包括债权人利益,债权人为公司外部交易主体,但无论是交易还是借贷,特别后者作为公司资产的融资方式,亦可认为系公司利害关系人。

② 参见黄茂荣:《法律方法与现代民法》,法律出版社2007年版,第492页。

③ 参见王泽鉴:《民法思维》,北京大学出版社2012年版,第200页。

规定中的法律后果。此在性质上属于相关差异性论证。[①] 本文中提及的反向论证取的就是第二种含义。

为避免概念间混同,就法律解释、类推适用、反向论证的区别、联系厘清如下:首先,类推适用始于法律解释之后,如果可能的语词意义在法律解释的边界之外,超越此界限进入填补法律漏洞的法律续造,才有类推适用的可能。当然,因语词内涵的不确定性,解释与类推间的界限有时是流动的。[②] 其次,反向论证指前提A被满足时法律后果B才会发生,那么从前提A不满足就可得出法律后果B不会发生。[③] 在否定方式作为构成要件,或例外事项的法律规范中,反向论证最常出现。[④] 语义所包含的意义内容构成了反向论证的基础,虽然本身不足以成就立证的理由,但可作为法律后果不适用该语义结论的初显,多作为预先判断的设证。最后,类推适用与反向论证都是运用既有法律规范来填补法律漏洞的方式。类推适用嵌于法律解释与反向论证之间,相似性终止之际乃本质区别显露之时,反向论证此时就替代类推推理发挥作用。[⑤] 反向论证是以既有法律规范中的构成要件与法律规范来推定相反事项,适用前提为构成要件是法律效果的必要或充分必要条件。[⑥] 经以上梳理,三者常见的适用次序为:设证阶段的反向论证→解释阶段的法律解释(包括语义反对解释等)→漏洞填补阶段的类推适用,或较少情况下亦有反向论证的运用。

(二)类推适用的具体实例

类推适用为填补法律漏洞,首先必须符合逻辑上的形式推理过程,从法律上的相似性获得结果上的妥当性;其次类推基础"规范目的"(法律理由)的一致性,才是解决相似案件事实法律适用正当性的关键。存在计划内法律漏洞的前提下应遵循以下适用步骤:确定拟类推适用法律规范的调整对象→该规范是否为可类推之规范类型→法律理由相似性的肯定性确认→法律理由差异性之否定。

第一步,要确定拟类推适用的法律规定的规范对象是什么?第二步,要分析拟类推适用法律规范的周延性是否可以适用类推,因有些类型的法律规定不允许延伸适用,诸如穷尽性规定、例外性规定等。第三步,要积极地确定拟类推适用的法律规范与个案事实的适用法律后果具有法律理由的类似性。第四步,要消极地确定上述两者的差异不具有排斥同样处理的正当性。其中第二步需说明,在构成要件(法律前提)穷尽情形下得出的法律后果,没有再从相似性法律前提得出同一法律后果的可能,即不能类推适用。[⑦] 对此,应坚持构成要件是法律后果充要条件下无类推适用发挥作用的观点。例如,《公司

① 参见雷磊:《类比法律论证》,中国政法大学出版社2011年版,第273~274页。
② 参见[德]卡尔·恩吉施:《法律思维导论》,郑永流译,法律出版社2014年版,第182~183页。
③ 参见[德]乌尔里希·克卢格:《法律逻辑》,雷磊译,法律出版社2016年版,第192页。
④ 同上书,第193页。
⑤ 仅在法律前提与法律后果为内包蕴或相互包蕴前提下。
⑥ 参见王利明:《法学方法论》,中国人民大学出版社2012年版,第408页。
⑦ 参见[德]乌尔里希·克卢格:《法律逻辑》,雷磊译,法律出版社2016年版,第195~197页。

法》第 184 条规定了清算组的全部 7 项职权,采取了完全罗列的立法模式,否定了清算组履行其他职权的可能,也就排除了通过类推适用再添加清算组其他职权事项的可能。

下面就类推适用的具体运用,试举 3 个实例予以阐释:

例一,《公司法解释三》第 13 条第 3 款"股东在公司设立时未履行或者未全面履行出资义务,依照本条第一款或者第二款提起诉讼的原告,请求公司的发起人与被告股东承担连带责任的,人民法院应予支持"规定,该条系参照《公司法》第 93 条就股份公司未履行出资义务发起人的补缴义务由其他发起人承担连带责任的规定,明确有限责任公司发起人就瑕疵出资股东的出资义务也应承担连带责任。最高人民法院在该条释义中明确前者是对后者的类推适用。① 现解读如下:首先,《公司法》第 93 条是关于股份有限公司发起人出资义务之履行互为担保的规定,即资本充实责任,与《公司法解释三》第 13 条调整的有限责任公司发起股东就瑕疵出资应否承担连带责任,都是对公司资本制度中发起股东责任的规制。两者规制对象相同。其次,《公司法》第 93 条股份公司发起人承担资本充实义务法律后果的条款,并没有排除向股份公司以外公司类型的延伸适用。再次,第 93 条调整的股份公司发起人对公司资本按章缴足出资的民事责任,目的是从资本确定角度来保障债权人利益;②有限责任公司发起人瑕疵履行出资义务减少公司责任财产,亦会损害债权人利益,具备确立发起人资本充实责任的必要;故无论是股份还是有限公司都有在发起人间构建出资担保责任,保障债权人利益的必要。最后,两类公司发起人的差异在于募集资本的范围不同,由此带来职权范围的区别,进而产生的是发起人对其他发起人、设立后公司承担责任的过错认定标准上的不同。但上述差异对其与公司(债权人)之间的资本充实责任不产生影响。综上,《公司法解释三》第 13 条将规整股份公司的第 93 条的法律后果类推适用至有限公司发起股东具备了正当性基础。

例二,上述问题能否类推适用《公司法》第 30 条非货币财产实际价额不足,其他股东承担资本充实义务的规定?不同例一,本例将从当然解释与类推适用的关系进行阐述。

《公司法》第 30 条是明确其他股东对非货币财产出资显著不足的资本补足责任,因非货币出资低于章程所定价额需通过一定时间、程序才能显现,也就是说,即便其他股东有一定认知困难,该条仍要求其他股东承担连带责任,③更凸显了确定责任财产强化债权人利益保护的目的。相对而言,《公司法》第 28 条第 1 款明确要求货币出资的股东应将货币存入公司开设账户。因货币出资不足具有相对的明显性,发起人确定其他人货币出资不足没有困难。此处两者关系就像纳维亚斯基所言"如果连较小事物都必须赞成,那么对较大的事物就更加如此了",这就是"举轻以明重"的法理。如发起人为过失(非货币财产出资显著不足的忽略)要承担资本充实责任,那对重大过失(货币出资不足的熟视

① 参见最高人民法院民事审判第二庭编著:《最高人民法院关于公司法解释(三)、清算纪要理解与适用》,人民法院出版社 2011 年版,第 205 页。

② 参见安建主编:《中华人民共和国公司法释义》,法律出版社 2005 年版,第 138 页。

③ 参见赵旭东主编:《新公司法条文释解》,人民法院出版社 2005 年版,第 67 页。

无睹)就更要承担此种责任了。①

"举轻以明重"属于当然解释的范畴,故传统法学方法论将其归入法律解释项下。如果持此观点,法律解释能够直接解决法律规范对特定事物的涵盖,那法律解释的可适用性就排除了漏洞填补的必要性,从而造成《公司法解释三》第13条在方法论上的选择错误。不过,毋宁将举轻明重理解为目的论的关联论证,为的是促进与维持规范目的下的一致性。也就是说,法律语词一开始是为法律目的的精确化而存在,但当时决定已不再与当今占主导地位的社会伦理相符时,可依据当下的规范意义对该语词的语义空间进行一定调整。② 循此思路,举轻明重也可归入类推适用的另一分支类型。这也是最高人民法院对《公司法解释三》第13条解读中强调"扩展适用"《公司法》第93条依据的正确性所在。③

例三,章程约定股东分期履行出资义务,公司设立完成进入经营阶段后,某股东未按期履行后几期的出资义务,可否类推适用《公司法解释三》第13条第3款规定,即在"公司设立时"瑕疵出资的发起人对公司、债权人承担连带赔偿义务的规定?有观点提出,发起人资本充实义务目的系保障债权人利益,实现途径是要保证公司资本到位,该资本到位指向发起人的认缴资本,不限于公司设立阶段,也包括设立后的分期出资义务,故应适用该解释的第13条第3款规定。④ 但从类推适用的步骤出发或有不同观点:第一,《公司法解释三》第13条关注的是在公司设立阶段,发起人居设立主导地位,对督促其他发起人实缴出资具有支配力,故产生发起人的资本充实责任;设立后经营阶段,管理层掌控公司,发起人与公司管理脱离。两者地位不同导致其承担义务内容的差异,设立阶段发起人是资本确定原则项下的担保责任,经营阶段是管理层督促资本确定的落实。虽然同为股东不履行出资行为,但经营阶段与之对应的是管理层勤勉义务,而非发起人的担保责任。据此,类推适用该第13条不具妥当性。第二,仅因发起人参与发起设立公司,就需对公司持续阶段的全部历程都类推适用第13条,即对股东出资承担连带责任,实则有违股东有限责任。否则,将适用于设立阶段的发起股东资本充实责任,扩张至公司设立之后,导致无监管义务的股东,与应履行监管义务的管理者被同等对待,产生目的论上的矛盾。⑤ 同时作为序位最后仅享有剩余价值请求权的股东,要承担公司资产的全程担保责任,权利与义务错配,亦导致价值矛盾。⑥ 据此,笔者不认可例三可类推适用该第13条第3款的规定。

通过上述3例引出了类推适用的核心问题,即形式推理只是表象,看似重要的相似

---

① 参见[德]乌尔里希·克卢格:《法律逻辑》,雷磊译,法律出版社2016年版,第197~198页。

② 参见[德]齐佩利乌斯:《法学方法论》,金振豹译,法律出版社2009年版,第72~73页。

③ 参见最高人民法院民事审判第二庭编著:《最高人民法院关于公司法解释(三)、清算纪要理解与适用》,人民法院出版社2011年版,第205~207页。

④ 上海市第二中级人民法院部分法官观点。

⑤ 参见[德]卡尔·恩吉施:《法律思维导论》,郑永流译,法律出版社2014年版,第204页。

⑥ 同上书,第202~203页。

性判断乃是植根于规范目的(法律理由)的土壤。无论是例一、例二就类推适用的肯定回答,其背后是通过资本确定原则实现债权人利益保护,就此衍生出的发起人间资本充实责任,例三对类推适用的否定,隐含的是公司设立与经营阶段督促出资的责任主体的差异,都是对立法者意志或制定法客观意志的回应,都是从具体法律规定的"意志"或"目的"出发,将其适用到没有制定法调整的,与要件事实"相似"的个案事实上。可见,类推适用是从特殊到特殊的推理,核心在于相似性,而"相似"的多义性判断背后是裁判者对此的评价。① 只有在体系之下两者的共同性超越了差异性,才能赋予类推的正当性,这也是法教义学在方法论上对裁判者的约束所在。

另外,存在计划内的漏洞是类推适用的前提,对拟类推适用规范的属性认识,以及法律规范构成要件与案件事实在"法律评价上"的相似性是检验类推适用的另一标准,是对上述两者的差异性与相似性衡量的反向检验。此特殊与彼特殊是如此相似,可在法律效果上无视两者区别,此为类推适用的正当性审查。② 对司法实践而言,制定法直接、间接决定了相似性的评价结果,因为制定法涉及的一般法伦理、法价值,不仅支配直接关涉的案件,还包括相似情况的案件。这一方面是制定法的开放性使然,另一方面也是约束法官自由裁量的法律基础与证成前提。③

七、反向论证(反向推理)

本部分关于反向论证论述重点,是如何通过反向论证实现看似有约束力的法律规范或指导案例的排除适用,此系裁判者的核心职责之一。④

(一)反向论证的适用前提

依据《公司法》第179条的规定,向公司登记机关办理变更登记是公司增资或减资的必要条件。由此可得,未办理注册资金的变更登记,公司不能发生增资或减资的效果结论。又根据第180条的规定,其穷尽了经营期限届满、股东会决议解散、合并分立、吊销营业执照、向法院申请强制解散等公司解散的全部事由,即上述事由是公司解散的充分必要条件。由此反向论证可得"不具备上述解散事由公司不得解散"。可见,法律规范的构成要件内蕴含(必要条件)或相互蕴含着(充要条件)法律后果,反向论证否定该法律规范的适用是允许的。⑤

反之,若不具备充要或必要构成要件的前提,不能得出反向论证的结论。像《公司

---

① 参见[德]阿图尔·考夫曼、温弗里德·哈斯默尔主编:《当代法哲学和法律理论导论》,郑永流译,法律出版社2013年版,第187页。

② 参见[德]卡尔·恩吉施:《法律思维导论》,郑永流译,法律出版社2014年版,第174页、第178页、第182页。

③ 参见[德]阿图尔·考夫曼、温弗里德·哈斯默尔主编:《当代法哲学和法律理论导论》,郑永流译,法律出版社2013年版,第279页。

④ 参见[英]迈克尔·赞德:《英国法:议会立法、法条解释、先例原则及法律改革》,江辉译,中国法制出版社2014年版,第457~462页。

⑤ 参见[德]马尔里希·克卢格:《法律逻辑》,雷磊译,法律出版社2016年版,第186~194页。

法》第33条规定股东有权查阅章程、股东会董事会会议纪要、会计账簿等,进行反向论证的结论就是"非股东"没有知情权。该条款中出现"有权查阅"表明了其授权性规范的属性,系基于公司管理成本与商业秘密的保障对知情权行使主体应有限定。此处,股东作为规范主体就具有引起特定的规范变化的权利,但也仅意味着作为权利主体行使的行为是受到规范指导的,并非排他的授权。[①] 得不出排除"非股东"查阅权的反向论证的结论。《公司法解释四》第7条明确非股东持股期间的合法权益受到损害的,可查阅或复制该期间的公司特定文件,也间接印证了对第33条不能进行反向论证结论的妥当性。

事实上单纯的逻辑推演也能得出同样的结论。该条款的文义表述是"股东"要具备"正当目的"地行使构成要件,才能产生行使知情权的法律后果,那从"股东+正当目的→知情权"该结构进行解读,前两者也只是行使知情权的充分条件,运用反向论证得出非股东不可行的结论并不当然产生约束力,即不能得出排除公司其他利害关系人行使必要知情权的结论。[②]

(二)指导案例67号中反向论证的运用

指导案例67号汤某某诉周某某股权转让纠纷案中,买受人诉请出买人继续履行股权转让合同,出买人抗辩称双方股权转让合同约定分期支付股款,因对方逾期未支付第二期股权转让款,且超过全部价款的1/5,适用《合同法》第167条,该合同应予解除。法院的裁判思路是:《合同法》第94条×[③](股权转让合同不宜解除宜继续履行)+第167条×(股权转让合同与分期买卖合同存在差异,不能类推适用)→支持买受人继续履行诉请。裁判要旨还明确,有限责任公司的股权分期支付转让款中发生股权受让人(买受人)延迟或者拒付等违约情形,股权转让人(出卖人)要求解除股权转让合同的,不适用《合同法》第167条关于分期付款买卖中出卖人在买受人未支付到期价款的金额达到合同全部价款的1/5即可解除合同的规定。理由是股权转让分期付款合同,与以消费为目的分期付款买卖合同有较大区别,动辄解除会对公司经营管理的稳定产生不利影响等,故不宜简单适用后者合同解除的规定。可见该案例以分期股权转让合同不同于一般分期买卖合同,以差异性否定了对股权转让合同类推适用分期付款买卖合同解除权。

值得注意的是,针对《合同法》第167条第1款与第94条第3项的关系,最高人民法院的解读中涉及"否定类推适用,同时肯定反向论证"的观点,[④]表明两者应择一适用的立场,其间隐含了商事组织法上的交易不同于合同法上的交易的裁判观点。

就类推适用与反向论证的关系,有两种不同观点:一种观点认为,从逻辑推理角度出

---

① 参见[英]约瑟夫·拉兹:《实践理性与规范》,朱学平译,中国法制出版社2011年版,第105~107页。

② 参见杜万华主编:《最高人民法院公司法司法解释(四)理解与适用》,人民法院出版社2017年版,第170~171页。

③ "×"表示不适用。

④ 参见最高人民法院案例指导工作办公室:《〈汤长龙诉周士海股权转让纠纷案〉的理解与参照——有限责任公司股权转让分期付款合同的解除权问题》,载《人民司法(案例)》2018年第2期。

发,相关构成要件应为法律后果的必要、充要条件,可否运用类推适用决定了反向论证的适用与否,不过类推适用的认定应独立于反向论证的适用与否;①另一种观点认为,法律不单纯是逻辑推演,法律解释一旦嵌入"规范目的"之后,若是法律规范不能通过法律解释直接适用到系争案件上,同时又否定了类推适用,大多情况下只能导出无法借由该条款形成此法律效果的结论,②该观点为有力说。

指导案例67号采前一种观点,认为分期股权转让合同与分期买卖合同在"解除系对未支付价款的保护"方面,不具相似性,不能类推适用《合同法》第167条,故采取反向论证得出该规定不能适用于分期股权转让合同的解除。但无论是反向论证还是类推适用都属法律续造,前提都为预规制事项没有法律规范调整。然而,案例所涉分期股权转让合同从《合同法》第94条第3项、第4项也"得不出"合同解除的法律后果。如此该问题实际没有法律漏洞,也就没有法律续造的必要。

本文区分两个论证阶段展开论述:第一阶段先假设漏洞存在,借此案例澄清目的性限缩、权益平衡、反向论证等法律续造问题;第二阶段不存在法律漏洞情况下,审查指导案例的具体法律适用。就上述涉及的法律思维路径可表现为:依据《合同法》第167条主张解除合同×(两类合同差异性→类推适用×;《合同法》第167条中构成要件是法律后果的必要条件→反向论证×)——→③依据《合同法》第94条第4项解除合同(迟延支付不导致合同目的不能实现)×→依据《合同法》第94条第3项解除合同(商事组织法上之交易不宜解除)×→考虑"起诉视为催告且诉讼中补缴款项"情形,依据"第107条+第112条"主张"继续履行+迟延支付的损失"。

第一阶段涉及三个法律续造问题。首先,指导案例67号排除《合同法》第167条对有限公司股权转让合同的适用,应是法律规范的选择适用,而非目的性限缩的排除适用。指导案例67号排除《合同法》第167条对该股权转让合同适用,看似因第167条指涉范围过宽,通过限制排除对特定类型的适用,属目的性限缩。该案例提及了两点裁判理由:一是分期买卖合同中标的物先行交付后,出卖人剩余价款需通过分期予以收回,存在风险,但股权交易中系争股权存在于目标公司中,并不像买卖合同中标的物具有消耗性,故分期回收股权转让款而承担的风险与前者风险并不同等。二是股权转让合同与分期买卖合同分属经营性与消费性买卖,性质相异应由不同法律规范规制。而股权交易作为经营性买卖更强调诚信原则,继续履行应优先于解除合同。

笔者同意裁判结论,并认为关键理由为商事组织法上的交易与合同法上的交易的差异。就是说,股权转让合同不是买卖合同的类型之一,不能采取上位规范(分期买卖合同)对项下部分情况(分期股权转让合同)的限缩排除适用。又因两者性质相悖,系同位阶规范下交易合同(分期买卖合同)与组织合同(分期股权转让合同),应由不同的法律

① 参见[德]乌尔里希·克卢格:《法律逻辑》,雷磊译,法律出版社2016年版,第197~198页。
② 参见[德]英格博格·普珀:《法学思维小学堂》,蔡圣伟译,元照出版公司2010年版,第124~125页。
③ "——→"表示为假设存在法律漏洞。

规范规制。

其次,运用法益衡量能否否定类推适用?此两者都属法律漏洞的填补方式,67号指导案例先预设《合同法》第167条中分期未付款至总价款1/5出卖人解除权的制度目的,是避免消费性买卖合同中价款债权的风险,再指出股权转让作为组织属性的经营性买卖合同异于消费性买卖合同,无须此制度安排,故排除对第167条的类推适用。该说理表露了消费者型买受人相较于经营者型买受人更值得保护,也就是说,在买受人迟延履行的状况下,买受人成为股东的积极性法益,比出卖人在价款上及时止损的消极性法益位阶更高,应予优先保护,这明显是法益平衡思想的体现。① 通过确定法律后果上"继续履行"优先于"解除合同"的规则导向,突出了法益平衡中需优先保护的买受方予以利益满足最大化的思想。② 但从法律续造来看,法益平衡与类推适用为并列的法律漏洞填补方式,前者针对规范冲突型法律漏洞,更多运用于隐藏性漏洞的填补,类推适用常见于开放性法律漏洞填补,但在同一个案例中以法益平衡为由来否定类推适用,如此衔接仍值得探讨。

最后,否定类推适用并不当然产生反向论证的运用。最高人民法院《关于审理买卖合同纠纷案件适用法律问题的解释》第45条表明,最高人民法院认可股权转让合同类推适用分期买卖合同的态度。但是,有限责任公司股权转让合同解除,会带来资产、治理等公司经营状况上的重大变化,势必产生新的利益冲突。裁判者若是动辄解除合同,会严重侵蚀公司的团体生产稳定性。③ 此时该合同解除影响的不仅是出卖方的财产性法益,而是涉及公司稳定经营的组织性法益,而《合同法》第167条只规定买受人未支付款项达到价款1/5就可解除合同,通过设定期限利益丧失条款保证出卖人及时止损减少风险,④ 未顾及公司稳定。是故,分期买卖合同解除权行使的法律理由不适用于分期股权转让合同。换言之,因两类合同就解除权行使理由的差异性排除了第167条的类推适用,此系植根于法律的土壤。⑤

传统上类推适用的相反者为反向论证,反向论证是指法律"仅"赋予构成要件A法律效果B,因此B不适用于其他构成要件,即使其与A相似,⑥如前所述这里的"仅"应理解为充要或必要条件。但是第167条分期付款买卖合同是"不足1/5分期付款就应当解除"的一种类型,是充分条件不是充要、必要条件。那排除第167条的反向论证,也不意味着第167条对分期股权转让合同的适用就有正当性,在之前亦否定第167条正向适用情况下,仍要重回合同法再次寻觅其他请求权规范。

---

① 参见[德]卡尔·拉伦茨:《法学方法论》,陈爱娥译,商务印书馆2003年版,第265~266页。

② 参见[德]齐佩利乌斯:《法学方法论》,金振豹译,法律出版社2009年版,第102~103页

③ 参见[美]弗兰克·H.伊斯特布鲁克等:《公司法的逻辑》,黄辉编译,法律出版社2016年版,第159页。

④ 参见胡康生主编:《中华人民共和国合同法释义》,法律出版社2013年版,第276页。

⑤ 参见[德]阿图尔·考夫曼、温弗里德·哈斯默尔主编:《当代法哲学和法律理论导论》,郑永流译,法律出版社2013年版,第182页。

⑥ 参见[德]卡尔·拉伦茨:《法学方法论》,陈爱娥译,商务印书馆2003年版,第266页。

第二阶段涉及解除分期股权转让合同法律依据的再确定问题。虽然指导案例中涉及《合同法》第94条与第167条的适用问题，但实际是把第94条合同目的不能实现导致合同解除杂糅到第167条的解除权上，①没明确具体哪一条才是法律依据。

在67号指导案例中，买受人诉讼起因是收到出卖人解约通知，对出卖人未经催告径自发出解约通知提出异议，并补充支付逾期股款并请求继续履行合同。其第二期股款的付款日期比约定时间迟延2个月已然构成违约。此处对能否解约的认定，除了《合同法》分则部分的第167条，还涉及总则第94条第3项、第4项。② 根据《合同法》第124条“本法分则或者其他法律没有明文规定的合同，适用本法总则的规定……”，第94条对股权转让合同可直接适用。依据第94条第4项，即符合“履行迟延+致使不能实现合同目的”，就可主张解除合同，是无须催告的履行迟延解除，同时也没有要求迟延的是主要债务。③ 该项强调判断“合同目的不能实现”应考虑时间的重要性，最通俗的例子是中秋月饼订购等定期合同等。指导案例中未付股款虽然超过总价款1/5，但付款迟延通常不直接导致合同目的不能实现，出卖人不能据此主张解除合同。就延迟付款出卖人可依据《合同法》第109条、第112条要求买受人履行付款义务，并承担迟延履行的损失。

再依据《合同法》第94条第3项“当事人一方迟延履行主要债务，经催告后在合理期间内仍未履行”的规定，指导案例中买受人逾期支付的第二期股款数额为150万元当属主要债务，再审查是否存在“经催告后在合理期间内仍未履行”的事实，看似可直接作出裁判，并无舍近求远再审查《合同法》第167条的必要。不过诚如上言，因股权转让的组织合同属性，不宜轻易解除。案例中也提及诉讼期间买受人支付了全部余款被拒收，通过适当解读第94条第3项另外两个要件“催告”+“合理期限内履行”，可否定出卖人的解除权。同样还是要从延迟给付角度，依据《合同法》第107条、第112条来实现“继续履行+迟延支付的损失”的救济路径更为适宜。

综上，笔者赞同指导案例67号的裁判结果，对案例中提及的商事组织合同与普通交易合同区分处理的观点予以高度肯定。指导案例67号的意义在于通过个案事实与《合同法》第167条的比较，否定类推适用，再通过反向论证适用前提的审查，亦排除该条的反向适用，再尝试将分期股权转让合同从分期买卖合同中分离出来，为此从“目的”归纳出差别要素，并使之成为区别对待的理由。④

八、指导案例的运用

区别于英美法系法官造法，我国司法实践中指导案例更强调“类似案件”“应当

① 参见孙新宽：《分期付款买卖合同解除权的立法目的与行使限制——从最高人民法院指导案例67号切入》，载《法学》2017年第4期。

② 指导案例67号：汤某某诉周某某股权转让纠纷案，载最高人民法院网：http://www.court.gov.cn/shenpan-xiangqing-27831，最后访问日期：2020年6月8日。

③ 源于《德国民法典》第323条第2款第2项的规定。

④ ［德］齐佩利乌斯：《法学方法论》，金振豹译，法律出版社2009年版，第110页。

参照”,[①]意图在解决类案同判的同时,提供权威性法律解释,类似于法律规范的类推适用。笔者更愿意突出先例对形成法官法的意义,指导案例的说理内容,对未来涉及同样的法律问题就是标准范例,[②]用以维持司法裁判的一致性与持续性,并有助于法安定性的达成。指导案例再与制定法结合,形成补充、续造制定法的“法官法”。

应强调指导案例产生拘束力的不是案例本身,而是其中被正确理解或具体化的法律规范,指导案例不同于脱离个案的抽象法律规范。此种在真实案件基础上提炼出的裁判要旨,一定程度上肩负了构建类型的职责。下文以指导案例15号为例进行分析,该案例要旨在于参照《公司法》第20条第3款,认定债务人被告公司与其姐妹公司之间存在人格混同,试图将第20条人格否认从母子公司类型扩展至姐妹公司类型。

(一)作为法律解释或法律续造的指导案例15号

在指导案例15号中法院认为,[③]川交机械公司、瑞路公司、川交工贸公司虽在工商登记部门登记为彼此独立的企业法人,但实际上相互之间界线模糊、人格混同,川交工贸公司承担所有关联公司的债务却无力清偿,又使其他关联公司逃避巨额债务,严重损害了债权人的利益。上述行为违背了法人制度设立宗旨,违背了诚实信用原则,其行为本质和危害结果与《公司法》第20条第3款规定的情形相当,故参照该条款,判定川交机械公司、瑞路公司对川交工贸公司的债务应当承担连带清偿责任。

最高人民法院解读该案例时分别提到《公司法》第20条第3款,以及《民法通则》第4条(《民法总则》第7条)和《公司法》第3条,前一个条款是类推适用,后两个条款如何运用没有具体提及,[④]但能否类推适用第20条第3款存有争议。该条款指向股东与公司间纵向的人格否定,指导案例15号涉及的是没有投资关系的公司之间横向人格否定。两者在利用公司逃避债务损害债权上存在一致性,被规制对象的横向与纵向人格否认被差异性所排斥,[⑤]两者是否具备法律评价上的相似性值得探讨。[⑥]《公司法》第20条第3款的调整范围是既定的,实际上系民事侵权责任规则在公司法中的转换形式,远不能涵盖现实生活中繁复多样的公司人格否认情形,[⑦]也就是说其只规制“人格滥用”型(纵向)的人格否认,并未涵盖姐妹公司的“人格混同”型(横向)人格否认。而姐妹公司与母子

---

① 最高人民法院《关于案例指导工作的规定》第7条规定,各级法院在审判类似案件时应当参照指导案例。

② 参见[德]卡尔·拉伦茨:《法学方法论》,陈爱娥译,商务印书馆2003年版,第300页。

③ 指导案例15号《徐工集团工程机械股份有限公司诉成都川交工贸有限责任公司等买卖合同纠纷案》,最高人民法院审判委员会讨论通过,2013年1月31日发布。

④ 最高人民法院案例指导工作办公室:《指导案例15号〈徐工集团工程机械股份有限公司诉成都川交工贸有限责任公司等买卖合同纠纷案〉的理解与参照》,载《人民司法》2013年第15期。

⑤ 参见[德]卡尔·拉伦茨:《法学方法论》,陈爱娥译,商务印书馆2003年版,第258页。

⑥ 参见吴建斌:《指导案例15号裁判思维评析》,载《中国商法年刊(2013年)》;王军:《人格混同与法人独立地位之否认——评最高人民法院指导案例15号》,载《北方法学》2015年第4期。

⑦ 参见刘建功:《〈公司法〉第20条的适用空间》,载《法律适用》2008年第Z1期。

公司的人格否认问题，基于规制目的应作相同评价，才能避免因不同处理破坏体系统一性的弊端。循此目的，将该条款扩展适用于“字义未包括的”其他案件事实，属目的性扩张，或是一种正当性论证思路。该方法与类推适用同为扩大法定规制事项，用以化解无法正当化的评价矛盾。①

《公司法》第 3 条第 1 款规定确立了公司是企业法人，公司以其独立财产承担公司债务的公司制度原则，该原则或许可转换为“公司财产独立性是公司法人独立地位之前提”，前者为后者必要条件，通过反向论证可得出“公司财产不独立导致公司人格不独立”，上述行为违背了法人制度设立的宗旨，违背了诚实信用原则，追究其连带责任也为适当。但此原则性论述还需通过指导案例予以具体化解释，建构姐妹公司间人格不独立的类型内容。

上述两种思路最终落脚点为《公司法》第 20 条第 3 款还是第 3 条作为法律依据上，两者同为法律续造，但第 3 条作为总则部分的原则较少作为法律依据，还是通过参照第 20 条获得该案例裁判结果较为妥帖。

(二)指导案例的运用规则

指导案例的具体运用规则，就是判断该案例的外延范围。申言之，无非是哪些案例能够包容，哪些不能包容，分别对应两种思考方法。前者要确定拟被适用案例与指导案例在事实上具有相关性；后者要确定两组案例之间的区别性，核心就是系争案件的事实与指导案例是否存在关键而决定性的区别。② 为此，应有以下步骤：借助裁判理由明确案例适用范围→比对案例与个案的事实和法律争议。

第一，确定指导案例足够精确的适用范围。若最高人民法院颁布的裁判要旨只是明确了法律规范的构成要件与法律后果，如指导案例 15 号“关联公司的人员、业务、财务等方面交叉或混同，导致各自财产无法区分，丧失独立人格的，构成人格混同……关联公司相互之间对外部债务承担连带责任”，充其量只是一个司法注释。要在法律规范与案例间建立了联系，需要借助裁判理由明确获得裁判结果正当性的实质性内容。③ 该案例事实查明与最高人民法院认为部分的阐述，即以财务、人员、业务混同来表述《公司法》第 20 条第 3 款股东滥用公司独立法人人格与人格混同的具体形式之一“姐妹公司”的联系，希望架构出姐妹公司横向否定与母子公司纵向否定的共同特征。④

指导案例 15 号从第 20 条“股东滥用公司独立人格和股东有限责任严重损害债权人利益”该母子公司人格滥用构成事实中，抽象出“三混合”的一般性要素，再运用到横向

---

① 参见[德]卡尔·拉伦茨：《法学方法论》，陈爱娥译，商务印书馆 2003 年版，第 274 页。

② 参见[英]迈克尔·赞德：《英国法：议会立法、法条解释、先例原则及法律改革》，江辉译，中国法制出版社 2014 年版，第 457 页。

③ 参见[美]理查德·瓦瑟斯特罗姆：《法官如何裁判》，孙海波译，中国法制出版社 2016 年版，第 65 页、第 79 页。

④ 同时，指导案例 15 号与《公司法》第 20 条，前者是其他公司对债务人公司的债务承担连带责任，后者是股东对公司的债务承担连带责任，如此法律后果上的不一致性是否还是参照适用该条款的当然后果。

姐妹公司人格混同,使"人格否认"的法律后果得到适用。其具体思维方式如下:此特殊→归纳获取一般原则→彼特殊。因本文类推适用采"特殊→特殊"的狭义类推适用,虽然也借助此特殊与彼特殊的一致性,使该一致性在评价上发生决定性作用,①是对特定构成要件提供适用规制,但并不想通过归纳找出"可适用于多数不特定的、可能的案件类型"的一般法律理由来产生普遍规则。由此,指导案例此思维方式毋宁归入目的性扩张范畴,将纵向姐妹(关联)公司与母子公司的人格滥用等置,前者是公司与公司因关联形成的左右关系,后者是股东对公司因控制而产生的上下关系。横向人格混同与纵向人格滥用是完全不同的构成要件内容,唯基于法律规范目的"资本制度债权人保护",才宜将两者相同评价之。②

综上,指导案例15号是将第20条第3款字义依调整目的予以扩展,为目的论的扩张,而非类推适用,从此角度亦可得出其适用范围"横向公司间财务、人员、业务混同→人格混同→第20条第3款股东对公司债务承担连带责任的法律后果"。

第二,比对指导案例与具体案件中的事实与法律问题。个案事实与法律规范中构成要件的比对,无法不依赖于法律观点、法秩序的要求及评价标准,故就案件该当事实作如何判断,往往系事实与法律问题掺杂在一起,本部分就两要素亦不做区分阐述。

指导案例的裁判过程假定模式为A+B+C→D,而具体案件中的要件事实是A+B+E,问题就是指导案件中的C与具体案件中的E之相异是否会导致排除结果D。申言之,具体案件中的要件事实E是否影响指导案例结论D的得出?此处又有两种判断方法:其一,将指导案例限定于相关的特定要件,如"人员混同+财务混同+业务混同",缺少业务混同,就不能适用该指导案例。其二,发现指导案例中特定要件背后的实质内容,以实现指导案例的规范目的。比如,指导案例中要件事实A+B+C蕴含了一条暗线"利用公司人格规避债务",那么缺少业务混同并不是问题。至于增加的要件事实E,若是"同为第三方控制",则更是对"利用公司人格规避债务"的裁判理由的补强。不过,要件事实E若为"经国有资产监督管理机构同意形成的董事会成员的重合",那就还需在国有企业资产法的背景下更审慎的考虑"公司人格独立性"问题③(同时也注意到《公司法》第216条第4项"国家控股的企业之间不仅因为同受国家控股而具有关联关系"规定,其间透露出对国有企业间人格混同从严认定的立法本旨)。

以上两种判断方法体现了对案例的两种裁判思路,到底是最小价值还是最大价值,最后要落实到实际问题"即某个事实上与指导案例有差异的具体个案法院会采取什么观点进行裁判"上。这就将问题转换成匹配性的博弈,在案件与案例对比之后的匹配判断

---

① 参见[德]卡尔·拉伦茨:《法学方法论》,陈爱娥译,商务印书馆2003年版,第260页。

② 同上书,第274页。

③ 参见安建主编:《中华人民共和国企业国有资产法释义》,法律出版社2008年版,第67~71页。

将进入了上述论证的第三个阶段。①

第三,匹配与辨异。在完成事实与问题的对比之后,若是准备将指导案例中的审判要件归纳概括后适用于案件事实,实质就是从裁判理由中所依托法律规范的“概念核心”出发,尝试确定其意义范围的边界。② 即从概念核心角度来了解案例中裁判理由所归纳、论证的构成要件对裁判结果产生什么实质性影响。这就涉及两个问题:其一,何种构成事实是至关重要的,对于裁判结果得出有决定性意义;其二,如果案件与指导案例是相似的,那么何种差异会导致法院作出不同的裁判。③ 这两个问题在第二阶段已略有阐述。两者实质上是交织在一起的,如果明确指导案例与个案情况的区别是关键与决定性的,该案件就应适用于指导案例不同的法律规范。此区别原则实质上否定了指导案例的扩张适用,此乃源于缺少的C与多余的E,如果分别是指导案例得出裁判结果的基础要素与确立个案法律关系的核心要素,无视C、E的区别,既有违案例裁判理由的核心基础,也遮蔽了法律关系的定性要素。④ 据此,系争案件当然不能适用指导案例的法律规则。不难看出,其间起着指引作用的还是指导案例背后法律依据的规范目的,并据此梳理出能够帮助较为准确把握规范目的的参考要素有调整的主体、法律关系属性、法律后果等。通过它们可以清晰地查知指导案例15号所指向的是建立在公司有限责任原则基础上“单一商业体”的商法理论,其实质上超越了以侵权理论为基础的《公司法》第20条。也正是基于上述参考因素的考量,裁判者才能发现系争案例是否能被规范目的的外延蕴含所摄入。⑤

从上述情况解析中也可推导出一些判断:首先,人格否认并没有统一的请求权基础,第20条第3款、第63条是对《公司法》第3条确定的股东与公司分离原则的类型性穿透规定。其次,要审查股东因为可归责事由造成的个人责任,以及所产生的义务违反,但这是通过法律行为解释来确定交易行动方“股东与公司”具有连带责任,如一人公司股东的连带责任,或许在法律技术上“合同解释”更具妥当性。最后,基于客观上法人形式滥用或分离原则的主张构成违反诚信原则,才是典型意义上的公司人格否认。这在一定程度上是法律后果的认定,性质上不是股东法定责任,应归入损害赔偿范畴。⑥

九、结语

法教义学并不是门面,作为一个理性的裁判理由装点已预先作出的结论。本文基于

---

① 参见[美]卢埃林:《荆棘丛:关于法律与法学院的经典演讲》,明辉译,北京大学出版社2017年版,第62页。

② 参见[德]齐佩利乌斯:《法学方法论》,金振豹译,法律出版社2009年版,第104页。

③ 参见[美]卢埃林:《荆棘丛:关于法律与法学院的经典演讲》,明辉译,北京大学出版社2017年版,第62~64页。

④ 参见[英]鲁伯特·克罗斯、J. W. 哈里斯:《英国法中的先例》,苗文龙译,北京大学出版社2011年版,第206页、第217页。

⑤ 参见[德]乌尔里希·克卢格:《法律逻辑》,雷磊译,法律出版社2016年版,第19页、第194页。

⑥ 参见[德]格茨·怀克、克里斯蒂娜·温德比西勒:《德国公司法》,殷盛译,法律出版社2010年版,第394~398页。

上述认识,对公司类司法解释、指导案例进行有限的法教义学项下的解读,尝试将法教学中的各种法学方法在不同个案中加以不同的对待运用,通过这些方法保障据以获得裁判结果的裁判理由,对实质性或方法上的异议更具有妥当性。

可靠的法教义学要减少制定法的摇摆,它着力于将各种现行法无矛盾的,且以具有理性说服力的方式阐明为一个统一的评价体系,它构成了整个国家法秩序的基础、提供起始点,①任何裁判都应纳入法教义学之下,裁判者应当服从于法律,客观理性要求裁判者与其主观的前理解分离。他不应是法秩序的主人和创新者,对于每一项裁判应追求可以精确说明的、可靠践行的解释方法,要穷尽搜索以及论证证明存在一个不能归置于任何法律规范下的"例外"后,更要精心形成符合法律的、普遍有效的漏洞填补方案。这绝非关乎形式的小事,而是涉及依法治国原则、权力分立原则和裁判者肯认并贯穿进行受法律约束的法律适用的重要使命。

① 参见[德]伯恩德·吕斯明:《法官法影响下的法教义学和法政策学》,季红明译,载《北航法律评论》2015年第00期。

金融企业智而不倒问题及其私法应对

——大而不倒问题的智识之维

陈 醇*

摘要:智识是民事主体的本质属性,大而不倒是一个主体方面的问题,因此,金融私法有必要从主体智识上探索大而不倒问题(智而不倒)的对策。大型金融企业通过智识复合,使自己成为具有系统重要性的智识领袖,这是智而不倒的成因。金融私法应当承认智识复合、促进智识均衡、控制优势智识的滥用并保护弱者权益,以规制智识领袖及由此造成的智而不倒。我国金融私法应当将智识作为识别系统重要性金融机构的重要参数,并完善针对智识领袖的特别智识制度如特别信息披露制度、智识操纵禁止制度与交易速度控制制度等。

关键词:大而不倒 智识复合 智识领袖 智而不倒 特别智识制度

在探索大而不倒的对策之前,先得探明大而不倒的原因。本文试图从主体智识的角度,讨论大而不倒的成因和对策。

一、金融私法中的智而不倒问题

(一)大而不倒的智识视角:智而不倒

大而不倒是金融私法中的难题之一。大而不倒(too big to fail),是指一些金融企业因其规模太大或在整个金融系统中居于重要的地位而不能倒闭,否则将殃及整个金融体系甚至包括实体经济在内的整个经济。① 对于大而不倒中的"太大"(too big),学者有不同的解释,较具代表性的观点认为,如果一个金融企业引发的系统性风险可能导致难以接受的宏观性经济与社会后果,这一金融企业就构成"太大"。② 这里对"太大"的界定不仅考虑到金融企业的规模,还考虑到了它在金融系统中的重要性。大而不倒被当作金融

* 浙江师范大学法政学院教授。

① See Sharon E. Foster, "Too Big to Fail-Too Small to Compete: Systemic Risk Should be Addressed Through Antitrust Law but such a Solution Will Only Work if it is Applied on an International Basis", *Florida Journal of International Law*, Vol. 22, No. 1(2010), p. 35.

② See Adam J. Levitin, "In Defense of Bailouts", *Georgetown Law Journal*, Vol. 99, No. 7(2011), p. 453.

私法的关键问题:“有效地消解系统性风险及其后果的唯一方法是从根本上解决大而不倒的问题。”①基于这种认识,美国2010年《多德—弗兰克华尔街改革与消费者保护法案》开宗明义地指出,该法案的基本目标之一是结束大而不倒的现状。② 可以说,如何缓解甚至消除大而不倒问题,是金融私法应对金融危机的关键问题之一。

金融企业也是民事主体的一种,因而,可以从民事主体的本质上思考大而不倒问题。人们可以从刑法、行政法等不同的角度去思考大而不倒问题,也可以从私法(民法与商法)视角去考虑这一问题,三者是不可相互替代的。大而不倒首先表现为民事主体的太大,首先是一个民事主体的问题。私法是调整民事主体的基本法,从民事主体视角思考大而不倒问题也就非常必要。这一点应无疑义。一般认为,民事主体的本质是理性,而与身体、感情、财产无关。③ 如果要从民事主体制度上思考大而不倒问题,那么就应当从理性因素上考虑大而不倒的成因及其解决方法。这一思维方向是由民事主体的本质属性决定的。据此,只有从理性上讨论大而不倒问题,才能契合于民事主体的本质,也才能揭示大而不倒的本质特征。星野英一根据民事主体的理性差异,认为近代民法将人假定为“强而智”的人,而现代民法应当将人假定为“弱而愚”的人,并阐述了这种理性差异对民法理论与制度的影响。④ 这一研究从智识上区分主体,契合于民事主体的本质。在研究大而不倒问题时,这一视角值得肯定。其中,将主体的理性通俗地表述为智识,易于理解,也可资借鉴。

如果从金融企业理性角度讨论大而不倒问题,且将主体的理性表述为“智识”,那么大而不倒问题就转化为智而不倒问题。所谓智而不倒,是指一些金融企业因其智识太过强大或在整个金融系统中居于重要的智识地位而不能倒闭,否则将殃及整个金融体系甚至包括实体经济在内的整个经济。从民事主体的视角考察大而不倒问题可以有多个角度,例如,可以从主体之间的契约联系上予以考察,或从主体之间的资金联上予以考察等。其中,主体智识视角最契合于主体的本质特征。

(二)智而不倒的表现

以上智而不倒问题,是从主体本质上推理而得的。在现实之中,是否真正存在智而不倒的现象呢? 观察金融私法实践,可以看到智而不倒问题的3种表现。

其一,大型金融企业的智识在系统性风险形成中的关键作用。智识在系统性风险形成与传播中的直接表现是,大型金融企业的决策与信心丧失既可能导致自身资不抵债,也可能因为资产负债表和合同联系上的相关性而导致连锁性的违约与破产,还可能导致

---

① Sharon E. Foster, “Too Big to Fail-Too Small to Compete: Systemic Risk Should be Addressed Through Antitrust Law but such a Solution Will Only Work if it is Applied on an International Basis”, *Florida Journal of International Law*, Vol. 22, No. 1(2010), p. 35.

② 参见《多德—弗兰克华尔街改革和消费者保护法案》,董裕平等译,中国金融出版社2010年版,第1页。

③ 参见李永军:《民法上的人及其理性基础》,载《法学研究》2005年第5期。

④ 参见[日]星野英一:《民法中的人》,王闯译,载梁慧星主编:《为权利而斗争》,中国法制出版社2000年版,第347页。

市场整体信心的丧失。简言之,强大的智识在金融危机形成与传播之中扮演了领头羊的角色。例如,在2008年金融危机中,系统性风险的形成及其传播,既与这些企业短期或长期决策有关,也对其他企业的决策产生了不良的影响。以信用评级机构为例,它们的评级在系统性风险形成中居于关键性的地位。①"信用评级机构在我们资本市场中居于特别的地位,数百万投资者相信它们能够独立客观地评级,但评级机构却打破了这种信任关系。"②从物质层面看,大而不倒是大型金融企业财产权等太大的风险;从智识层面上看,这是大型金融企业智识太大引发的风险。财产权的行使、合同关系等,均受到主体意思的控制,也均是主体智识运用的后果。因此,大而不倒中的"太大",始终离不开智识上的"太大"。如果认可"太大"在系统性风险形成中的关键性地位,那么也就认可了智识因素在系统性风险形成中的地位。

其二,大量金融主体(金融企业与金融消费者)在智识上的从众行为也是系统性风险的成因。在金融危机中,中小金融企业与金融消费者会跟随大型金融企业的行为,表现为恐慌以及由产生的羊群效应。③ 一旦一个金融企业(特别是大型金融企业)出现了抛售行为,其他金融主体马上会采取相同的抛售行为,正是这种同向的抛售行为,使某些证券或衍生品的价格一落千丈,导致资不抵债,进而引发违约与破产,形成严重的金融危机。系统性风险理论将"羊群效应"作为金融危机的重要诱因与现象。④ 从智识上看,这是一个智识引发的众多智识的跟随。这种智识从众现象,需要金融私法进行解释。为什么在根本就不存在合同或其他法律关系的主体之间,会产生同向的抛售行为?值得注意的是,一些大型金融企业(包括评级机构)的"领头羊"现象,并不局限于金融危机时期,即使是在没有危机的日子,大型金融企业的报告对世界经济与世界金融均有指导性的功能,它们的智识对其他金融主体的智识甚至主权国家的智识均会产生重大的影响。这种智识上的跟随现象,往往是金融危机中从众行为的基础,一旦出现不利的交易行情,这种智识上的跟随将导致市场行情的同向变化,产生金融学上所说的顺周期行为,⑤从而导致金融产品价格的急剧下跌或出现严重的泡沫(价格虚高),引发系统性风险。

其三,大型金融企业的金融科技会为众多金融企业所运用或模仿,这也是系统性风险的助力。这些技术包括评级技术、程序化交易、会计准则、盯市计价规则等,它们一般为大型金融企业所创造或制定,是企业智识的体现。相同的金融技术容易带来羊群效

---

① 参见聂飞舟:《美国信用评级机构法律监管演变与发展动向——多德法案前后》,载《比较法研究》2011年第4期。

② Waxman, "Hearing on Credit Rating Agencies and the Financial Crisis Before the H. Comm. on Oversight and Government Reform", 111*th Cong*. 2008, p. 4.

③ 参见苗永旺、王亮亮:《金融系统性风险与宏观审慎监管研究》,载《国际金融研究》2010年第8期。

④ See Steven L. Schwarcz, "Systemic Risk", *Georgetown Law Journal*, Vol. 97, No. 11(2008), p. 199.

⑤ 顺周期性是金融体系将外部冲击传递至实体经济,从而扩大冲击范围和规模,强化经济周期的现象。参见周莉萍:《影子银行体系的顺周期性:事实、原理及应对策略》,载《财贸经济》2013年第3期。

应,这是顺周期现象的形成因素之一。[①] 从智识上看,众多金融机构跟随了大型金融企业的智识。在违约时,这种智识跟随会产生相同的预期,从而导致相同的行为,也会导致金融产品(权利客体)价格的同向下跌,引发并加剧群体性的违约行为。简言之,以上技术上的智识跟随可能助长系统性风险。

以程序化交易为例,大型金融企业所使用的程序化交易为众多金融主体所运用与模仿,成为大而不倒的诱因之一。大量金融企业的交易程序在参数选择、公式等技术方面具有相似性,同时,所有的金融企业均借助程序化交易加快了交易速度。当这些企业运用交易程序进行同向性的快速交易时,容易导致金融市场价格的快速同向下跌或攀升。从智识上看,程序化交易中的程序是大型企业智识或智识的产物,其他企业对交易程序的运用或模仿则体现了对大型金融企业智识的跟随。这种跟随可能导致系统性的价格下跌。2015 年中国证券市场发生了剧烈的波动,在这种波动中,程序化交易受到关注。2013 年的光大"乌龙指"事件因程序化交易而引发。[②] 2015 年中金所将程序化交易作为市场异常现象之一予以重点限制。[③] 在国外,程序化交易也被认为是证券市场价格波动的重要诱因。1987 年美国股灾与程序化交易密切相关,2010 年美国股市的"闪电崩盘",也有人将程序化交易作为其主要因素。[④] 2008 年金融危机中,程序化交易也加强了金融危机的传播及其严重程度。

以上三种现象是智而不倒在金融危机中的表现。

(三)本文的问题与文献综述

本文想讨论的问题:智而不倒是如何形成的?金融私法应当如何调整其形成过程与结果?智而不倒涉及主体智识的度量问题,因此,本文试图从智识的度量上讨论智而不倒的成因、结果及其规制。

传统私法非常重视理性,并将理性主义特别是形式理性作为构建私法的基本方法论。[⑤] 但是,传统私法对理性的研究多局限于强调理性重要性及其表现的阶段,而没有对理性量度进行研究。这种抽象的主体理论导致了抽象的理性理论,即认为理性是抽象的理性,它是一即一切、一切即一的理性。基于这种一致性,传统私法认定了主体理性的平等。这种理性理论没有考虑理性在量上的复杂性及其巨大差异。

随着消费者等弱势群体的出现,私法学者开始从量上区分理性。如前所述,星野英一认识到了抽象理性不能反映弱势群体与强势群体在理性上的差异,提出将人分为"弱

① 参见李妍:《宏观审慎监管与金融稳定》,载《金融研究》2009 年第 8 期。

② 参见张培培:《从光大"乌龙指"事件看高频交易监管》,载《金融发展研究》2013 年第 10 期。

③ 参见李哲:《五年四部曲:程序化交易的前世今生——从被排斥到欢迎再到积极推广再到严格限制》,载《证券时报》2015 年 9 月 10 日,第 A06 版。

④ 参见乔海曙、李菲:《闪电崩盘国外文献述评:成因、风险度量及监管措施》,载《金融理论与实践》2015 年第 9 期。

⑤ 参见李茂年:《民法理性与民法典——论中国民法典起草思路》,载《现代法学》2002 年第 5 期。

而愚的人"与"强而智的人"的分类方法,并认为应当根据上述智识差异建立具体人格制度。[①] 这种分类认识到了人在理性度量上的差异,为本文理解与应对智而不倒问题提供了一定的基础。但是,这种分类及据此提出的建议,还有深入思考的余地:它不能解释一些智识为什么强大,而另一些智识为什么弱小。在民法中,理性是人格的本质性因素。[②] 传统理论中的平等主体理论及其平等理性理论固然存在缺陷,但是它以抽象理性的一致性为基础为智识平等提供了理由。要否认这种传统理论,必须说明为什么一些主体的智识会变得强大,而另一些主体的智识会变得弱小。如果这种大小之分不是天然的,那么是什么原因造成它们后天的数量增减?当然,上述学者的理论认识到传统智识观念的缺陷,指出智识在度量上的差异,并据此重新分类人格,这已经比传统理论进了一大步,其贡献值得肯定。总的来说,传统私法以定性方法和抽象智识为特征,缺乏数量观念。要从传统私法中寻找金融主体智识大小、成因及其对策等方面的答案或理论,即为智而不倒问题寻求理论依据,确实还存在一定的困难。

传统理论也无法解释强大智识的"领头羊"现象与其他智识的从众现象。上文所述星野英一的智识理论仍然局限于个人主义方法论,没有注意到一些主体的强大智识对其他主体的影响,也就无法解释从众效应与程序化交易等智识跟随现象。"个人主义方法论在私法中居于基础地位。"[③]在民法的视野中,主体是各自独立的,他们的智识也是各自独立的,智识之间的相互影响不在私法的调整范围之内。在民法中,意思自治的是一个基本原则,它既是对个人智识自由的保护,也是对个人智识独立性的肯定。根据这样的理论,"羊群效应"是得不到应有的解释和应对的,因为民法根本就不关心甚至不太愿意承认智识跟随。在民法看来,智识是各自独立的,因为理性人一般有能力自治且一般会智识自治的,"羊群效应"是不太可能发生的。有学者将避免恐慌作为治理系统性风险的首要举措。[④] 但是,从民法上看,避免恐慌不是民法所关心的问题。一个主体意思对另一个主体意思的影响,民法很少予以考虑;偶尔涉及,如不正当影响,也只是为了确定合同的效力。[⑤] 英美法将不当影响作为合同效力瑕疵的原因之一,但是,从众效应中常常并不存在那种诱导:被跟随者往往没有任何诱导,跟随者是主动跟随,且跟随往往是一种理智的行为,正如羊群相信头羊的判断往往是正确的判断一样。因而,不当诱导之类的理论对"羊群效应"的解释与应对也没有什么帮助。

总之,在民法中,智识是抽象的、孤立的,基于这种假设而创设的各种民法智识理论,无法解释从众效应、程序化交易等中的智识跟随现象。

---

① 参见[日]星野英一:《民法中的人》,王闯译,载梁慧星主编:《为权利而斗争》,中国法制出版社2000年版,第327页以下。

② 参见李永军:《民法上的人及其理性基础》,载《法学研究》2005年第5期。

③ 易军:《个人主义方法论与私法》,载《法学研究》2006年第1期。

④ See Steven L. Schwarcz, "Systemic Risk", *Georgetown Law Journal*, Vol. 97, No. 11(2008), p. 215.

⑤ 参见汪渊智、陆娟:《英美合同上的不正当影响》,载《比较法研究》1996年第3期。

在商法中,信息披露制度本质上是一个关于主体智识对其他主体智识影响的制度,但是,这一制度从未与民法中的主体及其智识理论联结起来。信息披露制度中的虚假陈述与内幕交易等制度,是运用侵权责任制度进行处置的。信息披露存在众多理论依据,如投资者决策理论、交易安全理论、交易公平理论与市场失灵理论等。① 其中,投资者决策理论认为信息有助于主体的正确决策,暗示了主体智识之间的相互影响甚至跟随,但可惜的是,商法理论基本上忘记了主体的理性本质,也未能从智识之上深入阐释主体智识之间的相互关系。

私法也没有运用主体及其智识理论讨论金融技术方面的智识问题。以程序化交易为例,程序化交易中大量主体对同一交易程序模型的运用,本质上是对他人智识的运用与依赖,它体现了智识跟随,却没有学者运用私法主体及其智识理论研究程序化交易。有不少学者从其他角度讨论了程序化交易问题。有学者认为,我国投资者以中小散户为主,而程序化交易主要为机构或大户所采用,过度发展程序化交易不利于公平交易。② 该论者没有说明理由,特别是没有指出两种交易的智识差异,但隐约感到程序化交易是一种蕴含了更高智识的交易方式。也有学者认为,虽然程序化交易包含了计算机程序等非人力控制因素,用计算机进行精确的计算、模型演示以及遴选和分析个股等,但交易决策最终还是由人作出的,计算机只是加快了交易运行的速度。③ 这种加快交易速度的说法忽视了计算机模型中智识因素,只注意到了计算的工具性,未能全面认识到程序化交易中智识跟随的内容。

综上,传统理论无法解释与应对智而不倒问题,此方面还需要新的探索。

二、从智识复合到智而不倒

(一)智识复合的概念与特征

一些金融企业何以具有强大的智识?讨论这种强大智识的成因,对于应对智而不倒是非常必要的。

本文认为,金融企业等主体强大智识的成因在于"智识复合"。所谓智识复合,是指某一主体借助企业制度、人工智能等制度或技术将众多自然人的智识复合为一个整体,从而形成了强大智识的过程。为了将之区分于单个自然人的智识,本文将称之为智识复合。智识复合的本质是对众多自然人智识的整合。对此概念,应当强调如下3个方面:第一,智识复合中智识的最终源头是自然人的智识。自然人的智识是智识复合的智识之源。人工智能是一种智识,按照民法主体的本质属性,这一智识具备成为主体的本质条件。④ 但

---

① 参见赵旭东主编:《商法学》,高等教育出版社2015年版,第251页;阙光凌:《论证券信息披露法律制度的理论依据》,载《政法学刊》2003年第5期。

② 参见王小伟:《证监会明确程序化交易监管原则》,载《中国证券报》2015年10月10日,第A1版。

③ 参见张玲:《程序化交易是害群之马?》,载《中国证券报》2002年12月20日,第11版。

④ 人工智能主体资格问题的讨论,参见 Lawrence B. Solum, Legal Personhood for Artificial Intelligences, *North Carolina Law Review*, Vol. 70, No. 1(1992), p. 1241。

是,从源头上看,人工智能也不过是自然人智能的产物。无论是人工智能还是企业智识,严格来说,它后面的智识基础均是自然人的智识。机器、资本企业中的物品本来没有智识,只有将人脑的智识附加于其上,它们才有智识。第二,其中“复”字强调作为智识复合中所复合智识的多元性。它不是指对一个主体的智识或者某一类智识的整合,而是指对多元主体以及多元智识的整合。为了强调这种多元性,于此不能将智识复合称为智识整合。第三,智识复合中的“合”是指智识的整合。智识复合不是简单地加和或堆积,而是体现了一种理性的系统化过程,通过这一过程多元智识得以形成一个新的智识系统。

智识复合具有如下五个特征:第一,在目标上,它是某一个主体有目的的行为,其目标就是形成数倍于原有智识的强大智识;第二,在数量上,这一复合过程整合了众多主体的智识,从而在智识的强度上不再局限于某一个主体的智识度量;第三,在时间上,所复合的智识既可能是同时代众多主体的智识,也可能是对数代人的智识积累的整合;第四,在系统性上,智识复合是一个整合众多智识的过程,它可以产生出系统涌现性,即其功能大于它所整合的所有智识的功能之和;①第五,从媒介上看,智识复合往往借助机器特别是计算机技术,从而摆脱了自然人在寿命上的有限性和因自然人死亡而造成的智识生成的不连续性。

程序化交易是智识复合的实例之一。初看之下,程序化交易似乎是计算机的功能或智识,但其本质上是以计算机为载体的自然人的智识复合体。交易策略是程序化交易的根本特征,在私法学上,“策略”相应的术语是智识,但它不是单个自然人的智识,而是自然人群体智识的综合体:它是交易者的智识、计算机交易程序(特别是交易模型与自动执行程序等)、计算机技术等各种智识整合而成的智识。在传统交易中,人们可能运用计算机下达指令,这比原先的口头、电话或现场指令方便快捷一些。这些传统指令方式也综合运用了电话设计者、交易者等自然人的智识,也是一种初步的智识复合。程序化交易则更进一步,它运用了计算机快速计算与执行的功能,还运用了特别为金融交易而设计的交易模型,它是一种相对高级的智识复合。综合来说,传统交易与程序化交易在智识上的区别在于:前者局限于初级的智识复合,未能充分运用计算机快速计算与执行的功能,后者则复合了较为复杂的智识;前者的智识以交易者的个人智识为主,后者的智识来源则是多元的,交易者个人、计算机技术的发明者、模型开发者群体等均是其智识来源的主体。至此,可以看到,程序化交易的智识是一种智识复合,它复合了众多自然人的智识,从主体上看,它不再是一种自然人的智识,而是自然人群体的智识复合体。

要深入理解智识复合的概念,需要认真反思私法对民事主体智识的传统认识。在时间上,每个自然人的智识受制于其寿命,因而,尽管人类文明生生不息,但人脑的智识随着生命的死亡而不具有连续性。对此缺陷,私法没有努力进行弥补。同时,私法中的智识理论,仍然局限于单个的智识对象,不考虑智识之间的整合。根据私法的个人主义方

① 系统涌现性,参见苗东升:《系统科学精要》,中国人民大学出版社 2000 年版,第 62 页。

法论,私法总是从个体视角来考虑主体,在此视野下,自然人是单个存在的,他们的智识也是孤立存在的,整合群体智识之类的做法,不是私法所考虑的事情。私法没有过多考虑智识复合的问题,因为各人按照自己的智识进行自治,智识整合不是个人智识自治的一般情形。与单个智识相比,智识复合重视智识的整合与自然人智识缺陷的克服。智识复合整合了众多主体的智识,超越了单个主体智识的数量局限性以及自然人智识积累的不连续性。

尽管私法没有智识复合的理论,但智识复合并不是一种新现象。自然人具有智识,在出现语言与文字之后,自然人可以通过交流而整合不同自然人的智识,这种整合是智识复合的雏形。现今,大型企业与人工智能的出现使智识复合成为引人注目的现象。大型企业财产权巨大,通过企业法而复合了股东、董事、监管、高管等主体的智识,同时,它还可能设立专门的研发部门与其他智识复合部门,并有能力研发与利用各种现代技术,因此,它可以广泛地复合各种智识,从而形成强大的智识。在金融私法视野中,大型金融公司的报告、大型评级公司的评级、大型交易所的行情指数等,成为企业甚至国家的参考甚至指导性文件,其智识复合的程度与影响范围均超出原先智识复合的程度与范围。同时,人工智能的出现,宣告了以机器代替人脑进行智识储存与思索时代的到来。机器能够提取、记忆与思索海量的智识信息,进行人脑所不可能的复杂运算,能深度学习人脑的各种思维模式,并且可以夜以继日地持续运行。这全面超越了此前智识复合的广度、深度与连续性,使强大智识得以出现、强化并能永存。如今,法学包括金融私法不得不面对这种强大智识所引发的问题。

(二)智识领袖的出现

智识复合导致主体之间的智识差异,从而出现智识领袖现象。本文所称的智识领袖,是指某一主体的智识在整个智识系统中居于领导性地位的现象。在宗教与科技等领域,均存在智识领袖现象,即某一位教主或大师的理论成为所在领域统治性的理论,其他人会服从并运用他的理论,并奉其为精神领袖。在这些领域,人们臣服于智识领袖的原因并不是因为他强大的财力或权力等物质因素,而是因为他强大的智识。金融私法中的智识领袖现象,也往往如此:人们认定某一主体的智识在某一领域具有权威性,从而将该智识作为其决策的依据。在金融私法领域,大型金融机构可能因为其强大的智识而使其报告、评级、预测、信息甚至交易行为等成为权威而让其他众多主体跟随他的智识。

智识领袖现象可以从主体的智识生成成本上得到解释。金融主体的智识复合需要以一定的财产权为基础,还需要一定的制度、技术等作为保障。因财产权、治理机构(特别是研发机构)、公司内部智识激励制度(如研发激励制度)、信息收集与处理能力等的差异,一些主体可能具有强大的智识生成能力,而另外众多主体可能因为上述各种因素的缺失而只有度量较小或极小的智识生成能力,此时,后者信奉与跟随前者的智识,本身就是一种理性的选择:既然自己没有条件形成全面的智识,那么,信奉与跟随他人的智识就成为一种具有效益且明智的事情。后者成为跟随者,而前者就成为智识领袖。于此,一定要认识到天然智识与后天所形成的智识的区别:任何主体的智识如果不能全凭天生,那么,他就不得不依赖于后天的生成过程。即使是自然人的智识,天生有一定智识的人脑如果没有后天的教育与实践平台,就不太可能形成更为高级的智识。金融企业的智识完全依赖于后天的形成,其智识是后天之物,财产权充足、治理结构与制度等适合于智识生成的企业,可能生成权威性的智识,而其他企业则不能如此,因此,智识地位的悬殊是必然的,智识领袖现象也是必然的。智识的形成需要成本。智识信奉与跟随既是自愿的,也是不得已的,它往往受制于财力与制度。与智识跟随相比,弱小主体自身的智识生成往往成为一件吃力不讨好的事情。智识形成需要付出成本,这种成本也成为智识等级的门槛,它使一些企业成为智识领袖,而另一些企业只能跟随前者。智识领袖虽然付出了生成智识的成本,但这种企业一旦成为智识领袖,就有了智识优势,并能凭借这种优势得到利益,这是其智识生成的动力所在。

这其中蕴含着意思自治的无奈。在民法看来,民事主体是理性人,他们应当意思自治并且能够意思自治。他们根据自己的智识可以对交易作出正确的判断,不必人云亦云,也不必跟随他人。人应当意思自治,这种假定自然是美好的;人能够意思自治,这种假定在早期的商品经济中也是正确的。在早期的商品交易中,标的物是有体物(往往是农产品),交易往往是面对面的交易:看过了货物,一手交钱一手交货。这种简单的交易使双方有足够的智识进行意思自治。在简单交易时代,意思自治确实游刃有余。但是,随着交易的复杂化,产品日益专业化,面对面交易先是被异地交易从空间上隔离,后来又被期货交易等远期交易将交易时间、风险分配等复杂化,付款方式、物流方式等各方面也日益繁复,意思自治开始遇到了困难。金融交易多是复杂性的交易:金融交易的标的物已经不再是有体物,而可能是衍生而出的某种权利,非专业人士不再能够知道自己交易的标的是什么东西;交易流程高度复杂化;交易客体的价格除了受到产品本身的影响之外,还受到各种市场信息的影响;交易价格不再由双方商定,而往往由市场决定;交易主体不再局限于双方当事人,而是系统化的交易;等等。一般交易者已经没有足够的智识识别与判断交易信息而进行意思自治。单就交易信息的获得与处理而言,一般交易者已经不再具有这样的能力:他们没有能力全面收集海量的交易信息,没有能力快速处理海量的信息,更没有能力从海量的信息中准确计算出交易价格等交易必备智识。大数据时代信息的全面收集、快速处理与准确计算已经超出了一般交易者的智识与能力,而非得借助复杂且往往是成本高昂的金融科技来解决。对大多交易者而言,金融交易中的意思自治,非不愿也,实不能也。在复杂的金融交易中,海量的信息及其瞬息万变的特征,使多数交易者无力全面收集、处理与计算,而只好选定并跟随智识领袖的计算结果与行为并进行市场交易。他们的意思自治因智识能力的不济而不得不降格为智识跟随,他们自己的智识往往不是直接用于自治,而是用于选择跟随谁的智识,即用于选择智识领袖之上。这就是意思自治在金融私法中的无奈。当人们的智识水平离意思自治的必要要求越来越远时,选择智识领袖并且跟随他人的交易行为,就成为一种不得已的选择。

意思自治演化为强者的智识领导与弱者的智识跟随,从度量上看,这是由智识失衡引起的。传统私法中的人是抽象的人,其相应的智识是抽象的智识。这种智识理论有其现实基础,那就是自然人智识在度量上的一致性:自然人的智识大同小异。据此能够提取一个一般值,从而以一个抽象的智识来代表众多的智识。如果自然人的智识在度量上差别特别大,那么,就无法提取一般值,也就无法得出抽象的智识理论。可见,抽象智识理论是以自然人智识度量大致相同为基础的。这种假定有其科学依据。智商是衡量自然人智识的一般性参数。自然人的智商确实在一定的范围之内:“约68%的人智商介于85~115,95%的人介于70~130。”①尽管自然人智识的度量也有差别,但68%的人的智商差异在30以内、95%的人的智商差异在50以内,据此,私法能够认为这种差异是可以忍受的,并可以从上述数值之中算出多数自然人智商的平均数为100。② 传统私法据此可以得出自然人智识度量大致相同的结论,从而提出抽象智识或一般智识的概念。因为自然人的智识在度量上是大致相同的,“理性”这一概念就只需要定性,而不必再管度量上的事情。这是所有抽象概念的一般性逻辑,抽象理性概念也不例外。有了抽象理性的概念之后,传统私法将之套用于法人,认为法人的智识机关具有拟制智识的功能,私法对拟制出来的理性予以确认,就承认了法人的理性独立性,进而承认了法人。在将理性概念套用于法人时,私法承袭了不管智识度量的习惯,不再关心法人智识的度量,而只管法人智识的拟制及其独立性。如前所述,法人的智识是智识复合,在度量上与自然人相差甚远。但是,私法没有发现这一问题。

如今,金融私法中的智识领袖现象再次将智识差异摆到了私法的面前:在智识的度量上,智识领袖与其他人特别是自然人存在巨大的差别,抽象智识概念与平等还有可能吗?显然已经不再可能了。法人智识与自然人智识在度量上的差别已经给传统理论提出了问题,而金融私法中智识复合所形成的智识领袖与智识跟随现象再次给它提出了新的难题。应当说,私法智识度量大同小异的假定自从法人产生之后就失去了基础,而上述智识领袖现象再次提醒私法,传统智识概念、标准与智识平等观念等已经遇到了更为严重的挑战。

(三)智而不倒的形成

智识领袖现象加剧了金融智识的系统性。金融智识源于金融市场,由于金融市场的系统性,金融智识也具有系统性。智识领袖现象使智识源头集中于少量智识领袖,而其他大量金融主体只是跟随智识领袖,这种领导与跟随关系加强了主体智识之间的联系,其中,智识领袖的智识是系统重要性智识,它决定整个智识系统的安全。所有主体的智识因为它们之间的联系而成为一个一损俱损、一荣均荣的智识整体。金融智识的系统性因为智识领袖现象而得到了加强。

智识领袖现象容易导致系统性风险。大型金融企业成为众多金融主体的智识领袖,

① [美]斯科特·考夫曼:《绝非天赋:智商、刻意练习与创造力的真相》,林文韵、杨田田译,浙江人民出版社2017年版,第38页。

② 心理学对智商差值的计算一般以100为基准值。参见窦胜功编著:《智商与情商》,辽宁人民出版社2000年版,第7页。

因此,在金融交易中,一旦它发出某种信息或作出某种行为,众多金融主体往往会相信它的智识并跟随它的行动,从而呈现群体性的同向行为等。同向的抛售行为等会导致金融产品价格的快速下跌,在危机时期更是如此,这可能导致系统性风险;它的恐慌(智识迷失)是市场恐慌的源头。在金融危机中,金融主体往往会跟随大型金融企业而作出相同的行为,这种跟随的原因在于,人们相信跟随这些智识领袖更为有利。如同羊群跟随头羊一样,它们相信那些领袖更有智慧。人们不是在跟随某个主体,而是在跟随一个智识领袖。遵循别人的智识行事,在其他场合可能是因为受到胁迫,但是,金融市场交易中的从众行为,并不存在胁迫,而只是因为追随智识领袖。总之,智识领袖所形成的智识"领导—跟随"结构容易导致系统性风险。

智识领袖现象容易导致系统性风险,除"领导—跟随"的智识结构之外,还有一个原因是智识领袖的智识不总是有利于金融安全的。因为智识领袖具有强大的智识复合能力,因而,它的智识往往超出其他金融主体的智识。但是,这并不意味着它的智识符合于金融安全,原因有三点:其一,智者千虑,也不能避免失误。尽管智识领袖的智识复合能力很强,但失误也在所难免。其他主体对它的智识崇拜往往会导致智识领袖的自大甚至疯狂,如同个人崇拜一样毁坏智识领袖的智识。强大不等于正确,智识领袖的智识不总是正确的。其二,智识领袖的智识虽然强大,但不等于金融安全方面的智识强大。交易程序设计、金融衍生品合约设计、评级等大量蕴含了高度智识的设计,多半是以金融效率为导向的,在金融安全与金融效率冲突时,智识领袖的智识常常会更注重于金融效率,而忽视金融安全。智识越强大,可能效率越高,但可能越不利于金融安全。其三,智识领袖的智识是以其自身利益为中心的智识,它不会考虑整个金融市场的安全与其他金融主体的安全。尽管智识领袖的智识具有系统重要性,但是除非金融私法作出硬性要求,否则,智识领袖是不会考虑自身智识对金融市场与其他金融主体的影响的。金融企业的行为对其自身是理性的,却将其风险转移于市场。针对此,有学者指出:"适当的规制体制只有一个目标:迫使金融企业内化加诸外部市场的成本。"①

智识领袖于是成为智而不倒的源头。既然智识上的"领导—跟随"结构容易导致系统性风险,智识领袖就不能出现问题,否则,整个智识系统就会出现问题,形成系统性风险。作为智识领袖的金融企业,其智识对系统性风险的形成具有决定性的作用,这使智识领袖获得了一种特定的地位:因为强大的智识而不能倒下。这就从智识上解释了大而不倒,即智而不倒。如前所述,人们对大而不倒的认识,注重于金融企业的规模等物质因素及其在系统中的重要地位。强调某一主体在系统中的重要性无疑是正确的,但是,这种强调不应当局限于财产权、交易标的总量所占的市场份额等物质性的因素。只从物质要素上分析大型金融企业在系统性风险中的作用,而没有注意到其智识在系统性风险累积与爆发中的作用,没有注意到大型金融企业的智识因素与系统性风险之间的关系,这

① Matthew Beville, "Comment: Financial Pollution: Systemic Risk and Market Stability", *Florida State University Law Review*, Vol. 36, No. 4(2009), p. 261.

种分析是不全面的。

需要说明的是,智而不倒是从智识上对大而不倒的解释,它与从资本、规模、契约联系等其他视角上解释大而不倒,构成了多个观察视角。前者属于意思或智识层面的解释,后者属于物质层面的解释。二者不能相互替代,同时二者也不是相互排斥的,而是相辅相成的。只有二者并重,才可能对大而不倒作出全面的解释,也才可能有全面的应对措施。

三、调整智而不倒的方法

智识复合可能形成智识领袖进而导致智而不倒问题,为此,金融私法必须从智识上对此进行调整。

(一)承认智识复合

既然智识复合可能导致智而不倒,那么,金融私法对智识复合应当采取什么态度呢?这一问题的现实意义在于,金融私法是不是应当认可金融技术创新、程序化交易、信息收集与整合等智识复合过程。

根据法学一向遵循的理性主义,金融私法应当承认智识的地位。无论金融私法的属性如何,理性主义应当是法学的基本立场,也应当是金融私法的基本立场。法学一向非常推崇理性,甚至认为根据一定的理性原则能够构建法学的所有规范,从而形成了过于自负的理性主义。对理性主义的过度崇拜会导致一些负面影响,但是,理性主义认可理性,无论如何,这一基本点都有其正确性。在传统法学的视野中,主体就是智识,智识就是主体,这种"鸟美在羽毛,人美在智慧"的认识是法学对主体的特别认识。虽然说智识至上、智识唯一的观点存在一定的弊端,但是智识毕竟是主体的本质特征。离开了智识,无论根据哪一种哲学社会科学,主体都不能称其为主体。因此,认可智识是主体的本质属性,既是法学的基本态度,也应当是金融私法的基本态度。

金融私法认可智识对主体的重要意义,就意味着对主体智识及其发展形式的认可,包括对智识复合的认可。智识复合有助于多元主体之间智识的交流与整合,认可智识对主体的意义,就必然会认可这种交流和整合。如果金融私法不认可智识复合,那么金融私法就只认可了主体智识的孤独状态,而否认了多元主体之间智识的合作状态。除了认可智识的重要地位外,法学还特别重视主体智识的发展,例如,私法通过扩张其权利的类型与范围、扩张合同自由等的范围而促进主体智识的发展,而知识产权法等更是为主体智识权利保驾护航。智识复合是主体智识发展的基本路径之一,根据法律发展个人智识的精神,金融私法应当承认智识复合。

传统法律在事实上承认了智识复合,并已经成为较普遍的现象。例如,智识复合对私法而言就不是一个新的现象。尽管私法局限于其个人主义方法论而没有明确的智识复合理论,但其中并不缺乏智识复合的实践。从智识上看,合同就是合意,既是双方或多方当事人意思的复合,也是智识的复合。从智识上看,私法中的合同制度是智识的合作制度。私法更为明显的智识复合制度是决议制度。议事程序中的通知、提案、公开讨论、协商、质询等程序,是多元意思的交锋,也是多元智识的协商、合作与统一,是一个很典型的智识复合过程。决议制度通过议事程序与表决程序来达成智识的复合。除了行为制度,在主体制度中,私法也早就承认了智识复合。法人是拟制的人,这种拟制能够得到私法的承认,一个重要的理由是它存在独立的智识,这种独立的智识可以区分于其成员的智识,从而使法人能够独立于其成员。这种新智识是如何形成的呢?它在数量与结构上与其成员的智识有何不同?根据上文的智识复合理论,可以认为,法人的智识来自法人的智识表示机构,而智识表示机构的智识是通过决议程序复合而成的,它是通过智识复合程序形成的。例如,公司章程是公司的基本意思,也是公司的基本智识,它是通过决议程序形成的。在源头上,法人的智识是法人成员或其代理人按照一定的程序复合而成的;在数量与结构上,它是多元智识按照一定纽带维系的、具有固定联系的整体;在性质上,它是一种新的智识,不同于其成员即单个决议参加者的智识。传统私法对法人的独立主体地位的承认,就是对法人独立智识的承认,即从主体制度上承认了智识复合及其结果。从这个意义上说,法人不仅是资本的复合,而且是智识的复合。从公司的智识与资本双重标准上看,任何公司都是智识与资本双重复合的产物。合同制度与决议制度是行为制度的基本内容,均体现了私法对智识复合的默认。可见,传统私法的行为制度、主体制度都存在智识复合的实践。既然私法已经默认上述智识复合现象,那么,就没有理由否认与禁止金融私法中的智识复合。

金融私法在承认智识复合的同时,应当考虑到智识复合对金融私法价值的"双刃性"。金融主体的智识复合有助于发展主体的智识,程序化交易有助于交易的快捷进行,这有时能够帮助主体回避金融风险,克服单个智识的弱点。金融安全、公平与效率等是金融私法的基本价值。① 这些优点说明了智识复合有助于保障金融效率、安全等金融私法价值。它对单个主体的效率与安全甚至整个市场的效率与安全都可能有益,这是智识复合对金融私法价值的正面作用。但是,智识复合也容易导致恐慌、羊群效应、市场价格的剧烈波动、操纵市场等情况,它是智而不倒的成因。这些缺点表明,智识复合也可能损害金融安全、效率与公平。这是智识复合对金融私法价值的负面作用。综合来说,智识复合对金融私法价值的作用是复杂的、多元的,即使在同一个价值之上,也存在复杂多元的作用机制。这需要详细而具体的探讨,但至少有一点能够明确:金融私法不能将智识复合简单理解为一个损害金融私法价值的因素,而应当认识到它的"双刃性"与复杂性。由此提出的真正问题不是是否应当禁止智识复合的问题,而是应当如何处理智识复合所引发的价值损害与价值冲突问题。因而,全盘禁止智识复合或者对智识复合不进行任何限制,都不可能是金融私法应有的态度。金融私法不必以禁止性的方法封闭智识复合的大门。金融私法应当做的,就是设计智识复合相关的金融私法律制度,以趋利避害,保持金融安全、公平与效率等各种价值的均衡。

金融私法承认智识复合符合科技与大数据的时代发展趋势,以及金融私法与人工智

① 参见冯果:《金融法的"三足定理"及中国金融法制的变革》,载《法学》2011年第9期。

能、大数据技术结合的趋势。在没有计算机的时代,智识是由脑力而完成,数据的存储与处理都是由脑力而完成。所进行的智识复合,也只局限于自然人与自然人之间的脑力复合。例如,决议程序所进行的智识复合,就是参加决议的自然人的脑力复合。这种智识复合的缺陷在于,它局限于一定人数的脑力,不能进行海量资料的记忆、计算与检索,更不能进行海量数据的存储与学习。最重要的是,这种依赖于脑力的智识复合,受到寿命的限制。当以脑力为基础的自然人智识因死亡而消亡时,另一个以脑力为基础的智识成长需要重新开始,且不一定能达到前人所达到的智识程度。人类文明的发展进程中,主体的智识长期局限于人脑的智识,直至计算机技术的出现,才开创了一个智识复合的新纪元。计算机技术解决了人脑记忆、运算等方面的有限制性问题,更重要的是,它解决了以脑力为基础的智识代际断裂问题,使智识能够不受寿命的限制而无限地复合与发展。同时,计算机还能够复合不同专业自然人的智识,使之不再受到专业的限制。从这个意义上说,它是对以人脑为载体的智识复合的一种超越。尽管它在一些方面还不能超越人脑的智识复合水平,但它能够超越的领域将日益增多。如果人脑智识复合因受制于时间、专业等各种因素而只是一种有限智识复合,那么,人工智能从理论上说它可以复合无数人的智识,不受时间、专业等限制,从而成为无限的智识复合。也就是说,人工智能技术可能达成无限的智识。智识复合的成果正在被各行各业广泛运用,金融业也不例外。同时,法学也应当充分认识到这种无限智识的重要意义及其发展趋势,对之予以承认、保护与控制,而不是简单地排斥智识复合及其成果。在金融私法中,证券、衍生品等各种金融交易,涵盖各种各样的信息,这些信息在数据上表现为一个庞大的数据系统。自然人智识已经无法完成收集、处理、计算与存储这些大数据的艰巨任务,只有借助现代金融科技进行智识复合,才有可能完成这样的任务。金融私法应当认识到,人工智能是未来收集、处理、计算与存储金融信息大数据的基本智识形式,也必定会成为金融领域智识复合的基本形式。从这种趋势上看,金融私法不应当也实际上不可能排斥金融领域中的各种智识复合形式,而是应当通过一定的制度设计,促进智识复合的健康发展,充分发扬智识复合的优点并努力避免其缺陷。

总之,金融私法对智识复合的态度,不是承认与不承认的问题,而是如何扬长避短(智而不倒)的问题。

(二)促进智识均衡

智识复合造成了不同主体之间智识度量的差异,金融私法因此有必要关心主体的智识均衡问题。所谓智识均衡,是指在市场中存在多个智识相互竞争且相对均衡的状态,而不是少数甚至一元的智识领袖垄断智识。换言之,在智识市场中存在智识竞争,而不是处于智识的垄断状态。智识复合打破了智识大致相同的假设,金融私法不得不面对智识的不均衡状态。智识复合容易形成智识领袖现象并由此导致智而不倒,为了防范上述弊端,金融私法在承认智识复合的同时,应当努力促进智识的均衡。从信息上看,智识均衡表现为信息的对称。信息不对称会引发各种交易问题,包括损害交易安全与交易效率等,同样地,智识不均衡也有相同的弊端。

从价值观上看，促进智识均衡还因为对金融安全的应有重视。金融智识既包括金融效率方面的智识，也包括金融安全等方面的智识。金融安全、金融效率等均是金融私法的价值，相应的智识均应当成为金融智识的内容。但是，金融效率相关的智识因为与金融企业的业绩相连而容易受到金融企业的重视，而金融安全相关的智识则往往受到轻视，金融私法应当要求金融企业在智识复合上贯彻价值均衡原则，即在追求效率的同时也对安全、公平、普惠金融等价值观进行合理的考虑。这一要求落实于金融企业的智识复合规则中，就是要求金融企业在其追求利润的过程中，必须遵守智识均衡原则。例如，在制定交易模型与交易程序中，必须同时贯彻效率、安全、公平等均衡智识，不能只考虑营利；在信息、处理等事项中，不仅要收集、处理与发布有关效率方面的信息，还必须收集、处理与发布反映安全、公平等其他智识价值的信息。金融私法应当将价值均衡原则作为它所有制度的智识基础，兼顾容易被金融企业所忽视的金融安全智识。

促进智识均衡是防范智而不倒的基本方法。如果交易双方的智识存在过大的差异，那么，这种交易往往容易出现欺诈、误解、显失公平、内幕交易、操纵市场等各种情况，进而导致智而不倒。例如，2008 年金融危机中，金融企业利用贷款奖励、预付罚金、复杂难懂的贷款合同术语等智识陷阱，欺骗相对弱智的借款人。[①] 这诱使借款人订立借款合同并陷入不能及时还本付息的泥潭之中，金融企业趁机追究其违约责任并拍卖房屋，从中获取了高额利润。这成为次贷危机及其后智而不倒的重要诱因，并进而导致了更大规模的危机。上述掠夺性借款合同既体现了二者权利义务上的不公平，也体现了二者在金融智识上的巨大差异。同时，智识均衡有助于弱者运用自己的智识来维护自身的交易安全。虽然法律制度的适用与金融监管是防范金融交易欺诈等的重要方法，也是保障金融安全的方法，但是仅仅依靠上述二者是不够的，交易相对人特别是金融消费者的智识以及运用此智识对大型金融企业金融欺诈、金融风险等的防范，也是重要的力量。金融私法的适用及依法进行的金融监管体现了国家的力量，而交易相对人特别是金融消费者的智识防范则体现了市场的力量。国家以权力为后盾，其力量当然是巨大的，但是，交易相对人数量巨大，在每一个交易中对金融欺诈等进行智识防范，这种市场力量构成看不见的市场之手，其智识合力也绝不可被忽视。因此，保障与加强消费者的智识复合，与加强金融监管等措施一样，对于保障金融安全包括防范智而不倒具有重大的意义。

（三）控制智识滥用与保护弱者权益

对智识滥用进行控制与对弱者进行适当的保护，这是金融公平的题中之义。罗尔斯认为公平应当包括两个原则：一个是平等自由原则，另一个是差别原则和机会的公正原则，即改善最小受惠者的待遇。[②] 据此，公平包括保持基本自由领域的平等以及增进最少受惠者的待遇。将罗尔斯的公平观适用于金融私法的智识领域，就应当在坚持智识复合

① 参见涂永前：《美国 2009 年〈个人消费者金融保护署法案〉及其对我国金融监管法制的启示》，载《法律科学》（西北政法大学学报）2010 年第 3 期。

② 参见［美］罗尔斯：《正义论》，何怀宏等译，中国社会科学出版社 1988 年版，第 60 页。

这一基本自由的基础上,对智识滥用进行控制与对弱者进行适当的保护。在金融私法领域,不同主体之间的智识复合能力差异很大,大型金融企业一般具有较强的智识复合能力,中小型金融企业的智识复合能力相对较弱,而自然人的智识复合能力则更弱。相比之下,智识复合能力较强的主体更能充分地复合与利用金融智识,他们受惠于金融智识,甚至成为智识领袖,而智识能力较弱的主体则不能或难以复合与利用金融智识,他们是相对的最小受惠者。为了保障智识公平,金融私法应当要求智识领袖履行更多的智识义务,而对一些智识上的最小受惠者进行保护。只有这样,才能保持智识均衡,也才符合公平原则。

智识公平有助于促进智识均衡,从而为金融安全特别是防范智而不倒与系统性违约提供基础。不同金融主体的智识差距过大,这既是不公平的体现,如上所述,也将危及金融安全,导致智而不倒与金融欺诈等损害金融安全的现象。因此,对智识滥用进行控制与对弱者进行适当的保护,既是金融公平的需要,也是保障金融安全的重要措施。

于此,金融私法首先要控制智识领袖的智识滥用。智识领袖在智识上具有优势,这是其滥用智识的基础。孟德斯鸠认为:"一切有权力的人都会滥用权力,这是万古不易的一条经验。"[①]智识领袖具有智识优势,也会滥用其智识。智识滥用的方式众多,包括运用其强大的智识操纵市场、运用程序化交易转移风险、运用智识故意将交易复杂化以欺诈其他交易主体等。金融私法必须控制这些滥用智识的行为。在一个人工智能蓬勃发展的时代,所有的主体都需要进行信息的收集、处理等智识复合工作,但是,并不是所有的主体都能进行成功的智识复合。影响主体智识复合的因素有财力、人员与组织机构、数据与信息获取渠道、对智识复合的投入与重视程度等。这些因素的差异可能形成智识领袖,使之具备智识优势。金融私法已经注意到对金融企业滥用优势地位的控制,例如,禁止金融机构利用其市场份额的优势等垄断金融市场、操纵市场价格等,这些措施可以从物质基础上控制智识领袖优势,无疑有助于控制智识领袖优势地位的滥用。金融私法还要从评级、金融信息、金融产品设计、金融交易程序、交易风险转移等众多智识环节上对智识领袖的智识优势进行直接的调整,以控制其智识优势的滥用。

金融私法其次必须对弱者进行适当的保护。弱者跟随智识领袖的智识,既是一种迫不得已的事情,也是一件可能危及金融公平与金融安全的事情。为此,弱者不能仅仅满足于对智识领袖的智识跟随,还有必要形成自己最基本的独立智识,以达到意思自治的基本智识要求。为了促进弱者达到这一基本的智识水平,金融私法可以从3个方面予以努力:其一,要求智识领袖进行必要的智识披露。通过智识领袖的信息披露,弱者从中获取基本的智识。其二,加强弱者自身的智识复合。在人工智能时代,任何主体都必须通过智识复合来加强自己的智识,只有这样,才可能具备基本的意思自治能力。金融私法可以要求弱势金融企业加强智识复合方面的公司治理,建立适当的智识复合制度包括财

① [法]孟德斯鸠:《论法的精神》(上册),张雁深译,商务印书馆1961年版,第154页。

产权投入制度,以促使具有一定规模的金融企业进行必要的智识复合,以形成自身的基本智识。对于金融消费者,金融私法可以通过宣传与培训等制度,帮助消费者学会金融信息的收集、识别、计算与存储等基本智识,形成自己的智识和对金融市场的独立判断,以便进行独立的意思自治。其三,国家对弱者的智识复合提供帮助。国家在分配金融信息之上,必须保证公平,以便多元主体公平地进行信息的复合;在充分考虑国家金融安全的基础上,国家应当贯彻透明度要求,及时公开金融信息,从信息获取途径上保持智识复合的多元。更重要的是,国家应当建立智识复合帮助制度,对金融消费者甚至中小金融企业的智识复合进行必要的帮助,包括对某些弱者进行特别的扶持,运用税收、借款优惠政策、智识设备补贴等提高弱者的金融智识。需要强调的是,国家在考虑金融安全的基础上,应当避免只对少量大型金融机构公开相关信息的做法,因为这样既容易造成智识垄断,也容易导致智识"一枝独大"的情况。

四、完善我国金融私法的一些建议

上一部分指明了金融私法应对智而不倒问题的方向。下面提出一些完善我国金融私法的建议。

(一)在适用系统重要性金融机构认定标准时兼顾智识因素

要应对智而不倒问题,先得较为准确地识别智识领袖。

金融私法应对智而不倒的第一步,是将智识作为识别系统重要性金融机构的重要参数。承认智识复合,但不等于不对智识复合及其结果(智识领袖)进行规制。智识领袖容易滥用其智识优势,为此,必须识别智识领袖,以便对其进行特别的规制。

顺应国际金融监管的趋势,我国初步建立了系统重要性金融机构的识别标准。这规定于两个法律文件中:一是中国银监会《关于中国银行业实施新监管标准的指导意见》(银监发〔2011〕44 号),该意见将规模、关联性、复杂性和可替代性四者作为国内系统重要性银行的主要认定指标;二是《商业银行全球系统重要性评估指标披露指引》(银监发〔2014〕1 号),该指引认定了两种银行为系统重要性银行:巴塞尔委员会认定为全球系统重要性银行的商业银行和上一年年末调整后的表内外资产余额为 1.6 万亿元人民币以上的商业银行。① 我国目前所确立的系统重要性银行的认定标准,多少有些被动地执行巴塞尔委员会所规定的认定及其标准的结果。

在上述认定标准的适用中,可能忽视智识因素。对于上述参数的适用,巴塞尔委员会没有强调智识因素,《新资本协议》《第三版巴塞尔协议》等认可美国金融私法的识别标准,均未强调智识因素。② 我国主要执行与移植国际标准,因此也未强调智识因素。尽

① 该指引相关条款:第 3 条规定,下列商业银行应当根据本指引要求披露相关信息:(1)上一年度被巴塞尔委员会认定为全球系统重要性银行的商业银行;(2)上一年年末调整后的表内外资产余额为 1.6 万亿元人民币以上的商业银行。第 4 条第 1 款规定,全球系统重要性是指商业银行由于在全球金融体系中居于重要地位、承担关键功能,其破产、倒闭可能会对全球金融体系和经济活动造成损害的程度。

② 参见袁达松:《系统重要性金融机构监管的国际法制构建与中国回应》,载《法学研究》2013 年第 2 期。

管金融机构在本质属性上是民事主体,其本质是智识,是智识的人格化,但一到了金融私法领域,智识就被弃置一边了。在民法中,私人的自治是意思自治,即智识自治;到了商法,这种自治就是资本自治,公司法中的资本多数决就是典型,资本在商法中代替了意思。金融私法主要是资本之法,商法的上述思维传导到金融私法,系统重要性金融机构的确定,就会从资本视角上考虑规模、关联性等参数。这可能导致上述标准的适用重视资本等物质性参数,而轻视智识参数,从而强调资本等物质意义上的大而不倒,而不利于防范智而不倒。金融私法对系统重要性金融机构的识别就容易忽视智识因素。这样,就忽视了金融危机中评级机构、程序化交易技术、信息(智识)不对称等智识因素在系统性风险形成与传播中的重要作用,否认了智而不倒现象,这不利于应对智而不倒,也与金融危机的实际情况不符。

在上述认定标准的适用中,应当兼顾智识因素,即强调从智识上理解金融机构的规模、关联性、复杂性和可替代性等参数。从智识上理解金融机构的规模,就是该机构智识大小的规模即其在整个金融智识中的领袖地位;从智识上理解金融机构的关联性,就是该机构智识与其他金融主体的智识之间的联系,包括因其智识领袖地位而形成的智识指导与智识跟随关系;从智识上理解金融机构的复杂性,就是该机构所运用金融科技、模型、交易程序、金融产品设计等的复杂程度;从智识上理解金融机构的可替代性,就是该机构智识在市场中的可替代性,即它的智识如评级或交易模型等是否能够为其他智识所取代。这些智识上的考虑侧重于金融科技与信息等非物质因素,与资本、合同关系等物质性因素是不同的。这些理解针对的是智识领袖及智而不倒,针对的是金融危机中的智识危机。智识危机不同于大而不倒中的资不抵债等物质性危机,对智识危机的指认也不同于对物质性危机的指认。智识是金融主体的本质属性,在认识主体的重要性时不应当偏离此属性,否则,就不能反映主体的本质特征。在适用系统金融机构的认定标准时,从智识上理解上述参数,符合我国金融机构发展的现状。中国金融主体特别是金融企业与国外金融主体在智识上还存在较大的差距,中国在金融债权的评级、金融交易技术等方面均受制于人,在此背景下,从智识上理解系统重要性金融机构的认定标准,并努力通过国际法与国内法对智而不倒进行规制,对中国金融安全的保障具有重要意义。在国际标准的制定中,我国应当发出自己的声音,强调系统重要性金融机构认定中的智识维度;在我国国内法的制定中,更应当超越国际金融私法的理解,根据我国的国情与金融私法法理适用上述智识标准。

在系统重要性金融机构认定中强调智识因素,并不是要排除资本、合同等物质性的因素,而是想达到智识因素与物质因素二者兼顾的效果。事实上,只有从智识维度与资本等物质维度二者来理解系统重要性金融机构的认定标准,才是全面的理解,也才符合金融危机中智而不倒与物质意义上大而不倒的现实。

(二)完善智识领袖的特别信息披露制度

无论是对智识领袖进行规制,还是对智识上的弱者特别是金融消费者进行保护,都应当特别重视信息披露制度。从智识上看,信息披露制度本质上是智识披露制度,因为在金融市场中，信息是智识的基本表现形式和基本载体。金融信息关系甚至决定金融产品的价格，它是金融主体最需要知悉的智识。智识不对称往往表现为信息不对称，它可能导致金融私法中的各种金融安全等问题，为此，信息披露制度应当成为促进金融私法智识平等、智识安全等的一般性制度。在金融危机的应对中，有学者建议通过信息市场来预测金融危机，从而将之作为重要的危机监管工具。① 这是正确的建议。“信息披露是美国联邦证券监管制度的核心。”②事实上，信息披露制度也应当是整个金融私法的重心。

金融私法应当要求智识领袖遵守更为严格的信息披露制度，以缓解智而不倒。智识领袖意味着一些大型金融企业拥有了类似“领头羊”的地位。这种智识地位引发的主要信息问题有两个：一是复合信息导致的信息不对称问题；二是信息披露上的虚假陈述问题。公司法与证券法要求智识强者向其他人披露相关信息。在金融私法中，智识领袖必须进行特别的信息披露，且不应当进行虚假陈述。智识领袖以其智识上的优势而更容易收集、分析与判断相关信息的真假，从而形成更为全面和准确的信息。因此，在信息披露的内容及其准确性、具体性、及时性等之上，金融私法对智识领袖应当有更高的要求。

现行金融私法要求智识领袖遵循更为严格的信息披露制度。《巴塞尔协议Ⅲ》规定，全球系统重要性银行必须遵循更高的信息披露标准，据此，我国《商业银行全球系统重要性评估指标披露指引》要求在全球处于智识领袖地位的商业银行遵守更为严格的信息披露指标与方式等。中国银监会《关于中国银行业实施新监管标准的指导意见》要求我国具有全球系统重要性的商业银行遵守更为严格的信息披露义务。

上述信息披露制度为金融私法规制全球系统重要性金融机构做出了贡献，但也还有需要完善之处。这主要有两点：第一，上述两个法律文件没有规定明确的行为规模与法律责任制度。这两个法律文件的绝大多数条款没有形成法律规范所必须具备的行为模式与法律后果，无法判断什么是违反信息披露制度的行为以及违法行为的后果。必然会影响这两个文件的法律适用。为了便于上述两个文件的适用，建议运用制定法律规范的一般方法，规定明确的行为规模与法律后果。这就需要对上述两个文件进行彻底的翻新。第二，没有规定虚假陈述的法律责任制度。上述两个法律文件中，没有法律责任的规定，更不存在民事法律责任。这不值得奇怪，因为即使在《商业银行信息披露办法》这样重要的法律文件中，也只包括总则、信息披露的内容、信息披露的管理、附则四部分，其中只有“信息披露的管理”部分（第29条）规定了虚假陈述的行政处罚等公法责任，没有民事责任方面的规定。由于银监会是管理机构，它所发布的文件重视政策、行政处罚等行政法措施，因而，很容易忽视其中的民事责任制度。在没有其他法律文件出台的情况下，上述法律文件就成为此领域的基本法律文件，此时缺少虚假陈述的民事责任制度，就

---

① See Matthew Beville, et al., “An Information Market Proposal for Regulating Systemic Risk”, *University of Pennsylvania Journal of Business Law*, Vol. 12, No. 1(2010), p. 872.

② 廖凡：《钢丝上的平衡：美国证券信息披露体系的演变》，载《法学》2003年第4期。

不利于控制智识领袖和保护处于信息弱势的金融主体特别是金融消费者的权益。我国1998年出台的《证券法》没有规定民事责任制度,也是仅仅从行政管理角度上来考虑证券法的结果。2005年修改《证券法》,强调了证券法的民商法属性,增加了虚假陈述等的民事责任制度。在系统重要性金融机构的信息披露制度上,应当吸取证券法的教训:在理念上,不能仅仅从行政管理上考虑上述法律文件的内容;在法律责任上,应当增加虚假陈述的民事责任制度。至于系统重要金融机构虚假陈述民事责任制度的具体内容,也可以借鉴证券法的规范。

上述信息披露制度可以在一定程度上缩小金融私法主体的智识差异,使弱势智识了解价格形成的基本信息,并对操纵市场等行为进行必要的防范。这有助于缓解智识领袖现象造成的羊群效应,也有助于缓解因智识差距太大而导致的智而不倒。

(三)其他制度的完善

除上述两个措施之外,金融私法还应当从侵权责任的注意标准、智识操纵禁止、程序化交易制度等方面控制智识领袖和保护智识弱者的权益。

以智识领袖的识别为基础,金融私法应当对金融侵权责任的认定适用更高的智识标准。具体人格理论等认为,应当根据不同的群体适用差别性的法律制度。这是正确的观点。事实上,私法特别是商法的众多领域,已经明确了这一点,即专业人员适用专业人员的智识标准、普通人适用普通人的智识标准。例如,票据法要求商业银行等专业主体具有专业性的票据审查能力,而一般人则只要求一般性的审查能力;同一个票据,一般人没有发现变造与商业银行没有发现变造,将承担不同的法律责任。这是按照智识的度量高低来承担法律责任的典型之一。据此,在金融领域的侵权责任认定中,对智识领袖应当适用更高的智识标准,即要求其承担更高的注意义务。目前,金融领域的侵权没有成为独立的侵权形态,而是统一适用侵权责任法的规定,在已经颁布的《民法典》侵权责任编中,尚未见与医疗损害责任等并列的金融侵权损害责任制度,未来修法可以强化金融机构特别是系统重要性金融机构的注意标准,以应对现实中各种金融侵权的归责与责任分配问题。

金融私法还应当在其操纵市场制度的制定与适用中,强调智识操纵及其法律责任。金融私法应当对智识领袖利用其智识优势的操纵市场行为进行规制。智识领袖可能滥用其智识领袖地位,操纵市场。操纵市场可以运用资金等物质优势,也可能运用智识优势,还可能是上述两种优势的合并运用。运用资金等物质优势因为其物质属性而较为容易得到承认与识别,而运用智识优势则因其非实体性而较难以被承认与识别。这就要求在金融私法的制定与适用中,重视操纵市场中的智识操纵及其法律责任。智识领袖在智识上的优势为其操纵市场提供了智识基础,从而使操纵市场变得比任何时候更加容易。传统制度中的操纵市场往往是利用资金优势等,而智识领袖的操纵市场行为,可能运用其智识优势,或将智识优势与上述资金优势等结合起来,如此,操纵市场行为的影响与损失将更大,因为操纵行为的复合性质,其识别与预防难度也更大。金融私法既要规制智识领袖的操纵市场行为,也要规制智识优势与资金优势等综合性的操纵市场行为。有了资本,智识领袖就能够购买高端智能设备并开发智能模型,同时也有更大的能力收集与处理各种信息,形成更强大的智识。智识操纵包括利用评级技术、信息优势、交易程序与交易模型等智识进行的操纵市场行为。例如,我国《证券法》第55条所列举的操纵市场行为之中包括"操纵证券市场的其他手段",在适用中,就应当理解为包括以智识优势对市场的操纵,如以散布虚假信息的方式操纵市场。在金融私法中,智识操纵与其他操纵往往会结合于一体,例如,将智识操纵与资金操纵结合为一体。以程序化交易为例,《证券期货市场程序化交易管理办法(征求意见稿)》列出了交易者可能运用程序化交易进行的几种操纵市场行为。① 这些行为初看之下与智识优势无关,但是,它们的共同特征是,既利用了计算机程序快速与高效的特点,又利用了计算模型快速预测与反应的智识,这些程序容易引发证券期货市场价格的变化,诱导或者误导其他交易者进行交易,智识领袖可以从中获得高额投机利润。上述操纵市场的行为均运用了程序化交易这一智识,是智识操纵与其他操纵的结合,必须对其进行规制,因而上述规范值得肯定。遗憾的是,2015年10月9日出台的征求意见稿,却迟迟没有正式颁布。建议尽早颁布上述法律文件,以便于识别、裁判与监管上述智识操纵行为。

完善交易速度控制制度。智识领袖的智识优势之一是交易速度优势,这使之在交易中往往能够处于领头的地位,对智识领袖的调整必须重视对其交易速度的调整。这就需要运用慢走规则进行调整,以避免由此造成的市场价格的剧烈波动及由此而来的智而不倒。慢走规则是指金融私法减缓交易速度的那些规则体系。② 我国证券法规定了大量慢走规则的内容:T+1制度,证券买卖每增减5%报告与暂停制度,涨跌停板制度等;曾经采用的熔断制度也是慢走规则下的制度。在期货交易和其他金融衍生品交易中,也规定了类似的慢走规则。控制交易速度也是证券程序化交易制度的基本内容,例如,德国出台的第一部针对高频交易的监管法案,就对高频交易的交易频率进行了限制。③ 这些制度的目标是控制智识领袖的快速交易行为,使弱者能有足够的时间理解交易策略并作出自我保护,以避免相对弱智的交易者因不能识别交易信息或交易市场价格过度波动所带来的交易风险。这涉及熔断制度、程序化交易制度等大量的交易速度制度的完善。以程序化交易为例,我国《证券期货市场程序化交易管理办法(征求意见稿)》第4条至第16条通过一定的行为程序制度来限制交易程序运用,包括程序化交易的申报核查制度、接入核查制度等,从程序化交易的申报、接入、指令、收费、风险控制与隔离等环节对程序化

---

① 该办法草案第18条禁止如下操纵市场的行为:在属于同一主体或处于同一控制下或涉嫌关联的账户之间发生同一证券的交易;在同一账户或同一客户实际控制的账户组间,进行期货合约的自买自卖;频繁申报并频繁撤销申报,且成交委托比明显低于正常水平;在收盘阶段利用程序进行大量且连续交易,影响收盘价;进行申报价格持续偏离申报时的市场成交价格的大额申报,误导其他投资者决策,同时进行小额多笔反向申报并成交;连续以高于最近成交价申报买入或连续以低于最近成交价申报卖出,引发价格快速上涨或下跌,引导、强化价格趋势后进行大量反向申报并成交;其他操纵市场行为。

② 参见徐聪:《违反慢走规则买卖股票若干争议法律问题研究》,载《法律适用》2015年第12期。

③ 参见张竞怡:《程序化交易监管亟待完善》,载《国际金融报》2016年4月4日,第10版。

交易的交易程序进行了规制。这些规定对交易速度的控制均有一定的作用,但该办法还应当从两个方面对交易速度进行控制:一是在申报核查制度中明确禁止速度过快的交易程序,以避免风险过大的快速交易。的确,交易速度的上限是一个较难以确定的量度,但是,在计算技术已经非常发达的背景下,根据平均速度、交易速度历史、交易速度与交易风险之间的关系等因素是可以制定一个速度上限的。二是在接入核查制度中规定程序化交易的平等使用制度,即为了适当提高金融消费者的交易速度,交易平台应当平等地提供交易程序软件,为此,可以在上述办法中作出如下规定:交易平台如果允许客户运用程序化交易,那么,平台在了解客户的基础上,必须为所有客户提供易于取得的、价格可以接受的交易程序。这一规定目的在于促进基本交易程序的提供与平等使用,以方便弱者特别是金融消费者提高交易技术与速度,从而减少智识领袖与其他金融主体之间的交易速度差距。

对智识领袖的控制与对弱者权益的保护还包括其他方面,如金融消费者的智识普及制度、金融技术设备的使用与规制制度等,限于篇幅,不一一阐述。

五、小结

金融企业因为智识复合而拥有强大的智识,出现智识领袖现象。弱小的智识因为自身智识复合的困难及对强大智识正确性的信任,往往会跟随强大的智识,从而导致羊群效应、智识恐慌等,引发或加剧系统性风险。太大的智识不能倒,否则将导致系统性风险,这就是智而不倒。智识复合导致的智识领袖现象是金融危机中智而不倒的智识根源,也是智而不倒的主体根源。金融私法应当在承认智识复合的基础上,促进智识均衡,控制智识滥用与保护弱者权益。具体到我国金融私法,就是在适用系统重要性金融机构认定标准时兼顾智识因素,并通过信息披露制度、慢走规则等特别智识制度对这类智识领袖进行特别的规制,以减缓智而不倒及其后果。

除此之外,智识复合值得思索的相关问题还有很多。民事主体的平等,存在3个可能的参数,那就是身体、智识与资本,相应的平等可为身体平等、智识平等与资本平等。传统私法注重理性,智识平等受到既有民事主体制度的重视,身体平等与资本平等在其中是没有地位的。自然人的智识是大致平等的,这为早期的智识平等提供了基础。智识平等一直被当作主体平等的定海神针。法人出现之后,智识复合也出现了,法人与自然人在智识上的差距为智识平等蒙上了阴影,因为二者一个局限于自然人的个体智识,另一个则复合了群体的智识。金融主体因智识复合造成的智识差距及由此造成的智识领袖现象,则给民事主体的平等造成了真正的挑战。私法曾经的平等支柱至此虽然没有轰然倒下,但随着智识复合的不断加剧与智识领袖的日益强大,其危机也越来越严重。民事主体的本质是智识,当智识处于动态的变化过程中且不同主体智识差距日益增大的时候,民事主体也就失去了确定性,据此确定性而形成的主体平等等理论也就受到了根本性的威胁,人们也就不得不重新审视与改进相应的法律制度。在人工智能日益发展且日益强大的时代,本文对智识复合、智识领袖及其金融私法对策的讨论,或许能为人工智能的法律调整提供一定的启发。期待本文能够起到抛砖引玉的效果。

中国船舶油污损害赔偿基金司法衔接机制构建

——以全国首例船舶油污基金代位追偿案为视角

沈 军[*] 岑 祺[**]

摘要:中国船舶油污损害赔偿基金相比国际油污基金体系,既有相通之处,也有明显的特殊性。作为一个新生事物,如何与司法体系衔接融入,是其面临的首要问题。中国船舶油污损害理赔事务中心在2015年落户上海,其主要职能在于对船舶油污损害索赔的审核评估,并在理赔之后行使代位求偿权。2017年7月,该中心作出全国首例有明确油污损害责任人案件的赔偿决定书,赔偿"山宏12轮"油污事故案中3家油污受害人313万余元。2019年4月,该中心依据油污受害人出具的权利转让书向上海海事法院提出申请,要求向油污损害责任人代位追偿,并申请追加其为原执行案件的申请执行人。这是中国船舶油污损害赔偿基金涉诉讼的第一案,也牵出了对于基金如何与我国司法体系衔接融入的问题和思考。

本文通过"山宏12轮"案引出实践问题,通过比较借鉴国际上船舶油污损害赔偿基金的国际公约、其他国家油污基金的相关立法与做法,结合我国油污基金的特殊性,提出构建中国油污损害赔偿基金司法衔接机制的相关构想。

关键词:船舶油污基金 代位求偿权 追加申请执行人

船舶油污损害赔偿基金,是指以保护海洋环境、保证海洋油污清污费用充足、弥补海洋油污损害为目标,依靠国家行政权力的运用,按照法定的资金来源筹集起来的,在法定的条件满足时通过特定的程序专门用于弥补海洋油污事故中油污清污人和受害人损失的专项基金。船舶油污损害赔偿基金本质上是一种环境侵权损害赔偿责任的社会化,其通常在以下情况中对油污受害人和清污人进行赔偿、补偿:无法找到油污事故的责任方、油污事故的损害赔偿金和清污费用超出责任方责任限制、责任方承担赔偿责任的财务能力不足。①

---

* 上海海事法院审判监督庭庭长,三级高级法官。

** 上海市黄浦区人民法院,三级法官。

① 参见王婷婷:《中美油污损害赔偿基金之立法比较》,载《人民司法》2014年第17期。

根据交通运输部、财政部联合印发的《船舶油污损害赔偿基金征收使用管理办法》(以下简称《基金办法》),2012年7月1日起,我国开始征收船舶油污损害赔偿基金(以下简称油污基金)。2015年6月18日,中国船舶油污损害理赔事务中心(以下简称基金理赔中心)于上海设立,由上海海事局代为管理,面向全国受理油污受害人申请基金赔偿的案件,这标志着我国船舶油污损害赔偿机制正式开始运作。

根据基金理赔中心提供的信息,截至2019年6月,基金理赔中心已经赔付案件12起,总金额达6400余万元。随着理赔案件逐渐增多,基金理赔中心涉诉的案件则可能增加,其正日益成为海事诉讼体系中的一个重要诉讼主体。然而,由于在我国油污基金尚为新生事物,与之对应的立法及诉讼体制尚处空白状态,当前我国与油污基金相关的规范性文件仅为2012年财政部与交通运输部联合发布、经国务院批准的《基金办法》,2014年交通运输部海事局出具的《船舶油污损害赔偿基金征收使用管理办法实施细则》。① 所以,加强对油污基金的司法衔接体制的研究和构建十分必要。

一、以全国首例船舶油污基金代位追偿案为视角发掘问题

(一)案情简介

2012年12月末,内河小油船"山宏12轮"在航行至长江白茆沙北水道时因上浪致沉没。沉船事故导致船载废油溢出并扩散漂移至长江上海段水域,造成崇明岛沿岸水域、滩涂、河口、水闸、堤坝等受到严重污染。上海海上搜救中心指令上海晨扬港口服务有限公司(以下简称晨扬公司)、上海夕阳环保科技有限公司(以下简称夕阳公司)进行清污作业。此外,由于油污影响到崇明水域,上海市崇明县海塘管理所(以下简称海塘所)也派出人员清理滩涂、岸上的油污。

由于"山宏12轮"船舶所有人未能向晨扬公司、夕阳公司和海塘所支付清理油污、恢复生态环境的相关费用,3家单位分别在2015年1月和2016年1月向上海海事法院提起诉讼,要求赔偿其损失。2016年1月和4月上海海事法院判决金额如下表所示:晨扬公司4,500,092元、夕阳公司1,564,314元、海塘所579,924.4元。判决生效后,肇事船舶所有人并未履行判决,因此晨扬公司、夕阳公司与海塘所均向法院提出执行申请。在执行过程中,上海海事法院发现被执行人无可供执行的财产,裁定终结晨扬公司、夕阳公司、海塘所3起执行案件的本次执行程序。

鉴于肇事船舶所有人暂时无力支付欠款,2017年1月13日,晨扬公司、夕阳公司与崇明海塘所分别向油污基金申请先行赔付其损失。因为油污基金仅赔付油污受害人的成本损失,不赔付合理的间接经济损失,所以基金理赔中心在法院认定的损失事实基础上,对晨扬公司、夕阳公司与崇明海塘所在"山宏12轮"事故中的成本损失按照《航船油污损害赔偿基金理赔导则》进行了重新核定,决定向3家申请单位支付所有的成本损失。具体金额分别为:晨扬公司1,344,182元;夕阳公司469,419元;海塘所13,267,808元。

① 参见李雯雯、胡正良:《中国船舶油污损害赔偿基金制度的不足与完善》,载《中国海商法研究》2018年第3期。

赔付时,3 家机构向基金理赔中心出具了权利转让书,确认将理赔范围内追偿的权利转让给基金理赔中心。

2018 年下半年,基金理赔中心了解到油污损害责任人目前可能有财产可供执行,即在基金赔偿或补偿的范围内,向"山宏 12 轮"船舶所有人进行追偿。2019 年年初,基金理赔中心依据最高人民法院《关于民事执行中变更、追加当事人若干问题的规定》(以下简称《追加规定》)第 9 条申请上海海事法院追加其为"山宏 12 轮"执行案件的申请执行人。①

(二)实践问题产生

1. 基金理赔中心在实际赔偿后是否取得代位求偿权问题

目前,我国法律明确规定的代位求偿权仅限于保险法范畴。但是,油污基金是一项新生事物,"山宏 12 轮"案又是基金理赔中心正式赔付的第一起案件,基金理赔中心理赔后是否取得代位求偿权问题是保障基金良性运转亟须解决的一个问题。

交通运输部和财政部于 2012 年联合出台的《基金办法》是目前基金理赔的主要依据,其中第 26 条第 1 款规定:"基金管委会在赔偿或者补偿范围内,可以代位行使接受赔偿或补偿的单位、个人向相关污染损害责任人请求赔偿的权利。"虽然《基金办法》已就此问题作了明确规定,但是就法律性质而言,《基金办法》仅是部门规章,无法直接作为被援引的法律规定。所以,关于代位求偿权的行使问题,仍需参照现行国际惯例,结合我国实际情况,通过立法的行使予以明确。

2. 执行程序中,能否通过追加申请执行人方式行使代位求偿权问题

执行程序中,能否通过追加申请执行人方式行使代位求偿权问题是前一问题的延伸,是否享有代位求偿权是基础,如何行使代位求偿权是深化,两者的结论需保持一致性,不然各地的实践操作将出现不统一的情况。

实践层面上,以"山宏 12 轮"案为例,基金理赔中心只有在油污损害责任人无财产可以理赔的情况下才予以核定赔偿,而无财产可供执行的依据便是法院的终结本次执行程序裁定书。因此,基金理赔中心在执行阶段中行使代位求偿权将是一个必然现象。在今后审判执行实践中,基金理赔中心申请追加其为申请执行人的案件将不断涌现。

《追加规定》实施以来,追加被执行人的案件极速增长,但是追加申请执行人的案件却为数不多。如何正确理解《追加规定》中关于"债权转让"的概念,将成为基金理赔中心能否被追加为申请执行人的关键。

3. 执行程序中,油污受害人与基金理赔中心的受偿顺序问题

如果基金理赔中心被追加为申请执行人,那么其与油污受害人(原申请执行人)之间的受偿顺序问题将会成为另一个值得探讨的问题。现行法律规定下,对于除优先受偿类

---

① 最高人民法院《关于民事执行中变更、追加当事人若干问题的规定》第 9 条规定:申请执行人将生效法律文书确定的债权依法转让给第三人,且书面认可第三人取得该债权,该第三人申请变更、追加其为申请执行人的,人民法院应予支持。

债权(包括留置权、抵押权等)外,一般债权原则上按照比例受偿。但是,鉴于基金理赔中心与油污受害人的特殊关系,简单地按照一般债权的方式处理该问题似乎又不妥。本文将进从油污基金理赔的范围和性质着手,在下文中探讨该问题。

4. 油污受害人不服基金理赔中心赔偿决定是否可以司法救济问题

油污受害人不服基金理赔中心赔偿决定是否可以司法救济问题在实践中尚未发生,因为在"山宏12轮"中,晨扬公司、夕阳公司、海塘所均未对基金理赔中心的赔付决定提出异议。但是,我们不能寄希望于油污受害人与基金理赔中心永远没有分歧。如果油污受害人不服基金理赔中心赔偿决定,是否可以提起诉讼,是提起民事诉讼还是行政诉讼,这些都是立法者需要突破现状,提前考虑的问题。

二、从国际惯例角度探讨解决问题

(一)国际公约、各国立法相关规定

1. 国际公约规定

目前,关于船舶油污损害赔偿基金的国际公约是1971年12月18日联合国政府间海事协商组织于布鲁塞尔通过的《1971年国际油污损害赔偿基金国际公约》(以下简称《1971年基金公约》),该基金公约生效后先后通过了1976年议定书、1984年议定书、1992年议定书。虽然我国非该议定书缔约国,但考虑到香港特别行政区有实际需要,我国政府决定加入议定书,但同时声明对该议定书实行保留,即该议定书仅适用于我国香港特别行政区。[①] 关于基金在赔偿后取得代位求偿权问题,《1971年基金公约》第9条第1款规定:"对于本基金按照本公约第4条第1款为油污损害赔付的任何数额,本基金可通过代位取得受偿人按照《责任公约》享有的针对船舶所有人或其担保人的权利。"[②]

2. 各国立法规定

美国没有加入《1971年基金公约》及后续的议定书,然而受到1989年"埃克森-瓦德兹号"原油泄漏事故处置不力的影响,美国参众两院迅速做出反应,起草并通过了《1990年油污法》,促成"国家溢油污染基金中心"于1993年2月成立,要求确保基金中心时刻保有10亿美元的油污基金,以便在发生石油污染事故时能确保有充分资金为油污清除行动提供援助。[③]《1990年油污法》第1015条对基金代位求偿权作了如下规定:"按照本法向任何人支付清污费用或损害的任何人,包括基金,应以代位方式取得索赔人

① 参见潘涔:《我国船舶油污损害赔偿基金法律制度的实践研究》,上海社会科学院2018年硕士学位论文,第1页。

② *International Convention on the Establishment of an International Fund for Compensation for Oil Pollution Damage*(*Brussels*, 18 *December* 1971) *Article* 9:1. Subject to the provisions of Article 5, the Fund shall, in respect of any amount of compensation for pollution damage paid by the Fund in accordance with Article 4, paragraph 1, of this Convention, acquire by subrogation the rights that the person so compensated may enjoy under the Liability Convention against the owner or his guarantor.

③ 参见黄秀蓉:《美、日海洋生态补偿的典型实证及经验分析》,载《宏观经济研究》2016年第8期。

根据其他法律享有的一切索赔权利。"①

加拿大作为《1971 年基金公约》及后续议定书的缔约国,采用国际公约与国内法相结合的双轨制模式,一方面,根据国际公约所建立的"国际油污赔偿基金"可在国内直接适用;另一方面,加拿大国内立法《海事责任法》第 72 条到第 76 条也对该基金制度进行了明确规定,有效实现了国际公约的国内法转化。关于基金的代位求偿权,《海事责任法》第 106 条第 3 款规定:"如果索赔人(油污受害人)决定接受基金管理人的赔偿,那么基金管理人在支付赔偿的范围内,可以代位行使涉及索赔人的相关权利。"

3. 借鉴意义

分析国际公约和各国相关立法,可以得到以下借鉴意见:一是关于代位求偿权,国际公约及各国立法的观点基本一致,那就是油污基金在理赔后可以取得代位求偿权,在理赔的范围内向油污损害责任人进行追偿;二是关于法律关系的认定,国际公约和各国立法均认为涉及油污基金的相关法律纠纷应当属于民事法律范畴。《1971 年基金公约》是与《1969 年国际油污损害民事责任公约》相配套的公约,后者解决油污受害人与油污损害责任人之间的法律纠纷问题,前者解决油污基金理赔情况下的法律纠纷问题,但两者都认为油污受害人、油污损害责任人、油污基金之间的法律关系均是民事法律体系项下的。

(二)具体问题观点阐释

1. 基金理赔中心在实际赔偿后取得代位求偿权

如前文所述,《1971 年基金公约》第 9 条第 1 款、美国《1990 年油污法》第 1015 条、加拿大《海事责任法》第 106 条第 3 款均规定了代位求偿权的相关内容。笔者认为,《基金办法》第 26 条的规定与上述规定基本保持一致,就基金理赔中心在实际赔偿后取得代位求偿权的观点,各方已经达成共识,应当通过立法的形式予以确定。

其实,2018 年 11 月交通运输部关于我国《海商法》征求意见稿第 13.29 条中已经增加了关于代位求偿权的内容,其中记载:"船舶油污损害赔偿基金在赔偿或者补偿范围内,可以代位行使接受赔偿或补偿的受害人向相关污染损害责任人请求赔偿的权利。"

2. 执行程序中,基金理赔中心通过追加申请执行人方式行使代位求偿权

基金理赔中心申请追加其为执行案件申请执行人的法律依据是《追加规定》第 9 条,该条规定:"申请执行人将生效法律文书确定的债权依法转让给第三人,且书面认可第三人取得该债权,该第三人申请变更、追加其为申请执行人的,人民法院应予支持。"从中可以提炼出以下关键词:有生效法律文书、符合债权转让条件、申请执行人书面认可。实践中,有生效法律文书和油污受害人书面认可的条件均满足,需要重点讨论的是债权转让的条件是否满足。

---

① *Oil Pollution Act of* 1990 *Sec.* 1015. *Subrogation.* 3(*a*) *In General.* —Any person, including the Fund, who pays compensation pursuant to this Act to any claimant for removal costs or damages shall be subrogated to all rights, claims, and causes of action that the claimant has under any other law.

关于债权转让,我国目前关于债权转让的法律条文是《合同法》第79条和第80条。由于油污受害人与油污损害责任人之间往往没有合同关系,该债权是否能够转让是一个值得探讨的问题。有学者认为,我国《合同法》第79条仅针对合同债权的转让,易使人误解为只有合同债权才能自由转让。但《合同法》第79条具有价值宣示的作用,即以常见的合同债权为例来宣示债权自由转让原则,只要自由转让原则获得确立,债权转让就不限于因合同所发生的债权,而扩张于所有债权,既包括根据合同发生的债权,也包括如侵权行为、不当得利之类法定原因的债权。其他债权转让的构成要件可类推适用我国《合同法》第79条。①

笔者很赞同上述观点,从法理角度探讨,民法属于私法,最能体现当事人的意思自治原则。基金理赔中心作出赔偿决定时,油污受害人已向基金理赔中心出具了权利转让书,双方已就债权转让的行为达成合意,且该债权转让符合我国《合同法》第79条的构成要件。虽然油污受害人债权的性质不属于合同性质,但是可以类推适用我国《合同法》第79条。

从诉讼法实践层面探讨,直接追加基金理赔中心为申请执行人的方式更有利于明确各方法律关系,推动案件尽快处理,原因有以下两点:首先,基金理赔中心与油污损害责任人之间的债权债务关系已在两者间的诉讼程序中确定。基金理赔中心享有的权利是代位求偿权,所谓"代位",即基金理赔中心享有油污受害人对油污损害责任人主张赔偿的权利,既然油污受害人"求偿"的权利已经由生效判决进行了确定,那么基金理赔中心"求偿"的权利也应当与之保持一致。其次,如基金理赔中心重新提起诉讼,一定程度上将造成司法资源浪费并给当事人带来诉累。基金理赔中心并非清理油污直接参与方,如果重新诉讼,其主张的诉请和全部证据均应当由油污受害人提供,而上述证据及辩论意见在原审案件中已经进行了审理。重新诉讼无论是对当事人还是对法院来说都是耗时耗力的重复劳动,会造成司法资源浪费。

综上所述,从法条层面分析,基金理赔中心申请追加其为申请执行人的方式符合法律规定,从实践层面分析,该方式高效便捷,可操作性高,应该通过立法方式予以明确。

3. 执行程序中,油污受害人的受偿顺序优先于基金理赔中心

从基金赔偿的范围进行分析,根据《基金办法》,以"山宏12轮"案为例,基金仅赔偿油污受害人成本损失,不赔偿间接损失。油污受害人从基金处获赔的金额远低于法院判决油污损害责任人应赔偿总金额,在油污受害人没有完全受偿的情况下,执行中关于财产的分配应当先满足油污受害人的间接损失。

从基金赔偿的性质进行分析,基金理赔中心之所以能够行使代位求偿权而被追加为申请执行人,其代位权利的基础就是油污受害人权利本身,因此,应当首先满足非代位部分,再满足基金理赔中心代位部分。同为申请执行人且债权性质同属一般债权的情况

---

① 参见庄加园:《〈合同法〉第79条(债权让与)评注》,载《法学家》2017年第3期。

下,油污受害人的债权优先于基金理赔中心的债权受偿。

诚然,在目前的法律体系下,基金理赔中心与油污受害人的债权同为一般债权,前者优于后者受偿缺乏法律依据。但是从本质上分析该问题,本文认为前者优于后者受偿是合理的,并且会鼓励油污受害者主动承担起清理油污的责任。所以,立法部门在修订法律时应当根据该立法导向制定相关法律规定。

4. 油污受害人如不服基金理赔中心赔偿决定可以提起民事诉讼

关于油污受害人能否提起诉讼问题,有学者认为,在目前的法律体系下,无论是行政诉讼模式还是民事诉讼模式,都不支持对基金理赔中心的诉讼。关于行政诉讼模式,缺少行政复议的上一级管理机构,船舶油污基金管理委员会(以下简称基金管委会)并不具有独立法人资质,基金理赔中心和基金管委会也并不存在行政隶属关系,因为无法进行行政复议程序,行政诉讼程序亦无法实施。关于民事诉讼模式,基金理赔中心不是油污事故肇事者,亦不是船舶油污事故赔偿责任主体,其与油污受害人之间不存在因民事侵权行为而产生的债权债务关系,因此油污受害人亦不能提起民事诉讼。①

笔者认为,以"山宏 12 轮"案为例,法院判决油污损害责任人应当向 3 家油污受害人赔偿人民币 960 余万元,但是基金理赔中心最终核算下来只赔偿成本损失部分人民币 313 余万元。关于赔偿的合理性与准确性,如果不给予油污受害人司法救济的权利,一方面有失公平,另一方面会打击油污受害人清理油污的积极性,造成以后大家都不愿意参与政府组织的强制清污行为的不利局面。所以,按照诉讼法的基本理念,应当赋予油污受害人司法救济的权利。

关于油污受害人提起诉讼的形式,参照国际公约和各国立法规定,该诉讼应当是民事诉讼。关于基金理赔中心与油污受害人之间不存在合同、侵权等民事法律关系问题,可以通过法律的特殊规定来解决,简言之就是"法律拟制"。本文尝试将基金赔偿行为参照保险合同赔偿行为进行处理,因为两者有很多相似之处,如从设立目的角度,两者都是为了分散风险,保障意外事故妥善解决;从征收、赔付模式角度,两者都是向不特定的群体收取小额款项,用于意外事故引起的大额支出;从赔偿后取得相关实体权利的角度来看,受害人在取得赔偿款后都会将追偿权通过权利转让书的形式转让给基金或保险公司。其实,我们可以将基金看作一种特殊形式保险,只不过这种保险是出于环境保护的目的,由国家公权力强制介入并收取保险费。如果能在这一观点上达成共识,那么就可以将油污受害人起诉基金理赔中心的案件参照保险人起诉保险公司的案件处理。

三、中国船舶油污损害赔偿基金的诉讼、执行机制建构

(一)明确诉讼主体

首先,需要明确油污基金、基金管委会、基金理赔中心的主体性质及相互关系。油污基金从性质上属于金钱类财产,不是诉讼法意义上的主体。基金管委会是讨论油污基金

① 参见帅月新、施依柠:《我国船舶油污损害赔偿基金理赔决定可诉性研究》,载《中国海事》2016 年第 9 期。

各种重大事项的组织,但是其并非常设机构,基金管委会成员单位定期调整,不具有固定的办公场所、职位和人员编制,不符合诉讼法中"具有自己的组织机构、场所,能以自己的名义独立承担法律责任",所以基金管委会也不是诉讼法意义上的主体。

其次,基金理赔中心作为基金理赔事项的常设机构,具有国家事业单位登记管理局颁发的事业单位法人资格,属于民事诉讼法规定的"其他组织",应当为维护油污基金利益参与诉讼程序。考虑到"中国船舶油污损害理赔事务中心"有变更名称的可能性,法律中建议用"船舶油污损害赔偿基金理赔机构"这一名称予以概括。

(二)立法建议

1. 关于基金在赔付后取得代位求偿权问题

遵循我国《海商法》征求意见稿第13.29条的表述,即"船舶油污损害赔偿基金在赔偿或者补偿范围内,可以代位行使接受赔偿或补偿的受害人向相关污染损害责任人请求赔偿的权利"。

2. 关于执行程序中,基金理赔中心通过追加申请执行人方式行使代位求偿权问题

笔者设想在《海事诉讼特别程序法》修改时增加一条:"船舶油污损害赔偿基金依据《中华人民共和国海商法》第13.29条(此为修改意见稿未正式生效)享有代位求偿权的,如果接受赔偿或补偿的油污受害人与油污损害责任人的诉讼案件已经进入执行程序,船舶油污损害赔偿基金理赔机构可以代表船舶油污损害赔偿基金行使代位求偿权,申请追加其为油污受害人与油污损害责任人执行案件的申请执行人。"

3. 关于执行程序中,油污受害人的受偿顺序优先于基金理赔中心问题

本文设想在《海事诉讼特别程序法》修改时增加一条:"船舶油污损害赔偿基金理赔机构依据本法第×条申请追加其为油污受害人与相关污染损害责任人执行案件申请执行人的,油污受害人的债权优先于船舶油污损害赔偿基金理赔机构的债权受偿。"

4. 关于油污受害人如不服基金理赔中心赔偿决定可以提起民事诉讼问题

本文设想在《海事诉讼特别程序法》修改时增加一条:"油污受害人对船舶油污损害赔偿基金理赔机构的赔偿或补偿决定不服的,可以向船舶油污损害赔偿基金理赔机构所在地海事法院提起民事诉讼。"

结　语

笔者从"山宏12轮"油污事故赔偿案件中法院遇到的实际问题出发,探讨了构建基金相关诉讼制度的设想。上述观点虽然不一定完全准确,但是相关问题已经现实存在。因为与基金赔偿相关的诉讼法律制度确实不够完善,本文期待提出一些问题和解决思路,能够在正式修订法律法规时予以参考。

论公司利益的识别机制(上)

沈 晖*

摘要:公司利益的识别以识别主体为分类标准,可分为自我识别与司法识别。以识别时间为分类标准,可分为事前识别、事中识别与事后识别。公司利益识别具有意思形成功能与责任归属功能。在公司利益的事中识别中,其识别组织包括公司经营决策机关与公司代表人。在识别程序上,应当关注其独立性与公开性要求。公司利益的事前识别能够提高识别效率、节约利益识别成本与公司运营成本,并增强可预见性,具有正当性。公司利益的事后识别可分为事后自我识别与司法识别。其中,公司利益的事后自我识别可区分为追认中的利益识别,公司利益的再识别及股东代表诉讼中的识别。公司利益的司法识别包括程序识别与实体(包括但不限于公正性)识别,在司法识别中,公司满足自我识别中的程序要求导致举证责任转移。

关键词:公司利益 事前识别 事中识别 事后识别 自我识别 司法识别

公司作为商事组织,通过经营活动实现"公司利益"是其中心活动。公司决策中包含着对决策后果合公司利益性的判断。公司的活动,离不开对公司利益的识别。

利益在不同的语境下有多种含义,它可能是指"利益关系",即利益客体与利益主体之间所形成的,客体对主体需要满足或具有有用性/有益性的关系。作为利益关系的客体的"利益",是主体所欲求的东西。

公司利益的识别,是指对公司可能、正在或已经通过实施特定行为所追求的利益是否符合"公司利益"的要求,即该利益是否对公司有用/有益进行的判断。

一、公司利益识别的分类与功能

(一)公司利益识别的分类:以识别主体与时间为标准

1.公司利益的自我识别与司法识别:以识别主体为分类标准

有德国学者指出,利益表现为某个特定的(精神或物质)客体对主体具有意义,并且为主体自己或者其他评价者直接认为、合理地假定或者承认对有关主体的存在有价值

* 法学博士,江苏经贸学院工商管理学院教师。

(有用,必要、值得追求)。[①] 这一观点中所称的“认为、合理的假定或者承认”客体对有关主体的存在有价值(有用,必要、值得追求)的过程为利益识别过程。而其所提及的主体自己所进行的上述识别过程则是利益的自我识别。同样,“其他评价者”亦可进行这样的识别,这里的其他识别者主要是司法机关(当然,也可能是仲裁机构),其中,司法机关是最主要的利益主体外的利益识别机构,由司法机关进行的识别则为利益的司法识别。

个人是自身利益的最佳法官。“每个人根据他自己所处的环境,比之别人能更好地判断什么对他有利和有用。”[②]对特定利益是否对公司有益的判断,在非争议情形下,理应由公司,也只有公司能更好地作出这一价值判断。由公司自身实施的这一判断为对公司利益的自我识别。

然而,当对公司所实施的某一行为究竟是否符合公司利益发生争议而产生诉讼时,司法机关不可避免地需对此进行判断,由司法机关所实施的该项判断过程为公司利益的司法识别。

2. 公司利益的事前、事中与事后识别:以识别时间为分类标准

(1)公司决策中包含着对公司利益的自我识别

公司的组织行为包括组织决策和组织活动两大类。“任何组织活动归根到底都是组织决策的结果……‘活动’是组织将决策付诸实施的行为。”[③]在重大问题上,在对外从事行为之前,必须先在内部形成社团的意思。[④] 因此,公司的组织决策是公司行为的核心与基础。

当公司作出实施特定行为的决策时,由于公司的行为应以符合公司利益为目标,即使并未言明,也应认为在这一决策中隐含了实施该行为所追求的利益符合公司利益的内容,从而,公司决策中必然包含对特定行为合公司利益性的自我识别。

(2)对公司经营行为决策中的利益识别——事中识别

公司法上的各种制度,莫不是围绕保障公司高效、顺利运营,防止经营过程中的败德行为,最终实现公司利益进行设计的。公司的经营活动是公司运营中最主要的活动。

行为应当是一种有意识的活动,完整的公司经营行为包括就实施该行为作出决策,以及公司决策的对外表达与实施。公司所实施的一切经营行为应以实施该行为的经营决策这一公司意思为前提,而经营决策中也必然包含着对这一行为是否符合公司利益的识别。从而,对公司经营行为合公司利益性的识别为就该行为在决策的意思形成过程中所进行的对公司利益的自我识别。公司经营行为决策中的利益识别是公司利益识别中

---

① 参见[德]汉斯·J. 沃尔夫、奥托·巴霍夫、罗尔夫·施托贝尔:《行政法》,高家伟译,商务印书馆2002年版,第324页。

② [英]J. R. 麦克库洛赫:《政治经济学原理》,郭家麟译,商务印书馆1975年版,第75~76页。

③ 李伟阳、肖红军:《ISO26000的逻辑:社会责任国际标准深层解读》,经济管理出版社2011年版,第79页。

④ 参见[德]迪特尔·梅迪库斯:《德国民法总论》,邵建东译,法律出版社2001年版,第841页。

最重要、最核心的环节,由于它是在(经营)行为进行中所进行的识别,本文中称其为公司利益的“事中识别”。

(3)对可能发生行为的利益识别——事前识别

为促进公司高效经营与防止经营中的败德行为,公司也可能决定授权或者禁止实施某类可能发生的行为,这是对特定经营行为在发生前即对其是否符合公司利益进行的预判,故称其为事前识别。

(4)对行为发生后的识别——事后识别

由于公司中存在诸多机关可能形成公司意思,这些机关对特定行为是否符合公司利益的判断可能并不一致。在公司实施特定行为之后(此种行为可能已经过利益识别,也可能未经利益识别),不同的利益相关人之间可能就该行为是否符合公司利益发生争议。① 从而,在公司已经进行利益识别后,或者公司实施特定行为后,可能需对已进行的利益识别是否正当或者已实施的行为是否符合公司利益进行识别,此种在公司已作出利益识别或实施特定行为后所进行的利益识别为公司利益的事后识别。

公司利益的事后识别可能由公司自身进行即进行自我识别,也可能由司法机关进行即进行司法识别。由于司法救济是一种事后救济,因此,司法识别只能是一种事后识别。

3. 公司利益的一般识别与特别识别

在公司利益的识别过程中,如果识别组织成员与识别事项存在特别的利益或关联关系,由于其自身利益的存在,很难保证该成员在识别过程中能够公正地履行职责与行使权利,进而难以保障识别结果的客观性与公正性。因此,当识别组织成员与识别事项存在特定利益或关联关系而可能影响识别结果的公正性时,有必要对识别机关和识别程序予以特别安排,以排除此种利益或关联关系对识别结果公正性可能产生的不利影响。在公司法上,此种特别的关联或利益关系往往表现为公司的控股股东或董事(监事)就识别事项上存在着利益冲突的情形。根据是否存在上述利益冲突情形,公司利益的识别可以分为一般识别与特别识别。

公司利益的一般识别,是指在控制股东或董事(监事)就识别事项不存在利益冲突情形下,就公司特定行为(所追求的利益)是否符合公司利益进行的识别。

公司利益的特别识别,是指在控制股东或董事(监事)就识别事项可能存在利益冲突情形下,为保障识别结果的公正性,由特定识别机关依照特定程序就该公司特定行为(所追求的利益)是否符合公司利益进行的识别。

(二)公司利益识别的功能

1. 公司利益自我识别的意思形成功能

公司利益的自我识别是公司对实施特定行为所追求或实现的利益是否符合公司利益的判断,显然,此种判断是一种公司意思。公司的行为以实现“公司利益”为目标,当公

① 例如,股东大会决议认为符合公司利益的行为,债权人或者职工持有异议,认为其侵害了包含其利益在内的公司利益,不符合公司利益。

司授权、决定、追认公司实施特定行为,其授权、决定、追认公司实施此种行为的意思中即已内含了此种行为所追求的利益符合公司利益的意思,此种授权、决定、追认行为分别构成公司利益自我识别中的事前、事中与事后识别。

任何公司决策,欲对外产生预定的法律效果,必须经过意思形成和意思表示两个完整阶段。某些行为若仅有意思形成阶段,而无意思表示阶段,这些行为因未对外表达,仅能约束公司内部人,外部第三人一般不能因知晓这一公司意思而直接诉求公司履行。[①]公司利益识别所包含的特定行为是否符合公司利益的意思是一种公司内部意思,公司利益自我识别过程也就是公司意思形成过程,从而,公司利益识别具有公司意思形成功能,此种功能的后果表现在以下方面:

(1)当公司通过从事具体行为所进行的意思表示与内部意思(授权、决定、追认的行为)一致时,为公司意思表示与内部意思一致的行为(公司意思表示真实),如符合民事行为有效的其他要件,公司所实施的民事行为有效;

(2)当公司通过从事具体行为所进行的意思表示与内部意思(授权、决定、追认的行为)不一致时,即缺乏其所从事行为的公司内部意思时,此种行为则并不当然有效。例如,我国《合同法》第50条规定:"法人或者其他组织的法定代表人、负责人超越权限订立的合同,除相对人知道或者应当知道其超越权限的以外,该代表行为有效。"第49条规定:"行为人没有代理权、超越代理权或者代理权终止后以被代理人名义订立合同,相对人有理由相信行为人有代理权的,该代理行为有效。"这些超越代表权或代理权所实施的行为,正是缺乏公司同意实施该行为的事前授权或事中批准,不能确定地有效,只是为了维护善意第三人利益,方才有条件地承认有关行为的效力。

2. 公司利益识别的责任归属确定功能

公司的经营活动以实现"公司利益"为目标,当某一行为经识别(无论是自我识别还是司法识别)符合公司利益时,由公司承担该行为的法律责任当属必然,此即公司利益识别的责任归属确定功能。

公司利益识别的责任归属确定功能具体表现在以下方面:

(1)免责功能。当公司与特定内部人(如公司董事、控制股东)就其是否损害公司利益而应承担责任发生争议时,当该主体所实施的行为被识别符合公司利益时,则相关主体无须承担损害公司利益的法律责任。

此项功能在2006年英国《公司法》第263条的部分规定中得到充分体现:

如果法院确信有下列情况之一,它应当拒绝股东代表诉讼的继续进行:

(a)根据第172条规定(促进公司成功的义务)行事的人将不会要求继续进行诉讼;

(b)若诉因是将要发生的行为或懈怠,该行为或懈怠已经被公司授权;

(c)若诉因是已经发生的行为或懈怠,该行为或懈怠——(i)在发生前已经被公司所

---

① 参见蒋大兴:《公司法的观念与解释Ⅱ:裁判思维&解释伦理》,法律出版社2009年版,第166~167页。

授权,或(ii)在发生后被公司批准。①

前述股东代表诉讼为追究相关行为人责任的诉讼,法院拒绝该诉讼的继续进行意味着对事实上免除了该行为人的责任。根据该规定,当根据第172条规定(促进公司成功的义务)行事的人将不会要求继续诉讼或成为案件诉因的行为或懈怠被公司所授权或批准时,法院必须拒绝股东代表诉讼继续进行。因为在前者,诉讼将不会符合公司的最佳利益;而在后者,一旦公司授权或批准了该行为或授权,那么诉因将不再存在。② (a)中的"根据第172条(促进公司成功的义务)行事的人将不会要求继续进行诉讼"为独立机构作出的继续派生诉讼不符合公司利益的事中利益识别。(b)与(c)(i)中对将要发生或已经发生的行为在发生前所进行的"授权",为对这一行为是否符合公司利益的"事前识别",而(c)(ii)中对已经发生行为"在发生后被公司批准"(本文中所称的"追认")则为对该行为是否符合公司利益的"事后识别"。英国《公司法》第263条的规定充分体现了公司利益事前、事中与事后识别的分类,以及公司利益识别的免责功能。

(2)归责功能。当以公司名义与第三人实施的特定行为,公司与第三人就该行为的责任归属发生争议时,如经公司自我识别该行为符合公司利益(如公司通过事前授权实施该行为,或事中批准该行为,或事后追认该行为的方式进行识别),该行为的责任应由公司承担。由于公司利益的事后识别机制中包含了公司利益的司法识别机制,而且,公司利益的事中识别是公司利益识别的最为重要与核心的环节,公司利益的事前与事后识别机制与事中识别机制存在极大的关联。因此,本文将循着公司利益的事中、事前、事后识别机制的顺序,研讨各种识别机制中的相关问题与我国相关机制的完善。

二、公司利益的事中识别

公司利益的事中识别是在(经营)行为进行中,就该行为在决策的意思形成过程中所进行的对公司利益的自我识别。

(一)识别组织

公司利益的事中识别,是在公司经营决策过程中内含的对有关行为合公司利益性的识别。因此,其识别组织为有权代表公司作出经营决策意思者,具体而言,包括:

1. 公司经营决策机关

(1)股东会。公司经营中的重大事项,如公司合并、分立、增加或者减少注册资本等,往往都由公司股东大会进行决策。此外,还有一些其他特定经营事项也可能由股东大会决议,例如,根据我国《公司法》第16条第2款规定,公司为公司股东或者实际控制人提供担保的,必须经股东会或者股东大会决议。

(2)董事会。在公司正常经营过程中,无论在英美、德国还是日本式的公司治理体制中,一般而言,有关公司一般经营事项的决策机关为公司董事会。董事会是由董事组成

---

① 参见《英国2006年公司法》,葛伟军译,法律出版社2008年版,第161页。

② Law Commission Report 246(1997),paras. 6.84 – 6.86. 转引自李小宁:《公司法视角下的股东代表诉讼——对英国、美国、德国和中国的比较研究》,法律出版社2009年版,第84页。

的行使决策权和管理权的公司机构,是公司事务执行(经营)的意思决定机关。① "董事会也可形成公司意思,即就有关经营决策形成公司的意志。"②

至于股东会和董事会决策事项的划分,除法律作出规定外,可在公司章程中予以规定。股东会的职权能否授权行使应在坚持一般性原则的基础上引入个案分析的方法予以解决。③ 在德国,章程可以将股东的大部分权利转移给经理或监事会、管理委员会。不允许通过章程进行变更的仅仅是对章程修改的权利和少数股东的法定权限。④ 根据我国《公司法》第46条第11项及第108条第4款规定,我国《公司法》也明确允许公司章程对股东会、董事会与总经理之间的决策权限予以合理划分,酌情增减。

2. 公司代表人

在各国公司法上,公司代表人也可在其权限范围内作出决定并对外进行意思表示。

(1)在实行共同代表制的立法例下,公司代表通常为公司董事会。例如,在美国,《特拉华州普通商业公司法》第141(a)条及《1984年示范公司法》第8.01(b)条规定,"公司的一切权力应当由董事会行使或者在董事会的授权下行使,公司的业务和事务应当依照董事会的指导进行管理"且受到公司章程中所有限制的约束。⑤ 同样,在英国,法庭不认为单个董事有代表公司签约的通常权限,人们认为董事通过董事会议履行他们的义务,那是集体的行为,因此虽然董事会有很广泛的管理权力,但这些没有扩展到董事会成员个人身上。⑥ 当由董事会作为公司代表机关时,代表机关作出的意思形成自然也就是董事会作出的意思,此与前述公司机关形成公司意思并无二致。

(2)一些实行单独代表制或者法定代表制的立法例中,作为公司代表的个人也可能独自形成约束公司的意思。例如,在法国,董事长兼有"管理权限"(作出决定)以及对第三人执行(公司)决定的权利(代表公司的权利)。⑦ 此时,其作出的决定也是一种意思形成。代表董事对外拥有有关公司营业的决定上、决定外的所有行为代表公司的权限(《韩国商法》第389条第3款、第209条第1款)。在一定的情况下,其不仅可以做出业务执行本身的行为,而且拥有与此相关的意思决定权。代表董事(即使是数人)以自己的独断进行意思决定,其公正性由各自的法律责任来担保。⑧

① 参见梅慎实:《现代公司法人治理结构规范运作论》,中国法制出版社2001年版,第465页。

② 孔祥俊:《公司法要论》,人民法院出版社1997年版,第167页。

③ 参见赵旭东主编:《公司法学》,高等教育出版社2003年版,第47页。

④ 参见[德]托马斯·莱塞尔、吕迪格·法伊尔:《德国资合公司法》,高旭军等译,法律出版社2005年版,第524页。

⑤ 参见[美]罗伯特·W.汉密尔顿:《美国公司法》(第5版),齐东祥组织翻译,法律出版社2008年版,第176页。

⑥ 参见[英]保罗·戴维斯:《英国公司法精要》,樊云慧译,法律出版社2007年版,第47~48页。

⑦ 参见[法]伊夫·居荣:《法国商法》(第1卷),罗结珍、赵海峰译,法律出版社2004年版,第287页。

⑧ 参见[韩]李哲松:《韩国公司法》,吴日焕译,中国政法大学出版社2000年版,第243页、第307页、第338页。

需指出的是,在公司经营中,公司代理人也可能基于公司授权在其代理权范围内作出有关决定,就公司授予其代理权而言,无论是董事会决定授权及其范围,还是公司代表人在其职权范围内决定这一事宜,涉及的其实是公司机关或公司代表人对该授权行为是否符合公司利益的识别,从而并无对之予以单独考量的必要。

当公司经营决策机关(股东会或董事会)或代表人在其权限范围内作出实施特定行为的决定时,此种决定即内含着该行为符合公司利益的识别意思。

(二)识别程序

公司利益事中自我识别,主要是由股东会或董事会以及实行单独代表制的代表董事进行。董事在此识别过程中,拥有高度的自由裁量权。而股东,可能因控股权的存在而对决策产生巨大的影响与决定能力。“一切有权力的人都容易滥用权力,这是万古不易的一条经验。有权力的人们使用权力一直遇到有界限的地方才休止。”①“程序是一种角色分配的体系。程序参加者在角色就位之后,各司其职,互相之间既配合又牵制,恣意的余地自然受到压缩。”②“可以通过正义程序及其运行的过程来定义公平。”③良好的程序是实现正义的保证,需要通过程序对公司利益识别予以控制,为公司利益判断者权力行使划定一条边界,防止其滥用权力而损害公司利益。作为公司利益自我识别机制的表决机制,其主要作用“与多数民主政府的功能是类似的,即给予选民一定程度的保护,以使其利益免受当权者粗暴的侵害”。④

由股东会、董事会进行的识别,自需遵守其形成意思的程序——股东大会与董事会的召集方式与表决程序,对此,各国立法均有详细规定,在此不再赘言。作为一种利益识别机制,“任何人不得成为自己的法官”,防止识别者利益冲突成为公司利益识别程序的基本要求,因此,各国公司制度均强调对特殊情形——在可能存在利益冲突的情形(如就控制股东、董事与公司关联交易,以及董事是否可利用公司机会、董事竞业交易的许可)下利益识别机制的关注,剖析这些情形下的利益识别机制,可以发现,“公开”与“独立”成为公司利益识别程序的基本要求。

1. 识别程序的独立要求

当某一识别机关的参与者与识别事项有特别利害关系,其可能因难以超越自我利益而难以公正行使表决权,并最终影响识别结果的公正性。为保证识别公正性,应保持识别机关的独立性。对此,诸多国家均建立了表决权回避制度,即对表决事项具有特别利益关系者不得参加该事项的表决。在就控制股东或董事与公司间关联交易进行表决时

---

① [法]孟德斯鸠:《论法的精神》,张雁深译,商务印书馆 1961 年版,第 6 页。

② 季卫东:《法律程序的意义》(增订版),中国法制出版社 2012 年版,第 26 页。

③ Buchnan, J. M. and Richard A. Musgrave, *Public Finance and Public Choice: Two Contrasting Vision of the State*, 1999. 转引自曾军平:《自由意志下的集团选择:集体利益及其实现的经济理论》,格致出版社、上海三联书店、上海人民出版社 2009 年版,第 272 页。

④ Henry Hansmann, *The Ownership of Enterprise*, Harvard University Press, 1996, p. 289.

均是如此。

(1)就控制股东与公司间的关联交易而言,在美国,控制股东满足公平交易要求的条件之一为"非利害关系董事或者股东事先授权或者事后批准进行该项交易",①在德国,其《有限公司法》第47条第4款规定:"如果股东会决议涉及对某一股东义务或责任的免除,或某一股东和公司之间的交易,或起诉某一股东或其他争议解决方法,该股东不得参与股东会的表决。"《股份公司法》第136条第1款规定:"任何人在对其应否免责或应否免除一项义务或公司应否对其主张一项请求权作出决议时,既不得为自己,也不得为他人行使表决权。对于股东依第1款不得行使表决权的股票,表决权也不得由他人行使。"我国香港特别行政区联交所上市规则、由证监会执行的非立法性守则也要求控制股东与公司间的关联交易方面,须经过少数无利害关系股东中的多数批准。②

总体而言,在多数域外主要发达国家,均要求在控制股东与公司的关联交易中,控制股东不得参与就该交易事项进行的表决。而在未作此项要求的英国,③引起批评者极大的反对声音,认为要求控制股东对自己有利害关系的事宜真诚地依公司最佳利益表决,是为有良心的绅士制定的义务。考虑到诉讼的费用和困难,这样一个规则等于是保证免除控股股东的责任。如果想通过程序保障少数股东,更好的办法是禁止控股股东表决。④事实上,伦敦证券交易所的规则规定,在就控制股东的自我交易进行表决的股东大会上,关联方不得行使表决权。⑤ 这样,对于大型的上市公司而言,大多实行了控制股东的表决权排除制度。

(2)就董事与公司间的关联交易而言,根据美国《1984年示范公司法》第8.31条规定,如果满足"在信息完全披露以及利益相关董事回避的情况下,该交易得到董事会或其某一个委员会的批准或认可"。或者该交易根据该条经过了股东会的批准或认可,均会使该交易不"只"因为利益冲突本身而成为可撤销。无利害关系公司参与人的批准为该自我交易提供了一个"安全港",使自我交易变得有效,从而无须对此类交易的公平性进行司法审查。在美国,绝大多数州的制定法中均有类似规定。⑥《1989年示范公司法》则通过对参与表决的"有资格的董事"和"有资格的股东"的规定确保了识别组织的独立

① 还存在另两项要求:该交易成立时的交易条件对于公司是公平的,即满足实质性要求;以及控制股东充分披露了该交易涉及的利益冲突,即满足公开性要求,参见习龙生:《控制股东的义务和责任研究》,法律出版社2006年版,第124~125页。

② 参见李建伟:《关联交易的法律规制》,法律出版社2007年版,第314页,注3。

③ 在英国,对于利益不同于其他股东的控制股东与公司间的关联交易,如果法律要求股东批准,控股股东也可以表决,法院只是附加了一个条件,即不得滥用权力。参见李建伟:《关联交易的法律规制》,法律出版社2007年版,第305页。

④ 参见何美欢:《公众公司及其股权证券》,北京大学出版社1999年版,第828页。

⑤ 参见习龙生:《控制股东的义务和责任研究》,法律出版社2006年版,第181页。

⑥ 参见[美]罗伯特·W.汉密尔顿:《美国公司法》(第5版),齐东祥等译,法律出版社2008年版,第350~351页。

性。根据其规定,公司董事会就一项自我交易作出决定时,只有“有资格的董事”才能行使表决权。有资格的董事是指:“就一项董事利益冲突交易而言,这些董事:Ⅰ.在此项交易中没有利益冲突;Ⅱ.他们与有利害关系的董事之间不存在家庭、金钱、职业或者雇佣上的关系,这种关系在当时的情形下被合理地认为影响其就此项交易表决时的判断。”(第8.62条),而在股东会就一项自我交易作出决定时,只有“有资格的股东”才能享有表决权。该“有资格的股东”是指不属于利害关系董事及其关系人所持有或控制的股份(第8.63条)。① 同样,就董事利用公司机会而言,即便某个机会属于公司机会,也并不意味着公司的高级职员或董事不可以对其进行利用。公司可能自愿放弃并且允许其董事利用该机会。公司的放弃可能涉及自我交易,因此要受到关于关联交易规制规则的约束。② 对此,美国法律研究院《公司治理原则:分析与建议》第5.05条规定,董事或高级主管不得从公司机会中获利,除非:(1)该高级主管或董事首先将该公司机会提供给公司,并且披露有关利益冲突及公司机会之情事;(2)该公司机会被公司所拒绝;而且(3)或者(A)拒绝该机会对于公司是公平的;(B)经披露之后,该机会已经被无利益冲突的董事批准,或者,对于不担任董事的高级主管而言,被该高级主管的上级以满足商业判断规则之标准的方式所拒绝;或者(C)经披露之后,对该机会的拒绝已经经过无利益冲突的股东的事先授权或批准,而且这种拒绝并不等同于浪费公司财产。③ 再如,在英国,根据其2006年《公司法》第175条第(6)款,董事可因获得董事会授权而实施利益冲突交易,该授权应当满足以下条件:(a)关于事项被考虑的会议法定人数的人的任何要求,不将正被讨论的董事或任何其他利害关系董事计算在内,也得到满足;(b)未经他们投票,事项被通过,或者如果他们的投票不计算在内,事项也会通过。④ 可见,董事会在就董事利益冲突交易进行表决时,原则上实行利害相关董事的表决权排除制度,但是,即便利害相关董事参加了该决议,如果在该董事未计入董事会的会议定足数和表决权定足数而该决议仍能通过的话,则并不仅因利益相关董事的参与决议而导致决议无效或撤销。而且,第10部分第4章专章(第188~226条)规定了要求股东会批准的公司与董事的交易。例如,服务合同、重大财产交易、贷款、准贷款和信用交易、对失去职务的支付。可见,英国股东会与董事会均可能批准董事自我交易。此外,根据2006年英国《公司法》第239条规定,公司对董事构成与公司相关的过失、失责、违反义务或违反信托之行为的追认,必须经公司股东会决议,当形成该决议时,该董事(如果同时为公司股东)或与他有关联的任何股东都不是有资格的股东,即关联股东的赞成票应当被排除。⑤ 伦敦证券交易

① 参见习龙生:《控制股东的义务和责任研究》,法律出版社2006年版,第131~132页。

② 参见[美]罗伯特·W.汉密尔顿:《美国公司法》(第5版),齐东祥等译,法律出版社2008年版,第360页。

③ 参见美国法律研究院:《公司治理原则:分析与建议》(上册),楼建波等译,法律出版社2006年版,第328~329页。

④ 参见《英国2006年公司法》,葛伟军译,法律出版社2008年版,第106页

⑤ 同上书,第147~148页。

所的规则也要求,关联方不得在股东大会上投票表决。[①] 我国香港特别行政区《公司条例》附表A第86条第1项也规定了利益相关董事就其与公司之间的交易,在董事会决议时不得作出表决。[②]

2. 识别程序的公开要求

充分的信息是决策者进行理性决策的前提与基础。决策有4个要求,第一,观察或者获得信息;第二,记忆或者储存信息;第三,计算或者掌控信息;第四,交流或者转化信息。[③] 因此,要保证识别的公正性与正确性,除需确保识别组织的公正性外,尚需保证识别组织获得充分的信息,此即识别程序的公开要求。

在各国公司法上,除为确保股东会与董事会的理性决策,通过会议通知的要求以及股东质询权等制度,确保识别组织获得充分的信息外,对于其他必要的信息,尤其是可能会影响公司理性决策信息,要求信息的持有者进行披露。

完整、真实的信息是理性决策的前提,因此,在要求对控制股东、董事与公司间自我交易经股东会或董事会批准进而对该行为是否符合公司利益进行识别的制度安排下,各国立法一般均要求相关利益主体向该识别机关公开相关信息,规定了董事自我交易、董事利用公司机会以及免除董事竞业禁止义务等利益冲突情形下的董事严格的披露义务。例如,对董事自我交易中董事的披露义务,美、英、法、日等国一般要求,关联董事就其在交易中的利益向董事会或股东会进行适当的披露,[④]一些国家的立法还对披露的内容、方式、时间等方面作了详细规范。例如,(1)美国《1989年示范公司法》明确规定了利害关系董事的法定披露义务,其第8.60条第(4)款规定的披露事项包括:一是披露该董事利益冲突的存在及性质;二是有关该交易的标的的所有重要事实。构成"交易标的的所有重要事实"的标准是客观的,即普通谨慎之人从公司的立场上判断并有理由相信,这些事实对是否做此项交易是重要的。[⑤] 另外,由于《1989年示范公司法》要求股东会就一项自我交易作出决定时,只有"有资格的股东"才能享有表决权。该"有资格的股东"是指不属于利害关系董事及其关系人所持有或控制的股份。在股份高度分散时,股东会表决常常是使用代理投票的方式为之。在此情况下,要想确知哪些股份是由有利害关系董事所持有或控制着非常困难。因此,股东会表决程序上利害关系董事的讯息披露义务除了第8.60条的内容外,他还需要披露他本人和关系人所持有或控制的股份。(《1989年示范公司法》第8.63条)[⑥]其披露时间,一般规定应在董事知道或应当知道他自己或其利害

---

① 参见习龙生:《控制股东的义务和责任研究》,法律出版社2006年版,第181页。

② 参见董慧凝:《公司章程自由及其法律限制》,法律出版社2007年版,第206页。

③ Stephen M. Bainbridge, The New Corporate Governance in Theory and Practice, New York: Oxford University Press, 2008, pp. 89–100. 转引自邓峰:《董事会制度的起源、演进与中国的学习》,载《中国社会科学》2011年第1期。

④ 参见朱羿锟:《董事问责标准的重构》,北京大学出版社2011年版,第44页。

⑤ 参见李建伟:《关联交易的法律规制》,法律出版社2007年版,第261~262页。

⑥ 参见习龙生:《控制股东的义务和责任研究》,法律出版社2006年版,第132页。

关系人或相关实体在进行这一交易时,至迟不得晚于董事会、股东大会决议之前。[①]《纽约商事公司法》也要求披露利益冲突关系以及董事在该等契约或者交易中的利益有关的重大事实。《加利福尼亚普通公司法》则要求披露与交易以及董事的利益有关的重大事实。[②]《1984 年示范公司法》第 8.31 条、《特拉华州普通公司法》第 144 条也对董事自我交易中的利害关系董事的信息披露义务作了规定。对可能涉及自我交易的公司放弃且允许其董事利用公司机会,从 20 世纪 70 年代起,一系列的判例采纳了"在任何情况下,充分的、正式的披露都是必要的"观点。[③] 1994 年美国法律研究院的《公司治理原则:分析与建议》第 5.05 条规定,董事或高级重要职员如要为自己或相关人利用公司机会,也需首先将机会提供给公司,并且向公司决策者披露公司机会和利益冲突的所有重要事实;而公司符合法定条件地拒绝了该机会。[④] (2)在英国,其《公司法》(2006 年)第 177 条、第 182 条要求披露董事在交易中的利益的性质和范围。根据第 177 条规定,如果公司董事以任何方式直接或间接在被提议的与公司的交易或安排中享有利益,他必须向其他董事公布该利益的性质和范围。披露必须在公司签订交易或安排之前作出。而且,根据英国金融服务局(Financial Service Authority,FSA)(英国上市主管机关)上市规则第 11 章规定,除了某些例外,要求所谓的"关联方"交易要充分披露给股东并获得他们的批准。"关联方"交易包括公司(或者它的任何一家子公司)和董事或董事的关联关系人以及公司和董事或关联关系人共同从事金融活动的某些交易。这样,对于最大的公司,公司法自我交易董事会披露的原则实际上被上市规则中更加严格的要求所替代。[⑤] 就董事取得利用公司放弃机会的许可,也需在公司决定是否利用公司机会的决议作出前充分披露其利益。如果董事会决议同意董事利用某机会时,该董事并未披露其利益,则董事会的同意决议必须提交公司股东会进行批准。在股东会进行此项批准时,该董事仍需就重大事实进行披露。[⑥] (3)在法国,利害关系董事在寻求股东会批准利益冲突交易前必须进行广泛披露。随着近年来的立法改革,除一些小额交易外,董事和总经理与公司发生的交易活动必须向董事会主席报告,即使无须股东会批准的交易活动也在其内(《法国商法典》第 225 - 39 条)。而且,还要将交易的全部清单通报全体董事及审计师。[⑦] (4)从德

① 美国《1989 年示范公司法》第 8.62 ~ 8.63 条的规定。

② 参见孙威:《公司管理者利益冲突的法律规制》,知识产权出版社 2011 年版,第 185 页。

③ 同上书,第 233 页。

④ 参见曹顺明:《股份有限公司董事损害赔偿责任研究》,中国法制出版社 2005 年版,第 190 页。

⑤ 参见[英]保罗·戴维斯:《英国公司法精要》,樊云慧译,法律出版社 2007 年版,第 188 ~ 189 页。

⑥ L. C. B. Gower, D. D. Pretince, B. G. Petter, *Gower's Principles of Modern Company Law* (*5th*), *Sweet & Maxwell*, 1992, p. 570. 转引自曹顺明:《股份有限公司董事损害赔偿责任研究》,中国法制出版社 2005 年版,第 191 页。

⑦ 参见[瑞士]杰拉德·赫蒂格、[日]神田秀树:《关联交易》,载[美]莱纳·克拉克曼等:《公司法剖析:比较与功能的视角》,刘俊海、徐海燕等译,北京大学出版社 2007 年版,第 129 页,正文及注 36。

国有关判例来看,董事也需要向监事会全面披露利益冲突交易内容与条件。①

就控制股东的信息披露义务,1977年,新西兰上诉法院在Coleman v. Myers案中认为,多数股东/董事(封闭公司)对有关封闭公司事务的即时信息存在垄断,而且少数股东长期对多数股东存在依赖,在这种情形下,控制人负有向少数股东披露非公开信息的注意义务。② 现代公司法已趋向于强制控制股东向其他股东和债权人披露特定的信息,并且不得含有不实陈述。③

(三)我国公司利益事中识别机制的完善

在不同公司机关间对一经营行为是否符合公司利益进行识别的权限划分与识别程序方面,适用各国公司法关于公司机关权限划分及相应的议事规则。一般情形下的利益识别机制,涉及股东大会、董事会会议制度的安排,对其专门的研讨并非本文主旨。

鉴于利益冲突情形下利益识别不公或不当的高度风险,各国均强化了对此类情形下特殊利益识别机制的构建,发达国家对利益冲突情形下公司利益识别机制的特殊安排主要包括特定机关的批准制度(涉及识别组织)、就该利益冲突事项表决时的利益相关者表决权排除制度(涉及识别程序的独立性要求),以及信息披露制度(涉及识别程序的公开性要求)。域外相关制度构建的理念与要求,对我国公司利益事中识别机制的完善也具有借鉴意义。

1. 关于控制股东关联交易中的公司利益事中识别机制的完善

我国《公司法》中关于控制股东关联交易的条款主要体现在第21条"公司的控股股东、实际控制人、董事、监事、高级管理人员不得利用其关联关系损害公司利益。违反前款规定,给公司造成损失的,应当承担赔偿责任",以及第16条第2款、第3款"公司为公司股东或者实际控制人提供担保的,必须经股东会或者股东大会决议。前款规定的股东或者受前款规定的实际控制人支配的股东,不得参加前款规定事项的表决。该项表决由出席会议的其他股东所持表决权的过半数通过"。我国控制股东关联交易利益识别机制仍有待于进一步完善。

第一,就在利益识别时实行控制股东表决权排除制度的控制股东关联交易范围而言,应扩展至所有控制股东关联交易。《公司法》第16条仅涉及控制股东与子公司之间的关联担保问题并对之实行控制股东的表决权排除制度,对控制股东的其他关联行为的规制则笼统地以《公司法》第20条予以规制。然而,依控制股东诚信义务等一般性的规则予以规范控制股东的关联交易的弊端,正如何美欢教授指出的,"要求控制股东对自己有利害关系的事宜真诚地依公司最佳利益表决,这是为有良心的绅士制定的义务。并考虑到诉讼的费用和困难,这样一个规则等于是保证免除控股股东的责任。如果想通过程

① 参见朱羿锟:《董事问责标准的重构》,北京大学出版社2011年版,第45页。

② 参见[英]保罗·戴维斯:《英国公司法精要》,樊云慧译,法律出版社2007年版,第247页。

③ 参见习龙生:《控制股东的义务和责任研究》,法律出版社2006年版,第281~306页。

序保障少数股东,更好的办法是禁止控股股东表决”。[①] 控制股东与公司关联交易的形式远非关联担保一项,对不同类型的控制股东关联交易区别对待也缺乏正当性,从国外立法来看,凡实行控制股东表决权排除制度的国家,均无仅将其限定于某一特定种类控制股东关联交易的立法例,应将控制股东表决权排除制度适用的范围扩展至全部控制股东与子公司之间的关联交易。

第二,就控制股东与公司间关联交易的识别机关而言,仅应赋予股东大会以识别权。原因在于:(1)在存在控制股东的情况下,由于控制股东多能够决定董事的任免,在此情况下,股东总是被保持在优先的地位。只要股东有权更换董事,他们就会受到关注以使他们满意。[②] 即使股东提名的“独立董事”在评估股东交易活动时也不一定没有利害关系。[③] 我国独立董事制度在上市公司中的普遍失效也证明了这一点。从而,在董事会层面较难排除控制股东的影响。(2)实行控制股东关联交易的股东会批准,结合在进行批准时关联股东的表决权排除制度可有效排除控制股东的不当影响。(3)从国际立法例来看,允许董事会作为控制股东关联交易批准机关(利益识别机关)的主要有美国、德国、法国,而且,即使在这些国家,股东会也仍可作为控制股东关联交易的批准机关。在美国,股东会与董事会均可作为识别机关,《德国股份法》第318条要求子公司的董事会对该公司与母公司的交易进行审查。而在法国,股份有限公司和控制股东间的交易必须同时获得董事会和股东会的批准,[④]其他多数国家均仅确定股东会为识别机关。法国实行双重批准要求,因此,董事会并不享有终极的识别权。而美、德两国之所以赋予董事会也具有此类交易的识别权,其原因在于美国大型公司以股权分散者居多,针对自我交易的研究和立法,通常在技术上以董事利益冲突交易的规范为举要,将控制股东和高级职员自我交易的规则与之等同并包含其中。因此,美国成文法对董事自我交易规范的部分,完全适用于控制股东。[⑤] 而且美国具有较完善的证券市场与经理人市场对董事行使职权进行制衡。德国的董事由监事会选任,而监事会一般由股东和雇员分别选任的监事组成,尽管在雇员参与的公司中,对监事会中监事比例以及监事会主席的选举程序及其第二次表决权也使股东利益在公司利益形成中处于一种优先地位,但是,由于董事至少并非股东直接选举,而使其董事会相对独立于股东。德国的董事会由股东与雇员共同组成的监事会选举产生而在一定程度上阻隔了董事与股东之间的关联。我国并无支撑美、德两国在董事会层面进行公司利益识别的制度与市场背景。(4)即使美国(确切地说是特拉华州)在理论上赋予了无利害关系董事审查公司与控制股东间交易的权力,该权力与无利害关系董事

---

① 何美欢:《公众公司及其股权证券》,北京大学出版社1999年版,第828页。

② See Tuvia Borok, *A modern Approach to Redefining “In the Best Interest of The corporation”*, Windsor Review of Legal and Society Issues, 2003, pp. 132, 135.

③ 参见[瑞士]杰拉德·赫蒂格、[日]神田秀树:《关联交易》,载[美]莱纳·克拉克曼等:《公司法剖析:比较与功能的视角》,刘俊海等译,北京大学出版社2007年版,第131页。

④ 同上书,第147~148页。

⑤ 参见习龙生:《控制股东的义务和责任研究》,法律出版社2006年版,第124页。

审查公司与经营者间交易的权力相同,但在实践中,被控制公司董事的"无利害关系"易受攻击,也使知情小股东批准控制股东的利益冲突交易成为最安全的方法。美国传统上也把小股东批准作为监督控制股东利益冲突的最可信赖的手段。①

第三,就控制股东与公司间关联交易的信息披露而言,我国现行立法未作规范,可借鉴关于董事自我交易信息披露的规定,强化对控制股东自我交易的信息披露。例如,要求披露控制股东在关联交易中利益冲突的存在及性质,以及关于该交易的标的的所有重要事实。事实上,在美国,母公司同其部分拥有的子公司的交易,即控制股东关联交易与董事与公司间的关联交易一样,均被纳入"基本自我交易"进行规制。学者认为,董事、高级职员以及在某些情况下具有控制权的股东,对其公司,有时还有其他股东和投资人负有诚信义务,这项义务禁止受信托人以欺诈和不公平的交易方式利用他们的受益人。②因此,美国成文法对董事自我交易规范的部分,本就是完全适用于控制股东的,③这当然也包括关于该关联交易信息披露的规则。

2. 关于我国董事利益冲突情形下公司利益事中识别机制的完善

我国关于董事利益冲突情形下的利益识别制度主要体现在《公司法》第148条及第124条中。根据该法第148条规定,董事、高级管理人员不得"违反公司章程的规定或者未经股东会、股东大会同意,与本公司订立合同或者进行交易";"未经股东会或者股东大会同意,利用职务便利为自己或者他人谋取属于公司的商业机会,自营或者为他人经营与所任职公司同类的业务";根据上述规定,除董事自我交易可由章程事先授权许可外,对于董事利益冲突交易、利用公司机会、施行竞业行为这几种利益冲突情形下的公司利益识别机关均为公司股东(大)会。而《公司法》第124条则规定了上市公司董事会会议的关联董事表决权排除制度,即"上市公司董事与董事会会议决议事项所涉及的企业有关联关系的,不得对该项决议行使表决权,也不得代理其他董事行使表决权。该董事会会议由过半数的无关联关系董事出席即可举行,董事会会议所作决议须经无关联关系董事过半数通过。出席董事会的无关联关系董事人数不足三人的,应将该事项提交上市公司股东大会审议"。我国董事利益冲突交易情形下的公司利益事中识别机制同样存在有待完善之处。

第一,所涉及的由特定机关识别的涉及董事利益冲突的情形过窄,应增加"公司同其董事或高级职员在其中有直接或间接重大财政利益的经营实体之间的交易""公司同有共同或'连锁'董事或高级管理人员的另一公司之间的交易""公司同其董事或高级职员具有重要人身关系或重要经济利益关系的利害关系人之间或该利害关系人在其中有直接或间接重大财政利益的经营实体之间的交易"情形。我国《公司法》第148条所涉及的

---

① 参见[瑞士]杰拉德·赫蒂格、[日]神田秀树:《关联交易》,载[美]莱纳·克拉克曼等:《公司法剖析:比较与功能的视角》,刘俊海等译,北京大学出版社2007年版,第147~148页。

② 参见[美]罗伯特·C.克拉克:《公司法则》,胡平等译,工商出版社1999年版,第115页、第130页。

③ 参见刁龙生:《控制股东的义务和责任研究》,法律出版社2006年版,第124页。

强制由股东大会进行利益识别进而批准的涉及董事利益冲突的情形仅包括董事直接与公司订立合同或者进行交易、利用公司机会以及竞业行为。此外,我国《公司法》上所涉的董事自我交易仅涉及董事、高级管理人员本人,而未涉及公司与其近亲属等利害关系人进行交易,以及与利害关系人在其中有直接或间接重大财政利益的经营实体之间的交易这些显然也会导致董事处于利益冲突情境的情形,我国立法应予增加需要对公司利益进行特别识别(由特定识别机关进行识别)的利益冲突情形。至于前述"董事或高级职员具有重要人身关系或重要经济利益关系的利害关系人"的具体范围则值得进一步研究,以在维护公司利益和促进公司经营效率之间维护适当平衡,笔者以为,其范围至少应包括:董事或者高级管理人员的配偶、父母、子女、兄弟姐妹、祖父母、外祖父母、孙子女、外孙子女、合伙人。

第二,就董事利益冲突情形下对公司利益进行特别识别的机关而言,应在现行法由股东大会作为识别机关的基础上增加董事会作为利益识别机关。

我国现行立法中对董事自我交易、董事利用公司机会以及实施竞业行为仅仅规定了股东大会作为唯一的利益识别机关,考量当代各主要国家立法,多数国家规定的董事利益冲突识别机关均同时包括股东会与董事会,并以董事会为主要利益识别机关甚至唯一识别机关。例如,在韩国,关于董事自我交易的批准机关,学界通说认为只能由董事会决议,公司章程不得将自我交易归于股东大会的决议事项。① 而当代大多数国家也对董事会审查利益冲突交易要么采取强制性态度,要么采取强力倡导的态度。日本和大多数欧洲大陆国家要求必须无利害关系董事的批准,尤其是涉及公众公司的董事的交易行为时。而美国鼓励利害关系经营者寻求董事会授权的方式是,凡是获得董事会授权或者批准的交易都可对抗股东的诉讼。追随《1989 年示范公司法》的美国诸州用商业判断规则保护经无利害关系董事会批准的利益冲突交易,该规则使这些交易很难被成功推翻。即使未采纳《1989 年示范公司法》的其他各州(包括特拉华州)至少也将经无利害关系的董事会的批准的交易行为公平性(或不公平性)的举证责任转移到异议者身上。英国将股东会批准董事冲突交易作为一项默示法律规则(各种重大交易除外),这就自然鼓励了公司在章程中将其置换成为成本较低的无利害关系董事会的批准程序,结果是,在非重大冲突交易中,通过公司章程条款的规定,董事会批准代替了股东会批准。② 时至今日,在公司章程中加入董事会批准董事自我交易条款已成为注册公司章程中的普遍现象。③ 之所以要求无利害关系董事会作为识别机关,其原因在于:(1)有利于降低守法成本;因为

① 参见李建伟:《关联交易的法律规制》,法律出版社 2007 年版,第 248 页。

② 参见[瑞士]杰拉德·赫蒂格、[日]神田秀树:《关联交易》,载[美]莱纳·克拉克曼等:《公司法剖析:比较与功能的视角》,刘俊海等译,北京大学出版社 2007 年版,第 127 ~ 128 页、第 133 页。

③ L. C. W. Gower, D. D. Prentice, B. G. Petter, *Gower's Principles of Modern Company Law*(5th), Sweet & Maxwell, 1992, pp. 560 – 562. 转引自曹顺明:《股份有限公司董事损害赔偿责任研究》,中国法制出版社 2005 年版,第 147 页。

股东大会并非常设机构,不能经常举行,召集临时股东大会也面临着通知时间以及费用支出等诸多问题,而且召集也面临着诸多法律限制,这些问题对于公众公司尤为明显。而召集董事会相对而言要方便很多,成本也较低,既适应公司灵活经营的需要,也有利于降低守法成本。(2)不太可能阻碍有效率的交易(很少出现错误否决)。事实上,董事会批准还可保护增值交易免受外部攻击,进而鼓励增值交易。① (3)在韩国,一般还认为,董事自我交易之所以只能由董事会承认,一个重要理由是,对于不当形成的董事会的承认,可以追究责任,但对股东大会的承认就无法追究其责任,由此,这种对公司的损害填补就不可能了。所以,即使全体股东同意,也不能代替董事会的承认。② (4)公司经营行为通常而言属于董事会决议事项,因此,如能消除因存在利益冲突对董事会识别公正性的影响,自仍可将该董事自我交易行为的公司利益识别交由董事会完成,此消除利益冲突对董事会公正性影响的措施在各国表现为利害相关董事的表决权排除制度,即由董事会中无利害关系董事或独立董事组成的专门委员会进行识别,通过无利害关系董事对董事关联交易进行利益识别已在相当程度上减轻了因利益冲突而产生识别不公正的可能性。(5)我国《企业国有资产法》(2008年)第46条第2款规定,“公司董事会对公司与关联方的交易作出决议时,该交易涉及的董事不得行使表决权,也不得代理其他董事行使表决权”。此处所言“该交易涉及的董事”所指“交易”,系指该条第1款所规范的“国有资本控股公司、国有资本参股公司与关联方的交易”。我国《公司法》第216条第4项规定,“关联关系,是指公司控股股东、实际控制人、董事、监事、高级管理人员与其直接或间接控制的企业之间的关系,以及可能导致公司利益转移的其他关系。但是,国家控股的企业之间不仅因为同受国家控股而具有关联关系”。从而,《企业国有资产法》第46条第2款所调整的涉及董事的交易应包括董事与其所任职公司之间交易此种董事利益冲突交易,对此,该法采取了允许无利害关系董事会作为识别机关的态度。增加以无利害关系董事会作为董事利益冲突情形下的公司利益识别机关是与《企业国有资产法》所采取的上述立法态度相一致的。

另外,仍应保持股东大会作为董事利益冲突情形下的公司利益识别机关。原因在于:(1)有些时候没有无利害关系的独立董事,例如,全体董事会成员均与识别事项有利益冲突,此时,无法由董事会作为识别机关。(2)即使由独立董事专门组成的委员会来进行识别,可能仍存在对其独立性的怀疑。正如杰拉德·赫蒂格等指出的,“独立董事可能并不是法律预想的毫无利害关系的受托人。大部分的独立董事的当选获得了首席执行官、主要股东或者他们共同的同意。他们既不太可能干预否决有效率的交易,也不太可能反对没有效率的交易。因此,出现错误否决(将无效率交易视为有效率交易)的概率很大。由于董事会批准保护了违法的交易免受外部的法律干涉,因此有可能导致减值交易

① 参见[瑞士]杰拉德·赫蒂格、[日]神田秀树:《关联交易》,载[美]莱纳·克拉克曼等:《公司法剖析:比较与功能的视角》,刘俊海等译,北京大学出版社2007年版,第131页。

② 参见[韩]李哲松:《韩国公司法》,吴日焕译,中国政法大学出版社2000年版,第508~509页。

的发生。我们并不认为无利害关系的董事会批准制度无效率或者帮倒忙。但无论如何，我们都必须时刻牢记着信托策略的脆弱性。例如，无利害关系董事批准的大量自我交易是导致安然事件的重要原因”。① (3)股东是经营者机会主义行为的受害者。在捍卫公司价值方面，外部董事没有利害关系，而股东却有着密切的利益关系。据此，股东会应当审查冲突交易。② (4)有些董事利益冲突事项本就属于股东会决议进行识别的范围，例如，就该公司与董事所持有的另一家公司合并问题进行决议或识别。(5)那种认为“对于不当形成的董事会的承认，可以追究责任，但对股东大会的承认就无法追究其责任，由此，这种对公司的损害填补就不可能了。所以，即使全体股东同意，也不能代替董事会的承认”。③ 从而仅能由董事会就董事利益冲突情形下公司利益进行识别的观点并不成立，因为，如果公司股东大会决议违反法律、行政法规或者公司章程(包括公司章程中关于公司利益的事前识别规定)，完全可以依相关法律规定对该股东大会决议宣告无效或者撤销。另外，在利益识别过程中，如果股东滥用股东权利损害公司和其他股东权利，也完全可依相关规定追究该股东责任，并非对于股东大会的承认就无法追究其责任。

在由董事会与股东会共同作为利益冲突情形下的利益识别机关的情形下，存在一个需要解决的问题：股东会与董事会之间的识别权限如何划分？对此，笔者认为：(1)应当以无利害关系的董事会作为主要识别机关，其原因除前述董事会作为识别机关理由外。考察当代各允许股东会与董事会共同作为董事利益冲突情形下利益识别机关国家的立法与实践，“当代大多数国家也对董事会审查利益冲突交易要么采取强制性态度，要么采取强力倡导的态度”。④ 其在立法与实践中一般均将董事会作为主要的利益识别机关。(2)股东会主要强制性地识别公司中重大事项的利益识别(如公司法中规定的由股东大会决议事项)，以及不存在无利害关系董事，或者无利害关系董事人数达不到法律或公司章程规定的人数时，对董事利益冲突交易的识别。(3)考虑到无利害关系董事会批准与股东会批准均各有利弊，应当允许以公司章程对两者之间关于利益识别权限的划分作出规定(法定强制性由股东会识别事项除外)。例如，在英国，即将股东会批准董事冲突交易作为一项默示法律规则(各种重大交易除外)，允许公司在章程中将其置换为成本较低

---

① [瑞士]杰拉德·赫蒂格、[日]神田秀树：《关联交易》，载[美]莱纳·克拉克曼等：《公司法剖析：比较与功能的视角》，刘俊海等译，北京大学出版社2007年版，第131～132页。

② 同上书，第132页。

③ [韩]李哲松：《韩国公司法》，吴日焕译，中国政法大学出版社2000年版，第508～509页。

④ [瑞士]杰拉德·赫蒂格、[日]神田秀树：《关联交易》，载[美]莱纳·克拉克曼等：《公司法剖析：比较与功能的视角》，刘俊海等译，北京大学出版社2007年版，第127页。

的无利害关系董事会的批准程序。[①] 从而,除法定由股东会识别事项外,其他事项均可通过公司章程自由约定识别机关与权限。

第三,如扩大以特别识别方式进行利益识别的董事利益冲突情形的范围以及增加董事会作为董事利益冲突情形下的利益识别机关,则应将董事表决权回避的情形适用于所有董事利益冲突情形。就董事会进行利益识别情形下实行表决权回避的情形而言,我国现行《公司法》仅在第124条规定了上市公司董事会会议时的关联董事表决权排除制度,该条也仅涉及上市公司"董事与董事会会议决议事项所涉及的企业有关联关系的",即要求与上市公司发生交易者为企业。如果决议事项有所涉及的是与董事有特定关系的是自然人而非企业,即便是上市公司和与董事个人具有特定关系的自然人,如公司与董事的近亲属实施交易,此时即使可认为该董事亲属与公司间存在"关联关系",[②]由于该亲属为自然人而非企业,上市公司与该董事亲属间的交易亦不属《公司法》第124条约束。如果扩大以特别识别的方式对董事利益冲突进行识别的范围以及增加董事会作为董事利益冲突情形下的利益识别机关的话,则根据"任何人不得成为自身的法官",排除该有关利益冲突董事在识别过程中的表决权应属当然。考量域外立法也可得出同样结论,域外凡是实行董事会对利益冲突进行识别的国家,几乎都是由无利害关系的董事会进行识别(排除利益冲突董事的表决权),即便在立法上不实行利益相关董事表决权排除制度的英国,也由于其将股东会批准董事冲突交易作为一项默示法律规则(各种重大交易除外),鼓励了公司在章程中将其置换为成本较低的无利害关系董事会的批准程序。章程可以运用无利害关系董事会批准替代股东会批准。只是对于重大财产交易,须经股东会批准,[③]从而导致实践中对董事利益冲突中的公司利益进行识别的也主要是实行利益相关董事表决权排除的董事会会议。

最后,我国公司法在董事利益冲突情形下,无论是现行法的股东大会作为识别机关,还是本文建议的将来应予增加的董事会作为识别机关,以及在股东会和董事会层面实行的表决权回避制度,均未对有关利益相关者披露义务作出规定,无法保证利益识别程序的公开要求。因此,应完善董事利益冲突情形下该利益冲突董事的披露义务,至少,其应当披露在相关交易中利益的存在、性质,以及其他重要事实,另外,立法还应当对披露时

---

① See Eilis Ferran, *Company Law and Corporate Finance*, pp. 169 - 170. 作者指出,章程可以运用无利害关系董事会批准替代股东会批准。对于重大财产交易,须经股东会批准,参见[瑞士]杰拉德·赫蒂格、[日]神田秀树:《关联交易》,载[美]莱纳·克拉克曼等:《公司法剖析:比较与功能的视角》,刘俊海等译,北京大学出版社2007年版,第128页。

② 根据《公司法》第216条第4项规定,关联关系,"是指公司控股股东、实际控制人、董事、监事、高级管理人员与其直接或者间接控制的企业之间的关系,以及可能导致公司利益转移的其他关系……"董事与其近亲属之间的关系,似乎可纳入"可能导致公司利益转移的其他关系"。

③ See Eilis Ferran, *Company Law and Corporate Finance*, pp. 169 - 170. 转引自[瑞士]杰拉德. 赫蒂格、[日]神田秀树:《关联交易》,载[美]莱纳·克拉克曼等:《公司法剖析:比较与功能的视角》,刘俊海等译,北京大学出版社2007年版,第128页。

间以及在披露之后情形发生变化时的补充披露义务等作出规定。

三、公司利益的事前识别

公司利益的事前识别,是为促进公司高效经营与防止经营中的败德行为,特定公司机关通过特定文件(如公司章程、股东会决议)的形式,对可能发生的特定种类的经营行为在其发生前即对其是否符合公司利益进行预判,进而授权或者禁止公司实施该特定行为。

(一)公司利益事前识别的正当性

在公司经营中,不可避免地需要对公司利益进行事中识别,应允许公司事前即进行此种识别,其正当性在于:

第一,提高识别效率。公司利益的事中识别主要是通过股东会与董事会以会议决议的方式进行识别,进行这样的事中识别,要面临着召集、召开会议等必要程序,并遵守有关通知时间等规定,因此,公司利益的事中识别无疑将耗费诸多时日,对于股东人数众多的上市公司召集股东大会而言尤甚。这种事中识别程序上的要求无疑会影响公司的识别效率,影响公司在瞬息万变的商业竞争中抓住商机。若允许公司在事先即对特定类型行为是否符合公司利益作出识别,可免除公司在具体情境下召集股东会或董事会进行识别的程序,提高公司进行利益识别的效率。

第二,节约利益识别成本与公司运营成本。在公司利益的事中识别程序中,需召开股东会或董事会进行公司利益识别,这不仅影响识别效率,也将花费一定成本。而通过对公司利益的事前识别,将免除就已经识别的行为是否符合公司利益再行召集股东会或董事会所产生的成本,从而节约公司的利益识别成本与运营成本。

第三,增强可预见性。罗纳德·海纳指出,个体能力与所决策问题的难度之间存在差距,人类在这种差距面前,将会构造一些规则去限制这种条件下选择的灵活性,我们将这些规则称为制度。通过把选择导向一个更小的行动集,制度可以改进人类控制环境的能力。[①] 1978年诺贝尔经济学奖得主郝伯特·西蒙(Herbert Simon)指出,这个世界非常复杂,超出了我们充分认识这个世界的限度,这意味着我们在作出周全决策时通常所面临的问题不是我们缺少信息,而是我们处理信息的能力有限。换句话说,世界充满着不确定性。为应对此种不确定性,我们应该刻意地限制选择自由,以便缩小我们不得不应对的问题的范围,减少其复杂性。从而需要一些规则以便应对我们的有限理性。[②] 通过对公司利益的事前识别,事先授权实施一些已经识别符合公司利益的行为,或者禁止实施已经被识别不符公司利益的行为,即一种西蒙所称的"限制选择自由,以便缩小我们不得不应对的问题的范围,减少其复杂性"和罗纳德·海纳所称的"限制这种条件下选择的

① 参见[美]道格拉斯·诺思:《理解经济变迁过程》,钟正生等译,中国人民大学出版社2008年版,第15页。

② 参见[英]张夏准:《资本主义的真相——自由市场经济学家的23个秘密》,孙建中译,新华出版社2011年版,第164~165页。

灵活性……把选择导向一个更小的行动集”的方法,从而减少因公司行为是否符合公司利益不确定性而给公司及决策者带来的法律风险。

(二)公司利益事前识别的比较法考察

从比较法考察,当代各国也多允许对公司利益的事前识别,如美国、英国、德国均允许满足一定条件的公司利益的事前识别。

1. 美国

在美国,公司可以制定公司标准,规定公司对某一类型的业务活动存在利益,因此将这类业务从关于公司机会的规则中分离出来。① 根据《公司治理原则:分析与建议》第1.36条规定,“公司标准”指的是一项有效的公司成立证书、章程的条款或者是董事会或股东会的决议。②《公司治理原则:分析与建议》第5.09条及第5.14条有关“公司标准的效果”,进一步允许无利益冲突的董事或股东事先建立一项公司标准以允许高级主管或董事进行特定类型的交易或者从事特定类型的行为,这种标准具有与批准该类交易或行为同样的效力。③

第5.09条规定了允许董事依据公司标准实施的特定行为,即通过公司标准的方式对此类行为事先作出了其合乎公司利益的识别,其规定如下:

如果董事[第1.13条]或高级主管[第1.33条]依据公司标准[第1.36条]而行事,该标准授权高级主管或董事:

(a)与公司达成属于特定类型而且可以期待在公司日常业务中反复发生的一项交易。

(b)以特定方式利用公司立场或者使用公司财产,这种特定方式并不违法而且可以期待在公司日常业务中反复发生。

(c)利用特定类型的公司机会,但该高级主管或董事不得通过以下途径得知公司机会:(Ⅰ)因履行董事或经理职权而得知;(Ⅱ)当时的情形使高级主管或董事有理由相信提供机会的人[第1.28条]意图将机会提供给公司;(Ⅲ)通过使用公司信息或财产得知。

(d)从事特定类型的竞争行为。

而且该标准是在就其效果以及意在包括哪些类型的交易或行为等内容进行充分披露之后,经由无利益冲突的董事[第1.15条]或无利益冲突的股东[第1.16条]批准,那么,该标准将视同于无利益冲突的董事或股东依据第5.02条(与公司的交易)、第5.03

① America Investment Co. v. Lichtenstein, 134 F. Supp. 857(E. D. Mo. 1955). 转引自美国法律研究院:《公司治理原则:分析与建议》(上卷),楼建波等译,法律出版社2006年版,第347页。

② 参见美国法律研究院:《公司治理原则:分析与建议》(上卷),楼建波等译,法律出版社2006年版,第47页。

③ 同上书,第373页。

条(董事与高级主管的报酬)、第5.04条(一名高级主管或董事使用公司财产、非公开的重大公司信息或公司立场)、第5.05条(高级主管或董事获取公司机会)、第5.06条(与公司竞争)规定的特定行为所进行的事前授权。①

《公司治理准则:分析与建议》第5.14条则规定了允许控股股东依据公司标准实施的特定行为,即通过公司标准的方式对此类行为事先作出了其合乎公司利益的识别,该规定如下:

如果控股股东[第1.10条]的行为是根据公司标准[第1.36条],那么该标准授权控股股东:

(a)与公司达成一项属于某项特定类型的交易,而且可以期待这类交易会在公司的日常业务中重复出现;

(b)以特定的方式使用控制地位或者公司财产,而且可以期待这类使用会在公司的日常业务中重复出现。

而且该标准是经过有关该标准的效果以及该标准打算涵盖的交易种类及行为的信息披露之后,得到无利益冲突的董事[第1.15条]或无利益冲突的股东[第1.16条]的事先授权,那么该标准就等同于无利益冲突的董事或股东根据第5.10条(控股股东与公司之间的交易)或者第5.11条(控股股东使用公司财产、重大的非公开公司信息或者公司立场)的规定对有关行为所作出的一项事先授权。②

《特拉华州普通公司法》第112条第(17)项则对通过章程授权董事、高级职员以及股东利用公司机会进行了规定:

对于提供给公司或者公司一名或者多名高级职员、董事或者股东的特定商业机会,或者特定类别或者种类的商业机会,或者能够参加该商业机会的机会,公司有权力通过章程大纲或者董事会行为放弃其中的公司权益或者期待。③

可见,在美国,可以通过公司标准对公司利益进行的事前识别。此类公司标准包含公司成立证书、章程、股东会决议与董事会决议。其识别的事项包括但不限于董事与公司间的自我交易;董事使用公司财产、非公开的公司重大信息,以及公司机会;董事实施的竞业行为;确定董事报酬等事项;并包括但不限于控制股东与公司间的交易,以及控制

① 参见美国法律研究院:《公司治理原则:分析与建议》(上卷),楼建波等译,法律出版社2006年版,第366~367页。

② 同上书,第414~415页。

③ 参见《特拉华州普通公司法》(最新全译本),徐文彬等译,中国法制出版社2010年版,第26页。

股东使用公司财产、非公开的公司重大信息等。对于此类事前识别的限制则要求行为种类、效果等信息进行充分披露后经由无利害关系股东或无利害关系董事予以批准,即同样也需要符合公司利益事中识别时对识别程序施加的公开与独立要求。

2. 英国

在英国,也允许对董事的自我交易与董事利用公司机会等问题进行利益的事前识别。(1)就董事自我交易的事前识别而言,早在19世纪,法院即认可,对于董事自我交易,股东可以对之给予一般的事先批准,而并不仅仅是在面对拿给他们考虑的特定决策时才予以批准。对某些种类的冲突交易进行一般的事先批准能够通过构成公司和每一个股东之间的合同的章程作出,这样就对冲突交易作出一般预先批准提供了一种方式。于是,通常情况下,允许董事会代表公司签订合同的规定就出现在公司章程中,即使其中一些董事会成员在所涉及的决策中有利益。实际上,立法提供的示范章程A(Table A)① 的第84条和第85条即授权公司和董事之间或者公司和董事享有权益的第三人在一个很广的规模上签订合同。② (2)对董事利用公司机会(以及实际上,利用公司任何其他财产或信息)也允许进行股东的事先批准,公司法检讨机构在考虑董事会的事先批准。在封闭公司的情形下,董事会批准是可行的,除非公司在其章程中排除了这种可能性。而在公开公司中,章程需要选择董事会批准以使那个机制可行。不过,董事会不可能提前批准利用的机会种类,只能批准利用特定的机会。③ (3)就公司股东会预先禁止董事会实施特定的经营行为,即预先识别不符合公司利益的行为,英国《1985年公司法》示范章程A第70条规定:"遵守……任何特别决议的指示……但是股东大会通过的决议不能使任何先前已经生效的董事行为无效。"强调了只有通过股东大会特别决议才能对未来董事会权限加以限制。同时依照"但书"规定,特别决议所能指示的只是董事会尚未付诸实施的行为。如果董事会已经依照董事会决议采取行动,代表公司利益达成了具有约束力的合同,那么,特别决议就不能使之无效。④

据此,在英国,同样可对公司利益进行事先识别。公司可以通过公司章程、股东会决议、董事会决议进行此种事先识别。其可进行预先识别的情形不仅包括董事自我交易,而且包括董事利用公司机会或其他财产与信息等。不过,对于此种识别也存在限制,例如,董事会不能提前批准利用的公司机会种类,而只能批准利用特定的机会;以及通过股东会决议的方式对董事会有权决定实施的行为作否定性的公司利益评价(表现为股东会

---

① 立法提供了一套示范章程以帮助那些希望设立公司的人——的示范章程A,其目前包含在1985年SI第805号(SI 1985 No. 805)。它们构成的只不过是一套推定适用的规则而已。公司设立人也许选择用一套完全不同于制定法模式的章程来设立公司,而且不管他们是否这样做,3/4的多数股东可随后可以以任何他们喜欢的任何方式修改章程。参见[英]保罗·戴维斯:《英国公司法精要》,樊云慧译,法律出版社2007年版,第18页。

② 参见[英]保罗.戴维斯:《英国公司法精要》,樊云慧译,法律出版社2007年版,第185页。

③ 同上书,第197~198页。

④ 参见钱玉林:《股东大会决议瑕疵研究》,法律出版社2005年版,第269页。

对未来董事会权限加以限制)只能以股东会的特别决议作出。

3. 德国

根据德国公司法,允许通过“控制合同”,授权母公司指示子公司行事。但是,作为交换条件,母公司必须补偿子公司为此而遭受的任何损失。倘若母公司怠于补偿,债权人可以代位行使子公司对母公司的补偿请求权,或对母公司的董事提起损害赔偿之诉。① 同样的标准扩大到由单一母公司控制的,由多家有限责任公司组成的公司集团。② 易言之,如果存在“控制合同”且母公司依合同补偿子公司损失,符合此条件的控股股东指示行为则被事前识别为符合公司利益的行为。而作为母公司指示子公司行为基础的企业合同,只有得到股东大会批准方才有效(第 293 条第 1 款第 1 句)。股东大会的有关决议需要在表决时代表着注册资本的至少 3/4 的多数通过(第 293 条第 1 款第 2 句)。这同样适用于企业合同的变更(第 295 条第 1 款)。此外,公司章程可以规定决议时约定更严格的资本多数决及其他条件(第 293 条第 1 款第 3 句)。③ 类似地,联邦法院在一个判决中指出,有限责任公司的业务执行人所签订的支配合同必须得到该公司投资人会议的批准。④ 可见,德国对控制股东实施的行为(包括关联交易行为)所进行的公司利益事前识别通过“控制合同”进行,而该控制合同需经股东大会以特别决议通过,且需对公司因此所蒙受的损失依照合同约定予以补偿,此为对控制股东行为进行事前利益识别的限制。

(三)中国公司利益事前识别机制的完善

我国《公司法》中明确涉及公司利益事前识别的条款主要为第 148 条第 1 款第 4 项要求公司董事、高级管理人员不得“违反公司章程的规定或者未经股东会、股东大会同意,与本公司订立合同或者进行交易”的规定。该项中,章程所允许的董事、高级管理人员与公司订立合同或者进行交易,是一种通过公司章程对公司利益进行的事前特别识别。

结合本文对公司利益事中识别机制完善的思考以及域外关于公司利益事前识别机制的设计,我国公司利益事前识别机制可从以下几个方面予以完善。

1. 扩大进行公司利益事前特别识别行为的范围,对董事会的一切利益冲突行为以及控制股东的利益冲突行为均允许予以事前特别识别。(1)就董事利益冲突的特别识别而言,我国现行《公司法》第 148 条明确对公司利益进行事前特别识别的范围仅涉及董事、高级管理人员自我交易的情形,而该条第 1 款第 5 项中允许董事或高级管理人员谋取属

---

① 《德国股份公司法》第 302 条、第 308 条、第 309 条、第 322 条。

② 参见[瑞士]杰拉德·郝蒂格、[日]神田秀树:《公司法剖析:比较与功能的视角》,载[美]莱纳·克拉克曼等:《公司法剖析:比较与功能的视角》,刘俊海、徐海燕等译,北京大学出版社 2007 年版,第 102 ~ 103 页。

③ 参见吴越:《企业集团法理研究》,法律出版社 2003 年版,第 39 页。

④ 参见联邦法院判决 BGHZ 105,325,335 f. = ZIP 1989,91(supermarket/“超市”案),比较 Henze,Hochst. Rechtsprechung,Rn 96,118,转引自吴越:《企业集团法理研究》,法律出版社 2003 年版,第 39 页。

于公司的商业机会或实施竞业行为的"股东或者股东大会同意"是否包含股东或股东大会以事前概括授权的方式对董事利用公司机会和实施竞业行为进行事前识别并不明确。然而,董事自我交易与董事利用公司机会、董事实施竞业行为等均属于董事利益冲突行为,对其予以不同规制并无充分的正当性理由,因此,对董事利益事前识别的范围应扩展至所有存在董事利益冲突的情形。(2)就控制股东利益冲突情形下的公司利益特别识别而言,由于公司控制股东也可能存在利益冲突的情形并因此而影响公司自我识别的公正性,当代诸多国家均对控制股东关联交易的自我事前识别问题作了规范。而我国规制控制股东自我交易行为的特别识别的《公司法》第16条第2款仅规定"公司为公司股东或者实际控制人提供担保的,必须经股东会或者股东大会决议",该条并未明确此条是否可以"股东会或股东大会决议"概括性地授权公司为公司股东或实际控制人提供担保这一事前识别,更仅将其适用范围局限于公司为控制股东提供关联担保这一控制股东关联交易的特定形式。因此,应明确对控制股东关联交易情形下的公司利益事前识别作出特别规范,而不仅限于公司为控制股东提供关联担保这一事宜。

2. 扩大对公司利益进行事前识别的方式,使对董事自我交易的事前识别可通过章程、股东会决议、无利害关系董事会决议进行,并遵循法律关于股东会和董事会识别事项的分工。对控制股东关联交易的事前识别则可通过公司章程,无利害关系股东会决议进行。(1)就董事利益冲突的特别识别而言,《公司法》第148条对董事自我交易事前特别识别的方式明确规定的仅为通过"公司章程",并未明确其所称的"股东会、股东大会同意"是否包括事前概括授权。如同本文所指出的,对董事利益冲突识别的组织不仅应包含股东会、尚应包含董事会,且以董事会为主,股东会与董事会之间应遵循法律或章程确定的适当分工,也可包括监事会作为公司利益识别机关,因此,对董事利益冲突交易的识别方式除公司章程外,尚应包括以股东会决议、无利害关系董事会决议(或许未来也可包含监事会决议)方式对公司实施特定利益冲突交易的授权。(2)就控制股东自我交易的事前识别而言,即便是《公司法》第16条规定的对控制股东的关联担保,其也既未明确是否可以股东会、股东大会的概括性授权,更未确定以公司章程这一国际通用的公司利益事前识别方式。因此,不仅如前述应当将事前特别识别的范围扩展至全部控制股东关联交易,还应明确对控制股东关联交易下公司利益进行事先识别,即事先许可公司与控制股东实施特定关联交易行为的方式,应通过公司章程约定与股东会决议授权进行。

3. 应完善我国公司法中关于公司利益事前识别的限制制度。域外国家在允许公司通过特定方式对公司利益进行事前识别的同时,往往对其施加了必要的限制,而我国无论是《公司法》第148条关于董事自我交易的事前识别的规定中,还是可能包含事前识别的《公司法》第16条关于为控制股东提供关联担保的规定中,均缺乏对事前识别的限制性规定,对我国相关制度予以完善,这些制度包括但不限于:(1)掌握充分的信息(公开)是进行正确识别的基础,因此,在通过对公司利益事前识别的章程或者股东会或董事会(甚至监事会)决议时,利益相关人应当向识别组织充分披露其在该交易中的利益、类别,并说明该项事先识别或授权的法律效果,事先识别或被授权实施的行为种类,以及与决定该事先识别结果有关的一切重要信息。(2)保持识别组织与识别事项的独立性是确保识别参与人公正行使识别职权的重要保证,在就有关事项进行事前识别进行表决(通过公司章程、股东会决议、董事会决议乃至监事会决议)时应当在前述充分信息公开的基础上,排除与识别事项与关联关系(特定利益关系)的识别组织成员的表决权。(3)与事中识别相比,事前识别时,即使经充分信息披露,往往也无法对有关行为的后果、影响等作出完全准确的预期,犹如诺贝尔经济学奖得主赫伯特·A. 西蒙所指出的,“由于决策产生的结果未来才会发生,所以在给他们赋值时就必须用想象力来弥补缺乏真实体验的不足,但是要完整地赋予其价值还是不可能的”,①为弥补此种信息不足给识别结果正当性带来的影响,在对公司利益进行事前识别时,应当施加较之事中识别更为严格的表决权定足数,例如,德国对控制合同的生效即要求在表决时代表着注册资本的至少3/4的多数通过,而英国对未来董事会权限加以限制(事先识别董事会实施的特定行为不符合公司利益)也需以股东大会特别决议做出;这样,即便识别结果不一定正确,至少也代表了大多数人的意见。(4)当人们处于在判断什么样的安排最适合他们有困难的状态时,他们便可能处于个人无法有效地保护他们自己的利益的状态,此种状态下他们可能不能明智或有意义地作出批准。② 因此,当个体能力与所决策问题的难度之间存在差距,人类在这种差距面前,将会构造一些规则去限制这种条件下选择的灵活性,通过把选择导向一个更小的行动集,可以改进人类控制环境的能力。③ 从而,可以通过限制公司所需事前识别事项的复杂性,来降低作出不当或不明智事前识别的可能,这种基于限制事前识别事项复杂性而进行的限制可能表现在如下方面:A. 不得作出过于概括的实施特定行为的事前授权(如在英国,不能提前批准利用的机会种类,只能批准利用特定的机会);B. 不得作出期限过长且不得撤销的事前识别或授权。即便是力主“自由放任”思想的约翰·斯图加特·密尔,也承认长期契约中的自由意志的局限,“个人是自身利益的最佳法官,但这一原则的例外情形是:个人试图在当前做出一项不容更改的判断,即在某一未来甚或长远的未来中,什么是他的最佳利益(换言之,这种判断勉为其难)……当约束人们的契约规定的不只是简单地做某事,而且是在一个相当长的时间内持续地做某事,并且本人没有任何权力撤销这一约定时,我们就不能假定这一契约是自愿达成的,否则将十分荒唐”。④ 公司是长期存在的实体,会不断遇到新的需要和无法预见的情况,因此,即使在

---

① [美]郝伯特·A. 西蒙:《管理行为》,詹正茂译,机械工业出版社2011年版,第84页。

② 参见[加拿大]布莱恩·R. 柴芬斯:《公司法:理论、结构和运作》,林华伟、魏旻译,法律出版社2001年版,第255页。

③ 参见[美]道格拉斯·诺思:《理解经济变迁过程》,钟正生等译,中国人民大学出版社2008年版,第15页。

④ [英]约翰. 斯图加特·密尔:《政治经济学原理》(W. Ashley 编,1961年版),第959~960页,转引自毛玲玲:《论闭锁公司和公众公司的立法范示之区分——合同路径下的公司法修改之一》,载《金融法苑》2003年第5期。

组建时公司章程提供了最好的安排,随时间的推移也会有改进的潜在需要。[①] 通常,人们难以判断期限过长的授权在整个授权期间内的后果,以及整个期间内公司所面临情境的变化,此种情形下,很难保证识别组织所作识别的正确性,如果这一识别或授权还不得撤销,将进一步使可能发生的错误无从纠正。因此,不应允许作出期限过长且不得撤销的事前识别或授权。

[未完待续,剩下部分载《商法界论集》(第6卷)]

① 参见[加拿大]布莱恩·R.柴芬斯:《公司法:理论、结构和运作》,林华伟、魏旻译,法律出版社2001年版,第256页。

多元需求背景下我国公司股权融资的制度面向

——以类别股的体系规范路径为视角

李　欢*

摘要:随着公司多元融资需求时代的来临,不同公司对股权融资的需求也逐渐分化,并在实践中发展出了种类多样的融资工具,最具代表性的就是类别股。考虑到当下我国类别股缺乏体系规范这一客观情况,由公司法提供基本的规范框架,并与证券监管规则进行协调的规范模式较为适合。具体而言,公司法提供的应当是基础性制度支撑,如可发行的类别股类型、类别股东会、章程规范等内容,是较为宽松和灵活的制度框架。而上市公司能否选择设置某一种类别股则还需要证券监管规则进行审查,主要包括可设置类别股的上市公司类型、类别股的信息披露以及相关股份的入市、退市机制等。

关键词:股权融资　类别股　规范路径

在金融时代,公司不仅是参与金融市场最广泛、最深入的市场主体,更成为金融产品的制造者。依赖股权和债权两大融资路径,公司为金融市场提供了类型多样的产品选择,并且伴随公司发展目标和产业类型的分化,这种选择的多样性属性正日趋强化。不过,公司金融在促进资金融通的同时,也带来了诸多的制度性风险。美国前总统小布什在针对金融危机的演讲中称“酒是好的,但是华尔街喝醉了”,华尔街推出大量令人眼花连乱的金融产品,无节制的开发和攫取信用资源,最终走向了反面。① 当公司开发的金融产品不断增加时,一味回避金融创新并不能解决问题,如何建构包容性的制度体系并实施适当的金融监管已经成为摆在各国立法者面前的难题。长期以来,世界范围内关于类别股的设置问题始终争论不止。② 尽管今天在允许公司发行类别股上大多数发达经济体已经达成了共识,但在具体的制度建构上分歧仍然存在。是通过公司法建立体系性规范还是通过个别的证券监管规则回应实践需求仍是值得思考的问题。回顾类别股制度在

* 南京大学法学院博士研究生,主要研究方向为商法、媒介法。

① 参见[英]艾利斯·费伦:《公司金融法律原理》,罗培新译,北京大学出版社2012年版,序。

② See Zoe Condon, “A Snapshot of Dual-Class Share Structures in the Twenty-First Century: A Solution to Reconcile Shareholder Protections with Founder Autonomy”, *Emory Law Journal*, Vol. 68, No. 2(2018), p. 335.

世界各国的发展,不难发现回归公司形态本身,针对不同公司的发展需求,通过将公司法规范和金融监管规范相结合的方式实现对公司股权融资活动进行监管可能是比较理想的路径。

一、商业形态变革下公司融资取向多元化

在世界商业发展史上,商业形态经历了3次变革,早期商业是贸易为核心的经营,以商品和货物为交易对象的贸易活动是商业活动早期的主流形态。但随着生产力发展水平的提升,贸易与生产逐渐融合,直接贩售自己生产的产品成为手工业者的常态,交易也成为手工业的起点和终点,自此商业形态形成了贸易与生产并重的格局。到了近代,由于工业革命的进一步开展和世界统一市场的逐渐形成,以证券、银行等金融行业的兴起促使商业形态步入了金融时代。[①] 当然,商业模式的变革至今仍在继续当中,科技型公司兴起使得科技与资本的结合成为当代世界范围内公司发展的重要特征之一。公司是商业发展催生的产物,公司股权融资制度的发展演变也与商业模式的变革密切相关。公司的融资不仅从市场筹措资金,亦借此获得重要的人力资源,人的要素与资金要素的组合构成了公司股权融资制度的核心内容。在贸易和贸易与商业融合的时代,公司股权融资更多是出于资金的考量,但在今天,随着科创型企业的兴起和人力要素价值的上升,人力资源也越来越成为公司股权融资的目标之一,由此形成了不同公司多元化的融资取向。

现代公司的源头最早可以追溯到古罗马时期出现的索赛特(societas)和中世纪出现的康曼达(commenda),他们分别构成了无限公司和两合公司的雏形。不过,虽然在古罗马时期批发商和零售商、船主和运输商都有联合组织,但就其本质而言,在整个希腊—罗马的历史中,商业始终是个体经营的,索赛特所占的份额非常小。[②] 至于康曼达,则无疑是中世纪航海冒险的产物了。由于航海贸易需要大量的资金并且具有风险较高,任何单打独斗的个人都难以完成这一项工作,因此当时出现了这样一种类似今天有限合伙的经济组织。最典型的康曼达只有两个合伙人,一个只负责出资的消极投资者和一个专门负责具体航海事务的商人。[③] 出资者以放弃控制权为代价换取了有限责任,而航海者则借此获得了市场上的资金支持。早期的商业贸易往往规模较小,个人或者家庭就足以完成,但随着生产贸易规模扩大,个人就显得力不从心了。从市场获取资金,这便是公司制度诞生出现最直接的经济因素。

16世纪、17世纪以后,随着航海贸易的扩张和工业革命的开展,公司对资金的需求更加强烈,原先单纯的私人融资渠道已经越来越难以满足商业经营的需求,公司的股权融资也逐步走向了社会化,世界范围内的证券交易所应运而生。1602年荷兰在阿姆斯特丹创立了世界上第一个以金融股票为主的交易所,并借助金融制度的助力取代西班牙成

---

① 参见范健:《资本泛滥时期的公司治理与金融监管》,载《法学杂志》2019年第2期。

② 参见范健、王建文:《公司法》,法律出版社2011年版,第30~33页。

③ 参见朱锦清:《公司法学》,清华大学出版社2017年版,第8~10页。

为世界霸主。① 但在英国,由于国内缺乏资本市场,当时的伊丽莎白女王被迫不派遣使者前往安特卫普的银行家那里,以政府的收入和皇室资产抵押获得信贷额度来支持航海探险。直至格雷欣建立伦敦皇家交易所,这一局面才开始改变。② 1790 年,费城股票交易所成立,这是美国第一个正式成立的证券交易所;1792 年,24 名经纪商在纽约签署了《梧桐树协议》,这就是纽约证券交易所最初形式。美国资本市场的集中化和制度化为各类公司发展提供了关键的融资渠道,也为投资人提供了基本的金融工具和投资程序,至 2017 年 5 月,纽交所上市公司公司市场化资本价值为 21.1 万亿美元,每天股票交易量近 1700 亿美元。③

尽管获得资金支持是公司股权融资最基本的利益诉求,却并非唯一的目标。

随着科创型公司的兴起,对于今天的公司而言,公司发行新股的情形颇多,有一般现金增资发行新股、可转换公司债、可转换特别股、附认股权特别股、附认股权公司债等多种类型,④其背后反映出的正是不同类型公司多元的融资诉求。在传统的生产、贸易商业模式下,传统代理理论在分析股份公司问题时,对其股东采取了一种以理性利己为特征的"经济人"模型,即认为股份公司股东虽然为数众多,但股东之间具有人性同质、利益同质的"同质化"特征,因而可以被简单视为抽象无差异资本的载体。⑤ 但当科技与资本结合,科创型企业兴起后,人力资源要素的价值就需要被重新评估了。越来越多的"创始人""金头脑"在公司管理中所发挥的不可替代性正在不断强化,在公司股权融资的过程中如何保持这些关键的人力资源要素也越来越为各大公司所关注。

新技术公司与"工业时代"的公司有着重要的区别,"工业时代"的公司从制造活动中获得了大部分价值。而新技术和信息公司则从"人力资本和无形资产"中获取价值。20 世纪 60 年代,美国经济学家西奥多·舒尔茨率先提出了人力资本理论。在他看来,人是世界经济的重要组成部分,是一个国家的重要财富。用劳动对产出的贡献来衡量,现在人类的生产能力远远大于其他所有各种财富形式。对于企业而言,人力资本是比物质资本更能推动经济增长的资本,对企业收益的贡献也大大高于物质资本。⑥ 作为一个组织,"公司"固然是资金的集合体,公司的资本制度、治理制度也均体现着鲜明的资本逻辑。不过,单纯的资金集合并不足以成为一个"组织体",公司的设立、运行与其组织者的行为是紧密联系在一起的。这也要求我们在考虑期融资制度时,要考虑到人的因素,而非仅仅是资金本身。公司是现代社会分配、生产中最基本的结构实体,通过公司,资本和

---

① 参见范健、李欢:《中国公司法改革思考》,载《商法界论集》,法律出版社 2018 年版,第 18 页。

② 参见[美]威廉·戈兹曼:《千年金融史》,张亚光、熊金武,中信集团出版社 2017 年版,第 236 ~ 237 页。

③ 参见巫云仙:《美国金融制度的历史变迁》,社会科学文献出版社 2017 年版,第 100 ~ 107 页。

④ 参见曾宛如:《公司法制:基础理论之再建构》,台北,元照出版公司 2017 年版,第 211 页。

⑤ 参见汪青松:《基于投资偏好差异的股份公司股东类别化分析》,载《政法论丛》2011 年第 4 期。

⑥ See Theodore W. Schultz, "Investment in Human Capital", *Journal of Political Economy*, Vol. 51, No. 5 (1962), pp. 2 - 3.

劳动力结合起来为社会生产商品和服务。①

经典的李嘉图优势比较理论提出,只要各方都专门以机会成本最低且生产可能性所允许的最大数量生产商品(或服务),他们就始终会从贸易中受益。社会不断寻找,有效组织和分配周围资源的能力,以及最终以这些最佳生产可能性进行交易的社会优势。在现代经济理论中,企业是一个把投入转化为产出的组织,为实现产值的最大化,实践中也已经产生了各式资源配置模式,以便不同类型企业发挥其自身优势。近年来,包括阿里巴巴、美团点评、小米、京东等众多互联网公司纷纷采用特殊股权设置赴境外上市,多元诉求背后反映出的正是不同企业在对物质资本和人力资本进行差异化配置的探索,这也正是当代公司股权融资制度需要回应和解决的问题。

二、类别股的全球扩展与我国股权融资规则的僵化困境

伴随公司类型与经营模式的深化和变革,不同公司在股权融资时对于资金要素和人力要素的需求也产生了较大的差异,最直接的体现就是类别股制度在全球范围内的出现和发展。类别股制度最基本的理论基础在于股东权的各项子权利是可以相互分离并再组合的。股东参与公司管理和控制的权利、获得经营盈余和利润的权利以及取得分配资产的权利三者可以分离并以新的途径组合。② 借助这一制度理念,公司可以根据自身经营需求采用优先股、黄金股、劣后股等多种形式进行股权融资,在获得资本市场资金支持的同时,维持现有的人力要素优势。不过,这一制度在域外发展虽已经较为成熟,但我国公司法目前仍未作出回应,公司是否有权发行类别股融资在《公司法》上也是一个语焉不详的问题,亟待新一轮的制度革新。

(一)资本要素与人力要素重组下类别股的扩张

20世纪20年代初期,在家族企业与投资机构争夺控制权的大背景下,类别股制度开始在美国出现发展,最具代表性的便是汽车领域著名的道奇兄弟公司(Dodge Brother)。1925年该公司发行了15,000万无表决权A类普通股,而投资银行地龙瑞德公司(Dillon Read)则借助类别股的方式实现了掌控公司控制权的目标。不过,由于类别股突破了传统"股东平等""一股一权"等传统公司法的理论,在当时引发了很大的争议,甚至有观点认为这是剥夺股东控制权的不端行为。1926年,纽交所发布了"禁止无表决权股上市"的规则,禁止上市公司采纳这一特殊的股权设置形式。③ 虽然当时一些评论家批评双重股权结构对公众不公平,减少了内部人员的问责制,④但进入20世纪七八十年代以后,随着硅谷的科创企业大量兴起,获得资本市场资金与保留创始人控制权之间的矛盾更加突

① See Vahid Dejwakh, "The Directorist Model of Corporate Governance: Why a Dual Board Structure for Public Corporations Is Good for Shareholders, Entrepreneurs, Employees, Capitalism, and Society", *William & Mary Policy Review*, Vol. 8, No. 1(2017) p. 2.

② 参见王东光:《类别股份法理研究》,载《科学·经济·社会》2013年第3期。

③ 参见王灏文:《美国类别股法律制度探源:背景、进程及内在逻辑》,载《证券法苑》2018年第2期。

④ See Jill Fisch, "Steven Davidoff Solomon, The Problem of Sunsets", *Boston University Law Review*, Vol. 99, No. 3(2019), p. 1057.

出。1976 年,为了以特殊股权形式上市,王氏实验室公司(Wang Laboratories)只能另赴美国证券交易所,此举吸引了大批有上述需求的公司到美交所挂牌交易。甚至一些已在纽约证券交易所上市的公司,也打算发行不同投票权股份,如果纽交所继续坚持禁止的态度,将极大地影响自身的制度竞争力。在这种压力下,纽交所于 1984 年放弃了坚持 60 余年的政策,开始全面接纳这一制度。① 2012 年,Google 发行了第三类普通股,其 139 创始人向 Google 的股东写了一封信来解释了他们的举动。创始人辩称,双重类别是必要的,因为技术产品常常需要大量投资才能实现其潜力。2017 年 3 月,Snapchat 的母公司 Snap 也成功以 200 多亿美元的估值利用双重股权架构在纽交所上市,②成为当年美国资本市场的一件大事。

进入 21 世纪以来,互联网科技公司的兴起引发了全球范围内类别股的制度扩张,各国也纷纷修改公司法,吸收这一新型的股权融资模式。2005 年,日本对公司法进行了重大的立法调整,制定了独立于《商法典》之外的《公司法》,并允许公司发行普通股、优先股、劣后股、表决权限制股等 9 种类别股。③ 2006 年,英国对《公司法》进行了较大程度的改革,新《公司法》第 629 条明确指出,为公司法规之目的,如果依附于股份的权利在所有方面都是相同的,则这些股份归属于同一个类别。依附于股份的权利不仅仅因为他们在配售后的 12 个月内未载有相同的分红权而视为有别于依附其他股份的权利。根据这一规定,公司可根据具体的商业环境和自身情况发行不同类别的股份。④

2014 年,阿里巴巴公司在纽约证券交易所首次公开发行,成为美国历史上最大规模的 IPO 案。事实上,早期阿里巴巴试图以"合伙人制度"在我国香港证券交易所上市,但由于当时港交所的上市规则明确限制不同投票权架构,这一上市计划也宣告破产,并最终赴美上市。⑤ 错失阿里上市,在香港金融界引发了强烈的讨论,香港证券交易所于 2018 年修改了上市规则,专章就不同投票权作出规定,允许新经济企业、已在英美上市企业以及生物科技企业 3 类同股不同权的企业在港上市,此后小米公司、美团点评正是借此在港完成了首次公开发行。

(二)我国现行公司法股权融资的制度局限

类别股在全球范围内的扩张根源于商业类型的分化以及随之而来的人力要素与资本要素在公司治理中的重组。一方面,即便对于资合属性极强的上市公司而言,公司创始人对公司发展的功能和作用也是在逐步增长的,这要求立法者不得不去重新审视和评估传统"一股一权""股权平等"与公司发展以及社会进步之间的矛盾。类别股立法变迁

① 参见张舫:《美国"一股一权"制度的兴衰及其启示》,载《现代法学》2012 年第 2 期。

② See Lucian A. Bebchuk, Kobi Kastiel, "The Perils of Small-Minority Controllers", *Georgetown Law Journal*, Vol. 107, No. 2(2019), p. 1453.

③ 参见[日]山本为三郎:《日本公司法精解》,朱大明等译,法律出版社 2015 年版,第 66 ~ 72 页。

④ 参见林少伟:《英国现代公司法》,中国法制出版社 2015 年版,第 596 页。

⑤ 参见王文宇:《公司法论》,台北,元照出版公司 2019 年版,第 94 页。

史,就是一部制度功能利弊的理论争辩与实证检讨的博弈史,也是一部新兴创新企业的创始人寻求控制权与中小股东权益保护之间的立法平衡史。① 而最终结果就是资金要素与管理要素的分离。另一方面,科创企业的大量兴起引发了公司核心竞争力的转变,工业革命时期"资本为王"的产业模式正在转变为"创新为王",而人力资源正是创新的动力之源,越来越多的公司试图通过发行特别的员工股来实现保留人力资源的目标。在单一类别股份结构下,如果任职者在短期内具有很高的不确定性,他的控制权可能被其他竞争对手所取代,而双重股份结构允许在位者拥有足够的选票来对抗竞争对手。② 因此,对于今天的公司而言,资金已经不再是公司股权融资的唯一诉求,多元化的利益诉求也需要更加灵活的制度供给。

就现有规则而言,我国《公司法》在股权融资方面并未赋予公司过多的自主权。以类别股为例,《公司法》第126条第1款规定:"股份的发行,实行公平、公正的原则,同种类的每一股份应当具有同等权利。"直接从字面来看,立法者似乎倾向于选择"同股同权"的立法理念,要求公司在发行股份时,确保同种类的股份具有相同权利。但如果从反对解释的角度看,同一种类股份应当具有相同权利也意味着不同股份可以具有不同的权利,反而隐含着制度允许的可能。此外,虽然《公司法》第131条允许国务院对公司发行其他种类的股份另行作出规定,但实际上这一条从未得到应用。不过,实践中国内企业关于类别股的尝试非常普遍,"同股不同权"架构已经成为众多科创型企业的选择。蚂蚁金服、滴滴打车等公司均在股权设置中吸收了类别股制度的合理内核,并有望以双重股权架构在境外上市。③

我国企业的实践和优质上市资源的撤离也引发了监管层面的回应。2012年,中国人民银行、中国证监会、中国银监会等机构联合出台的《金融业发展和改革"十二五"规划》明确提出要探索建立优先股制度。2013年,中国证监会在前期试点的基础上出台了《优先股试点管理办法》,优先股制度实质落地。此外,在推进国有企业改革的过程中,"国家特殊管理股"亦提上了日程。④

三、类别股体系建构的基本目标:建立弹性体系

我国现行公司法中单一的普通股制度不能满足投资者的差异化需求,如果法律只提供普通股这种将财产权与表决权捆绑的融资工具,公司融资将受到束缚。⑤ 因此,对于当

---

① 参见傅穹、杨金慧:《不同投票权制度:争议中的胜出者》,载《证券法苑》2019年第2期。

② See Thomas Chemmanur, Yawen Jiao, "Dual class IPOs: A theoretical analysis", *Journal of Banking & Finance*, Vol. 36, No. 1 (2012), p. 305.

③ 参见傅穹、肖华杰:《我国股份有限公司类别股制度构建的立法路径》,载《西南民族大学学报》(人文社会科学版)2019年第8期。

④ 2013年出台的《中共中央关于全面深化改革若干重大问题的决定》提出要对按规定转制的重要国有传媒企业探索实行特殊管理股制度。2014年新闻出版广电总局发布的《非公有制文化企业参与对外专项出版业务试点办法》,也明确要求赋予国有出版单位特殊的管理权。

⑤ 参见朱慈蕴、沈朝晖:《类别股与中国公司法的演进》,载《中国社会科学》2013年第9期。

下公司股权融资制度而言,建立弹性的制度体系以适应不同类型公司多样的融资需求应当成为其基本的制度目标。这包括两个方面,一是对现有的公司法定形态划分进行改革,建立包容性的划分框架以取代现有股份公司与有限责任划分僵化且不周延的状态;二是对股东权利配置模式进行改革,借助类别股制度表决权与财产权分离的特征,实现多元融资目标。

(一)建立开放型的公司类型划分格局

类别股的设置是建立在具有针对性的公司规范规则之上的,但我国当下有限责任公司与股份有限公司二元划分的格局却存在分类不周延以及功能弱化的问题,因此,对公司类型划分标准进行更新将成为类别股制度建立的基础性工程。在公司形态的划分方面,传统大陆法系一般将公司分为无限责任公司、两合公司、有限责任公司、股份有限公司和股份两合公司。① 而英美法系国家则一般按照股东和股份转让方式的不同将公司划分为开放式公司(又称公众公司、公开公司)与封闭型公司(又称私公司、不公开公司)。1993年《公司法》在制定时,我国在参考大陆法系立法传统的同时,考虑到无限责任公司与两合公司的数量较小,并且在我国可以通过采用合伙企业和个人独资组织形式建立,立法者因此只确定了有限责任公司和股份有限公司两种类型。② 不过,这种划分并不周延,股份有限公司内部差异很大,大的股份有限公司如上市公司有着单独的规范内容规范体系,而小规模的股份有限公司与有限责任公司的区别又在不断缩减,我国对有限责任公司和股份有限公司的划分非常不合理,发起设立和定向募集的股份有限公司本质上就是有限责任公司。③

由于很难针对股份有限公司提出包容性的制度规范,股份有限公司与有限责任两分的制度功能事实上是在不断弱化的。为应对实践中的问题,2012年9月,中国证监会审议通过了《非上市公众公司监督管理办法》,中国证监会在上市公司之外提出了非上市公众公司的概念。④ 从实用的角度来看,这一规范的积极价值是不容忽视的,但从理论周延和公司法体系发展的角度来看,这意味着当下的公司类型划分更加杂乱和冲突,公众公司与非公众公司划分标准本身是很难融入现有的两分格局的。公司类型划分是公司股权融资弹性化的规范前提,如不能实现合理的类型区分,就很难针对不同类型公司设置差异化的融资规则。借助英美法上的划分,将偏向封闭的股份有限公司与有限责任公司合并处理,同时将偏向公开的股份有限公司参考上市公司(公开公司)的逻辑治理,可能是较为可行的改革路径。

---

① 参见范健、王建文:《公司法》,法律出版社2014年版,第87页。

② 参见王保树:《公司法律形态结构改革的走向》,载《中国法学》2012年第1期。

③ 参见朱锦清:《公司法》,清华大学出版社2017年版,第16页。

④ 《非上市公众公司监督管理办法》第2条规定:"本办法所称非上市公众公司(以下简称公众公司)是指有下列情形之一且其股票未在证券交易所上市交易的股份有限公司:(一)股票向特定对象发行或者转让导致股东累计超过200人;(二)股票公开转让。"

（二）推动股东权利配置多元化

公司立法对于市场发展的重要价值，更多地取决于其结构性规范与市场需求之间的契合。而公司股东权利配置模式从单一向多元的变革，应当是中国公司法结构性完善的重要环节。① 由于整个公司法实践在我国的发展并不能称为长久，《公司法》本身所采取的态度也是较为保守的。在股权的配置方面，虽然《公司法》在1993年制定时，就允许国务院对公司发行其他种类的股份另行作出规定，但直到2013年，国务院才出台了《关于开展优先股试点的指导意见》，类别股中最具代表性的优先股开始进入法律规范层面。但是，类别股并不等于优先股，按照蕴含的权利是否属于特别权利为准，股份分为普通股与特别股，优先股仅仅是特别股的一种，除了优先股，劣后股、混合股均是特别股的代表形式。此外，按照股东是否享有表决权，股份还可以分为表决权股与无表决权股；按照是否由公司利润予以回收为准，分为偿还股与非偿还股；按照种类是否可转换，分为转换股与非转换股。② 在我国，类别股至今仍是一个停留在理论中的概念，其内涵、外延以及相关规则均未在法律上明确，这一方面使股东权利多样化的配置缺乏必要的规则支撑，于法无据；另一方面也使理论上的争鸣缺乏厘定，难以系统化不同股东权利的配置要求和配置模式。

类别股制度的生命力在于种类衍生下股权样态的多元化，但特定公司股权结构中涵纳的类别股种类有限。③ 因此，在推动股东权利配置多元化的过程中，基本的思路是，在法律层面实现不同权利内容股份的类型化的同时，将选择权交换公司本身，允许他们针对自己自身需求选择最合适的配置模式。类别股之所以存在类别，实质上在于其背后的权利不同。依附于股份的权利在最初应该是平等的，当股份被区别为不同类别时，股份平等的假设才被打破。探讨类别股的本质上是探讨依附于股份上背后权利的差异。④ 实践中，类别股的类型非常多样，出于融资、维护控制权、挽留职工等目标，不同公司的需求并不相同，其对股东权利的配置也会有较大差异。这要求公司法在对不同类型类别股进行划分时，需求具有包容性的制度框架，在确保交易秩序和商业环境稳健的情况下尽可能提供多样的选择。当然，任何制度都是有风险的，这也是类别股制度为何从诞生到被广泛接纳经历了接近100多年时间的原因。这一制度可能引发的小股东欺压、债权人利益受损等决定了法律上不可能毫无限制和约束。即便促进融资弹性化是出于社会经济发展和制度竞争的需要，但背后的风险也并非不值得关注。

四、以公司法与证券法的联动实现体系规范

以类别股为切入点推动现有股权融资制度更加贴近商业需求是非常明确的，还需要

---

① 参见汪青松：《股份公司股东权利多元化配置的域外借鉴与制度建构》，载《比较法研究》2015年第1期。

② 参见刘俊海：《现代公司法》，法律出版社2015年版，第509～512页。

③ 参见郭青青：《类别股的类型化建构及其适用》，载《河北法学》2016年第2期。

④ 参见林少伟：《英国现代公司法》，中国法制出版社2015年版，第596页。

进一步考虑如何通过体系规范实现这一目标。是国务院根据授权通过法规的形式对公司发行特别股作出规定，还是对公司法的股权体系进行改革？除此之外，伴随公司法领域的规则修改产生的与现有证券监管规则联动的问题也是值得审思和考量的。从规范内容上看，《公司法》主要为公司这一组织体的设立、组织、活动提供了基本的组织框架和制度安排，而《证券法》则进一步丰富了公司发展的融资途径。考虑到二者的规范重心，公司股权融资制度的改革同样需要以公司法与证券监管规则的联动为基本模式，处理好公司法与证券监管规则协调的问题。

（一）公司法：类别股发行的基础框架

在我国公司法语境下，一般认为，公司法是规范公司的设立、组织、活动和解散为主要内容的法律，①其内容可以大致归结为两方面：一是关于公司设立、运行解散方面的手续性、程式性规定；二是关于公司和公司内部各种利益主体在矛盾冲突中的权利和义务。② 可以说，公司法为公司的组织和活动提供了最为基本的规则设定。不过，由于大型公司所需的资本非常庞大，以至于少数几个人无论多么富有，都无法满足企业筹集资金的需求，③而证券法则在公司法之外，为大型公司的股权融资活动提供了制度选择，公司的股权融资制度是在公司法和证券法的共同支撑下完成的。对类别股的规范同样如此，作为一种兼具股权融资和债权融资双重特征的融资制度，一方面，可以使创始人能够长期保持创新力，并利用他们的特殊技能来产生的回报，从而使公司和所有其他投资者受益。另一方面，类别股的引入也改变了传统的“一股一票”原则，可能诱发创始人控制以及小股东利益受损等问题。因此，需要公司法在组织法层面提供基本的制度支撑，通过较少的保护措施来减轻双重股权结构的复杂性，并发展其优势。

具体而言，一是要坚持类别股法定原则，为股权类型的配置设置基本的法律框架。我国《公司法》第126条的规定虽然可以解释为立法并未限制类别股的发行，但实际操作来看，并不具备直接的实施可能。有必要进一步明确何为类别股，并进一步明确公司可以自主发行的类别股类型。类别股区分的实质在于每种类型的股份所包含的具体权利上的不同，利润分配上的差异实际体现的也是股份所包含权利的差异，只要所包含的权利与普通股存在差异的股份便可称为类别股。④ 实践中类别股的种类非常多样，有优先股、劣后股、超级表决权股等多种类型。考虑到我国当下的商业实践并不充分，对发行类别股的监督和制约机制也不健全，在制度设立之初，应坚持类别股法定的基本思路，可通过列举的方式，明确在财产分配、表决权等方面具有特殊性的代表类型，并允许公司根据自身需求在授权范围内自主选择。

二是建立相关利益人（小股东、债权人等）的保护机制，通过信息披露、类别股东会等

① 参见周友苏：《新公司法论》，法律出版社2006年版，第3页。

② 参见朱锦清：《公司法》，清华大学出版社2017年版，第21～22页。

③ 参见[美]罗伯塔·罗曼诺编著：《公司法基础》，罗培新译，北京大学出版社2013年版，第29页。

④ 参见王建文：《论我国类别股股东分类表决制度的法律适用》，载《当代法学》2020年第3期。

提供基本的权利保障框架。选择何种类别股一般是不同投资者之间通过协商确认的,并且其类型、数量等应当明确记载于公司章程中。这是因为公司的资本结构(债权、股权的比例)如何构成,关系到债权人和后续投资者的利益,需要在公司章程中公示。未经公示,创设的类别股不成立。① 章程公示是类别股信息公示的重要环节,考虑到对债权人和其他股东的影响,《公司法》应明确将"类别股发行状况"列入章程绝对必要记载事项,以防范可能的利益失衡。此外,对现有的股东会大会表决模式进行改革,建立类别表决机制亦是必要的。在大多数存在类别股的公司中,发行两种类别的普通股,即劣等投票类别"A股"和优等投票类别"B股"是一种典型的做法。一般来说,"A股"每股一票,主要发行给外部股东,"B股"每股多票,通常由公司内部人士如创始人、董事、高级管理人员等持有。通过公司章程规定"B股"持有者特殊的控制权、规定其对控制权交易的否决权以及规定其出席会议是董事会会议法定人数所必需的都是常见的做法。② 不过,在这种特殊表决机制的设定下,普通股持有者很可能面临不利的地位。出于对类别股东权利的保护,应该明确就特定事项决议的通过不能仅依股东大会的决议就认定为有效,而需要征求利益关系类别的股东的意见,这便是类别股东表决机制。对于类别股的分类表决制度,既应对法定分类表决事项作明确规定,亦应赋予公司章程足够的自治空间,允许公司章程在法律列举的基础上增加分类表决事项,尤其是将与类别股股东权益无直接关系的事项纳入分类表决。③

(二)证券法:公开市场逻辑下的日出条款与日落条款

在日本,广泛承认类别股是公司法的特点,但是否允许上市公司自由采纳类别股,却需要得到资本市场监管者的认同,④这种特殊的制度设置便与资本市场公开交易的基本模式有关。对于上市公司而言,其最大的特殊性就在于股份在公开市场交易,也正是如此,法律要求上市公司履行相应的公开义务,并通过一些强制性的交易规则予以规范。⑤虽然《公司法》与《证券法》是紧密联系的,但两部法律规范的重心却是存在差异的,《公司法》是面对所有类型的公司进行规则抽象,而《证券法》一般只针对上市公司设定特殊的规则。参考这一经验,根据公开公司与非公开公司的差异,《公司法》与《证券法》在类别股的规范重心上亦应该有所差异。相比《公司法》基础性的制度支撑,证券市场可能更需要强调信息披露与投资者保护的内容。

在"公司契约论"的框架下,公司是由一定的人员和资产按照一定规则组织和运营的营利性组织,强调公司自治是一种主流的思路。不过,正如艾森伯格教授所洞察的那样,

---

① 参见朱慈蕴、沈朝晖:《类别股与中国公司法的演进》,载《中国社会科学》2013年第9期。

② See Shen, Junzheng. "The Anatomy of Dual Class Share Structures: A Comparative Perspective." *Hong Kong Law Journal*, Vol. 47, No. 2(2016), p. 479.

③ 参见王建文:《论我国类别股股东分类表决制度的法律适用》,载《当代法学》2020年第3期。

④ 参见朱慈蕴、[日]神作裕之、谢段磊:《差异化表决制度的引入与控制权约束机制的创新——以中日差异化表决权实践为视角》,载《清华法学》2019年第2期。

⑤ 参见朱锦清:《公司法学》(上),清华大学出版社2017年版,第509页。

在上市公司中,由于规则几乎很难通过讨价还价来确定。因此,管辖此类公司的法律规则一方面应该是授权和充实,另一方面也应该是强制性的。① 就类别股而言,世界上主流的证券交易所都对公开公司采取了更为严格的态度。例如,在"王氏实验室"以双重股权结构上市时,美交所提出了一些限制性要求,后来这些要求逐渐成为美交所处理此类情形的基本政策,即所谓的"王公式"(Wang formula)。主要包括以下要求:(1)限制投票权股份必须具有投票权的能力,并且可以选举不少于25%的董事会成员;(2)限制投票比例不得高于10∶1;(3)不得创建额外的股票,或者以任何方式削弱限制投票股份的投票权;(4)如果此类股票的数量低于总资本的某个比值,那么高投票权股票将失去部分特权;(5)限制投票权股份具有股息优先权。② 与之类似,我国香港证券交易所在允许发行类别股时,也对使用类别股的公司施加了若干限制性条件以促进信息披露和投资者保护。新的上市规则要求禁止现有公司利用"加权投票权"(weighted voting rights,WVR)进行资本重组,只有新申请人可以使用WVR框架。香港证券交易所还要求董事终止职务、去世或死亡时自动转换为普通股,最后,使用WVR的生物技术公司也必须遵守增强披露和公司治理要求。新加坡的规则与香港交易所的规则非常相似,新交所将每个加权投票权的投票上限设定为10票,仅允许个人持有股份,并要求配置必要日落条款。③

总体而言,证券法的规范是主要是通过对日出条款(Sunrise Provisions)和日落条款(Sunset Provisions)的规范来实现的。其中,日出条款就是对拟采用类别股上市的公司在准入方面所提出的一系列限制,主要包括对公司类型限制、发行比例、发行类别限制以及信息披露限制等,美交所的"王公式"就是其中的代表。而日落条款则是类别股的退出机制,主要包括因职务终止退出、到期退出等规则类型。在港交所上市的小米公司和美团点评公司,均在其章程中规定了"向其他人士转让A类普通股的实益拥有权或经济利益或所附投票权(通过投票代票或其他方式),则A类股自动转换为B类"的内容。值得注意的是,对日出条款和日落条款的规定具有很强的政策性考量,不同交易所的规则也有不小的差异。在美交所提出"王公式"之后,至少有22家公司遵循这一规则在美交所进行了首次公开募股,另外有7家公司根据"王公式"进行了资本重组,形成了两类结构。但随之而来的交易所之间的竞争,使纽约证券交易所和纳斯达克交易所也允许类别股公司上市,而其要求大大低于"王公式"中的要求。④

---

① See Melvin Aron Eisenberg, "The Structure of Corporation Law", *Columbia Law Review*, Vol. 89, No. 7 (1989), pp. 1461 – 1462.

② See Andrew William Winden, "Sunrise, Sunset: An Empiricaland Theoretical Assessment of Dual-Class StockStructures", *Columbia Business Law Review*, Vol. 2018, No. 3 (2018), p. 852.

③ See Zoe Condon, "A Snapshot of Dual-Class Share Structures in the Twenty-First Century: A Solution to Reconcile Shareholder Protections with Founder Autonomy", *Emory Law Journal*, Vol. 68, No. 2 (2018), pp. 357 – 360.

④ See Andrew William Winden, "Sunrise, Sunset: An Empiricaland Theoretical Assessment of Dual-Class StockStructures", *Columbia Business Law Review*, Vol. 2018, No. 3 (2018), p. 865.

(三)国有企业类别股设置的规则安排

相比其他发达经济体,我国经济中有一个突出的特点便是国有企业的突出占比。在2019年的世界五百强企业中,共有129家中国企业上榜,其中国有企业上榜总数为88家,由国务院国资委出资的企业48家。① 这与我国特定的历史渊源和经济传统有关,在改革开放初期,我国基本上是按照所有制类型安排企业立法,②颁布了《全民所有制工业企业法》、《外资企业法》、《私营企业暂行条例》(现已失效)等一系列法律法规。1993年《公司法》的出台同样如此,它和国有企业的改制有着非常紧密的联系。公司法立法最早的动因便是理顺公司与国有企业的关系,以同国际通行规则接轨。③ 考虑到国有企业在我国经济中的特殊地位,有必要对其类别股的规范路径进行考量。

近年来,我国在文化企业、国有企业改革的一些文件中,对"特殊管理股"的问题进行一定的尝试。2013年召开的党的十八届三中全会通过了《中共中央关于全面深化改革若干重大问题的决定》,该决定提出:继续推进国有经营性文化单位转企改制,加快公司制、股份制改造。对按规定转制的重要国有传媒企业探索实行特殊管理股制度。2014年,新闻出版广电总局发布《非公有制文化企业参与对外专项出版业务试点办法》,明确要求非公有制文化企业与国有出版社共同出资新设公司实行特殊管理股制度,记载于公司章程,赋予国有出版单位特殊的管理权。此后,在2015年出台的中共中央、国务院《关于深化国有企业改革的指导意见》中,国家特殊管理股的适用范围进一步扩张,允许将部分国有资本转化为优先股,并在少数特定领域探索建立国家特殊管理股制度。从股权内涵出发,国家特殊管理股应为双层股权结构的类别股,是特殊权利制度的中国化表达。④

国有企业的类别股如何规范,存在两种思路:一是将其与民营企业共同纳入公司法和证券法规范框架,适用同样的规则;二是将其专门规定,适用专门的规则。考虑到实践中存在的不平等竞争问题,第一种思路更为可取。长期以来,国有企业与民营企业在我国的地位悬殊,不仅在法律规则适用上实行的是一种双轨制,在国家政策、信用基础、企业融资等方面也存在很大的差异。现代国有企业是市场经济下的企业,要使市场在资源配置中起决定性作用的政策目标得以实现,就必须排除不当竞争和垄断,构建公平合理的竞争规则。企业是集合人资、物源、财力,向市场生产特定产品或提供特定服务的组织。按照市场经济的逻辑,国有企业相对集体企业、私营企业或个体企业而言,是投资成分的表现,这并不能影响其在民商法及经营上的法律地位。⑤ 在确定了出资人权利的行使主体之后,应当按照市场的逻辑行事。因此,一般来说在发行类别股的过程中,完成了

① 参见《2019中国大企业发展分析报告》,载国务院国有资产监督管理委员官网:http://www.sasac.gov.cn/n2588025/n2588139/c13145307/content.html,最后访问日期:2020年6月30日。

② 参见杨紫烜主编:《经济法》,北京大学出版社、高等教育出版社2010年版,第136页。

③ 参见江平:《沉浮与枯荣》,法律出版社2010年版,第397~398页。

④ 参见吴高臣:《国家特殊管理股的法律性质》,载《法学杂志》2018年第1期。

⑤ 参见李欢、范健:《民营企业法律主体地位辨析》,载《扬州大学学报》(人文社会科学版)2019年第5期。

公司制改革国有企业适用公司法和证券法上的规则即可,不宜规定特殊的管理规则。

五、结语

商业时代的变革让公司法的发展面临着新的趋势,股权融资目标的多样化便是其中之一。如何让公司股权融资制度更加适应人力要素上升所带来的公司经营模式变革也成为当代公司法必须回应和面对的一个问题。公司法的发展是一个与时俱进的过程,谁的创新性强、制度适应能力高就能在社会环境的变革中抢占优势地位,并转化为制度竞争力,这对于今天正在走向世界的中国来说尤为重要。目前,类别股已经在全球范围内落地生根,在美国、英国等成熟经济的商业实践也已经较为成熟,及时在法律规范层面确立这一制度,并以此为基点推动我国公司股权融资制度更加弹性化将具有很强的实践价值。而通过公司法与证券监管规则的联动和分工确立具体的规则内容将是较为可行的方案。

公司内部催缴制度的原理、优势及建构

潘子怡*

摘要:理论界就债权人可否请求未届期股东提前履行出资义务争论颇多,然而,对于公司在经营存续困难时可否对未届期股东进行内部催缴则鲜有论述。公司内部催缴能否突破公司章程关于股东出资期限的规定取决于公司章程的性质。公司章程不是合同,而是一种为维护公司整体利益及公司治理的自治性规则。在为公司整体利益出发时,可考虑对章程规定进行突破。公司内部催缴符合保护公司整体利益的要求,且能兼顾对债权人利益的保障,相较于其他类似方案具有不可替代的优势。应当规定董事会作为催缴的主体,并借鉴经营判断规则等理论作出相应具体安排。

关键词:公司催缴 章程性质 公司整体利益

一、问题的提出

2013年《公司法》对注册资本制度的规定由实缴制转为认缴制后,取消最低注册资本额、股东具体出资期限由章程自由约定并在公司注册登记机关对社会进行公示等一系列变化降低了公司设立的门槛,极大地激发了民众的投资热情。然而,后续配套措施的缺位,使传统的资本制度理念受到了冲击。围绕着公司资不抵债时,债权人能否就届期债务请求股东提前缴纳出资理论界展开了如火如荼的讨论。有学者认为,股东出资期限乃是公司章程规定的利益,不得据此对抗外部第三人即债权人,因此公司资不抵债时,债权人可以请求股东提前缴纳认缴的出资,此种观点即所谓的"肯定说"又称"出资加速到期说"。① 此外,也有部分学者认为,公司债权人在与公司进行交易时已经对公司登记机关公示的出资期限信息有所知悉,公示本身具有公信力,债权人不能也没有相应合理清晰的法律依据主张股东提前缴纳出资。② 对此,2019年出台的《全国法院民商事审判工作会议纪要》也仅认可了两种情形下,债权人可以请求未届期股东在未出资范围内对公

---

* 复旦大学民商法专业博士研究生。

① 参见蒋大兴:《论股东出资义务之"加速到期"——认可"非破产加速"之功能价值》,载《社会科学》2019年第2期;周珺:《论公司债权人对未履行出资义务股东的直接请求权》,载《政治与法律》2016年第5期;李建伟:《认缴制下股东出资责任加速到期研究》,载《人民司法》2015年第9期。

② 参见俞巍、陈克:《公司资本登记制度改革后股东责任适法思路的变与不变》,载《法律适用》2014年第11期;王东敏:《公司法资本制度修改对几类民商事案件的影响》,载《人民司法》2014年第5期。

司不能清偿的债务承担补充赔偿责任。①

现有的思路大多是以债权人为请求主体,期望实现的根本上是赋予公司债权人在债务届期时请求股东提前缴纳出资的权力。然而,倘若公司出现难以经营存续(如资不抵债或是急需资金周转)时,公司能否作为请求主体,突破章程中股东出资期限的约定直接向未届期股东催缴出资的问题则着墨甚少,尚待进一步探究。对此问题,至少存在以下几点困惑:其一,从合同法和公司法原理的视角观察,章程股东出资期限的约定是否具有被公司内部催缴方案突破的可能性?② 其二,倘若在原理上存在突破的可能性,需要满足何种要件?其三,此种公司内部催缴方案优势为何,它与学界热烈探究的他种替代方案以及外部债权人催缴方案有何不同?其四,倘若承认公司在某些情形下享有请求股东提前缴纳出资的权力,该由哪一个主体来代为实施这一权力?以及如何在《公司法》中具体构建公司内部催缴制度?

鉴于此,下一步应当从原理分析和利益衡量的视角为公司内部催缴制度的构建寻找相应的正当法理基础及必要性理由,即论证在公司出现特殊情形如急需资金周转否则将难以经营存续时,能否作为请求主体,突破章程中股东出资期限的约定直接对股东未届期出资加以催缴,以及此种方案的优势所在。

二、公司内部催缴何以突破章程约定

公司能否突破股东与公司之间章程约定的出资期限,在特殊情形下直接对股东未届期出资进行催缴,首先根本上需要界定的是公司章程关于股东出资期限的约定的性质。如前所述,反对突破股东期限利益的学者主张的理由大多是出资期限系股东与公司之间的合同内容,从合同法的角度来说,任何一方不得违背约定。③ 此种观点的逻辑基础实际上在于承认公司章程是股东与股东、股东与公司之间的合同,而实际上关于公司章程的性质还存在着“自治说”,即公司章程是公司治理的内部治理规则。④ 本文拟先以公司章程的性质为切入点,讨论公司内部催缴方案突破公司章程约定的股东出资期限在原理上的可行性。

(一)公司章程性质:合同抑或公司自治规则

英美法系国家的学者主要认为公司章程是全体股东和发起人之间的一种合同,而大陆法系的学者则倾向于公司章程是公司这一社团法人的自治规则的观点。⑤ 这一理解的差异早在对特许状性质的认定上已现端倪,英美法认为,特许状是当事人与政府签订的一种契约,而大陆法系学者则认为特许状是国家批准法人成立的国家法令,由此“法人人

---

① 《全国法院民商事审判工作会议纪要》,(法〔2019〕254 号)。两种情形:其一,公司作为被执行人的案件,人民法院穷尽执行措施无财产可供执行,已具备破产原因,但不申请破产的;其二,在公司债务产生后,公司股东(大)会决议或以其他方式延长股东出资期限的。

② 如无特别说明,本文所指“公司内部催缴”均意为公司作为请求主体,在公司难以经营存续的情况下,直接请求股东提前缴纳未届期的出资的行为。

③ 参见袁碧华:《“认”与“缴”二分视角下公司催缴出资制度研究》,载《中国法学》2019 年第 2 期。

④ 参见施天涛:《公司法论》,法律出版社 2018 年版,第 124 页。

⑤ 参见冯果:《公司法》,武汉大学出版社 2007 年版,第 90 页。

格”得以产生。[①] 渊源于公司合同理论的“合同说”认为公司章程是公司与股东之间、股东之间签订的合同,[②]此种说法业已成为我国公司法上的主流学说。

而在英国学界,公司章程一般被认为具有合同性质是存在特定历史缘由的。由于1720年《泡沫法案》(the Bubble Act)的出台,很长一段时期鲜有合股公司取得特许状得以设立。在这种条件下,英国的商人发明了一种利用信托方式、根据“财产托管证书”(又称财产契据)(deeds of Settlement)来设立公司的方式。[③] 英国《1844年合股公司法》(the Joint Stock Companies Act 1844)赋予公司章程合同性质的原因在于,在当时发起人设立公司须签署财产契据(deed of settlement),而这一文件具有真正意义上的合同性质。但此后的《1856年合股公司法》(the Joint Stock Companies Act 1856)以公司大纲(memorandum of association)、公司章程(articles of association)代替财产契据(deed of settlement),为与其衔接,由法律赋予章程以合同性质。[④] 因而,据英国的观念就直接认定我国公司章程系合同性质并以契约法理对其进行解释有失妥当。

对公司章程性质究竟是合同还是公司自治规则的认定仍需回归到对合同与章程特征的识别与界分。

1. 合同的典型特征

合同概念在两个法系并不相同,大陆法系传统学理认为合同是一种“合意”或者“协议”,[⑤]而英美法系一般将合同视为一种“允诺”(a promise),此种“允诺”说的形成有其特定的历史传统。[⑥] 我国民事法律理论中合同概念继受自大陆法系,我国《民法典》第464条第1款规定:“合同是民事主体之间设立、变更、终止民事法律关系的协议。”[⑦]

需要注意的是,民法学说对合同和契约的概念曾作出区分。1934年汪瀚章编的《法律大辞典》即释文曰合同行为(Gesamtakt)又称协议行为,二人以上以同一内容同一意思之意思表示之合致,而契约(Vertrag)乃由是不同方向的意思表示成立,相同之处在于均是两个以上意思合致之点。[⑧] 并且,契约为个人法上法律行为之典型,而合同行为则是团

---

① 参见常健:《公司法中的公司章程——对章程含义、性质及基本规则的解析》,载《私法研究》2010年第1期。

② 参见朱慈蕴:《公司章程两分法论——公司章程自治与他治理念的融合》,载《当代法学》2006年第5期。公司合同理论认为公司是股东等参与成员所订立的一份“长期性合同关系”,公司法则是“作为公司合同的摹本、公司合同的漏洞补充机制而存在。参见罗培新:《公司法的合同解释》,北京大学出版社2004年版,第75页。

③ 参见常健:《论公司章程的功能及其发展趋势》,载《法学家》2011年第2期。通过“财产托管证书”,将公司财产权委托给一个独立的受托人团体进行管理。通过这种信托契约,一方面可以为不参与经营的认股人提供风险责任的限定条件;另一方面也可以使受托人以公司的名义进行活动、起诉和应诉。

④ 参见林少伟:《英国现代公司法》,中国法制出版社2015年版,第111~112页。

⑤ 《法国民法典》第1101条规定:“契约为一种合意,依此合意,一人或数人对于其他一人或数人负担给付、作为或不作为的债务。”参见李浩培等译:《法国民法典》,商务印书馆1996年版,第170页。

⑥ 参见韩世远:《合同法总论》,法律出版社2018年版,第3页。

⑦ 2020年5月28日第十三届全国人民代表大会第三次会议通过。

⑧ 参见贺卫方:《“契约”与“合同”的辨析》,载《法学研究》1992年第2期。

体法上法律行为之典型。[1]

而我国传统意义上的合同法对合同行为和契约已不再进行明确区分，综合而言两者均至少具有以下几个特征：其一，“合同”（在此包括合同行为与契约）系双方当事人之间签订的契约，合同关系是存在于特定当事人之间的权利义务关系，具有相对性，不能对外部第三人产生效力或约束；[2]其二，合同本身是具有私密性的，无须向外界公开，即不具备社会典型公开性；其三，合同是双方当事人之间各自意思表示达成合意的外在表现，若需要更改合同内容，需要各缔约方一致同意。

2. 章程区别于传统合同的几点特征

尽管公司章程也具有自治精神和私法品格，却与合同有着不同的特征所在。

首先，公司章程的内容对后期加入公司的股东同样具备约束性，后加入的股东需要遵守已经形成的公司章程，此点与合同的相对性不相符；其次，如前所述，合同一般具有私密性，无须对第三人公开，不具备社会典型公开性，而公司章程作为公司设立时必备的要件之一，必须在公司注册登记机关向社会公示注册资本额等内容，即公司章程是具有公开性的；最后，公司章程实际上是对同一内容诸多条款的意思表示的一致性的体现，并无对立的利益存在，而非合同中双方当事人不同意思表示的合意达成。[3] 这一区分特征表现在内容的修改程序层面即导致如下的结果：合同的内容修改必须取得缔约各方的一致同意，而公司章程的修改不受此种限制，股东大会可通过特殊决议的方式对公司章程的内容进行修改，即便有少数股东存在异议也须服从多数派修改结果。[4]

体现与之类似区分理由的还有一般民事法律行为与决议行为的界分，一般的民事法律行为是双方不同的意思表示的一致合意达成，是一个双向表示过程，而决议行为实际上更像对同一内容的整体进行单向意思表示的形成过程，广义合同中的契约（Vertrag）与公司章程的方向性区别亦是如此（见图 1）。鉴于此，公司章程与合同存在种种差异之处，以合同法的相关理论来理解公司章程的约定问题似乎有方枘圆凿之嫌。

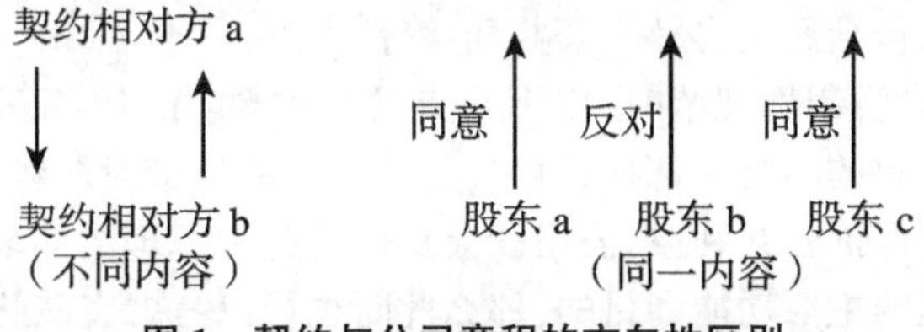

图 1 契约与公司章程的方向性区别

---

① 参见史尚宽：《民法总论》，中国政法大学出版社 2000 年版，第 310 ~ 311 页。

② 参见《法国民法典》，李浩培等译，商务印书馆 1996 年版，第 170 页；韩世远：《合同法总论》，法律出版社 2018 年版，第 13 页。

③ 参见施天涛：《公司法论》，法律出版社 2018 年版，第 124 页；冯果：《公司法》，武汉大学出版社 2007 年版，第 91 页。

④ 参见常健：《论公司章程的功能及其发展趋势》，载《法学家》2011 年第 2 期；林少伟：《英国现代公司法》，中国法制出版社 2015 年版，第 111 页。

此外,在英美法的理论中,合同原理的基石之一"契约自由"(freedom of contract)缘于自由资本主义时期居于主导地位的经济自由理论。而经济自由理论的一个基本理论预设在于,从事市场交易的人对各自的利益最清楚,会根据自己的需要趋利避害进行安排。① 然而,此种预设在公司章程的订立过程中并不能得到体现,甚至可以说是违背的。原因在于,公司章程涉及对公司及其内部各方利益的安排,却某种意义上仅为股东之间共同达成的合意,并不满足"所有相关方均对自身利益作出理性安排"的预设前提。因此就这一层面而言,公司章程实质上与合同的理论基础亦并不符合。

3. 章程是组织法上的自治规则

从组织法角度来看,公司章程性质是公司内部当事人之间权利义务以及公司治理的基本规则,是一种自治性规则而非合同或契约,也就是说,这些约束公司法律关系中的各方当事人的章程内容实际上是为了公司的内部治理,且应当在强行性法规内发生效力。在此意义上,股东依据公司的组织章程而负有的出资义务从这个意义上应当视为股东作为自治规则的组织成员(之一)而对组织所负有的成员义务,其作为组织成员而签订的出资协议具有与公司和其他股东共同促进公司发展和盈利目标的义务,不应当简单地只将其认定为与公司和其他股东处于签订出资协议的对手方位置。② 依据"合同说"的理论,公司章程关于出资期限的约定是仅在签订双方(公司与股东)之间进行利益权衡,而如果将公司章程作为维护公司经营存续和治理的自治规则,主要的利益考量出发点应当为公司及内部各成员利益,不局限于股东。

(二)公司章程维护公司整体利益的功能所在

在具有一定正当性基础时,可以通过制定公司法强制性规范来突破公司章程的自治条款。私法赋予公司章程自由的权利有着清晰的边界所在,即公司章程不得违反强制性规范,然而正是因为强制性规范对公司章程存在明显的抑制作用,设定公司法强制性规范必须要有正当性基础。德国公司法学者将这种正当性基础称为"法政治学理念",其所依赖的价值基础应当包括民主、公平、公共利益等。③

因此,在考虑设定强制性规范时,以下几点尤为重要:第一,纠正公司组成人员由于不平等的法律地位导致的不公平选择;第二,基于公平的考量对弱势群体的利益保护,尤其是公司职工;第三,保护公共利益,公司社会责任是此种原理的体现。倘若某项约定已然违背设立公司章程的主要功能和目的,那么此时也可以考虑突破此种约定。

而公司章程作为公司的内部自治规则,主要存在以下几种功能及目的:

第一,确认公司人格功能。公司章程是对公司存续期间的一系列基本情况、组织架

---

① 参见《法国民法典》,李浩培等译,商务印书馆1996年版,第170页;韩世远:《合同法总论》,法律出版社2018年版,第31页。

② 参见丁勇:《认缴制后公司法资本规则的革新》,载《法学研究》2018年第2期。

③ 参见[德]托马斯·莱赛尔、吕迪格·法伊尔:《德国资合公司法》,高旭军等译,法律出版社2005年版,第298页、第453页。

构、运作规则等予以规定的细则,是公司独立人格的主要体现。公司章程中有关公司资本等的规定更是公司拥有独立人格不可或缺的部分,因此公司章程的重要功能之一是确认公司人格。

第二,维护公司整体利益。虽然公司章程的制定很大程度上是股东意志的体现,但不代表它是为股东利益而存在的。公司章程从公司设立至解散,自始至终指引和规范公司全体成员的行为,其本质目的旨在维护的是公司整体利益,公司整体利益包括公司以及其组成成员的利益,维护公司的经营存续。

倘若把公司章程视为公司治理的具体细则,那么其中的约定内容应当服务于公司治理的理论,在特殊情形下能否催缴股东出资,若有充足的理由,应当允许法律对公司催缴制度进行规定。届时,在满足法律催缴情形的基础上,股东的出资期限应当让位于相关法律规定。

因而,明确公司在特定情况下存在突破章程出资期限进行催缴的原理可能性后,进一步我们将通过利益分析考量以期为此种突破行为寻找具体情况下的合理依据。

(三)公司内部催缴符合公司整体利益要求

如前所述,公司整体利益不仅包括具有独立人格的公司本身的利益,还包括公司内部各成员的利益。

1. 保障公司独立人格及经营存续

注册资本并不仅是为了能够有效清偿债权人的债务而存在的,其作用还包括为了保障公司能够正常经营。在此基础上,公司为了自身的经营存续而请求股东提前缴纳出资无疑是合理的。我国《公司法》和《民法典》均是承认公司作为法人有着独立的人格,其凭借独立的财产区分于股东对外承担独立责任,公司的决议实际上也可以视为公司机关代表公司作出的意思表示。那么倘若公司作为一个独立的个体,在遇到特殊困局时希望继续存续下去,法律也应当保障它的这一权利,否则便是斩断其试图通过催缴股东出资进行自救的路径,没有只让一个"人"承担责任而不保障其存活权利的道理。诚然,发生不可挽回的危局时,可以请求启动让公司破产重整等程序,但与之而来不可避免的是对公司经营活动和业务能力的损伤。股东出资作为公司经营能力的保障,在公司真的需要用到这笔出资来周转改善经营活动时,股东不应当以出资期限利益为由拒绝。

此外,传统的资本三原则理论完成由"公平"向"效率"的价值天平倾向,配合确立以效益为中心的公司注册资本制度,有助于释放公司活力、减少资源闲置。① 尤为突出的表现在于,资本维持原则的规范宽松,不再要求公司随时占有、维持与资本总额相应的账面财产,而是将主要目的立于使债权人的最低限度信用担保(注册资本)不会因为理性判断外的公司内部因素而丧失。② 此外,保障公司的良好存续、维持或是改善公司的经营状况亦是认缴资本制下资本维持原则的应有功能。因此,公司在特殊情况下对股东出资进行

① 参见赵万一:《资本三原则的功能更新与价值定位》,载《法学评论》2017 年第 1 期。

② 参见张保华:《资本维持原则解析——以"维持"的误读与解析为视角》,载《法治研究》2012 年第 4 期。

催缴无疑是与更新后的资本三原则的要求一致,注册资本在认缴制下仍发挥着部分信用担保、维持公司经营存续的作用。

而从股东出资的实际性质界定来看,股东出资不仅是公司责任能力的责任财产范畴之一,还是公司经营存续的重要物质保障,是公司法人财产不可分割的一部分,对公司的经营能力、存续状况以及偿债能力均具有重要的意义。倘若欠缺出资催缴制度,公司能否拿到资金的主导权全然掌握在股东手中,公司因此受制于股东,而这并不符合公司资本制度设定的弹性目的。①

在传统民法学说中,从权利与义务总是对等的角度来看,权利与义务通常相互对应。② 享有一定的权利就应当履行一定的义务。2013年修改的《公司法》赋予了股东在公司章程中自主约定出资期限的权利,使其享有了自由出资期限的利益,节省了投资与创业的成本,提高了交易效率,在此基础上,股东也对应的负有一定义务。对股东出资的缴纳到位要求实际上是与股东有限责任的产生必不可分的。在公司制度初期,无限责任制盛行之时,公司债务和股东个人债务不可分割,公司财产在某种意义上也难以与股东个人财产相分离。有限责任出现后,公司责任与股东个人责任完全分离,公司以其全部财产对公司债务承担责任,而股东以其出资或所持股份为限对公司承担责任。因此,在此种意义上来讲,股东所缴纳的出资是为公司法人财产独立的保障,也是股东享有有限责任特权需履行的义务范畴。股东认缴的出资额实际上是股东为取得股权支付的对价,在公司存续期间其已经享有了股权带来的利益,在此意义上,倘若公司基于经营回复等特殊理由需要催缴股东认缴的出资额,自是有一定的请求基础的。

2. 对公司其他组成人员利益保障

公司努力恢复经营能力是优化营商环境以及公司社会责任理论的必然要求,也是公司的应有义务。党的十六届六中全会与十七大均强调了“社会责任”这一重要议题,《公司法》第5条也以总则性规范对公司社会责任理念予以认可。现代公司已经不只是股东的公司,并不应当以追求营利性为唯一价值取向,公司社会责任理论要求实践中对公司维持原则予以充分尊重,即法院在公司设立瑕疵、公司解散破产等诉讼中应当尽量维持公司的生命力,对于可以不采取解散、破产清算等措施的公司,坚决不解散、最大限度实现破产重整、瑕疵补救等路径。③

公司职工作为企业利益密切相关者,在公司面临经营危机或陷入困境时,是否允许对未届期股东出资予以催缴与公司职工的利益也息息相关。倘若不允许在特殊情况下提前请求股东缴纳出资,对公司职工的利益将可能造成两方面的后果:

其一,作为公司内部的弱势群体,职工本身赖以生存和养家糊口的经历来源将被迫

① 参见罗培新:《论资本制度变革背景下股东出资法律制度之完善》,载《法学评论》(双月刊)2016年第4期。

② 参见梁慧星:《民法总论》,法律出版社2011年版,第81页。

③ 参见刘俊海:《现代公司法》(下册),法律出版社2015年版,第792页。

终结，相比较于最终资不抵债或陷入经营危局导致的破产、解散局面，催缴出资恢复公司存续能力无疑对公司职工更为有利，使其避免被置于失业的困顿处境。

其二，我国2006年《企业破产法》改变了职工债权与公司担保债权清偿顺位，该法颁布之后，对破产人的特定财产享有担保权的债权人原则上优先于公司职工的劳动债权。①2006年《企业破产法》的新规定旨在鼓励银行融资，赋予担保物权制度优先地位，然而，对公司职工的劳动债权保障程度降低也是板上钉钉的事实。考虑职工利益，加强对职工弱势群体权利的保障并不只体现于公司的社会责任，实质上也是宪法中对职工这一弱势群体享有的社会权的尊重。同理，保障公司的经营存续能力、最大限度维持公司的生命周期对公司内部的其他利益相关者均有着重要的意义。

三、公司内部催缴可更好保障债权人利益

（一）公司注册资本是公司偿债能力的保障

公司法人财产与股东的个人财产分离，成就了公司人格独立的物质基础。独立的财产与股东有限责任的促进，发展及完善了公司独立人格，是公司可以独立承担责任的基础前提。公司的责任能力取决于公司的责任财产，而股东出资所形成的公司资本即属于此范畴，它是公司外部用以衡量公司偿债能力和履约能力的重要指标依据。

对公司外部的利益相关者（主要是债权人）而言，股东出资作为公司责任财产的一部分，在公司资不抵债抑或经营发生严重困难以致难以存续的情形下，赋予公司对未届期股东出资进行催缴的权利实质理由与允许债权人请求股东提前履行其未到期的出资责任异曲同工，均是通过一定手段在此种情境下对债权人的利益予以保障。

在我国现阶段的背景下，公司债权人仍旧存在凭借经对外公示的公司注册资本判断公司的信用能力和责任能力的现象。尽管注册资本作为公司的偿债保证理论已经有所争议，资产信用和资本信用的分野似乎使注册资本失去了存在的意义和价值。学者们认为注册资本作为偿债保证难以有效实现，一方面，如果要求公司一直保持注册资本不变，无疑会造成资源的闲置浪费；另一方面，若是对注册资本物尽其用又难以保证按时用其清偿债务，亦不符合资本维持原则。②

然而，公司注册资本在认缴制这一制度下是否真的丧失原有的偿债功能和对外信用意义？对此问题，我们不妨联系传统的资本三原则理论加以思考，探究现行背景下，公司注册资本对公司的正常经营存续是否仍有不可替代的重要价值。诚然，公司法中“资本信用”的制度——公司设立中至解散前皆需力求保有注册资本的相应财产，唯此方可使公司信用不坠，已经失去原本的主导地位，与此同时，随时能够反映公司经营状况的公司资产才是公司信用核心参考指标接受度越来越高。③ 然而，这一切转变并不代表公司注

① 2006年《企业破产法》第109条。

② 参见陈甦：《资本信用与资产信用的学说分析及规范分野》，载《环球法律评论》2015年第1期。

③ 参见[德]托马斯·莱赛尔、吕迪格·法伊尔：《德国资合公司法》，高旭军等译，法律出版社2005年版；赵万一：《资本三原则的功能更新与价值定位》，载《法学评论》2017年第1期。

册资本就已完全丧失了其原本存在的制度意义和功能价值,也不应就此断言认缴资本制在弱化注册资本作用的情况下对与之密切相连的资本三原则理论予以了否定。

传统资本三原则是法定资本制度的核心理论,与我国1993年《公司法》实行的资本实缴制似乎更为契合。认缴制的改革对以保护债权人为功能本位的传统资本三原则理论造成了一定冲击,甚至有观点认为资本三原则理论已经退出了历史舞台。[①] 资本三原则理论确立之初的主要立法目的在于防止公司资本的实质性减少,防止股东提出不当要求,确保公司市场业务的有限开展。[②] 传统资本三原则可视为防止资本流向股东的防水墙,[③]对于矫正有限责任制下公司法中股东与债权人之间的利益不平衡问题提供了保护机制,其认为股东确定的出资是公司资合性的基础,不容许随意取回,此亦是股东享受有限责任制度的利益应当付出承担的代价。[④] 尤其是公司资本制度的灵魂——"资本维持"原则,更是包含了股东向公司真实出资及维持出资的真实两个方面的内涵。

实际上,这一系列的观念和理论变化,更多的是弱化了公司设立程序中的行政管制色彩,赋予股东对于出资方式、期限等细节一定限度内的自治权,而并非全盘对公司注册资本和资本三原则进行了批判。至少就以下情况而言,公司注册资本及资本三原则仍发挥着余热。仅凭纯粹的资产状况调查,难以实现对公司信用的实质保证。主要根源在于,公司的真实资产状况是处于实时变更中的,以此为参考坐标,公司的信用值也是不断变化的。一方面,寄希望于债权人随时随地密切关注公司的资产状况增减,至少在目前而言工作量略显巨大,若是债权人聘请资产调查机构,无疑是将对公司或股东行为可能造成的风险损害进行防范、监控的成本转嫁到了债权人身上,使股东与债权人之间的利益不平衡问题更为凸显。另一方面,我国社会信用状况恶劣是一个不争的事实,即使是聘请来的专业调查机构也难以百分之百保证能够无时无刻掌握准确的、及时的、真实的公司资产信息状况。实际上,资本信用和资产信用并非两个相互对立的关系,而是密切关联共同作用。鉴于此,公司注册资本的信用功能并未完全丧失,资本三原则也仍存在发挥作用的空间。[⑤] 公司内部催缴无疑兼顾对债权人利益的保障,甚至某种程度上优位于债权人自己提出催缴的方法。

(二)其他保护债权人利益方案的缺憾

有观点认为,即使不加速股东履行未到期出资责任,债权人的利益仍然能够通过公司人格否认、债权人撤销权、破产清偿等制度得到保护。在公司章程约定较长的缴纳出资期限,而公司的债务无力归还的情形下,可以认定股东具有利用公司法人人格降低自身投资风险的不正当目的,债权人可以申请对其公司法人人格进行否认,以期维护自身

① 参见顾敏康:《零资本制度下的资本维持原则》,载《人民司法》2015年第7期。
② 参见赵旭东主编:《公司法学》,高等教育出版社2006年版,第226页。
③ 参见[韩]李哲松:《韩国公司法》,吴日焕译,中国政法大学出版社2000年版,第150页。
④ 参见高晋康、黄丽娟、蒋和伶:《法定公司资本制初始理念的局限性》,载《财经法学》2005年第6期。
⑤ 参见王保树:《"资本维持原则"的发展趋势》,载《法商研究》2004年第1期。

利益。[①] 此外,债权人认为股东存在约定过长的出资义务履行期或恶意延长出资义务履行期的行为,可类推适用《合同法》第74条、最高人民法院《关于适用〈中华人民共和国合同法〉若干问题的解释(二)》第18条的规定行使撤销权撤销股东的该等行为。我国法律明确规定了当公司的资产不足以偿还其债务时,公司的债权人可以通过申请债务人公司破产的方式来实现其债权。既然是要求出资义务未到期的股东提前履行义务向公司投入资产,即说明公司现有的资产不足以偿还其债务,而这正符合了债权人可以申请破产的条件,我国《企业破产法》既然已经对此种情形提供了救济途径即破产,并规定了完备的破产制度以保护债权人的债权,何必另辟一条新的催缴道路?

一方面,公司法人的独立人格和股东的有限责任作为现代公司制度的核心,必须受到更为认真、谨慎的对待。在我国的公司法司法实践中,只有在出现资本显著不足、股东对公司控制力过高、发生严重人格混同以及公司形骸化的情况下,才有否定公司独立人格的可能性。[②] 我国虽然在相关法律法规中确立了公司法人人格否认制度,但是该制度在我国相对而言仍显原则性,并无详细的规则指引,实践中多由审判机关依自由裁量权来进行适用。如此模糊而有待进一步完善的制度显然不是很好的替代性方案选择。

另一方面,我国现行司法实务中多是采取由债权人提出申请宣告公司破产继而进入破产路径解决的做法。此种实务态度导致债权人无法通过诉讼加速到期路径维护权利,而适用破产程序受理难,成本高,并非良策。公司不能清偿债务,并不代表公司只能走向破产终局,重整或者融入新的财产经营一段时间,或许公司可以重获生机。因此在这一层面上,构建公司内部催缴制度无疑尊重了公司的意志,给予公司起死回生的机会,亦是更为效率的做法。

(三)内部催缴保护债权人利益的优势

目前学界至少已提出3种外部催缴路径,即在法律中明文赋予债权人对未届期股东出资提前缴纳的请求权、对《公司法》第3条第2款进行解释适用、扩张解释最高人民法院《关于适用〈中华人民共和国合同法〉若干问题的解释(三)》第13条第2款。由前文的论述我们可以得知,在特定情况下,股东的出资期限利益可以被取消,即可以要求对股东未到期的出资进行加速履行。前述三种加速实现路径都属于通过公司外部手段实现股东未届期出资义务的履行,从外部对公司的自治进行干涉,如果允许以外部债权人诉讼的形式来要求加速履行未届期出资责任,容易产生个别清偿等与破产制度冲突的情况。

此外,有关债权人角度出发的公司外部催缴路径中的"经营困难说"也显露出债权人催缴路径的实际适用问题。此种观点认为要求股东加速履行其出资义务的情形各不相同,对是否应当允许加速出资问题因此不能一概而论,应当区别不同情况作出不同的处理。可以将上述界限定位为公司不能清偿到期债务,经营已经发生严重困难的情形,而

① 参见李建伟:《认缴制下股东出资责任加速到期研究》,载《人民司法》2015年第9期。

② 参见胡晓静:《公司法专题研究:文本·判例·问题》,华中科技大学出版社2013年版,第19页。

不必等到事态发展为公司难以为继甚至面临破产时才允许债权人请求股东提前履行其未到期的出资责任。①

“经营困难说”试图在事态发展到无可挽回的地步前,允许债权人采取积极的行动,及时阻止损失的发生或进一步扩大。如果债务人公司并没有发生严重的经营困难,其公司仍在正常运行甚至盈利,只是因为资金链一时的断缺而造成债务清偿困难,则说明事态并没有朝着不可挽回的地步发展,此时赋予公司债权人要求公司股东提前履行出资责任的权利则没有必要,反而会对公司的人格独立性造成不利影响。然而,将判断公司是否满足上述可进行催缴出资标准的识别主体界定为债权人并不妥当,一方面债权人准确掌握信息并判断公司发生严重的经营困难本身就难以操作;另一方面这也增加了债权人的履行负担,实际实施结果可能并不理想。

类比前文“经营困难说”的观点理由,在公司已经出现经营困难甚至难以继续存续的情形时,构建公司内部催缴路径的必要性也得以凸显,无论是外部债权人催缴路径还是公司内部直接催缴路径,均是对债权人利益的保护。从实施的效果及效率上而言,直接赋予公司在特定情况下对未届期股东出资进行催缴无疑更为迅速和精准,盖因外部债权人很难对公司经营困难的临界点和实际经营状况进行准确的把握和判断,而内部催缴路径无疑可以解决这一问题。以公司内部机构或人员作为催缴为到期出资款,由于不与债权人直接相关,仅涉及公司内部的安排,因此不会与破产制度产生冲突,可以很好地解决理论和实务困境。② 较前述各未到期出资义务加速的外部实现路径,公司内部催缴制度更侧重从公司内部实现,更切合公司自治原则。

四、公司内部催缴制度之具体构建

立足于前文论证的在公司出现难以经营存续时作为请求主体,突破章程中股东出资期限的约定直接对股东未届期出资加以催缴的合理性及正当性基础上,本文拟对公司内部催缴制度具体构建进行讨论。首先应当明确的是,由谁来代表公司主张上述权力。笔者认为,应当规定董事会作为代表公司具体行使催缴权力的主体,董事会作为代表人,公司为被代表人,催缴股款所得利益归公司所有。

(一)董事会作为催缴实施主体的合理性

依据在美国公司法领域适用范围较广的特拉华州公司法,当公司的资产不足以清偿到期债务,从而面临债务纠纷时,未足额缴纳注册资本的股东应当先缴纳其认购的出资额以保证公司对债权人债务的偿还。由于美国实行的是授权资本制,其在公司成立之初即将发行公司股份的权利授予给了负责公司管理运营的董事会,故此催缴已被认购了股份而未足额缴纳的出资款的责任自然也由公司的董事负责。而董事会是否适合我国国

① 参见王士鹏:《未全部出资股东在公司期限未到前的债务承担》,载中国法院网:http://www.chinacourt.org/article/detail/2012/07/id/531894.shtml,最后访问日期:2018年12月10日。

② 参见卢宁:《公司资本缴纳制度评析——兼议认缴制下股东出资义务加速到期的困境与出路》,载《中国政法大学学报》2017年第6期。

情,应否将我国公司内部催缴制度的实施主体规定为董事会仍须更深一步的讨论。

1. 其他公司内部主体的不适当性

公司的内部组织架构中,可供选择作为此催缴义务执行主体的机构包括股东会、董事会、监事会、高管层。考虑到股东是未到期出资催缴的对象,股东会无疑是不适合于承担这一任务的。从公司法中对股东的现有定位来说,股东本身不被要求承担公司日常具体治理,对公司的经营状况、资金需求可能只有大致、粗略的了解,对需要催缴多少出资以及在什么时间内完成催缴方可帮助公司渡过难关通常没有一手的了解。并且,催缴未到期的出资这一行为,本身就涉及公司作为独立的法人与股东之间的利益博弈,股东承担这一任务时必然会放松对自身的催缴要求。

监事会的职责主要是对董事和高级管理人员在执行公司职务的行为进行监督。与股东会类似,监事会的主要职责不涉及对公司的日常经营管理,不能确切地理解公司的资金需求,故监事会也不是承担该催缴任务的合适机构。公司高级管理人员在董事会的领导下进行公司的日常管理,但通常各高级管理人员各自负责公司日常运营的一部分内容。

2. 选择董事会的合理性

我国现行《公司法》第 147 条原则性地规定了董事的忠实、勤勉义务,而从国外相关立法及实践来看,对于董事上述义务的评价标准主要有 3 条:善意、合理注意,以及公司最佳利益原则。所谓的公司最佳利益原则,即要求董事必须为了公司利益而执行职务。[①]同理,为了维护公司利益,在我国法律体系中,保证公司资金充足为董事对公司所负有的信义义务的应有之义。这亦从现行法律、学理的角度说明,构筑公司内部的未到期股权出资催缴义务,管理公司运营的董事会是最佳选择,是法律体系一致性的体现。

董事会作为对公司总体运营进行管理机构,高级管理人员就自己负责的部分向董事会报告,董事会无疑比高级管理人员更了解公司的总体经营状况。董事会作为集体议事机构,其议事规则要求对催缴事项进行集体讨论与投票表决,这无疑比将决定催缴的权力赋予董事个人(如独立董事)更有利于发挥集体智慧,也更容易防范个别董事受利益相关股东不正当影响的道德风险。

然而,由于董事会是在股东会制定的公司章程下履行管理公司的职能,而由董事实施催缴的制度涉及公司利益与股东利益的争夺,股东在公司章程中将董事会催缴权力予以排除以保存自身利益的道德风险不言而喻,法律应当明确将催缴权力确定为董事会的固有权力,不允许股东会通过公司章程或者以其他任何形式将董事会的催缴权力予以排除。

(二)催缴程序设计

在公司内部催缴制度的具体程序设计上,建议沿用目前公司法规定的董事会议事机

① 参见石纪虎、孙创前:《有限责任公司法原论》,知识产权出版社 2014 年版,第 215 页。

制;必须举行董事会对加速催缴提议进行投票表决,表决通过催缴决议后方可实施催缴。在董事会全体表决通过催缴决议之后,应当以书面形式通知股东决议文件、内容。

由于提前催缴行为所面对的是股东正当的期限利益,且待出资股款一般数额较大,参考国际上董事进行催缴制度的通行做法,①应当给予相应股东相当的缴款宽限期以为其筹集款项之用,并在通知股东提前履行的书面催缴文献中写明(如"本通知发出之日起30日"等)。

社会商业形势千变万化,公司的财务状况极有可能在被催缴股东实际付款前发生好转。因此在书面的董事催缴通知发出后,应当允许董事撤回催缴,或者将催缴通知上的宽限期延展,如此则使公司内部催缴制度获得了更大的灵活性。②

同时,为保证公司内部催缴制度实施的效果,应当规定相应的不履行后果。《特拉华州公司法》(Delaware General Corporation Law)第164条规定,股东不依照要求缴纳股款的情况下,董事会可通过提起诉讼的方式要求法院判决股东支付股款,也可将未缴纳股款的股权进行公开拍卖,后一种情况下,未缴纳股款的股东丧失该股权。③ 前文的制度构建中将董事催缴权力设计为法定权力,故在股东不依照要求缴纳股款的情况下,董事会应当可以通过依法提起诉讼的方式要求法院判决股东支付股款,即类似股东代表诉讼的董事会代表诉讼方式,以公司名义提起诉讼。也可借鉴美国立法对不履行缴款义务的股东进行除权,允许董事会将该股东未履行缴款义务范围内的股权进行转卖、公开拍卖。

此外,催缴应当仅在公司难以经营存续时方可进行,倘若董事会怠于履行催缴程序,譬如董事受股东操控或者董事本身就是股东兼任的情况下,为了股东利益而虚假表决,导致公司内部催缴路径失败,应当承担一定赔偿责任。因催缴过程中,董事在对公司经营状况等判断失误造成的客观公司利益损失,在可能导致董事对公司承担责任的场合,可借鉴美国经营判断规则免除相应责任。④

五、结语

显然我国现行的认缴制仍是法定资本制。认缴制在带给投资者创业惠利的同时增加了债权人的利益风险,亦因缺乏事后规制内容使股东出资作为公司的责任财产及经营存续的物质保障作用难以得到实质有效发挥。但无疑认缴制对提高市场效率的作用是显著的,在我国目前的信用体系尚不健全,资本制度也不够发达的背景下,我们可以结合

---

① 依据美国《特拉华州普通公司法》第163条规定,该期限为30天,载 http://delcode.edlaware.gov/title8/c001/sc05/index.shtml,最后访问日期:2019年3月26日。依据英国《公众公司标准章程》(Model articles for public companies)第54条规定,该期限为14天。载 http://www.legislation.gov.uk/uksi/2008/3229/made,最后访问日期:2019年3月26日。

② 参见葛伟军:《英国公司法要义》,法律出版社2014年版,第93页。

③ 参见卢宁:《公司资本缴纳制度评析——兼议认缴制下股东出资义务加速到期的困境与出路》,载《中国政法大学学报》2017年第6期;美国《特拉华州普通公司法》,载 http://delcode.edlaware.gov/title8/c001/sc05/index.shtml,最后访问日期:2019年3月26日。

④ 参见[日]近藤光男:《判例法中的经营判断规则》,梁爽译,法律出版社2019年版,第1~9页。

我国国情借鉴国外的法律制度来设计相应的公司内部催缴制度。相较于外部债权人催缴制度,公司内部催缴制度具有自身的优势,如适用的具体情形更容易判断、避免了偏颇清偿所引起的公司法与破产法的冲突,亦是对资本三原则理论的更新要求的回应体现、公司注册资本制度本质目的功能的必然要求,同时也是日益重要的公司社会责任理论具体发展的大势所趋。在我国公司法改革后的认缴制背景下构建公司内部催缴制度具有相当的合理性、正当性及必要性,然而具体的制度构建细节尚待结合比较法的镜鉴进一步深入研究与完善。

学 位 论 文

有限责任公司股东分红约定问题研究

游　冕*

摘要：依我国《公司法》第 34 条之规定，有限公司股东按照实缴的出资比例分取红利，但是全体股东约定不按照出资比例分取红利的除外。然而，此种分红约定的性质、效力、实现方式与救济途径均缺乏研究、存在争议，产生了诸多实践问题。就分红约定的性质，本文注意到分红决议通过以前的抽象分红资格与分红决议通过以后的具体分红债权这两个不同阶段，由意思表示的不同对象，有限公司股东分红约定也存在两种典型类型——有关抽象分红资格的约定与有关具体分红债权的约定，两者的核心区别在于能否作为某一次具体分红的根据。前者接近于公司章程，后者基本等同于股东会书面决定，两者应分别论述。

就抽象约定，如为公司章程，当然具有公司法效力，可借助决议撤销之诉约束后续的股东会决议。如为股东协议，抽象约定亦能完成股东层与公司的信息流通，介由决议行为在公司内部实际发生章程修改的法律效果，且股东协议至少具有债的效力，当事人可通过债务不履行责任完成救济。

就具体约定，其效力直接指向当次具体分红，于当次分红实现全体股东另行约定的分红比例。但是，具体约定有可能被后续的股东会决议所取代，后续决议往往由控制股东所操纵，可能实质上背弃全体股东曾经一致同意的分红规则，并借此获取了更为优越的现实利益，其正当性存在疑问。本文则试图在此讨论控制股东滥用控制权的规制。

关键词：分红比例　抽象约定　具体约定　股东协议　滥用控制权

引　言

股东对公司享有资产收益权。股东的资产收益权在利润分配方案通过前仅为抽象的分红资格，只有在经过正当程序作出利润分配决议后，公司利润才会量化到每个股东的具体分红。① 就具体分红而言，我国《公司法》第 34 条作出了如下规定，"股东按照实缴的出资比例分取红利；公司新增资本时，股东有权优先按照实缴的出资比例认缴出资。但是，全体股东约定不按照出资比例分取红利或者不按照出资比例优先认缴出资的除

---

* 中国政法大学法律（法学）硕士。

① 参见王军：《中国公司法》（第 2 版），高等教育出版社 2017 年版，第 342 页。

外”。依该条规定的规范,股东应当依照实缴资本比例分取红利,全体股东另行约定分红比例是公司法对分红创设的例外情形,有限公司股东分红约定的适用空间即在于此。

有限公司股东分红约定如何从纸面走入实践,从法律条文走向社会现实,还面临诸多问题。有限公司股东分红约定所对应的规范对象是什么?此种约定的效力如何?股东之间应当以何种路径实现此种约定?如果此种约定受到侵害,股东又该如何救济?实践的司法案例为我们提供了生动的素材,司法案例所反映出的矛盾与冲突正是引导我们检讨与反思以上问题的绝好机会,(2007)厦民终字第2330号叶某某与厦门华龙兴业房地产开发有限公司公司盈余分配权纠纷一案(以下简称叶某某一案)正好集合了上述问题,当事人的争议集中展现了我国《公司法》第34条在实践中的问题,①以下是叶某某一案的简介。②

叶某某与陈某某为开发房地产项目及项目分成,出资设立了厦门华龙兴业房地产开发有限责任公司(以下简称华龙公司)。叶某某与陈某某确认了华龙公司的章程,章程主要内容包括:叶某某出资额占注册资本的52%,陈某某出资额占注册资本的48%,股东有权按照出资比例分取红利……股东会作出的决议,必须经1/2以上表决权的股东通过。

2006年2月14日,叶某某与陈某某签订了“补充协议之五”,双方约定,对双方合作的商品房项目叶某某所得部分进行大概决算,并确定叶某某以所持有的项目总资产比例按37.5%进行决算。

2006年12月5日,叶某某通知陈某某即将召开股东会临时会议。2006年12月22日,在陈某某未到场的情况下,依法履行完通知义务的叶某某如期召开了股东会临时会议,叶某某作出了一份股东会决议,主要内容:可分配利润按照股东出资比例分配,叶某某可得利润为可分配利润的52%,陈某某可得利润为可分配利润的48%。

因华龙公司拒绝支付利润,叶某某提起诉讼,要求华龙公司依照股东会决议支付利润,并将陈某某列为第三人。华龙公司则辩称,补充协议明确约定了分配比例,股东会协议不具有法律效力。厦门市中级人民法院在二审判决中认为,“股东会决议”是华龙公司的股东依照公司法和公司章程的规定召开股东会议形成的决议,华龙公司必须依照章程的规定予以执行,而“股东合作协议”系华龙公司两股东规定彼此合作期间各自权利义务的合同,仅对合同相对人叶某某和陈某某存在拘束力,对华龙公司不具有拘束力。而且,厦门市中级人民法院还在判决中进一步阐明,股东之间达成“股东合作协议”以后,应当召开股东会对公司章程有关股东利润分成的规定进行修改,未对公司章程作出修改之前,华龙公司应当执行“股东会决议”。

---

① 该案宣判所引为2005年《公司法》第35条,2013年《公司法》修改后,该条内容未作调整,条文序号修改为《公司法》第34条,本文在论述时统一采用“《公司法》第34条”的表述。

② 参见(2007)厦民终字第2330号叶某某与厦门华龙兴业房地产开发有限公司公司盈余分配权纠纷二审民事判决书,因事实问题,该案已被依法改判,但该案的裁判思路值得重点关注与深入研究。

不难发现,叶某某一案中出现了3份有关分红安排的文件:第一,叶某某可得利润为52%的公司章程;第二,叶某某所得为37.5%的“补充协议”;第三,依照章程规定比例进行分红的股东会决议。显然,厦门市中级人民法院最终认定能够对公司产生拘束力的文件只包括了公司章程与符合公司章程条款的股东会决议,而“补充协议”仅对作为合同相对人的两个股东产生拘束力。回到前文提出的问题,首先要明确的是,法院是否认为叶某某一案中的“补充协议”构成我国《公司法》第34条所称的“全体股东约定不按照出资比例分取红利”?法院在判决说理中提到,股东之间达成协议以后,应当召开股东会修改章程,其中似乎隐含了股东已经对利润分成作出约定,只是程序还没走完的见解,这表明法院并不否认股东协议包含另行约定分红比例的意思表示。循此逻辑,法院表明的态度便是,《公司法》第34条规定的股东分红约定,仍须通过修改章程等形式才能对公司产生拘束力,否则其效力不可对抗公司章程与股东会决议。更进一步来说,法院的此种态度无疑为股东分红约定施加了法定程序的限制,以裁判方式提醒了股东分红约定在实践中的实现方式。相应地,股东协议仅具有债的相对效力,其救济途径也无非是违约责任了。

法院的此种裁判思路代表了《公司法》第34条在法律实践中的可能结果,其引出了《公司法》第34条在法律效力上的疑惑。如果有限公司全体股东另行约定分红比例仍须通过修改章程等方式才能对公司产生拘束力,那么《公司法》第34条的有关规定似乎并无存在的必要,因为这是公司法框架下的应有之义,无须法律特别规定。有学者认为,“全体股东关于红利分配标准的约定除了对签订协议的股东有效之外,在新的公司章程或者股东会决议形成之前,对公司、董事等也应有效,否则就无法解释全体股东约定的执行力问题”,①实质上也是在对《公司法》第34条所规定的股东分红约定进行解释。因此,借助于叶某某一案的案型,本文试图对《公司法》第34条规定的有限公司股东分红约定的性质、效力、实现方式与救济途径进行研究,对有限公司股东分红约定问题开展系统讨论。

一、有限公司股东分红约定的性质

对有限公司股东分红约定的性质讨论,亦即对《公司法》第34条相关规范的解释。

(一)规范对象:分红的意思表示

我国《公司法》第34条规定的“全体股东约定不按照出资比例分取红利”是“股东按照实缴的出资比例分取红利”的例外。其规范意义主要包括两个部分:其一,约定主体,即要求全体股东进行约定;其二,约定内容,即约定事项应为不按照出资比例分取红利,结合《公司法》第34条的表述,此处的“出资比例”应指股东实缴的出资比例。

《公司法》第34条未规定全体股东应以何种形式作出此种约定,在解释论上不应作限制解释,只要是全体股东一致作出的意思表示,均符合第34条的规定。② 有关分红的安排,全体股东所为的意思表示,可以表现在公司章程、股东会决议、股东协议与共同签

---

① 张辉:《公司盈余分配纠纷的司法裁判规则》,载《社会科学》2014年第11期。

② 参见王军:《中国公司法》(第2版),高等教育出版社2017年版,第348页。

字的合同文本或承诺函上,如无体系、目的的考虑,以上形式均无不当。

约定的内容则指的是全体股东一致作出的意思表示的内容。所谓分取红利的约定内容,还是应当结合股东的资产收益权的特殊性进行分析。股东的资产收益权以公司股东会是否作出相关决议为分界线,可以区分为抽象的分红资格与具体的分红债权这两个阶段。全体股东可以对抽象的分红资格作出约定,如明确股东的分红的资格与比例;全体股东也可以就某一次具体的分红作出约定。意思表示系"将企图发生一定私法上效果的意思,表示于外部",[①]其法律效果的发生指向权利,就股东的资产收益权而言,抽象分红资格的约定与具体分红的权利变更可依全体股东的意思表示而进行约定。

理论上来说,《公司法》第34条所规定的股东分红约定,在规范对象上应指分红的意思表示,不论意思表示的存在形式,既可对分红进行抽象的资格与比例的约定,也可对具体的分红事宜予以约定。

《公司法》第34条的规范对象既是指向分红的意思表示,在法律适用时就应当首先识别有限公司的全体股东是否存在对分红事项予以安排的意思表示,再讨论法律赋予此种意思表示的法律效果。

在叶某某一案中,两个股东达成了若干补充协议,其中表述包括"项目建成后,按……的比例分取实物""项目分成条件变更为按建筑总面积分配""陈某某认定明月花园项目总资产的分配比例问题:……叶某某以所持有的明月花园项目总资产比例暂按37.5%进行决算",使用的措辞均为项目的利润分配、项目所得份额、实物分配等。法律关系上,房地产项目由华龙公司作为法人主体进行开发,叶某某与陈某某即使作为华龙公司的股东,也不能直接对华龙公司持有的项目进行分配,当事人的自主安排并不清晰,尚需进行意思表示解释工作。

利润分配与份额等措辞一般针对的是公司的红利分配或利润分配,这是实践当中的常见指称。另外,华龙公司本来就是为开发明月园房地产项目而设立,股东所称的项目分配,与公司的利润分配并无区分。对于此类项目公司,股东可能重视的是各方的合作,而在一定意义上忽略了公司资产属于公司的事实,径行约定项目资产的所占份额,或者约定项目资产的分配比例。就意思表示解释而言,此种约定虽看似有悖于公司人格独立的法律特征,但基于对商业实践的尊重与促进合同有效的原则,还应在公司法制框架当中予以诠释。公司资产向股东方面流出的法定方式包括利润分配、收回投资与公司清算等,收回投资(如股份回购与减资)要求股东注销股份,与叶某某一案无关,叶某某一案中的资产处置只可能属于利润分配与公司清算,而至少就案件事实而言,虽然直接约定项目所占份额与全部分取公司资产等行为接近于公司清算,但叶某某与陈某某毕竟不存在注销公司的意思,华龙公司在未来一段时间也存在继续经营的可能,其面对潜在债权人的权利主张亦可能承担责任。因此,陈某某与叶某某之间达成的协议对项目公司而言接

---

① 王泽鉴:《民法总则》,北京大学出版社2009年版,第317页。

近于“清算”，股东从公司取得的分配利润便是与投资相对的最终回报，但这种商业效果上的接近并不改变利润分配的法律性质，不存在注销公司意思的场合，股东之间对项目现存利益或者项目整体利益的安排更适宜归入利润分配的规制下，由此再来分析与考察各项分红程序。回过头来说，程序的不规范也并不改变当事人进行利润分配的意思表示。陈某某与叶某某之间形成了有关华龙公司利润分配的意思表示，在理论上应当归属于《公司法》第34条的规范对象。《公司法》第34条的法律效果，也将为叶某某一案提供解决之道。

（二）审判实践对分红约定的界定

司法实践提供的素材也在不断界定与阐释有限公司股东分红约定的性质，同我国《公司法》第34条的解释论形成互动。

股东分红约定的核心是分红的意思表示，其存在形式广泛得到法院的认可。决议、股东协议等形式自不必言，法院对股东间真实意思表示的把握还并不限于此。（2014）穗中法民二终字第930号陆某彬、广东诺生药业有限公司与陆某周公司盈余分配纠纷二审民事判决书，认可了股东间形成的确认书作为股东分红约定的存在形式；（2014）深中法商终字第1847号黄某某、罗某某与深圳市大康山水酒店管理有限公司、彭某某、谭某某、徐某公司盈余分配纠纷一案则是以全体股东认可的《承包合同》明确了股东的分红比例，法院对此予以认可；浙江省高级人民法院更是在（2009）浙商终字第306号嘉兴市汽车销售服务有限公司与王某纠纷二审民事判决书中直接确认了各个股东在股权转让书中确认的第一次分红比例；上海市第一中级人民法院则更进一步，在此问题上认可了当事人默示的意思表示，基于股东长期以来正常受领分红的行为，上海市第一中级人民法院认为，在品勋公司长达40多次的分红中李某从未对该分红比例提出异议，故本院有理由相信该分红比例在品勋公司各股东之间存有约定，即“公司正常经营中各股东之间的约定并不只限于股东会决议等形式，其余足以被采信达成合意的形式均可认为存有约定”。[①]商业实践中，无论是股东一致认可的确认书，还是股东间签订的各种合作协议、承包合同，抑或是股权转让时的所谓“清算”，[②]甚至是当事人长期无异议的分红受领，都体现了当事人对于分红的安排，法院对当事人的意思表示均予以尊重。

资产收益权可分为两个阶段——抽象的分红资格与具体的分红债权，理论上来说，当事人分红的意思表示便可能指向不同的阶段。

抽象的分红资格在司法实践中的最典型形态便是公司内部承包。所谓的“承包人”与“发包人”其实都是公司的股东，“发包人”将自己的经营管理及资产收益等股东权利“承包”给实际负责公司经营的“承包人”，由“承包人”对公司自负盈亏，而“发包人”向

① 参见（2014）沪一中民四（商）终字第853号李某诉上海品勋投资管理有限公司公司盈余分配纠纷二审民事判决书、（2014）沪一中民四（商）终字第854号虞某诉上海品勋投资管理有限公司公司盈余分配纠纷二审民事判决书。

② 参见（2009）浙商终字第306号嘉兴市汽车销售服务有限公司与王某纠纷二审民事判决书。

“承包人”收取固定费用。仅就资产收益权的内部承包而言,法院往往以《公司法》第34条作为依据进行认定,即“承包人”用固定费用换取的“发包人”利润,实质上就是股东分红约定,且是对未来一段时间的利润分配进行约定。① 也就是说,此种约定是全体股东认可的承包期间内的分红比例,承包期间内的利润分配方案均应受其约束,但此种约定本身并不直接指向某一次分红。

至于全体股东对具体分红债权的约定,在实践中则更为常见。(2017)鲁民终479号杨某某、王某某公司盈余分配纠纷一案中,山东省高级人民法院就明确全体股东签订的变更协议内容包括“两个月内付清股东的利润”不仅对股东有效且对公司有效,股东据此对公司享有利润的请求权。(2016)苏01民终3920号杨某某与南京理工金宁粉末冶金有限公司公司盈余分配纠纷一案,南京市中级人民法院又认可了股权转让后的协议书对转让股东担任股东期间的公司盈余分配的追认。(2013)马民二终字第00074号周某某与上海皖锋物资有限公司、沈某某纠纷一案(以下简称周某某一案),马鞍山市中级人民法院对全体股东分别形成的《协商结果的决定》与《股东会决议》所约定的分红比例予以确认。依据《公司法》第37条的规定,“审议批准公司的利润分配方案”的职权属于股东会,仅在股东会决议通过,或经过《公司法》第37条第2款所称的“股东以书面形式一致表示同意”并直接作出决定以后,具体分红债权才能确定。周某某一案所直观反映的便是股东通过股东会决议或股东会决定批准公司利润分配方案的过程,这也表明全体股东对具体分红债权的约定与《公司法》第37条规定的公司利润分配方案之间存在紧密的关联。

(三)抽象约定与具体约定

在逻辑上,资产收益权的两个阶段——抽象的分红资格与具体的分红债权均可介由全体股东意思自治而形成分红约定,其当然可区分为对分红的抽象约定与分红事宜的具体约定,而丰富的审判实践也反映了两种约定的不同之处。

如前文所述,周某某一案所反映的情况是,全体股东对具体的分红债权予以约定时,此项约定直接指向某一次分红,其与《公司法》第37条规定的公司利润分配方案之间的关系尚需厘清。当全体股东作出另行约定分红比例的股东会决议时,其实也就形成了《公司法》第37条所规定的利润分配方案;当全体股东达成另行约定分红比例的协议时,无论在内容上,还是在程序上,其也难以与《公司法》第37条第2款所规定的“股东以书面形式一致表示同意”的股东会决定进行区分。

因此,全体股东对具体的分红债权另行约定分红比例与《公司法》第37条第2款规定的有关公司利润分配方案的股东会书面决定存在高度重合,两者均可实现省去召开股

① 参见(2014)深中法商终字第1847号黄某某、罗某某与深圳市大康山水酒店管理有限公司、彭某某、谭某某、徐某公司盈余分配纠纷二审民事判决书、(2013)威民申字第30号隋建波与王某某、姜某某股权确认纠纷再审复查与审判监督民事裁定书。

东会议的程序而提高公司运行的效率，其区分并不明显，[①]乃至于实际上无法作出区分，而此种高度重合所隐含的问题在周某某一案的判决书中已经有所展露。周某某一案中，法院认为《股东会决议》系默认《协商结果的决定》所确定的分配比例，所以支持了原告主张的分红比例。循此逻辑，如果后续的股东会决议并不认可成立在先的全体股东对具体分红债权的约定，股东会决议通过的利润分配方案可能才会最终决定股东间的分红比例。法院的此种态度确有其根据，既然全体股东均是对具体的分红债权另行约定分红比例，后续的约定对于在先约定而言便可参照债务更新的原理，即以另一个债权取代现存的债权，此时旧债转化为新债，原来的债也就不存在了，[②]成立在先的全体股东约定也就不再发生效力，而被后续的股东会决议所取代。

相比而言，全体股东对抽象的分红资格的约定则与后续的利润分配方案泾渭分明，两者之间的矛盾与冲突便转化为两者在效力上的优先与救济问题，而非取代与否的问题。学者也观察到，实践案例中存在的全体股东对分红另有约定可以表现为股东书面一致同意的决定或者股东协议，[③]两者并不相同。

基于此，本文以能否直接作为分红依据为标准，将有限公司股东分红约定区分为本身不作为分红依据的抽象约定和本身可作为分红依据的具体约定。抽象约定指的是对分红资格和比例的抽象约定，接近于章程条款，其意思表示并不直接指向某一次分红，其后仍须经股东会决议（决定）方可分取红利，此时股东分红约定与股东会决议（决定）的分界清晰明了；具体约定则是具体分红事宜（债权）的约定，具体约定的意思表示指向某一次特定的分红，对应的是有关利润分配方案的决议（决定），其本身就可以作为分红依据，因此面临被后续的股东会决议（决定）所取代的风险。

在此基础上，本文结合叶某某一案，聚焦于各类分红文件的冲突，便可以设立如下几组典型案例：

第一，公司章程约定了股东的分红比例，全体股东一致同意修改了公司章程的分红比例，后续股东会决议通过了违反章程确定的分红比例的分红决议（决定）；

第二，公司章程约定了股东的分红比例，全体股东达成变更分红比例的股东协议式抽象约定，后续股东会通过了违反抽象约定的分红决议（决定）；叶某某一案即属此类案型，公司章程约定的股东分红比例是按照实缴出资比例分红的法定规则；

第三，公司章程约定了股东的分红比例，全体股东通过了变更分红比例的具体约定，并据此直接进行分红；

第四，公司章程约定了股东的分红比例，全体股东通过了变更分红比例的具体约定，后续股东会通过了违反具体约定的分红决议（决定）；

第五，公司章程对分红比例并未作出约定，全体股东达成了股东协议式的抽象约定，

① 参见罗芳：《股东协议制度研究》，中国政法大学出版社2014年版，第28～30页。
② 参见王洪亮：《债法总论》，北京大学出版社2016年版，第193页。
③ 参见张辉：《公司盈余分配纠纷的司法裁判规则》，载《社会科学》2014年第11期。

约定了不同于实缴出资比例的分红比例,后续股东会通过了违反抽象约定的分红决议(决定);

第六,公司章程对分红比例并未作出约定,全体股东通过了变更分红比例的具体约定,并据此直接进行分红;

第七,公司章程对分红比例并未作出约定,全体股东通过了变更分红比例的具体约定,后续股东会通过了违反具体约定的分红决议(决定)。

抽象约定与具体约定在有关效力、实现方式与救济途径的探讨中既有其共性,也有其差异,下文将分别讨论。

二、有限公司股东分红约定的效力

朱锦清教授对叶某某一案的评论是,“公司只受章程和股东会决议的束缚,不受股东之间的协议的束缚,协议只约束当事人股东”。[①] 但是,有限公司股东分红约定,即使以股东协议的方式存在,也完全无须《公司法》第34条的特别规定,便当然具有对缔约各方的拘束力。[②] 因此,在《公司法》对例外情形予以明示的场合,有限公司股东分红约定在法律解释还需深入分析。

有限公司股东分红约定的效力有其“广度问题”与“强度问题”,“广度问题”是指效力的范围,“强度问题”是指效力的强弱。效力的范围主要讨论股东分红约定能否对公司产生拘束力,效力的强弱则关注股东分红约定在决议、章程与协议之间的优先性问题,而决议效力之诉则是效力对比的直接体现。

(一)“广度问题”:公司法的效力抑或债的效力

一般来说,全体股东之间达成的约定并不能当然对公司产生拘束力,在逻辑上至少有两个原因。第一,依债的相对性原理,“债之关系的权利与义务均产生于当事人之间,对第三人并无拘束力”,[③]全体股东之间达成的约定仅能对缔约各方产生拘束力,而并不能当然对作为独立法人的公司产生拘束力,亦难以对后来加入公司的股东产生拘束力,仅在法定的例外情形对第三人产生拘束力。[④] 第二,暂且不论公司的独立法人人格,公司

---

① 朱锦清:《公司法学》(上),清华大学出版社2017年版,第302页。类似观点参见蒋大兴:《公司法的观念与解释Ⅱ——裁判思维 & 解释伦理》,法律出版社2009年版,第18页。

② 股东协议对缔约各方存在拘束力的结论在学说理论上并无争议,但解释的路径有所不同。有观点认为,股东协议对缔约各方的拘束力是合同效力。参见张学文:《股东协议制度初论》,载《法商研究》2010年第6期。另有观点认为,股东协议对缔约各方的拘束力是共同行为效力。参见王思思:《论股东协议的法律适用——以股东协议的性质及内容为分析起点》,载王保树主编:《商事法论集》(第26卷),法律出版社2015年版,第80页。本文认为,作为股东协议的全体股东约定应属于共同行为,但此种共同行为在我国实证法上的效力与救济方式等与合同并无实质差异,详见后文论述。

③ 王洪亮:《债法总论》,北京大学出版社2016年版,第9页。

④ 如利他契约、预告登记、债权的保全效力等法定情形,参见韩世远:《合同法总论》(第4版),法律出版社2018年版,第14页;王洪亮:《债法总论》,北京大学出版社2016年版,第31页。

作为团体(组织),[①]有其议事决策规则与团体管理机关,其潜在要求是团体在处理相关事项时,必须遵循既定的程序,不得以个别成员的动议或多数成员的协议替代,[②]这意味着成员之间的约定应当符合团体规则,才能对团体以及团体机关等发生效力,这不仅限于公司,还是团体的共同特征。

有关债的相对性讨论,实际上是形式契约与团体规则的嵌入与协调问题,不宜在公司法的范畴中泛泛而谈合同法的基本原则。首先,所谓公司独立于成员个体的独立资格是一种相对独立性,“如果成员都不存在了,独立的团体也就没有了存在的可能”。[③] 正是在此前提下,学者指出有关公司的团体法是社会成员结成私人团体而遵循的特别私法,[④]其不可完全照搬私法上的一般原则。进一步来说,法人自主也不可能超然于其成员以外,法人决策依赖于成员进行的团体重大事项审议,“但成员并非决议的主体,决议也并非成员的决议,而是团体的决议”,[⑤]由此对法人产生拘束力。换言之,公司章程与股东会决议等公司自治工具在一定意义上也可以视作股东间的契约安排而具有债的意义,[⑥]便可当然对公司及后来加入的股东产生拘束力,其特殊之处应在于《民法典》第134条第2款、《公司法》第11条的规定,[⑦]也建立在包括公开、讨论在内的程序保障机制之上。因此,股东分红约定因债的相对性而不能对公司或者后来加入股东产生拘束力仅是形式的、表面的特征,其背后的深层法理与正当理由还须在团体规则中加以讨论。

团体规则是团体法上的共性内容,公司、合伙企业等商事组织均须遵循企业决策和行为规则。[⑧] 公司章程、股东会决议能够对公司及公司机关产生拘束力,反映的也正是依正当程序所进行的团体决策的效力。不过,此种程序要求实际上构成了对作为团体成员

---

① 有关公司团体特性的讨论,不同学者使用的学术表述并不一致。较为典型者,如许德风《组织规则的本质与界限——以成员合同与商事组织的关系为重点》一文与蒋大兴《公司法中的合同空间——从契约法到组织法的逻辑》一文使用的是“组织”与“组织法”的表述,叶林《私法权利的转型——一个团体法视角的观察》一文与李志刚《公司股东大会决议问题研究——团体法的视角》一书使用的是“团体”与“团体法”的表述。为行文方便,易于阅读,本文以下统一采用“团体”与“团体法”的表述,具体所指包括学者所称的“组织”与“组织法”。

② 参见许德风:《组织规则的本质与界限——以成员合同与商事组织的关系为重点》,载《法学研究》2011年第3期。

③ 李志刚:《公司股东大会决议问题研究——团体法的视角》,中国法制出版社2012年版,第40页。

④ 参见叶林:《私法权利的转型——一个团体法视角的观察》,载《法学家》2010年第4期。

⑤ 吴高臣:《团体法的基本原则研究》,载《法学杂志》2017年第1期。

⑥ 有关公司章程与股东会决议等公司自治工具的契约性质,参见施天涛:《公司法论》(第4版),法律出版社2018年版,第17~21页;罗培新:《公司法的合同解释》,北京大学出版社2004年版,第135~144页;胡田野:《公司法律裁判》,法律出版社2012年版,第6页。

⑦ 《民法典》第134条第2款规定:“法人、非法人组织依照法律或者章程规定的议事方式和表决程序作出决议的,该决议行为成立”;《公司法》第11条:“设立公司必须依法制定公司章程。公司章程对公司、股东、董事、监事、高级管理人员具有拘束力。”

⑧ 参见许德风:《组织规则的本质与界限——以成员合同与商事组织的关系为重点》,载《法学研究》2011年第3期。

的股东权利行使的限制,其正当性并不当然证立。团体法研究的学者认为,团体法对股东权利行使进行限制的依据在于,"社会成员将部分权利让渡给团体,主要是为了获得更优或更大利益。只有当社会成员自己行使权利无法达到期待效果时,他才会勉强交出自己的权利,以换取团体对其利益的保护。社会成员加入团体在性质上类似于权利的交易,它减损或限制了成员的个体权利和自由,也放大了成员的实际利益"。[①] 此种观点着眼于社团的意义,关注了权利滥用的可能,在一定程度上解释了自治规范与团体规则等建立的团体程序的正当性,[②]但是依然不能消弭此处的疑问——团体成员在权利行使时应当遵循议事程序等团体规则,否则不应视作团体决策,但作为股东分红约定的股东协议为何不能视作符合团体规则的团体决策,进而对公司及公司机关产生拘束力呢?或者,将作为股东分红约定的股东协议解释为股东达成的全体一致意见发生了两层效果,"其一是以全体一致的方式修改了组织体就该事项进行决定(表决)的程序性规则,其二是就该事项本身达成了全体一致的意见"。[③] 如此一来,团体规则的限制也就不再成立,全体股东达成一致意见的股东协议可以对涉及公司的一切事项进行约定,这似乎又走到了另一个极端。

笔者认为,不妨尝试对各式各样的全体股东约定进行比较研究,探求公司章程与股东会决议等团体规则的特殊之处,深层次把握团体议事的精髓,切入团体规则的研究。不难发现,公司章程与股东会决议确实存在一定的程序性特征。

第一,公司章程与股东会决议遵循了股东与董事会等管理者的权限分配。虽然法经济学者认为公司是诸多意思自治的成员之间所形成的契约性关系,[④]但公司的大部分活动都是既定的官僚规则组织起来的,[⑤]公司在运行中的大部分决策也是来自管理者的单方面行动,[⑥]这说明公司的大部分构成规则既不是由法律决定,但也绝不仅凭合同决定。[⑦] 经济学上,股东与管理者的权限分配与企业的产生密切相关,"市场的运行是有成本的,通过形成一个组织,并允许某个权威(一个'企业家')来支配资源,就能节约某些市场运行成本"。[⑧] 由此,作为团体的公司并非股东权利的延伸,公司章程与股东会

① 叶林:《私法权利的转型——一个团体法视角的观察》,载《法学家》2010年第4期。

② 类似的论证逻辑参见李志刚:《公司股东大会决议问题研究——团体法的视角》,中国法制出版社2012年版,第42页。

③ 许德风:《组织规则的本质与界限——以成员合同与商事组织的关系为重点》,载《法学研究》2011年第3期。

④ 参见[美]弗兰克·伊斯特布鲁克、丹尼尔·费希尔:《公司法的经济结构》,张建伟、罗培新译,北京大学出版社2005年版,第16页。

⑤ See Melvin Aron Eisenberg, "The Conception that the Corporation is a Nexus of Contracts, and the Dual Nature of the Firm", *The Journal of Corporation Law*, Vol. 24, 1999, p. 829.

⑥ See Melvin Aron Eisenberg, "The Structure of Corporation Law", *Columbia Law Review*, Vol. 89, 1989, p. 1487.

⑦ Ibid., p. 1488.

⑧ [美]罗纳德·H. 科斯:《企业、市场与法律》,盛洪、陈郁译校,上海人民出版社2014年版,第33页。

决议等所谓的契约安排应遵从法律规定的权限分配。在此，《公司法》第 34 条显然已经明确全体股东具有约定分红比例的权限，《公司法》第 37 条又明文赋予了股东会以利润分配方案的决定权，在不违反《公司法》第 166 条等强制性规定的情形下，股东另行约定分红比例并不违反股东与管理者之间的权限分配。

第二，公司章程与股东会决议具有一定意义的公示效力，保证了股东与公司之间的信息流通。依据《公司法》第 29 条与《公司登记管理条例》第 27 条第 2 款、第 36 条的规定，[①]公司章程须在登记机关进行备案，对公司内部则更无私密性可言。根据《公司法》第 33 条的规定，[②]股东会会议记录由公司保存，以此保证公司机关对信息的把握。马克思·韦伯对社团的概念界定是，“一个基于同意的组织，其明文秩序的效力仅及于那些依个人志愿参与的成员”，[③]强调的正是团体规则的公示性与信息流通，这直接体现在法律对公司章程与股东会决议的规定之上，唯有如此才能完成公司机关与后来加入股东“含有接收法律和公司章程拘束的预期”的法律推定。[④] 在此意义上，股东分红约定如以股东协议等方式作出，尚需保证公司机关与后来加入股东的知悉才能具备对其产生拘束力的合理理由，英国判例法便明确全体股东一致通过的股东协议在通知公司后发生效力。[⑤]不过，在诸如华龙公司之类的有限公司中，所谓的公示效力与信息流通恐怕并不需要程式化的硬性要求，作为股东的陈某某本就是公司的法定代表人，叶某某与陈某某之间的协议于公司而言也难言私密，而这实际上正反映了有限公司等“闭锁公司”的特征——所有者与经营者高度重合，股东意志与公司意志分离较小。[⑥] 由此，《公司法》第 34 条是仅针对有限公司的赋权性立法，也正是契合了有限公司的合同属性，扩大了有限公司的自

---

① 《公司法》第 29 条规定：“股东认足公司章程规定的出资后，由全体股东指定的代表或者共同委托的代理人向公司登记机关报送公司登记申请书、公司章程等文件，申请设立登记”；《公司登记管理条例》第 27 条第 2 款规定：“公司变更登记事项涉及修改公司章程的，应当提交由公司法定代表人签署的修改后的公司章程或者公司章程修正案”；《公司登记管理条例》第 36 条规定：“公司章程修改未涉及登记事项的，公司应当将修改后的公司章程或者公司章程修正案送原公司登记机关备案”。

② 《公司法》第 33 条规定：“股东有权查阅、复制公司章程、股东会会议记录、董事会会议决议、监事会会议决议和财务会计报告。股东可以要求查阅公司会计账簿。股东要求查阅公司会计账簿的，应当向公司提出书面请求，说明目的。公司有合理根据认为股东查阅会计账簿有不正当目的，可能损害公司合法利益的，可以拒绝提供查阅，并应当自股东提出书面请求之日起十五日内书面答复股东并说明理由。公司拒绝提供查阅的，股东可以请求人民法院要求公司提供查阅。”

③ [德]马克思·韦伯：《社会学的基本概念》，顾忠华译，广西师范大学出版社 2010 年版，第 93 页。

④ 参见罗培新：《公司法的合同解释》，北京大学出版社 2004 年版，第 141 页。

⑤ 参见楼建波：《股东协议——一个有用的分析框架》，载王保树主编：《商事法论集》（第 25 卷），法律出版社 2015 年版，第 165 页。

⑥ 有关有限公司所具备的类似美国“闭锁公司”的特征，参见邓峰：《代议制的公司：中国公司治理中的权力和责任》，北京大学出版社 2015 年版，第 204 页；王文宇：《论闭锁公司的立法模式——从外商投资企业法谈起》，载王保树主编：《商事法论集》（第 21 卷），法律出版社 2012 年版，第 11 ~ 13 页；罗培新：《公司法的合同解释》，北京大学出版社 2004 年版，第 91 ~ 92 页。

治空间。[①] 更何况,分红事项最终依赖于股东会议事表决的决议(决定),保证了股东会层面的信息流通,并对公司的组织机构等产生信息反馈,这在闭锁公司内部才是更为真实的治理场景。因此,美国法院实践判例在今天无一例外地执行闭锁公司所有自愿达成的协议。[②] 当然,上述理由对于后来加入股东的拘束力并不能提供正当性支持,笔者在此赞同山东省高级人民法院《关于审理公司纠纷案件若干问题的意见(试行)》第67条的规定,"有限责任公司全体股东约定不按照出资比例分配利润的,该约定有效。该约定对于形成约定后新加入的股东没有约束力,但新加入的股东明确表示认可的除外",此时的认可应包括新加入的股东在知悉股东协议对分红事项另有安排的情况下仍选择成为公司股东的情形。

综上所述,股东分红约定,无论以公司章程与股东会决议等团体规则程序,还是以股东协议等方式作出,对公司及公司机关均能产生拘束力,对后来加入股东则应区分其是否应当知悉而确定是否产生拘束力。

(二)"强度问题":股东协议的思索

"强度问题"讨论的是股东分红约定的优先性问题。讨论本问题以前还须重申两个前提:第一,当公司章程、股东会决议与股东协议并无冲突时,效力的强弱比较难以发生;第二,当公司章程与股东会决议发生冲突时,《公司法》第22条第2款规定的决议效力之诉提供了直接的解决措施。[③] 因此,叶某某一案所展现的公司章程、股东会决议与股东协议之间的冲突,才是有关"强度问题"的探讨焦点。

1. 股东协议

股东协议在公司治理中的意义是先要研究的问题。在比较法上,美国一些州的成文法直接将约定闭锁公司内部管理事项的股东之间订立的合同称为股东协议;[④]英国学者强调的是股东协议在闭锁公司治理中发挥的作用,[⑤]且其应受合同法调整,同公司章程有本质区别;[⑥]法国法上的股东协议则是股东之间或股东与公司之间订立的有关股东如何处分安排自己的股东权利的合同,其并仅不限于股东之间。[⑦] 可见,各国立法与学说一般在广义的合同语境下定性股东协议,且基本认同股东协议可用于闭锁公司的公司治理。

① 参见[美]弗兰克·伊斯特布鲁克、丹尼尔·费希尔:《公司法的经济结构》,张建伟、罗培新译,北京大学出版社2005年版,第264~265页。

② 同上书,第266~267页。

③ 《公司法》第22条第2款规定:"股东会或者股东大会、董事会的会议召集程序、表决方式违反法律、行政法规或者公司章程,或者决议内容违反公司章程的,股东可以自决议作出之日起六十日内,请求人民法院撤销。"

④ 参见罗芳:《股东协议制度研究》,中国政法大学出版社2014年版,第14~15页。

⑤ 同上书,第16页。

⑥ See Grahanm Muth, Sean FitzGerald, *Shareholders' Agreement*, 5th Edition, Sweet & Maxwell, 2009, p. 3.

⑦ 参见谭海:《法国法上的股东协议制度之研究》,复旦大学2009年硕士学位论文,第7~10页。

对此，王文宇教授指出，扩张股东协议效力是闭锁公司治理的改革方向之一。[①]

我国学者对股东协议的关注较晚，张学文教授在国内较早开始研究股东协议，其借鉴比较法上的观点，认为股东协议是"封闭式有限责任公司的股东之间或股东与公司之间，就公司内部权力的分配和行使、公司事务的管理方式、股东之间的关系等事项所订立的协议"。[②] 如前所述，由于闭锁公司内所有者与经营者高度重合，股东与公司之间的利益分化不大，是故股东协议一般在闭锁公司的公司治理中扮演重要角色，这是股东协议的第一个要点；另外，有别于英美法系广阔的合同观念，股东协议在我国语境下还应分离在公司章程与股东会决议以外进行研究。而且，股东协议乃是缔约各方对公共事务的安排，属于同方向平行联合的意思表示一致，[③]宜理解为共同行为。不过，我国《合同法》实际上并未对合同与共同行为作出严格区分，[④]我国实证法上亦缺乏债法总则的规定，仅就对缔约各方的拘束力而言，两者并无实质区别。目前，我国学者也有从股东协议入手研究《公司法》第 34 条，在认可"公司契约之团体性，其意思自由及自己决定受到更多拘束"的前提下，[⑤]认为允许全体股东约定红利的分配方式是《公司法》有关股东协议的例外规定。[⑥]

2. 股东协议与抽象约定

即使《公司法》第 34 条是对股东协议的公司治理方式的允许，其所产生的效力的优先性仍不明确。前文在"广度问题"上已经对成员协议与团体规则之间的区别作出讨论，公司章程与股东会决议等在实质意义上确实存在程序优势，但就股东分红约定所涉及的股东会权限事项，在有限公司的闭锁公司治理环境中，其程序优势并不能得以显现。部分学者持反对意见，其观点在于"股东一致同意的方式表面上尊重了所有股东的意志，但由于磋商、谈判乃至签约过程中的信息公开程度、程序遵守水平的不同，事实上中小股东在协议磋商中更容易受到大股东的挤压"。[⑦] 但是，学者的反对意见既不符合实践情况，[⑧]更是忽视了《公司法》第 37 条第 2 款规定的股东会书面决定情形，毕竟这也完全可

---

① 参见王文宇：《论闭锁公司的立法模式——从外商投资企业法谈起》，载王保树主编：《商事法论集》（第 21 卷），法律出版社 2012 年版，第 21 页。

② 张学文：《股东协议制度初论》，载《法商研究》2010 年第 6 期。

③ 参见史尚宽：《债法总论》，中国政法大学出版社 2000 年版，第 8 页。

④ 如我国《合同法》第 330 条既规定了委托开发合同（双方行为之债），又规定了合作开发合同（多方行为之债），参见韩世远：《合同法总论》（第 4 版），法律出版社 2018 年版，第 10 页；崔建远主编：《合同法》（第 6 版），法律出版社 2015 年版，第 1 页；黄茂荣：《民法典之债法的编纂》，载《环球法律评论》2018 年第 2 期。

⑤ 参见蒋大兴：《公司法中的合同空间——从契约法到组织法的逻辑》，载《法学》2017 年第 4 期。

⑥ 有关《公司法》第 34 条为法定的股东间协议条款的论述，参见刘海东：《对股东间协议的司法审查——从浙江新湖集团增资纠纷案说起》，载《法律适用》（司法案例）2017 年第 10 期；陈群峰：《认真对待公司法：基于股东间协议的司法实践的考察》，载《中外法学》2013 年第 4 期；参见楼建波：《股东协议——一个有用的分析框架》，载王保树主编：《商事法论集》（第 25 卷），法律出版社 2015 年版，第 163 页。

⑦ 陈群峰：《认真对待公司法：基于股东间协议的司法实践的考察》，载《中外法学》2013 年第 4 期。

⑧ 全体一致同意意味着"一票否决"，股东当然可以拒绝个别磋商，从而倒逼公开讨论。

能落入所谓的"协议磋商",但《公司法》予以明确认可。

笔者认为,不妨换个思路探讨股东协议是否具有效力优先性问题。如前所述,有限公司股东分红约定可分为抽象约定与具体约定,抽象约定并不直接指向某一次分红,作为抽象约定的股东协议而言,其与章程条款类似,其优先性应体现在同公司章程的效力对比,进而在解决股东协议与股东会决议的问题时,便可参考公司章程与股东会决议之间的效力解决途径。

在比较法上,作为抽象约定的股东协议与章程条款之间的复杂关系一直引人关注。在美国法上,闭锁公司的公司治理广泛引入了股东协议,正如艾森博格教授所言,闭锁公司的分配性规则更多体现了"讨价还价",①适合于股东协议的治理方式,其得到了通常股东协议的类型化认可,②判例法上救济手段的发展也由损害赔偿转向实际履行,包括预防性的禁令措施与否认决议等后果,③在股东协议与股东会决议的效力判断上无疑是认可了股东协议的优先效力,这为抽象约定提供了具有借鉴意义的说明。当然,德国法则在此走得更远。"如果全体股东对涉及公司的事务做出了约定,那么这样的约定——即使没有作为章程的一部分——至少也应当和公司的章程同等对待……不同意该决议的股东,可以直接向公司提起诉讼,撤销决议",④德国联邦最高法院在判决中对救济措施的阐述认可了全体股东通过的股东协议具有相当于章程的效力,而德国的另一个有关无限公司的案例则直接明确认定全体一致的有关股东分配比例的股东协议在效果上属于对章程的修改。⑤ 因此,在决议效力之诉构造相近的德国,全体一致的股东协议在效力位阶上基本等同于公司章程。不过,英国判例并不认可股东协议对后续股东会决议的否认,而由法院判令支持损害赔偿,⑥这也是法国法律的实践情况。⑦

在我国法律实践中,上海市第二中级人民法院审理的曾某与上海产联电气科技有限公司公司决议撤销纠纷一案(以下简称产联电气一案)中的判决说理是有关股东协议效力的表达,"(有限)公司为资合与人合的统一体,其实质为各股东间达成的一种合作意向和合作模式,仅为通过公司这个平台得以反映并得到规范的指引和运作。故无论是股东协议抑或章程均属于各股东的合意表示……只要股东间的协议体现各股东的真实意

① See Melvin Aron Eisenberg, "The Structure of Corporation Law", *Columbia Law Review*, Vol. 89, 1989, pp. 1463 - 1470.

② 参见施天涛:《公司法论》(第4版),法律出版社2018年版,305~307页。

③ 参见许德风:《组织规则的本质与界限——以成员合同与商事组织的关系为重点》,载《法学研究》2011年第3期。

④ 朱利:《股东协议与公司章程"任意性条款"的关系初探》,载《政法学刊》2017年第4期。

⑤ 参见许德风:《组织规则的本质与界限——以成员合同与商事组织的关系为重点》,载《法学研究》2011年第3期。

⑥ 同上。

⑦ 参见谭海:《法国法上的股东协议制度之研究——兼论构建我国股东协议制度之初步设想》,复旦大学2009年硕士学位论文,第29~31页。

义表示,且不违反法律、法规以及与公司章程相冲突,即应当与公司章程具备同样的法律效力",并据此撤销了违反该股东协议的案涉股东会决议。① 循此逻辑,产联电气一案确认了股东协议有限的"章程效力",即此处的股东协议可与章程比拟,对股东产生与公司章程一样的约束力,这是撤销股东会决议的逻辑前提。由此,只要股东协议的内容不与章程内容相冲突,违反股东协议的股东会决议便因违章而可撤销。在此,我国司法实践看似是认为公司章程的优先性仍居于全体股东约定的股东协议之前。笔者认为,产联电气一案的裁判规则不可无限制扩展。毕竟,产联电气一案所涉及的股东协议是有关某个股东的特别权利的具体内容,其并未如有限公司股东分红约定一般由《公司法》第 34 条明文规定。因此,我国司法实践的裁判规则,至多是确认了作为全体股东约定的股东协议,即使不涉及《公司法》明文规定的特殊事项,其效力优先性亦在股东会决议之前。至于作为股东分红约定的股东协议与公司章程之间的优先效力问题,前文已述,对于有限公司这样的闭锁公司环境而言,在程序保障等意义上并无过多差异,司法实践所反映的股东协议场合又往往是承包协议、股权对外转让等各个股东肩负信任而慎重决定的场合,法院固守章程条款的做法反而是在助长出尔反尔的不实风气,徒增诉讼成本,更不利于构建适当的争议解决模式。笔者认为,一定程度上借鉴德国经验,认可作为抽象约定的股东协议可以视作章程的修改,适当扩展股东协议的"强度",实属恰当。

3. 股东协议与具体约定

股东协议并不当然排除具体约定,却存在一定的实践难题。前文已述,具体约定可以作为某一次分红的依据,其表现形式以股东会决议(决定)为典型。因此,具体约定即使表现为全体股东形成的股东协议,其与《公司法》第 37 条第 2 款所称的股东会决定在外观形式上也难以区分。就从属于股东会议事范围的分红事项,两者还当真存在区分吗?

当然,从程序上来讲,股东会决定须经全体股东签名、盖章以后置备于公司机关,股东协议则未必。但是,此种区分很可能被视作程序步骤的不规范或未完成,难以成为本质区分。

回顾前文所述案型,正如第四种案型与第七种案型,全体股东形成具体约定以后,后续股东会决议(决定)如对具体分红事项再次作出安排,两者之间的强弱关系就存在疑问了。股东会决议(决定)系股东对公司公共事务的处理,凡是符合团体议事程序与规则的有效文件均对公司产生拘束力,同会议票决情况并不挂钩。全体股东一致形成的具体约定可视作股东会决定,其并不具有对抗股东会决议的优先效力,形成于后的股东会决议反而是反映了股东对公司公共事务的最新安排,应取代形成于前的有关同一议题的议事结果。无论是基于公司议事规则的考虑,还是参照债务更新原理,就某一次分红,最后形成的具体约定即利润分配的最新安排,具有最终的拘束力,这也是前述周某某一案的法

① 参见(2013)沪二中民四(商)终字第 851 号曾某与上海产联电气科技有限公司公司决议撤销纠纷二审民事判决书。

院裁判思路。

我国《公司法》第37条明确了利润分配方案等具体分红事项归属于股东会权限,作为具体约定的股东协议相比于股东会决议或股东会书面决定并无效力上的优先性。

(三)回应实践:全体股东约定对股东会决议的影响

从逻辑上来讲,股东会决议或者股东会书面决定本可以作为股东分红约定的形式。不过,考虑到具体的利润分配方案还须通过股东会决议等正当程序作出,股东会决议实际上是成为股东分取红利的"闸口","闸口"的敞开与闭合就成为股东分红约定的效力研究的关键之处。正如叶某某一案所展现的问题,全体股东约定对股东会决议的效力影响将直接体现全体股东约定的效力,尤其是其公司法上的效力。

1. 因内容违法而无效

我国《公司法》第22条第1款规定:"公司股东会或者股东大会、董事会的决议内容违反法律、行政法规的无效。"《公司法》第34条的规定是否属于导致股东会决议无效的规定,尚需研究。对于《公司法》第22条第1款规定的"法律、行政法规",学者借用民法原理上的强制性规范与任意性规范,认为其应指"法律、行政法规的强制性规范",①在此意义上,股东会决议作为《民法典》第134条所确认的一种民事法律行为,依据《民法典》第153条的规定,②导致其无效的强制性规范也应当限缩至效力性强制性规范,而不包括管理性强制性规范。另有学者则认为,此处的无效理由应指"违反法令、行政法规或者公共利益或者公共政策或者公序良俗",③还有学者归纳济南市中级人民法院的观点,认为无效理由应包括"决议内容违反法律原则、有限公司本质和强行法规定"。④ 以上观点的共识是,《公司法》第22条第1款属于转介条款,在法律适用时须援引其他的法律原则与法律规定,而不能单独以之作为裁判依据。⑤ 此外,导致股东会决议无效的法律、行政法规应当限缩解释,主要方向在于判断其是否为强制性规范。

"任意规范与强制规范的区分标准是行为人能否以其意志排除适用",⑥其对民事法律行为的效力影响的理由在于,既然法律秩序对某一事项的态度是不允许私人自治,那么当事人之间对该事项的私人自治并不会得到法律效力上的认可。但是,上述理由对以下两种情况无能为力:其一,法律秩序的态度是对私人自治作消极评价,但仅涉及处罚,却并不涉及效力的否认,这要求法律适用区分效力性强制性规范与管理性强制性规范;其二,法律秩序允许私人自治,但对私人自治的形式作出了特别要求,这里涉及的是私人

---

① 赵旭东主编:《公司法学》(第4版),高等教育出版社2015年版,第288页。

② 《民法典》第153条规定:"违反法律、行政法规的强制性规定的民事法律行为无效,但是该强制性规定不导致该民事法律行为无效的除外。违背公序良俗的民事法律行为无效。"

③ 施天涛:《公司法论》(第4版),法律出版社2018年版,第391页。

④ 王仰光:《股东会决议无效的若干问题研究——基于实践的总结》,载《山东青年政治学院学报》2013年第1期。

⑤ 参见苏永钦:《私法自治中的经济理性》,中国人民大学出版社2004年版,第30~50页。

⑥ 朱庆育:《民法总论》,北京大学出版社2013年版,第50页。

自治的形式要求是否构成另一种强制,进而否认私人自治意欲追求的法律效果。正是在此意义上,胡田野认为,强制性规定与任意性规定之间的区别,不仅需要形式的识别方法,还需要实质上的识别,①包括外部监控机制的强弱、信息是否对称、行为规范是否公示、是否涉及股东权利中的固有权规范等。②

以此观之,《公司法》第 34 条关注的是股东的分红权与新增资本优先认缴权,作为《公司法》公示的行为规范,"股东按照实缴的出资比例分取红利"作为一般规则体现了同股同权、同股同利与按资分红的股东平等原则,③在强调实缴资本对公司经营的重要价值的同时,④限制了公司对股东分红的任意更改与随机调控。因此,"股东按照实缴的出资比例分取红利"的一般规则应具有效力上的强制性。但是,《公司法》第 34 条的但书条款"全体股东约定不按照出资比例分取红利或者不按照出资比例优先认缴出资的除外"又表明该规定为股东处理自己的分红事项预留出了自治空间,似乎指向了任意性特征。对此,笔者十分同意苏永钦先生所言的"当事人的意思自由只是在国家设定的高低不同的栅栏中流动",⑤关键之处还在于明晰规范的含义与目的,以之全面把握特定强制性规定的作用领域。显然,全体股东另有约定除外的但书条款是对股东自治空间的形式限制,对应的是自治方式的强制,即"强制不仅包括约束人的选择行为本身,还包括型塑可供行为人选择的范围",⑥其规范目的在于防止立法规定的严格例外情形经由公司决议的多数决而落空。⑦ 因此,《公司法》第 34 条在内容违法事项的作用领域包括且仅包括以下两个部分:第一,未形成特别约定时,不按照实缴资本比例分红的决议无效;第二,未达全体股东同意而不按照实缴资本比例分红的决议同样归于无效。

综上所述,《公司法》第 34 条并未赋予全体股东约定以否认股东会决议的效力,违背全体股东约定的后续股东会决议并不因内容违法而归于无效。但是,未形成特别约定便不按照实缴资本比例分红的决议无效,未达全体股东同意而不按照实缴资本比例分红的决议也同样无效,这是《公司法》第 34 条的规范目的与强制范围。

---

① 参见胡田野:《公司法任意性与强行性规范研究》,法律出版社 2012 年版,第 492 ~ 494 页。

② 参见胡田野:《公司法律裁判》,法律出版社 2012 年版,第 60 页。

③ 参见周游:《公司利润分配之司法介入及其思限忖度》,载《天津法学》2013 年第 4 期;卜亚夫:《认缴资本制下的股东结构分析——以实缴资本对股东权的影响为切入点》,载《法制与经济》2017 年第 12 期。

④ "出资是股权的对价,要取得实际的股东资格和身份,必定以对公司的出资承诺为前提,而要获得实际的股东权益,则应以出资义务的实际履行为前提。如果认缴者没有向公司进行任何出资,则不应承认其管理公司事务和参与公司盈余分配的权利。公司的经营收益实质上主要是股东出资于公司的财产所带来的收益,所以股权的权益应当按实缴的资本来确实",详见(2016)桂民再 46 号国电南宁发电有限责任公司、中国国电集团公司等与广西中稷电力投资有限公司公司决议撤销纠纷再审民事判决书。

⑤ 苏永钦:《私法自治中的国家强制》,中国法制出版社 2005 年版,第 24 页。

⑥ 郭锐:《商事组织法中的强制性和任意性规范——以董事会制度为例》,载《环球法律评论》2016 年第 2 期。

⑦ 参见王雷:《公司决议行为瑕疵制度的解释与完善——兼评公司法司法解释四(征求意见稿)第 4 ~ 9 条规定》,载《清华法学》2016 年第 5 期。

2. 因内容违章而可撤销

《公司法》第22条第2款规定:"股东会或者股东大会、董事会的会议召集程序、表决方式违反法律、行政法规或者公司章程,或者决议内容违反公司章程的,股东可以自决议作出之日起六十日内,请求人民法院撤销。"如果后续股东会决议确定的分红比例违反作为章程条款的全体股东约定,其当然属于该款规定的"决议内容违反公司章程",但全体股东约定如以股东协议的面目出现,此种判断就面临疑问了。

前文已述,有限公司的股东协议具有效力扩张的理论基础,德国法判例认可了全体股东通过的股东协议具有相当于章程的效力,我国司法实践亦有认可股东协议在不违反法律、法规以及与公司章程相冲突的情况下,应当与公司章程具备同样的法律效力,可据此撤销违反股东协议的股东会决议。

但是,以叶某某一案为代表的案例类型往往存在另一个法律障碍——股东会决议通过的分红比例与公司章程所确定的分红比例相同,股东协议所确定的分红比例不仅与股东会决议不同,而且同公司章程相冲突。此时,德国法判例所确立的"章程修改说"需要得到厘清,股东决议对公司章程的修改,到底是仅指增加章程内容,还是可以实质修改公司章程内容呢?这个问题还是需要回归到我国实证法框架下进行分析。公司章程是一个实在的文本,在股东会通过修改章程的决议以后,股东应在公司章程上签名、盖章,[①]公司须置备公司章程供股东查询。[②] 上述规定表明公司章程的修改至少存在两个步骤:第一,股东会通过修改公司章程的决议;第二,公司章程进行相应的文本修改。循此逻辑,即使全体股东在公司章程以外形成了另行约定分红比例的抽象约定,且将其视作《公司法》第37条第2款的股东会决定,构成合法有效的修改章程决议,似乎也要进行章程文本的修改,并经股东签名、盖章,才能构成一次完整的章程修改。此时,一个简单的事实判断是,公司章程的修改处于决议通过而未及时修改文本的中间状态,中间状态的法律效果为何,还需深入讨论。

对此,一个绕不开的话题是章程的本质属性。有关章程的本质,主流学说包括合同说与自治法说。[③] 合同说认为,公司章程应视为公司与股东之间,公司股东、董事及高级管理者之间订立的"法定契约"(the Statutory Contract),[④]来自超越法律形式的不完备合

---

① 《公司法》第25条第2款规定:"股东应当在公司章程上签名、盖章。"

② 《公司法》第33条第1款规定:"股东有权查阅、复制公司章程、股东会会议记录、董事会会议决议、监事会会议决议和财务会计报告。"

③ 参见王军:《中国公司法》(第2版),高等教育出版社2017年版,第266页。

④ See Paul L. Davies, ed, *Gower's Principle of Modern Company Law*, 6th Edition, Sweet & Maxwell, 1997, pp. 115 – 122.

同概念。[①] “公司合同理论乃是解读公司自治与国家外在管制的一条路径”,[②]当我们用合同来描述章程时,强调的也是缔约方的自主安排,而忽略了公司章程在产生方式、约束主体等方面与合同的重要区别,罗培新教授正是在此意义上将公司合同进路称作“方法而非本质”。[③] 自治法说凸显的是公司章程的裁判法(法律渊源)属性,“公司章程是根据国家赋予的‘公司自治立法权’而制定的,是规定公司内部组织及其活动的自治法”,[④]能够合理解释公司章程对于公司和公司机关的普遍约束力,并强化了公司的团体特性。但是,自治法说首先不能说明其自身的法规属性,其与一国法律法规的关系如何也不甚明晰,[⑤]更重要的问题还在于,决议已经是《民法典》明文规定的法律行为类型,[⑥]作为法律行为的决议又能够修改公司章程,那么法律行为与自治法之间的具体联系又是什么呢?自治法说似乎不能给出适当的回应。

公司章程乃是贯彻团体自治的重要途径,股东有关特定事项的意思自治成为公司法人的团体规则,整个过程体现的仍是私法自治,法律行为的工具意义不容忽视。在此意义上,章程行为的私法评价应当落实在决议行为上,因为决议行为才体现股东对团体公共事务的意思自治,法律对章程行为的效力控制与效力评价也仅能对决议行为作出。所以,章程行为的本质是决议行为。[⑦]

由此,决议行为之后的形式变更是否应当视作章程修改的生效要件存在疑问。章程文本的修改要求既可以解释为章程修改的生效要件,[⑧]也不妨理解为法律行为的固定,为公司运营提供确切信息,起到保存证据的作用。我国法律并未明确规定公司章程变更生效的条件,也并未规定违反程序规范与形式的章程修改的法律后果,章程行为在理论上

---

① 章程合同说来自公司契约论,公司契约论的所谓契约与合同是超越了法律形式的经济学概念,包括了“任何具有相互期待和行为的安排”,故有别于合同的法律定义。参见[美]杰弗里·N.戈登:《公司法的强制性结构》,黄辉译,载王保树主编:《商事法论集》(第12卷),法律出版社2007年版,第260~261页;罗培新:《公司法的合同解释》,北京大学出版社2004年版,第138~143页。

② 吴飞飞:《公司章程“决议说”之提出》,载《人大法律评论》2015年第2期。

③ 罗培新:《公司法的合同解释》,北京大学出版社2004年版,第29页。

④ 常健:《公司法中的公司章程——对章程含义、性质及基本规则的解析》,载陈小君主编:《私法研究》(第8卷),法律出版社2010年版,第268页。

⑤ 参见吴飞飞:《论公司章程的决议属性及其效力认定规则》,载《法制与社会发展》2016年第1期。

⑥ 《民法典》将决议置于法律行为部分。《民法典》第134条第2款规定:“法人、非法人组织依照法律或者章程规定的议事方式和表决程序作出决议的,该决议行为成立。”最高人民法院杜万华大法官在《公司法解释(四)》的新闻发布会上对此予以强调,参见“《最高人民法院关于适用〈中华人民共和国公司法〉若干问题的规定(四)》新闻发布会”,载 http://www.court.gov.cn/zixun-xiangqing-57392.html,最后访问日期:2019年11月30日。

⑦ 可能存在争议的问题是初始章程的制定,彼时公司尚未成立,难言所谓的决议行为,但本文仅讨论章程修改,不涉及该争议,详见王雷:《我国民法典编纂中的团体法思维》,载《当代法学》2015年第4期;吴飞飞:《决议行为归属与团体法“私法评价体系”构建研究》,载《政治与法律》2016年第6期。

⑧ 生效要件,如《物权法》第9条规定,“不动产物权的设立、变更、转让和消灭,经依法登记,发生效力;未经登记,不发生效力,但法律另有规定的除外。依法属于国家所有的自然资源,所有权可以不登记”。

应自决议成立时生效。[①] 换个角度来说,股东会决议作出以后,在公司内部便属于信息流通的公开状态,公司内部人员不得以不知情而主张决议对自己不发生效力,章程文本的修改对于公司内部治理而言并无特殊效果。全体股东协议达成的抽象约定与股东会决议存在的差别就是前者不会以文本形式置备于公司,但这种机械的差异对公司的利润分配程序并无实际影响,公司的利润分配决议最终需要股东会来表决通过,全体股东协议达成的抽象约定在股东层面上完全是信息流通的,股东全然了解并认可分红比例的实质修改,章程文本的记载为何能发生阻碍作用呢?因此,章程修改在决议成立时便当然生效,股东在利润分配事项上不能主张章程修改对其不发生效力,股东可以请求人民法院撤销后续股东会决议。

三、有限公司股东分红约定的实现方式和救济途径

明晰有限公司股东分红约定的效力问题以后,实现方式和救济途径是法律实践的重点问题。在此,抽象约定与具体约定的差异将带来实现方式和救济途径的分歧。

(一)不同的实现方式与救济途径

前文已述,笔者以能否直接作为分红依据为标准,将有限公司股东分红约定区分为本身不作为分红依据的抽象约定和本身可作为分红依据的具体约定。

抽象约定表现为公司章程或接近于公司章程条款的形式,其后仍须经股东会决议(决定)方可分取红利,照此通过分红决议(决定)即可实现全体股东另行约定的分红比例。就抽象约定的救济途径,此时股东分红约定与后续的股东会决议(决定)之间泾渭分明,股东会决议可撤销之诉也由此构造。抽象约定即使表现为股东协议,最起码也具有债的效力,后续的股东会决议为债的不履行,受到损害的股东可据此起诉获利的股东。

但是,具体约定的意思表示则指向某一次分红,其指向的是有关利润分配方案的决议(决定),直接变更了股东分红比例并通过分红决议(决定),直接拘束当次分红,包括前文所述第三种案型与第六种案型,便是介由具体约定直接分红,实际上在具体一次分红事项中直接实现了全体股东另行约定的分红比例,这也完全为司法实践所认可。但是,其与后续股东会决议之间的关系则相对复杂,这直接影响了具体约定的救济途径。如叶某某一案中大股东依据章程条款作出的股东会决议,相当于形成了有关某一次分红最新安排的决议(决定),对股东具有最终的拘束力。参照债务更新原理,股东会决议并不构成具体约定的债务不履行。由此,一项全体股东达成的有关核心股东权益的约定,被大股东的恣意妄为所改变,大股东操纵股东会实质背弃曾经同意的一项规则,并获得较全体股东约定更为优越的财产利益。控制股东通过控股的优势地位左右公司的意思,为实现其优越性利益的最大化而将造成的不利后果转嫁给其他股东,造成了资本多数决的滥用,[②]此种行为应当受到控制权滥用或者控制股东的信义义务的审查,这也是具体约

① 《民法典》第136条第1款规定:"民事法律行为自成立时生效,但是法律另有规定或者当事人另有约定的除外。"

② 参见朱慈蕴:《资本多数决原则与控制股东的诚信义务》,载《法学研究》2004年第4期。

定情形下可能的救济途径。

当然,无论抽象约定与具体约定的实现方式和救济途径为何,这一部分的论述仍可用于回答本文写作的意义——《公司法》第34条有关股东分红约定的规范性质在法律实践中的意义到底是什么?该条款是否赋予股东以公司法上的权利救济方式?在实现方式和救济途径的对比中,上述问题可以得到进一步澄清。

(二)抽象约定:决议效力之诉与债务不履行责任

抽象约定既可以体现为公司章程条款,也可以表现为公司章程以外的股东协议等形式,对此作分别讨论。

当抽象约定体现为公司章程条款时,这并不意味着抽象约定就完全适用公司章程的制定与修改程序。第一,抽象约定作为股东分红约定的形式,其要求仍然是全体股东一致决定,而非公司章程修改所要求的"代表三分之二以上表决权的股东通过";①第二,法律允许章程另有规定的事项推定新加入的股东完全认可该章程条款,但股东分红约定强调的是股东的人头同意,抽象约定便存在新加入股东予以反对的可能,②公司章程仅能推定新加入股东对章程条款知悉并默认,如新加入股东明确反对全体股东达成的分红比例约定,全体股东约定则难以对其产生拘束力。除此以外,正如前文有关股东分红约定的效力分析,作为股东协议的抽象约定实际上起到了章程修改的作用,章程记载与股东协议产生冲突时应以成立在后者为准,成立在后的股东协议在效力之诉中不妨视作章程内容。

由此,抽象约定之间的冲突可诉诸《公司法》第34条,结合决议效力之诉予以应对。第一,未达全体一致的股东会决议(决定)意欲排除实缴资本比例进行分红,并不满足全体一致决定的主体条件,属于《公司法》第34条强制排除在外的行为人选择,可发起决议无效之诉予以效力否认,这也是北京市高级人民法院《关于审理公司纠纷案件若干问题的指导意见》的相应规定。③ 第二,全体股东已经达成抽象约定,无论是载入章程还是形成股东协议,不按照实缴资本比例分取红利,后续股东会决议(决定)违反抽象约定的分红比例进行利润分配,股东可由股东会决议(决定)内容违反章程而撤销决议。

当然,作为股东协议的抽象约定也能通过债法的方式进行救济,违反抽象约定的股东应负担债务不履行责任。④ 股东协议本来就具有债的效力,在后续股东会决议(决定)

---

① 《公司法》第43条第2款规定:"股东会会议作出修改公司章程、增加或者减少注册资本的决议,以及公司合并、分立、解散或者变更公司形式的决议,必须经代表三分之二以上表决权的股东通过。"

② 参见秦洁、王治宇:《论我国公司利润分配约定优先方式的缺陷与完善》,载《内蒙古财经学院学报》2007年第5期。

③ 北京市高级人民法院《关于审理公司纠纷案件若干问题的指导意见》第12条规定:"有限责任公司非经全体股东一致同意,不得变更《公司法》第三十五条、第四十三条规定的或者公司章程规定的利润分配方式、新股认缴方式和表决权行使方式。股东以相关股东会决议或者章程修改未经股东一致同意为由,请求人民法院确认无效的,应予支持。"

④ 参见王志诚:《闭锁性公司少数股东之保护》,载《政大法学评论》2006年第89期。

实质违反股东协议时,部分股东便存在违反义务行为,其应当对产生的损害承担赔偿责任。[①] 民法理论上,双方行为之债与多方行为(共同行为)之债应作理论区分,[②]前者指"相对立之二个以上意思表示之一致",[③]典型者如要约与承诺一致所达成的契约,后者指同方向平行联合的意思表示一致,[④]作为股东协议的抽象约定则属于后者。不过,我国《合同法》实际上并未对此作出严格区分,[⑤]我国实证法上亦缺乏债法总则的规定,合同法总则的规定实际发挥了债法总则的作用,《公司法》为发起人协议提供的救济方式也包含了合同法上的违约责任。[⑥] 因此,作为股东协议的抽象约定的债务不履行责任可以适用《合同法》有关违约责任的规定,这也是我国司法实践的裁判观点。[⑦]

我国《合同法》第107条规定,"当事人一方不履行合同义务或者履行合同义务不符合约定的,应当承担继续履行、采取补救措施或者赔偿损失等违约责任",是为违约责任的一般规定。对于违约责任的不同责任承担方式,《合同法》还区分了金钱债务与非金钱债务。[⑧] 就抽象约定而言,股东分红约定虽关涉分取红利事项,但其本身并不能作为分红依据,而是约束后续有关利润分配方案的股东会决议,应归属于非金钱债务。

对于非金钱债务而言,当事人在理论上可以诉请强制履行,如作为控股股东的缔约方明确表明其将在后续的股东会决议违约投票,当事人便可以通过申请禁令、强制委托投票等方式要求预期违约方强制履行抽象约定,这在英国法上的 Russell v. Northern Bank Development Corporation Ltd. 案中得到了法官的阐述,[⑨]类似的预防性救济也为法国法院

---

① 参见史尚宽:《债法总论》,中国政法大学出版社2000年版,第287~290页;王洪亮:《债法总论》,北京大学出版社2016年版,第220页。

② 参见王洪亮:《债法总论》,北京大学出版社2016年版,第11页。当然,学说上也有不同见解,认为多方法律行为不发生债之关系,参见史尚宽:《债法总论》,中国政法大学出版社2000年版,第8页。但是,学说的争议并不能否认如下事实:实证法多将共同行为人彼此之间的法律关系参照最相类似的合同法律规则,参见王雷:《〈民法总则〉中决议行为法律制度的力量与弱点》,载《当代法学》2018年第5期。

③ 史尚宽:《债法总论》,中国政法大学出版社2000年版,第8页。

④ 参见史尚宽:《债法总论》,中国政法大学出版社2000年版,第8页。

⑤ 如《合同法》第330条既规定了委托开发合同(双方行为之债),又规定了合作开发合同(多方行为之债),参见韩世远:《合同法总论》(第4版),法律出版社2018年版,第10页;崔建远主编:《合同法》(第6版),法律出版社2015年版,第1页;黄茂荣:《民法典之债法的编纂》,载《环球法律评论》2018年第2期。

⑥ 《公司法》第28条第2款规定:"股东不按照前款规定缴纳出资的,除应当向公司足额缴纳外,还应当向已按期足额缴纳出资的股东承担违约责任。"

⑦ 股东协议纠纷适用违约责任的有关规定,参见(2006)海民初字第26030号原告王某某诉被告杨某其他合同纠纷一审民事判决书。

⑧ 《合同法》第109条规定:"当事人一方未支付价款或者报酬的,对方可以要求其支付价款或者报酬",作为金钱债务的责任承担方式;《合同法》第110条规定:"当事人一方不履行非金钱债务或者履行非金钱债务不符合约定的,对方可以要求履行,但有下列情形之一的除外:(一)法律上或者事实上不能履行;(二)债务的标的不适于强制履行或者履行费用过高;(三)债权人在合理期限内未要求履行",作为非金钱债务的责任承担方式。

⑨ 参见许德风:《组织规则的本质与界限——以成员合同与商事组织的关系为重点》,载《法学研究》2011年第3期。

所一般支持。[①] 但就我国实证法而言,投票行为等人身专属性行为在性质上可能归入我国《合同法》第110条第2项所谓"债务的标的不适于强制履行"的范畴,因而不适于直接强制,[②]股东在后续股东会上的投票行为难以受到控制与拘束,行为禁令、强制委托投票等代替强制执行方式又缺乏现行法基础。

控股股东主导后续股东会通过一项违背抽象约定的分红决议以后,至少就对本次分红事项而言,抽象约定已经在事实上不能履行,此时的救济措施应为赔偿损失等违约责任承担方式。[③] 我国《合同法》秉持履行利益的损失填补立场,违约损害赔偿的范围包括所受损失与可得利益,[④]分红收益属于后者,即"因损害事故的发生赔偿权利人应增加而未增加的额数"。[⑤] 在比较简单的案例模式中,如叶某某一案,股东仅为两人,控股股东陈某某主导通过的股东会决议实质违背抽象约定,造成叶某某可得利益的减少,自应赔偿相应差额。但是,如果案例所涉当事人增加,赔偿主体与赔偿责任的界定恐怕就存在一定争议了。比如4个股东甲、乙、丙、丁的分别实缴资本为60%、20%、10%、10%,全体股东以股东协议的方式形成了甲、乙、丙、丁分红比例为55%、30%、4%、11%的抽象约定,后来甲、丙、丁出席股东会会议,对按照实缴资本比例分红进行了表决,甲、丁赞成,丙反对。显然,分红决议就直接构成对抽象约定的违背,但具体的违约主体(赔偿主体)是谁呢?甲、丁违背抽象约定投了赞同票,应属违约行为,但丁实际获得的分红利润反而少于抽象约定的安排,相当于让渡了部分利益,其还应背负赔偿责任吗?丙虽然通过后续的分红决议获益,却在股东会上投了反对票,其还存在违约行为吗?显然,抽象约定所作用与拘束的股东行为值得讨论。实际上,以商事实践中抽象约定的内容来看,全体股东并非特定地对股东会的表决问题进行约定,而是对抽象分红比例予以约定,即"股东从公司取得的利润应当作……的分配",侧重于给付效果的实现,[⑥]这种抽象分红比例的实现最终可以落实到股东从公司收取红利,股东的违约行为也就不再仅限于投票行为,而应主要落在收取不当红利的行为。在股东会决议上投赞成票但利益受损的股东,可视作对自己权利的处分,属于放弃利益的行为。因此,在股东会决议不被撤销的情况下,获取利润少于抽象约定的股东应仍可要求获取利润超出抽象约定的股东承担违约责任,违约赔

---

① 参见谭海:《法国法上的股东协议制度之研究》,复旦大学2009年硕士学位论文,第30~31页。

② 参见韩世远:《合同法总论》(第4版),法律出版社2018年版,第769页。

③ 英国判例法一般认为公司已经作出决议后,救济方式应当是违约股东承担损害赔偿责任,参见许德风:《组织规则的本质与界限——以成员合同与商事组织的关系为重点》,载《法学研究》2011年第3期;法国法实践确定违反股东协议的当然惩罚是支付损害赔偿金,参见谭海:《法国法上的股东协议制度之研究》,复旦大学2009年硕士学位论文,第29页。

④ 《合同法》第113条第1款规定:"当事人一方不履行合同义务或者履行合同义务不符合约定,给对方造成损失的,损失赔偿额应当相当于因违约所造成的损失,包括合同履行后可以获得的利益,但不得超过违反合同一方订立合同时预见到或者应当预见到的因违反合同可能造成的损失。"

⑤ 韩世远:《合同法总论》(第4版),法律出版社2018年版,第787页。

⑥ 给付具有双重意义,包括给付行为与给付效果,给付行为是否达到预期利益在所不问,给付效果仅在完成约定工作始属履行给付义务,参见王泽鉴:《债法原理》(第2版),北京大学出版社2013年版,第78页。

偿后的利益状况基本趋同于实际履行的法律效果。

(三)具体约定:公司股东滥用股东权利的探讨

具体约定一般表现为股东协议的形式,其意思表示指向某一次分红,可以视为有关利润分配方案的决议(决定),后续的股东会决议则形成了有关某一次分红最新安排的决议(决定),参照债务更新原理,对股东具有最终的拘束力,而不涉及抽象约定的债务不履行责任。

不可否认,全体股东约定从来都不是一个不可更改的终局性文件。但是,如叶某某一案所展现的情形,后续股东会决议往往由控制股东所操纵,实质背弃了全体股东曾经一致同意的一项规则,并借此获取了更为优越的现实利益,其正当性存在疑问。我国《公司法》第20条第2款规定,“公司股东滥用股东权利给公司或者其他股东造成损失的,应当依法承担赔偿责任”,其作为原则性规定涵摄范围较广,可据此作相关探讨。本文案型表现为控制股东对股东会决议的主导与操控,①控制股东可能涉及滥用股东权利,其行为的正当性面临挑战。

公司由一致同意规则转向资本多数决规则,反映的是少数服从多数的民主制度对公司发展、经济增长的促进。② 在此基础上,控制股东凭借更多的资本投入或其他协议安排等主导公司决议也是资本多数决的应有之义。但是,诚如学者所言,“资本多数决制度正当性的假设前提是……可以根据不同的议案,形成具有可变性的多数派;也只有依赖于变动的多数派,才能期望股东大会的决议符合公司利益”,③资本多数决作为克服集体行动障碍而出现,体现为公平在一定范围内对效率的让步,但恒久支配公司行为的股东很可能在表决时偏离公司利益,偏离过度便会引发实质正义的背离。④ 尤其是在闭锁公司内部,股权集中在控制股东手上,其可通过参与公司经营而实际获得利益,作为少数股东参与公司议事的股东会程序实际被架空,或直接就成为控制股东压迫少数股东的工具。⑤由此,控制股东对公司的控制权应受到法律规制,控制股东应对其滥用控制权的行为负责。⑥

归纳而言,比较法上,控制股东滥用控制权的法律规制有以下路径:第一,控制股东对少数股东的信义义务,在美国法上又包括了以马萨诸塞州判例法为代表的多数派规则

---

① 控制股东包括控股股东,也包括通过非股权方式控制公司的股东,参见范世乾:《控制股东滥用控制权行为的法律规制:中国公司法相关制度的构建》,法律出版社2010年版,第26页。

② 公司股东会议议事规则经历了全体一致同意规则向资本多数决规则的转变,参见朱慈蕴:《资本多数决原则与控制股东的诚信义务》,载《法学研究》2004年第4期。

③ 朱慈蕴:《对股东诚信义务的再思考》,载《中国法律》2007年第4期。

④ 有关现代正义观与实质正义观,参见冯果、艾传涛:《控制股东的诚信义务及民事责任制度研究》,载王保树主编:《商事法论集》(第6卷),法律出版社2002年版,第72页。

⑤ 参见林郁馨:《闭锁性公司之公司治理与少数股东权之保障》,载《月旦法学杂志》2014年第8期。

⑥ 参见冯果、艾传涛:《控制股东的诚信义务及民事责任制度研究》,载王保树主编:《商事法论集》(第6卷),法律出版社2002年版,第71~72页。

与以特拉华州判例法为代表的少数派规则，[①]多数派规则认为闭锁公司在本质上属于公司式的合伙，公司的股东之间相互负有类似于合伙人之间的强信义义务，[②]少数派规则则认为所有公司的控制股东均应受到公司监督规则(Corporate Monitor)的制约，控制股东应当维护公司利益而不是维护个别股东群体的利益。[③] 日本学说也大多承认控制股东对公司及其他股东的信托义务，给公司或者其他股东造成损害，必须对公司及其他股东承担相应的损害赔偿责任。[④] 第二，不公平损害原则(Unfairly Prejudice)与股东压迫规则(Shareholder Oppression)，两者均是为保护少数股东的合理期待，遏制控制股东滥用控制权而侵害少数股东利益的行为，前者为英国成文法所承认，[⑤]后者为部分美国州法所采用，救济方式包括解散公司与强制性股份收购。[⑥] 第三，诚实信用原则主导下的禁止权利滥用规制，诚实信用原则作为民商事法律的基本原则，其在制度供给上能够发挥较为广泛的作用，这在较早的德国法判例[⑦]有所体现，[⑧]包括宣告决议无效等救济方式。第四，特别法规制，如德国的康采恩法，要求控制公司在一定条件下对附属公司的债务承担责任，[⑨]还有日本的母子公司专门规制，建立了一系列对控制股东行使股东权的间接规制。[⑩]

我国实证法并未对控制股东滥用控制权或者母子公司等作出专门规定，我国《公司法》第147条有关信义义务的规定也并不包括控制股东等相关表述，[⑪]不宜在控制股东信义义务的框架内讨论控制股东滥用控制权的法律规制。实际上，我国《公司法》第20条

① 参见朱大明：《美国公司法视角下控制股东信义义务的本义与移植的可行性》，载《比较法研究》2017年第5期。

② See Mary Siegel, Fiduciary Duty Myths in Close Corporate Law, *Delaware Journal of Corporate Law*, Vol. 29, 2004, p. 390.

③ 参见朱大明：《美国公司法视角下控制股东信义义务的本义与移植的可行性》，载《比较法研究》2017年第5期。

④ 参见朱大明：《控制股东法律规制的路径与法理》，清华大学出版社2018年版，第160页。

⑤ 参见范世乾：《控制股东滥用控制权行为的法律规制：中国公司法相关制度的构建》，法律出版社2010年版，第168～170页。

⑥ 参见朱大明：《美国公司法视角下控制股东信义义务的本义与移植的可行性》，载《比较法研究》2017年第5期；范世乾：《控制股东滥用控制权行为的法律规制：中国公司法相关制度的构建》，法律出版社2010年版，第173页。

⑦ 德国在特别法(康采恩法)建立以前主要适用基本原则进行控制股东的规制，参见冯果、艾传涛：《控制股东的诚信义务及民事责任制度研究》，载王保树主编：《商事法论集》(第6卷)，法律出版社2002年版，第73页。

⑧ 参见林郁馨：《闭锁性公司之公司治理与少数股东权之保障》，载《月旦法学杂志》2014年第8期。

⑨ 参见黄辉：《国企改革背景下母子公司债务责任问题的规制逻辑和进路》，载《中外法学》2017年第6期。

⑩ 参见朱大明：《控制股东法律规制的路径与法理》，清华大学出版社2018年版，第155～159页。

⑪ 《公司法》第147条规定："董事、监事、高级管理人员应当遵守法律、行政法规和公司章程，对公司负有忠实义务和勤勉义务。董事、监事、高级管理人员不得利用职权收受贿赂或者其他非法收入，不得侵占公司的财产。"

第2款属于概括性条款,更接近于诚实信用原则与禁止权利滥用在公司法上的体现,通过法律解释的手段,完全可以容纳控制股东滥用控制权的法律规制问题。而且,英国法的不公平损害原则与美国法上的股东压迫规则与大陆法系经典的诚实信用原则在公司法的面向上具有内在的一致性,其解决的问题与提供的救济方式都是相同的,[①]均可在一定程度上丰富《公司法》第20条第2款的裁判内涵。因此,以诚实信用原则为主导,吸收不公平损害原则与股东压迫规则的内容,可借由《公司法》第20条第2款对控制股东滥用控制权进行讨论,研究具体约定的救济问题。

显然,在诚实信用原则的框架下,控制股东滥用控制权的行为可理解为一般侵权行为,仅能在一定程度上进行类型化,而不能为成文法所穷尽。《公司法》也并未对其进行类型化规定。在英美法律实践中,拒绝宣告盈余分配(包括分配数额不合理的盈余)是控制股东滥用控制权的典型行为,最高人民法院《关于适用〈中华人民共和国公司法〉若干问题的规定(四)》第15条也对此作出规定,"股东未提交载明具体分配方案的股东会或者股东大会决议,请求公司分配利润的,人民法院应当驳回其诉讼请求,但违反法律规定滥用股东权利导致公司不分配利润,给其他股东造成损失的除外"。但是,此种典型行为的关键之处是保留公司利润而不进行分配,这与本文所讨论的分配比例争议有所不同。更为贴切的讨论或许是,全体股东一致通过的具体约定,虽然可以被视作是一项有关利润分配的决议(决定),但具体约定显然体现了全体股东对本次分红比例的一致同意。此种同意存在两种可能:第一,全体同意的分红比例与法定比例或者公司章程确定的比例一致,那么此种同意并无特殊性;第二,此种同意针对的是既有的法定分红比例或者章程比例的调整,那么此种同意就不仅包含代表2/3以上表决权的股东同意,还包含了前置的一项变更本次具体分红比例事宜的合意。就第二种情形,变更具体分红比例事宜的合意代表了股东间最充分的谈判结果,使股东之间的权利义务关系更具有确定性与预见性,赋予了少数股东对具体一次分红的合理期待。特拉华判例法上,股东由各种方式形成的广泛的权利义务安排很有可能成为法院认定控制股东滥用控制权的依据,侧面论证了少数股东的合理期待。[②] 那么,控制股东主导后续股东会通过的股东会决议就极可能涉及滥用控制权,依据我国《公司法》第20条第2款的规定,预期利益受损的股东可提起股东直接诉讼要求控制股东承担赔偿责任。不同于债务不履行责任,控制股东的不当行为在于滥用控制权而非违反股东协议,后续违反具体约定的股东会决议系其控制权主导的直接后果,由一般侵权行为的赔偿原则,控制股东应直接赔偿预期利益受损的股东,而不以其自身所受利益为限。

---

① 参见范世乾:《控制股东滥用控制权行为的法律规制:中国公司法相关制度的构建》,法律出版社2010年版,第163~174页。

② 参见朱大明:《美国公司法视角下控制股东信义义务的本义与移植的可行性》,载《比较法研究》2017年第5期。

结 论

有限公司股东分红约定来自我国《公司法》第34条所称的“全体股东约定不按照出资比例分取红利”，结合法律解释与司法实践，《公司法》第34条所规定的股东分红约定，在规范对象上应指分红的意思表示，而无论意思表示的存在形式，其既可以包括公司章程与股东会决议（决定），也包括各种不同载体之上的股东协议。

在公司法构建的资产收益权框架下，公司分红实际上存在两个阶段，分红决议（决定）通过以前的抽象分红资格阶段与分红决议（决定）通过以后的具体分红债权阶段。据此，从意思表示的对象来看，有限公司股东分红约定也存在两种典型类型——有关抽象分红资格的约定与有关具体分红债权的约定，两者的核心区别为是否指向某一次分红事项，能否作为具体分红的根据。抽象约定接近于章程条款，其意思表示并不直接指向某一次分红，其后仍须经股东会决议（决定）方可分取红利，此时股东分红约定与股东会决议（决定）的分界清晰明了；具体约定的意思表示则指向某一次分红，其指向的是有关利润分配方案的决议（决定），其本身就可以作为分红依据，因此面临被后续股东会决议（决定）所取代的风险。因此，两者在效力、实现方式与救济途径上判然有别。

就抽象约定而言，当其体现为公司章程时，其当然具有公司法上的效力，其可借助决议效力之诉对后续的股东会决议（决定）产生影响。较有争议的是作为股东协议的抽象约定，其当然具有多方行为之债的效力，但其是否能够体现公司法的效力，值得讨论。结合比较法上股东协议推进闭锁公司治理的有益经验，在我国公司法的框架下将其与公司章程等公认的公司自治工具相比较，作为股东协议的抽象约定符合公司分权，在闭锁公司内部与股东会层面信息畅通，其效力范围应及于公司；作为股东协议的抽象约定至少应当视作在股东之间产生章程修改的效力，这在比较法上已不罕见，我国法院亦对此有所论述，就构建适当争议解决模式与防止出尔反尔而言，赋予其章程效力亦无不妥。

由此，抽象约定的实现方式可归纳为：第一，以全体股东一致同意的方式写入公司章程，借助决议撤销之诉管控后续的股东会决议（决定），此种方式对后续加入的股东也具有默认的拘束力，最为妥当。第二，如抽象约定体现为股东协议，就股东协议的缔约各方，股东协议应视作公司章程修改，决议撤销之诉仍有其适用空间；另外，抽象约定当然具有债的效力，可由债务不履行责任进行救济，在我国基本等同于违约责任，此时继续履行的诉请难以实现，应转化为违约损害赔偿，违约赔偿后的利益状况基本趋同于实际履行的法律效果。

就具体约定而言，其体现主要就是股东协议与股东会决定，两者在理论预设与司法实践之下难以区分，其效力直接指向当次具体分红，直接介入公司治理。其可以视作变更法定或章程确定的分红比例以后，又通过了有关具体分红事项的股东会决议（决定），直接在当次分红实现全体股东另行约定的分红比例。

不过，在实现方式与救济途径上，结合公司议事规则，参照债务更新原理，具体约定则会被后续的股东会决议（决定）所取代。此时，后续股东会决议往往由控制股东所操纵，实质背弃了全体股东曾经一致同意的一项规则，并借此获取了更为优越的现实利益，其正当性存在疑问。参酌比较法上控制股东滥用控制权的规制,根据我国《公司法》第20条第2款的原则性规定,因控制股东背弃了全体股东达成的协议,偏离和破坏了基于共同同意而确定的可预见性,损害了中小股东的合理期待,获取了违背诚信信用原则的不当利益,预期利益受损的股东可提起股东直接诉讼,要求控制股东就滥用控制权所造成的损害承担赔偿责任,根据一般侵权行为的赔偿原则,控制股东应直接赔偿预期利益受损的股东,而不以其自身所受利益为限。

征 稿 启 事

《商法界论集》由中国社会科学院法学研究所商法研究室主办,旨在繁荣商法学理论研究、促进商事法治发展。本书设专题研讨、论文、案例评论、研究报告、书评、优秀硕士学位论文选登等栏目,每年出版两卷。诚邀国内外高等院校、科研机构、实务部门的专家学者及博士研究生、硕士研究生惠赐佳作。

一、投稿要求

1. 稿件尚未公开发表,主题属于商事法领域,包括但不限于商法基础理论、公司法、证券法、期货法、信托法、破产法、保险法、票据法、金融法、海商法等。

2. 请在文章首页脚注内注明作者姓名、单位、职称、电话、邮箱、地址及邮编。

3. 写作规范,篇幅一般应在 8000 字以上,附 300 字摘要及 5 个以内关键词。

4. 文章注释采用全文脚注形式,所有脚注均不简写。

5. 邮件标题和 Word 文件命名格式均为:作者姓名 + 文章标题。

6. 投稿邮箱:shangshifa@ 126. com,投稿之日起一个月内告知审稿结果。

二、注释体例

1. 中文专著

邹海林:《破产法——程序理念与制度结构解析》,社会科学文献出版社 2017 年版,第 56 页。

叶林主编:《期货期权市场法律制度研究》,法律出版社 2017 年版,第 10 页。

[意]F. 卡尔卡诺:《商法史》,贾婉婷译,商务印书馆 2017 年版,第 6 ~ 7 页。

2. 中文论文

陈甦:《资本信用与资产信用的学说分析及规范分野》,载《环球法律评论》2015 年第 1 期。

曹兴权:《商事指导性案例中规则续造推理的规范性》,载陈洁主编:《商事指导性案例的司法适用》,社会科学文献出版社 2017 年版,第 132 页。

3. 外文文献:引用著作的,书名用斜体;引用论文的,文章名用正体,期刊名用斜体。多个作者之间用逗号。

Steven L. Emanuel, *Torts*, CITIC Publishing House, 2003, p. 149.

Richard A. Posner, "The Decline of Law as an Autonomous Discipline: 1962 - 1987", *Harvard Law Review*, Vol. 100, No. 4 (1987), pp. 761 - 780.

图书在版编目(CIP)数据

商法界论集. 第5卷 / 陈洁主编. -- 北京 : 法律出版社, 2020

ISBN 978-7-5197-5192-0

Ⅰ. ①商… Ⅱ. ①陈… Ⅲ. ①商法-中国-文集 Ⅳ. ①D923.994-53

中国版本图书馆CIP数据核字(2020)第239510号

商法界论集(第5卷)
SHANGFAJIE LUNJI (DI-5 JUAN)

陈　洁 主编

策划编辑 沈小英
责任编辑 刘晓萌
装帧设计 马　帅

出版 法律出版社
总发行 中国法律图书有限公司
经销 新华书店
印刷 北京虎彩文化传播有限公司
责任校对 杨锦华
责任印制 吕亚莉
编辑统筹 法治与经济出版分社
开本 710毫米×1000毫米 1/16
印张 15.75
字数 356千
版本 2020年8月第1版
印次 2020年8月第1次印刷

法律出版社/北京市丰台区莲花池西里7号(100073)
网址/www.lawpress.com.cn
投稿邮箱/info@lawpress.com.cn
举报维权邮箱/jbwq@lawpress.com.cn
销售热线/400-660-8393
咨询电话/010-63939796

中国法律图书有限公司/北京市丰台区莲花池西里7号(100073)
全国各地中法图分、子公司销售电话:
统一销售客服/400-660-8393/6393
第一法律书店/010-83938432/8433　西安分公司/029-85330678　重庆分公司/023-67453036
上海分公司/021-62071639/1636　深圳分公司/0755-83072995

书号:ISBN 978-7-5197-5192-0　**定价**:83.00元
(如有缺页或倒装,中国法律图书有限公司负责退换)